中山大学岭南（大学）学院
LINGNAN (UNIVERSITY) COLLEGE

广东改革开放40周年回顾与展望丛书

陆 军◎主编

广东区域经济发展四十年

李胜兰 等◎著

中国社会科学出版社

图书在版编目（CIP）数据

广东区域经济发展四十年/李胜兰等著.—北京：
中国社会科学出版社，2018.10
（广东改革开放40周年回顾与展望丛书）
ISBN 978 - 7 - 5203 - 3459 - 4

Ⅰ.①广…　Ⅱ.①李…　Ⅲ.①区域经济发展—
广东　Ⅳ.①F127.65

中国版本图书馆 CIP 数据核字（2018）第 248528 号

出 版 人　赵剑英
责任编辑　喻　苗
责任校对　胡新芳
责任印制　王　超

出　　　版　中国社会科学出版社
社　　　址　北京鼓楼西大街甲 158 号
邮　　　编　100720
网　　　址　http://www.csspw.cn
发 行 部　010 - 84083685
门 市 部　010 - 84029450
经　　　销　新华书店及其他书店

印　　　刷　北京明恒达印务有限公司
装　　　订　廊坊市广阳区广增装订厂
版　　　次　2018 年 10 月第 1 版
印　　　次　2018 年 10 月第 1 次印刷

开　　　本　710×1000　1/16
印　　　张　27.25
插　　　页　2
字　　　数　367 千字
定　　　价　108.00 元

总　序

　　党的十一届三中全会，吹响了中国改革开放的号角，从此中国大地发生了翻天覆地的变化。时至今日，已经整整四十年，中国从一个贫穷落后的国家发展成为世界第二大经济体，外界称之为中国奇迹。四十年的改革开放，给中国人民带来了实惠，也给世界人民带来了福利，中国已经成为了世界第一贸易大国。四十年的风雨历程，四十年的探索前行，走出了一条中国特色的社会主义道路，向世人证明了中国特色社会主义制度的优越性。

　　广东地处华南，濒临港澳，是中国改革开放的试验田和排头兵。从蛇口工业区、经济特区到沿海开放城市，再到沿江沿边城市，形成全面对外开放的新格局，广东的先行先试以及"敢为天下先"的开创精神，为全国提供了很好的经验借鉴。2018年3月7日，习近平总书记在参加十三届全国人大一次会议广东代表团审议时发表重要讲话，充分肯定了党的十八大以来广东的工作，深刻指出广东在我国改革开放和社会主义现代化建设大局中的重要地位和作用，对广东提出了"四个走在全国前列"的明确要求。"进一步解放思想、改革创新，真抓实干、奋发进取，以新的更大作为开创广东工作新局面，在构建推动经济高质量发展体制机制、建设现代化经济体系、形成全面开放新格局、营造共建共治共享社会治理格局上走在全国前列。"从某种意义上讲，广东的改革开放就是全国的一个缩影，广东的经验就是全国的经验。党中央在充分肯定广东成绩的同时，对广东也提出了更高和更大的要求。

1985 年我还在中山大学攻读研究生，到深圳参加广东外贸体制改革课题的调研，当年深圳建设时期晴天黄尘漫天、雨天泥泞的道路至今印象深刻。珠江三角洲河网密布，水系发达，改革开放前广东、特别是珠三角交通很不发达，广州到东莞要过五六个渡口，要用 6 个多小时的时间。如今粤港澳大湾区城市群通过高速铁路、高速公路、港珠澳大桥等连成一体，成为世界上最发达的区域。改革开放初期，以习仲勋、任仲夷等为代表的老一代改革开拓者，以大无畏的改革精神和实事求是的探索精神，给广东的发展打出来一片新天地。广东从改革开放前的一个偏远落后的省份，如今已经连续 29 年经济总量位列全国第一。广东"以桥养桥""以路养路"，率先到国际金融市场融资，率先成功采用 BOT 的建设方式，率先采用掉期等风险管理的方式，率先发行信用卡等，广东在中国不知有多少个全国第一！从经济特区的建立，对外开放以及"三来一补"的发展模式，助力广东取得发展的原始积累；到珠三角的迅速崛起，广东制造蜚声海内外；再到广东创造，成为创新创业的引领者，这中间不知凝聚了多少广东人民的勤劳和智慧。特有的广东经济发展模式，给各种所有制经济提供了发展的舞台，特别是民营经济以及家族企业开拓了一条特色发展之路。企业发展需要社会和政策的土壤，企业也在不断地回馈社会和国家，广东的企业家们也格外注重履行企业社会责任。经济的发展，更离不开政府的政策扶持和市场制度建设，金融、外贸、工业、财政、税收等各个领域的改革，在广东大地上全面推开。广东的发展离不开港澳两地的支持，同时广东的发展也给港澳的发展注入了新的活力。在"一国两制"方针的指导下，粤港澳经济合作的格局也在不断发展和壮大。最近粤港澳大湾区建设的战略设想，也给粤港澳合作提出了更高的要求，粤港澳三地人民将发挥更大的智慧来互补互助，解决发展的瓶颈问题，将会给世界大湾区经济建设和制度创新留下浓墨重彩的一笔。然而，发展也存在一定的问题，广东的区域发展极不平衡，粤东西北等地区的经济发展甚至滞后于全国平均水平，最富在广东，最穷也在广东。2020 年我们要全面步入小康社会，广东的扶贫攻坚工作也尤为艰巨。

中国、特别是广东的改革开放走的是一条创新开拓之路，没有现成的经验可以借鉴，是中国共产党人，带领全国人民披荆斩棘，共建美好家园的探索之路，所以有人把改革称之为摸着石头过河。既然是走没有人走的路，就会出现这样或那样的问题，也会遇到这样或那样的困难。我们把这些解决问题的思路和克服困难的方法总结起来，这就是经验，是希望给继续前行的人点上一盏明灯。

中山大学地处广东改革开放这块热土，中山大学的众多师生全程参与了广东的改革开放，见证了广东改革开放的奇迹。在我的记忆中，广东改革开放四十年的不同阶段碰到的重要的理论与实践问题，都有我们经济学人参与研究。从最早的加工贸易、"三来一补"，鲜活农产品输港问题，到香港珠三角"前店后厂"、国际经济大循环、珠三角发展规划、产业升级转型、大湾区建设、价格改革、外贸改革、金融改革、国企改革、农民工问题等，中山大学的经济学人都积极地贡献着智慧。1989 年成立的中山大学岭南（大学）学院，本身就是作为中国教育部和中山大学在中国高等教育改革开放方面的一个尝试。得益于广东改革开放的伟大成就，经过近 30 年的建设，岭南学院已经通过了 AACSB、AMBER 和 EQUIS 等国际商学院的三大认证，跻身于国际优秀的商学院之列。自 2017 年初，岭南学院就计划组织校内外专家学者编写"广东改革开放 40 周年回顾与展望"丛书，从经济发展、经济改革、对外开放、区域经济发展、民营企业、广东制造、财政改革、金融发展、企业社会责任以及粤港澳合作等视角全方位回顾广东的发展历程，总结广东的发展经验，并展望未来的发展方向。丛书的编写工作，得到了中山大学领导的大力支持，学校不仅在经费上全力支持，而且在总体布局上给予了诸多指导。当然，由于团队水平有限，写作的时间较短，难免有所疏漏，错误在所难免，还请广大读者批评指正。

中山大学岭南（大学）学院　陆军教授

2018 年 10 月 21 日

目 录

中篇　回顾篇

下篇　展望篇

前　言

习近平总书记近期在广东视察时指出，"实践证明，改革开放道路是正确的，必须一以贯之、锲而不舍、再接再厉"。这就意味着，广东作为改革开放的先行地要继续弘扬敢闯敢试、敢为人先的改革精神，立足自身优势，创造更多经验，把改革开放的旗帜举得更高更稳。只有拿出更多务实创新的改革举措，探索更多可复制可推广的经验，才能及时适应国内外新形势新变化，满足人民新要求、实现国家新突破。

1978 年党的十一届三中全会一声春雷，震动了整个中国，改革开放的春风吹遍了中国的大江南北。从 1978 年至今，改革开放即将走到了第四十个年头。在这激荡的四十年中，中国的改革事业取得了不可磨灭的成就，但也并非一帆风顺。事实上，改革的航程历经万千艰险，而不断改革、不断进取的精神劲头却从未减弱。在经济领域，四十年来，我们沿着中国特色社会主义道路不断前进，历经从计划经济到商品经济再到市场经济的艰苦探索，对外开放程度不断提高，从无到有地构建了中国特色社会主义市场经济体系，并不断进行完善和改进。在法治领域，扭转了文革动荡混乱的局面，大步走向依法治国，形成了中国特色社会主义法律体系，国家治理水平得到极大提升。改革开放的十四年，是中国的奇迹，也必定是一座矗立在历史中的丰碑。

改革开放 40 年来，关于社会主义建设、关于党的建设、关于中国和世界的关系，每一个问题的展开和推进，都始终贯穿着实践检验真理的原则。在对实践经验的总结和深化中，在将实践成果系统化、理论化的进程中，在实践创新、理论创新、制度创新的齐头并进中，中国特色社会主义道路、理论、制度、文化不断发展。中国特色社会主义进入新时代，使近代以来久经磨难的中华民族迎来了从站起来、富起来到强起来的伟大飞跃，迎来了实现中华民族伟大复兴的光明前景。

广东作为改革开放的先行者和前沿阵地，在这激荡的四十年中取得了举世瞩目的成就以及宝贵的历史经验。广东改革开放的四十年，是解放思想、开拓创新、与时俱进、快速发展、人民生活水平不断提高、经济社会全面发展进步的40年。广东改革开放四十年的辉煌成就和成功经验充分地说明了：改革开放是发展中国特色社会主义、实现中华民族伟大复兴的正确道路。在改革开放初期（1978—1983），广东以解放思想为先导，全面实行拨乱反正，深入贯彻落实干部、华侨等政策，在充分利用国家赋予的特殊政策和灵活措施的条件下，发挥广东自身的人缘和地缘比较优势，创建经济特区，开展"包产到户"的农村经济体制改革，在城市逐步发展以市场为导向的经济体制，开始了广东省波澜壮阔、振奋人心的改革开放历史进程。在改革全面放开时期（1984—1991），根据中共十二届三中全会《中共中央关于经济体制改革的决定》，广东在继续完善农村经济改革的基础上，进行了一系列以市场经济为取向的经济体制改革：大力推动发展商品经济，创办乡镇企业，发展多种成分的企业形式，实行国有企业体制改革。乘着全面改革开放的春风，广东在这段时期开始快速发展，经济社会建设取得的巨大成就，初步解决了人民的温饱问题。在邓小平南巡发表南方谈话（1992）以后，广东的改革开放进程进入了新的阶段，掀起了新一轮深化改革、扩大开放和加快经济社会发展的新潮流。在中国经济逐渐步入"新常态"的当今，不断改革进取的广东也将面临着新的命题和困难，但同时也在继续发扬敢为天下先、敢闯敢试的创新精神，进一步推动中国的改革开放和现代化事业。广东在改革开放的四十年中，逐步总结形成了"三个特色、四条经验"。"三个特色"是指：第一，解放思想，敢为人先。改革开放、创建特区在中国没有先例可供借鉴，广东在改革开放之初，靠的就是"敢为天下先"的精神，冲破各种条条框框的束缚，以"三个有利于"为标准大胆探索，在探索过程中不断积累经验，从而取得瞩目的成就。第二，以开放促改革、促发展。通过引进外资特别是港资，发展工业、商业，同时学习境外、国外的技术和管理经验，从而开阔眼界，推动改革的进程，全方位促进社会经济发展。第三，充分利用广东毗邻港澳、华人华侨众多的地缘人缘优势。"四条经验"是指：第一，以开放为先导，推动改革发展和经济发展；第二，以开放为前提，为改革和经济的发展提供了良好的环境。第三，以开放为基础，坚持市场作为配置资源的基本方式、以政府的宏观经济调控作为协调手段，发展服务型的政府；第四，以开放为主导，持续不懈地走国际化的道路。

在广东四十年波澜壮阔的改革开放进程中，区域经济的协调发展是其中重要的一环，也是本书要阐述的核心内容。本书主要从以下几个主题对广东改革开放四十年来区域经济发展的成就展开论述，并在此基础上进行省际和省内比较分析：

第一，广东的特区经济开启了中国区域经济渐进式发展的先河。1979年7月，中共中央、国务院批准在深圳、珠海、汕头试办出口特区，包括办出口加工业、商业、旅游业和出口贸易，同时在全国经济生活中发挥技术、管理、知识、对外政策的窗口和对外开放的基地。在此基础上，1980年3月将"出口特区"改为"经济特区"，并在深圳加以实施。经济特区实行特殊的经济政策，灵活的经济措施和特殊的经济管理体制，并坚持以外向型经济为发展目标。中国经济特区诞生于70年代末，80年代初，成长于90年代。深圳、珠海、汕头三个经济特区代表了广东省乃至全国的对外开放标杆，不仅对中国经济社会的发展起到了巨大的推动作用，而且推动建立了沿海开放城市、高新技术产业园区、经济技术开发区等等其他丰富形式的经济特区，在自我发展中不断总结和借鉴国外优秀成果的同时，不断地发挥带动和示范作用，实现共同富裕，推动区域的快速的平衡发展。

第二，专业镇经济为广东区域经济发展以及城镇化走出了具有鲜明特色的发展道路。广东专业镇发展起步于20世纪80年代末到90年代初，尤其是在珠三角地区首先发展起来的。专业镇的发展是伴随着广东经济的发展而形成和发展起来的，既得益于改革开放的春风，也得益于改革开放初期的外商投资优惠政策，以及优越的地理位置和发达的交通环境等等。90年代以后，专业镇经济迅速发展壮大，对缩小广东省区域发展差异发挥了重要作用。但目前专业镇的发展仍存在一定的问题和困境，亟待转型升级，进一步发挥其应有的作用。

第三，产业园区经济成为广东区域经济乃至全球经济发展的加速器。工业园区是一个国家或区域的政府根据自身经济发展的内在要求，通过行政手段划出一块区域，聚集各种生产要素，在一定空间范围内进行科学整合，提高工业化的集约强度，突出产业特色，优化功能布局，使之成为适应市场竞争和产业升级的现代化产业分工协作生产区。自改革开放以来，广东通过不同的政策扶持，形成了如财政扶持类、土地利用类和税收扶持类等等大量不同类型的产业园区，加速形成产业集聚。广东省的产业园区发展尽管有力地推动了广东区域经济总量的高速增长，但是也在一定程度上加剧区域发展的不平衡。针对这一困境，目前提出了要加快产业园区经济转型升级的战略，提高协同创新能力，进一步发掘产业园区对区域经济发展的深层次动力。

第四，城市群经济与泛珠三角经济圈的形成和发展，推动了广东省区域经济发展一体化的进程。珠三角经济区是我国沿海四大城镇密集群之一。珠江三角洲城市群是在1978年国家实行改革开放之后形成的，在国家优惠政策的直接推动下，以加工工业为主的各种产业迅速在珠江三角洲地区集聚，珠江三角洲的经济呈现快速发展之势，城市化进程加速进行，在这一地区涌现了一大批大、中、小城镇，它们之间分工明确、联系紧密从而形成了城镇高度密集的城市群。此外，产业集聚对长江三角洲城市群、的形成也具有巨大的推动作用。然而，小范围的区域合作已经不能满足国家战略需要。为了更好地发挥珠三角地区的辐射带动作用，2004年，由广东省牵头倡导的泛珠三角"9＋2"合作全面启动。此计划囊括了珠江流域的广东、福建、江西、广西、海南、湖南、四川、云南、贵州9个省（区），以及香港和澳门2个特别行政区，共计11个地区统筹区域合作。泛珠三角经济圈的诞生，是新时代下我国提升国际竞争力的重要举措。

第五，广东自贸区经济的发展为全面深化改革和扩大开放探索新途径、积累新经验。在《中共中央关于全面深化改革若干重大问题的决定》明确提出，建立中国（广东）自由贸易试验区，是党中央新形势下推进改革开放的重大举措。截止到2014年底，中国（广东）自由贸易试验区被国务院批准设立，包括广州南沙自由贸易试验区新区、深圳蛇口片区和珠海横琴新片区。区域面积116.2平方公里，关于广东自贸区的发展，其定位目标是与香港和澳门深度的融合。广东自贸区的设立是进一步推动制度创新、体制完善、经济市场主导的一大举措。广东自贸区的建立是一次大胆的实验，广东再次作为先行者为中国进一步深化改革开放和实现经济转型发展探索前路、获取经验。

第六，粤港澳大湾区的战略规划，为粤港澳城市群未来的发展带来了新机遇，也赋予了新使命。粤港澳大湾区是继美国纽约湾区、美国旧金山湾区、日本东京湾区之后，世界第四大湾区，是国家建设世界级城市群和参与全球竞争的重要空间载体。粤港澳大湾区将推动"9+2"泛珠三角区域合作向更高层次、更深领域、更广范围发展，其辐射半径将延伸至东南亚国家，成为联通"一带一路"的重要门户，推动粤港澳企业联合"走出去"，推动广东区域经济发展形成新的战略格局。

在改革开放40周年、粤港澳大湾区建设全面推进的关键时刻，习近平总书记亲临广东视察指导并发表重要讲话，亲自宣布港珠澳大桥正式开通，要求广东认真贯彻新时代中国特色社会主义思想和党的十九大精神，贯彻落实好党中央决策部署，高举新时代改革开放旗帜，以更坚定的信心、更有力的措施把改革开放不断推向深入，对广东提出了深化改革开放、推动高质量发展、提高发展平衡性和协调性、加强党的领导和党的建设等方面的工作要求。充分体现了习近平总书记对广东工作的高度重视和大力支持，对广东人民的亲切关怀，为广东新时代改革开放再出发进一步指明了前进方向。正如习近平总书记所指出的，"越是环境复杂，我们越是要以更坚定的信心、更有力的措施把改革开放不断推向深入"。遵循总书记的讲话精神，广东将以改革开放的眼光看待改革开放，充分认识新形势下改革开放的时代性、体系性、全局性问题。以继往开来，勇敢探索的精神，勠力同心、砥砺前行，在更高起点、更高层次、更高目标上推进改革开放，广东必将实现新的跨越式发展，开创中国伟大改革开放事业的新局面，让全中国甚至全世界领略广东"粤式"发展的魅力！

上 篇

理 论 篇

第 一 章

区域经济发展理论

　　区域经济发展理论具有悠久的历史，可追溯到古典政治经济学的时代。区域经济发展的基础理论自 20 世纪以来得到巨大的发展，形成了平衡发展理论与非平衡发展理论两种基本的分析框架和研究思路。平衡发展理论强调所有经济部门和地区应该实行共同发展以及平衡发展，而非平衡发展理论则认为推动经济发展应有所侧重，应将有限的投资投放在特定的部门和地区，然后通过溢出效应和规模经济效应来带动其他部门和地区，最终实现共同发展。无论是平衡发展理论还是非平衡发展理论，其最终目标都是一致的，即实现区域经济的全面发展，其分歧主要在于对实现目标的手段有着不同的理解。本书以这两种基础理论框架作为分类，梳理区域经济发展理论的发展脉络，总结和分析各种区域经济发展理论和观点的得与失，为理解广东改革开放40 年的区域经济发展奠定理论基础。

第一节　平衡发展理论

　　第一，平衡发展理论认为，由于各种经济要素之间存在相互依赖性和互补性，片面地侧重于发展某一个部门或地区的投资，将会对相关部门和地区的发展产生负面的影响。落后部门和地区所产生的这种阻碍作用，会使得所有部门和地区都难以得到均衡发展。因此平衡发展理论强调，所有经济部门和地区应该实行共同发展以及平衡发展。

第二，平衡发展理论还认为，落后国家存在两方面的恶性循环：供给不足的恶性循环，以及需求不足的恶性循环。这两种恶性循环意味着，不论是供给不足还是需求不足，都会抑制经济的发展；而受到抑制的经济发展水平又会对供给和需求产生负面影响。解决这两种恶性循环的一个重要途径，就是实施平衡发展战略，即同时在各产业和地区进行投资；在促进各产业、各部门协调发展、改善供给状况的同时，又在各产业、各地区之间形成相互支持性投资的格局，不断扩大需求。

综上所述，平衡发展理论强调产业之间和地区之间的关联性和互补性，认为应该在各产业以及各地区之间均衡进行生产力的配置，从而最终实现产业经济和区域经济的协调发展。

一　马克思的社会主义城乡平衡发展理论

马克思的科学社会主义理论认为，要最终实现共产主义，必须消灭城乡差别、工农差别，以及体力和脑力劳动之间的差别。恩格斯最早提出"城乡融合"的概念。恩格斯认为，所谓"城乡融合"包括四个方面：①工人和农民之间阶级差别的消失；②城市和乡村的对立消失；③人口分布不均衡现象的消失；④大家共同享受社会福利。马克思在《德意志意识形态》《政治经济学批判》等著作中提出了其别具一格的城市发展理论，是一个比较完整的理论体系。马克思认为，城乡的融合和平衡发展，主要是通过农业改造和农民转变来实现的。城乡对立的消除过程，是城市现代生产方式向农村的扩展过程，也是现代生产方式对传统农业生产方式进行改造的过程。

二　罗森斯坦－罗丹大推进理论

英国发展经济学家罗森斯坦－罗丹（P. N. Rosenstein-Rodan）于1943年在《东欧和东南欧国家工业化的若干问题》一文中提出了著名的大推进理论。大推进理论的核心观点认为，是发展中国家或地区在经济发展的过程中，应对国民经济的各个部门同时进行大规模投资，以推动这些部门的平衡稳定增长，最终推动整个国民经济的快速增长和综合平衡发展。罗丹通过对"二战"后东欧和东南欧经济发展的考察，写了《东欧和东南欧国家工业化的若干问题》一文，首次在该论文中提出了大推进理论的核心思想，并在随后的《关于大推进理论的注释》一文中做了进一步的说明和补充。

三　纳克斯贫困恶性循环理论与平衡增长理论

罗格纳·纳克斯（Ragnar Nurkse）于1953年在《不发达国家的资本形成》一书中提出了著名的"贫困恶性循环理论"。纳克斯认为，不发达国家经济增长和发展的关键阻碍性因素是资本的缺乏，而这种资本缺乏是由投资动力不足和储蓄能力太弱造成的，这两个问题的产生又在一定程度上是经济增长不足的结果，因此在资本供给和需求两方面均存在恶性循环。然而，贫困恶性循环并非一成不变，通过推动平衡增长能够有效摆脱恶性循环，同时扩大市场容量和形成投资动力。

四　舒尔茨的城乡平衡发展理论

舒尔茨在《改造传统农业》一书中提出了其代表性的平衡发展理论。舒尔茨认为，在工业化过程中，不论是农业还是工业，都是一个社会经济体系中同等重要的部门；农业对经济的发展有着其独特而重要的贡献。因此，重工抑农的政策不会有助于工业以及社会经济的发展，相反甚至可能阻碍社会经济的进步。重工抑农政策会导致国民经济比例失调、工农业结构失衡，并通过这些结构性因素导致经济发展的停滞以及人均收入水平的降低。

五　拉尼斯—费景汉的二元经济理论

针对刘易斯城乡二元经济理论的缺陷，拉尼斯、费景汉两位经济学家在其基础上提出了改进的二元经济理论模型。他们认为，刘易斯二元经济理论仅强调了现代工业部门的扩张，并未综合考虑到农业部门的发展对经济发展的重要作用。改进的二元经济理论则认为，工业和农业两个部门的平衡增长对促进经济的发展具有重要作用，并证明了剩余劳动力从农业向工业的转移，不仅能够促进经济发展，而且完全能够通过市场化的方式实现。与刘易斯模型相似，拉尼斯—费景汉模型首先将欠发达经济区分为传统和现代两个部门。这种二元经济的显著特征是，传统的农业部门中存在着大量的剩余劳动力，工业部门只需支付略高于农村维持生计水平的工资，就会面对无穷弹性的劳动供给曲线；同时，在剩余劳动力消失之前，工业部门中的劳动工资水平会相对稳定不变，或仅仅出现缓慢的上升。该类二元经济发展的根本问题，是否能够以足够快的速度将农业剩余劳动力重新配置到具有较高生产率的工业部门，以保证能够有效逃离"马尔萨斯陷阱"。二元经济转变完成的标志，是农业剩余劳动力的消失，以及农业部门的工资决定机制转向与工业部门相同的机制，即新古典经济学所说的边际生产力原理。与刘易斯模型的不同之处在于，拉尼斯和费景汉的改进二元经济理论进一步将农业生产率的提高确立为农业劳动力转移过程以及经济发展不可缺少的条件，从而提出了别具一格的平衡增长理论。

六　乔根森模型

乔根森模型是美国经济学家戴尔·乔根森（D. W. Jogenson）于1967年在《过剩农业劳动力和两重经济发展》一文中提出的经济发展理论模型。该理论依据新古典主义（New Classicalism）的分析方法创立。与传统的刘易斯—拉尼斯—费景汉模型不同，乔根森是在一个传统新古典主义框架内研究工业部门的增长是怎样以及在何种程度上依赖于农业部门的发展。乔根森运用新古典主义分析方法，对刘易斯—拉尼斯—费景汉模型中产生劳动力无限供给现象的各种假设进行了深刻的反思，指出农业剩余是劳动力从农业部门转移到工业部门的充分与必要条件，认为在经济发展过程中必须始终保持工业和农业之间的平衡发展，而不是以刘易斯为代表的一系列二元经济理论所倡导的只重视城市工业的发展模式。

七　哈尼斯—托达罗二元经济结构理论

发展经济学家哈尼斯和托达罗（Michael P. Todaro）认为，如果要发展农村经济，唯有提高农民收入才能从根本上解决城市失业问题和城市与农村失衡问题。托达罗认为，二元经济结构转换的实现不是依靠农村剩余劳动力持续不断向城市转移，而是根本上要依靠农业生产力和生产效率的提高；通过大力发展农村经济，缩小工农差别和城乡差别，才能够最终实现城乡平衡发展与整体经济增长。托达罗模型是美国发展经济学家托达罗于 1970 年提出的关于劳动力迁移的三部门模型。托达罗假定，农业劳动者迁入城市的动机主要决定于城乡预期收入差异。城市工业部门预期收入越大于农村农业部门收入，流入城市的人口越多。但是，哈尼斯和托达罗的二元经济结构理论的不足之处是：对现代工业部门增加就业的结果持怀疑态度，因此没能够揭示农业剩余劳动力向非农产业转移对于改造传统农业的意义。

第二节　不平衡发展理论

对于一个国家的发展进程而言，平衡发展确实是理想的发展模式。平衡发展，如前所述，是指发展中国家由于各种历史因素的约束，社会整体的生产和消费水平相对处于较低水平，社会经济的发展存在相当程度的滞后。因此，在发展改革的过程中，就必须注重发展的全面性和整体性，使整个区域的经济各方面同时得到发展。这就是以罗森斯坦－罗丹、纳克斯等人为代表的平衡发展理论。但是事实表明，这是根本不可能的。由于各地区的经济发展基础具有较大的差异，区位比较优势不尽相同，因此发展中国家根本不具备实现平衡增长的基础，而只能将有限的投资投放在特定的部门和地区，然后通过溢出效应和规模经济效应来带动其他部门和地区，最终实现共同发展。

一　冈纳·缪尔达尔的循环累积因果论

缪尔达尔通过整体系统分析的方法，将社会经济各个因素视为一个整体来加以研究。缪尔达尔认为，在社会经济发展的"动态过程"中，社会经济的各种因素相互影响，并且互为因果，因此，社会经济各因素之间不是简单的循环，而是以具有累积效应的循环方式不断运动发展。由于聚集经济的存在，发达区域会因为市场的作用而持续地、累积地加速增长，并同时产生扩散效应，从而使得发达地区更加发达，而落后地区更加落后；发达地区与落后地区之间的发展水平差距因累积效应而不断扩大。基于这一循环累积效应理论，缪尔达尔提出了区域不平衡发展的理论主张。根据缪尔达尔的这一理论，在经济发展初期，一国应当优先发展条件较好的地区，以寻求较好的投资效率和较快的经济增长速度，通过扩散效应带动其他地区的发展；当经济发展到一定水平之后，就必须开始防止累积循环造成的贫富差距的扩大。

二　阿尔伯特·赫希曼的非平衡增长理论

德国发展经济学家赫希曼认为，发展从其本质上来说就是一种不平衡的连续变化过程。因此，"不平衡增长战略"才应该是经济发展的最优方式。赫希曼的"不平衡增长战略"要求在投资资源相对有限的情况下，应首先集中资本于直接生产部门，以增加产出和投入，等到这类部门获得充分的投资效益后，再利用其部分收入投资于基础设施部门以进一步推动其发展。赫希曼认为，发展中国家真正缺乏的不是资源本身，而是运用这些资源的手段和能力。针对这一状况，赫希曼提出了"联系效应理论"，将不同产业部门之间的关系具体分为"前向"和"后向"两种，并讨论它们之间的联系效应。前向联系效应是指产业与为它提供各种中间投入的部门之间的相互依赖和影响的关系，如建筑产业的前向关联产业是钢铁、水泥等产业。而后向联系效应则是指产业与吸收它的产出作为中间投入的产业之间的相互依赖和影响的关系。赫希曼所主张的非平衡增长理论认为，应当把前向、后向联系效应最大的产业、项目作为投资重点，优先发展。这样才能够实现对整个经济增长的最大刺激。

三 约翰·弗里德曼的中心—外围理论

美国区域发展规划学家约翰·弗里德曼以中心地理体系与区域经济发展不平衡的思想为基础，提出了著名的"中心—外围理论"。弗里德曼认为，任何区域的空间系统都可以视为是由中心和外围两个子系统组成的，两者共同构成一个完整的二元空间结构；在该空间结构中，不同区域在资源、市场、技术和环境等要素方面存在客观的分布差异。中心区发展条件相对优越，经济效益较高，在整体经济发展中居于主导地位，具有经济增长快、发展质量高的特征，其人均产出一般来说要远高于全国人均水平。相较之下，外围区域的发展条件较差，经济效益较低，经济发展相对缓慢、发展水平比较低，在一定程度上通过接受中心区的经济技术辐射而得到发展，处于被支配的地位。因此总体来看，中心区是整个区域发展的根源和动力，它能够产生和吸收创新，主导着外围区域以及整个空间系统的发展方向。在区域经济发展过程中，中心区将其发展的影响扩散到外围区，提高对外围区域的农产品、工业原料和燃料等产品的需求，从而促进外围区域的生产发展和就业扩大。

四 阿瑟·刘易斯的二元经济结构理论

在《劳动力无限供给下的经济发展》（1954）一文中，刘易斯提出了其著名的二元经济理论模型。刘易斯模型假定，发展中国家存在着两类部门：落后的传统农业部门和现代的城市工业部门。其中，传统农业部门是指自给自足的农业及简单的、零星的商业、服务业，其特征是劳动生产率相对较低，边际劳动生产率接近零甚至小于零，非熟练劳动的工资极低，因此在该部门存在大量的隐蔽性失业，但同时也意味着存在大量的劳动力剩余。城市工业部门是指技术相对较先进的工矿业、建筑业、近代商业、服务业等，其特征是容纳的就业劳动力较少，劳动生产率较高，工资水平也相对较高。在此基础上，刘易斯提出了发展中国家的三个发展阶段：第一阶段是工业化阶段；第二阶段是工业反哺农业阶段；第三阶段是城乡均衡发展阶段。在工业化的过程中，存在大量剩余劳动力的传统部门的收入水平决定了城市工业部门工资的底线，现代工业部门因此能够从传统部门大量吸收劳动力，同时保持其工资水平基本不变。现代工业部门的利润来自劳动产出大于工资的部分，并且不断把利润转化为资本扩大再生产，直至传统部门的剩余劳动被全部吸收，工资水平开始逐步上升。于是，现代工业部门在吸收剩余劳动的基础上迅速大规模扩张，传统农业部门唯有在剩余劳动被完全吸收之后，劳动生产率才能提高，从而工资水平才能提高，传统部门就业者的收入才能改善。

五　增长极理论

从某种程度上来说，增长极理论是非平衡发展理论的一种。增长极理论最初由法国经济学家佩鲁提出，后来经过法国的布代维尔、瑞典的缪尔达尔和美国的赫希曼等诸多经济学家的发展和完善，如今已经成为区域经济发展学说的基本理论之一。

佩鲁在《略论增长极概念》（1955）一文中指出，增长并非同时出现在所有地区，而是以不同的强度出现在增长点或增长极，然后通过不同的渠道扩散，对整个经济具有不同的终极影响。佩鲁从三个方面分析了增长极对区域经济增长产生的重要作用：一是技术创新与示范效应；二是资本的集中和输出；三是聚集经济。增长极的发展，形成人力资源、固定资本和货币资本积累和聚集的中心。一个中心也会导致其他中心的出现，这些中心之间借助物质和智力交往而相互联系，进而会使增长极所在地的整个经济状况得到改观。

六　产业梯度转移理论

梯度转移理论，本质上也是一种非平衡发展理论，起源于弗农·史密斯提出的工业生产产品生命周期理论。

"产业梯度"这一概念与区域间经济发展程度、产业结构状况以及生产要素禀赋情况的差异紧密联系。从严格的意义上来说，"区域经济梯度"是一个较大范围的整体性的概念，包括要素禀赋梯度、技术梯度、产业梯度等各方面的梯度表现。其中，产业梯度是区域经济梯度最直接、最集中、最本质的体现，也是在区域经济梯度中起决定性作用的核心。换言之，由于生产要素禀赋、发展战略、产业基础的不同，各国或地区之间在经济发展水平与产业结构上形成了一定的阶梯状差距，这种差距集中反映在国家或地区间产业层次的梯度差异上，而这就是所谓的"产业梯度"。

一般来说，产业会随着梯度的高低次序在国家或地区与国家或地区之间逐步推移。梯度差距决定了产业会由高梯度地区向低梯度地区逐步转移，就像水往低处流一样。由于产业的梯度差异，当高梯度国家或地区在某一产业上不再具有比较优势时，就会对国内产业优胜劣汰，选择新的优势产业，淘汰劣势产业，对其产业结构进行调整，以继续保持其产业整体优势，同时将其相对劣势产业转移到低梯度国家或地区。

七 点轴开发理论

点轴开发理论是非平衡发展理论的一种。从点轴开发理论的发展历程来看，增长极理论和以松巴特为代表的"生长轴理论"是点轴开发理论的基础。生长轴理论的核心内容认为：随着连接各中心地区的交通干线（铁路、公路等）的建立，形成了新的有利区位，方便了人口的流动，降低了运输费用，从而降低了产品的成本；新的交通线对产业和劳动力形成了新的吸引力，这种吸引力不仅包括经济上的，还包括社会、文化等方面，最终形成有利的投资环境，使产业和人口向交通线聚集，并产生新的经济聚集点。这种对地区开发具有促进作用的交通线被称为"生长轴"。美国著名城市地理学家芒福德是点轴开发理论的代表者。

点轴开发理论的中心内容是：（1）在一定区域范围内，规定若干生产、位置、资源较好、具有开发潜力的重要交通干线经过地带，作为核心的生长轴进行重点开发；（2）在各个生长轴上确定重点发展的中心城市，并规定各城市的发展方向；（3）确定中心城市和生长轴的等级体系。较高级的中心城市和生长轴影响较大的区域，应集中力量进行开发，即开发轴线的等级与开发投资的大小及先后次序相对应，并相应形成不同等级的"点轴系统"。随着区域经济实力的增强，开发重点逐步转移和扩散到级别较低的生长轴和中心城市，并使生长轴逐步向不发达地区延伸，将以往不作为中心城市的点确定为级别较低的中心城市。总而言之，点轴开发理论重点论述了经济的空间移动和扩散是通过"点"对区域的作用和通过"轴"对经济发展的影响。

八 城市圈域经济理论

根据国内外对城市圈域经济的各种研究，可大致将城市圈域经济的特征总结如下：（1）城市圈域经济已经成为国家发展经济体系中的重要组成部分，并逐步成为城市经济发展的核心。（2）城市圈域经济能够促进城市经济圈的合理化布局，进而不断扩大中心城市辐射范围与社会经济文化影响。（3）城市经济圈一般由多个城市组成，能够促进城市间信息的交流共享。（4）城市经济圈经济发展以某些核心城市作为中心，向周边城市产生辐射效应和溢出效应。

按照地区基本特点、都市区域范围、枢纽城市数量、一体化程度的高低，城市圈域经济的演进可分为一中心、两中心、多中心和大城市经济带四个层次。城市圈域经济理论即在这些概念的基础上，以城市圈域的形成和生长为核心，研究经济发展的过程。

第 二 章

区域经济发展研究进展

总结和分析区域经济发展研究领域的已有研究及新近进展，可为广东改革开放 40 年间区域经济发展的回顾与展望提供基本的研究方法和思路。本章主要分为三个部分：第一部分综述关于区域经济发展差异的相关研究，包括区域经济差异的测度以及演进趋势，导致区域经济差异的因素，包括生产要素、经济结构、制度环境以及外部投资等因素；第二部分综述关于区域经济一体化的相关研究，包括一体化或市场分割程度的测度方法、一体化或市场分割形成的原因及其影响；第三部分综述关于区域经济发展的各类影响因素的相关研究，包括区域内部因素以及区域外部因素两个主要方面。

第一节 区域经济发展差异研究

区域经济发展存在着差异，其变动趋势以及影响因素是国内外学者关于区域经济发展差异研究的主要问题。现有的国内外学者围绕上述问题进行了一系列的研究。

一 关于区域经济的差异测度和趋势问题

国内外诸多学者使用不同指标和数据样本，并采用不同方法对区域划分，以此来测度中国区域经济发展的差异。Tsui[①] 使用人均收入指标刻画了我国1952—1985 年的区域经济差异及其变化，发现1952—1970 年中国区域经济差异变化不明显，而1970—1985 年中国区域间的经济差距急剧扩大。Jian[②] 基于各省人均收入研究了中国的地区经济差距，结论认为1978—1990 年中国各省份的人均收入是趋于收敛的，而1990 年以后则是趋于发散的。Fujita、Hu[③] 利用泰尔指数刻画了沿海与内地之间发展差异并对其变化趋势进行了分析。杨开忠[④]基于人均国民收入数据利用加权变异系数法计算了中国三大地带的相对收入差距，发现三大地带的相对收入差距都出现扩大的趋势，由此得出中国改革开放以来的区域经济差距在扩大的结论。刘夏明等[⑤]对1980—2001 年中国的人均GDP 基尼系数进行分解，得出结论认为中国地区间发展差距主要表现为内陆地区与沿海地区的差距。

改革开放以来，虽然中国各地区经济增长的质量水平都获得了一定程度的提高，但各省市区之间经济增长质量的绝对水平与变动幅度却存在显著的差异，虽然各省市区经济增长质量的绝对水平都是提高的，但经济增长质量水平较高的省市大部分集中于东部地区，东部省市上升的幅度远大于西部省市，并且也略高于中部省市[⑥]。从制度和体制上推进"提西、扩中、控东"已迫在眉睫[⑦]。

---

① Tsui K. L., "China's regional inequality：1952 - 1985", *Journal of Comparative Economics*, Vol. 15, No. 1, 1991.

② Jian T, Sachs J D, Warner A M., "Trends in regional inequality in China", *China Economic Review*, Vol. 7, No. 1, 1996, pp. 1 - 21.

③ Fujita M, Hu D., "Regional disparity in China 1985 - 1994：The effects of globalization and economic liberalization", *Annals of Regional Science*, Vol. 35, No. 1, 2001, pp. 3 - 37.

④ 杨开忠：《中国区域经济差异变动研究》，《经济研究》1994 年第12 期，第28—33 页。

⑤ 刘夏明、魏英琪、李国平：《收敛还是发散？——中国区域经济发展争论的文献综述》，《经济研究》2004 年第7 期，第70—81 页。

⑥ 钞小静、任保平：《中国经济增长质量的时序变化与地区差异分析》，《经济研究》2011 年第4 期，第26—40 页。

⑦ 臧微、白雪梅：《中国居民收入流动性的区域结构研究》，《数量经济技术经济研究》2015 年第7 期，第57—73 页。

二 区域经济差异的形成原因

区域经济差异的不断扩大将带来许多负面影响，为此许多学者开始将研究的目光投向区域经济差异的形成原因，进而探索缩小区域发展差异的方法。已有文献主要从生产要素、经济结构、制度因素和外商直接投资的视角来分析区域经济发展差异形成的原因。

（一）生产要素视角

主流经济理论认为生产要素是经济发展的基础，区域发展经济离不开必要的生产要素支持，因此，物质资本、人力资本和技术等生产要素在不同地区的分布和配置效率差异，可以在很大程度上解释区域经济发展差异的形成。早期研究大多认为不同地区间要素投入的差异是导致经济差异的主要原因[①]。而在诸多要素中，人力资本是备受关注的一项，Galor 和 Moav[②] 使用人力资本积累替代物质资本积累构建增长模型，得出结论认为进入现代经济发展阶段后，人力资本积累才是区域经济差异产生的根源。同样有许多学者认为中国省区和经济地带间经济差异是由资本要素积累区域性差异所导致的结果。Fleisher 和 Chen[③]、徐现祥和舒元[④]、任建军和阳国梁[⑤]等的研究表明资本要素的区域间差异可以解释中国四大区域间经济差异不断扩大的现象。还有学者从要素流动的角度来分析地区差距，认为区域间劳动力以及资本

[①] Mankiw N G, Romer D, Weil D N., "A Contribution to the Empirics of Economic Growth", *Quarterly Journal of Economics*, Vol. 107, No. 2, 1992, pp. 407 – 437; Krugman P., "The Myth of Asia's Miracle", *Foreign Affairs*, Vol. 73, No. 6, 1994, pp. 62 – 78; Young A., "The Tyranny of Numbers: Confronting the Statistical Realities of the East Asian Growth Experience", *Quarterly Journal of Economics*, Vol. 110, No. 3, 1995, pp. 641 – 680.

[②] Galor O, Moav O., "From Physical to Human Capital Accumulation: Inequality and the Process of Development", *Review of Economic Studies*, Vol. 71, No. 4, 2004, pp. 1001 – 1026.

[③] Fleisher B M, Chen J., "The Coast – Noncoast Income Gap, Productivity, and Regional Economic Policy in China", *Journal of Comparative Economics*, Vol. 25, No. 2, 1997, pp. 220 – 236.

[④] 徐现祥、舒元：《中国省区经济增长分布的演进（1978—1998）》，《经济学》（季刊）2004 年第 2 期，第 619—638 页。

[⑤] 任建军、阳国梁：《中国区域经济发展差异及其成因分析》，《经济地理》2010 年第 5 期，第 784—789 页。

等生产要素不同程度的配置和流动是影响地区发展差异的一个关键因素①。另有观点认为，除自然地理因素外，决定区域经济发展差异的因素主要是区域体制、政策和劳动者积极性和人力资本等要素投入质量的差异②。

20世纪90年代中后期，一些学者认为要素积累已经不足以解释区域经济发展差异的形成。地区间的发展差距主要来源于区域间全要素生产率（TFP）的不同。在资本边际报酬递减的条件下，资本会自发地从发达地区流入欠发达地区，以弥补欠发达地区物质资本的不足，因此，资本短缺并不是地区落后的原因③。此外，Bils 和 Klenow④也批判了人力资本对经济差距形成所发挥的作用。李静等⑤同样指出，物质资本和人力资本等要素的投入和积累对中国区域差距的影响甚微，TFP 的地区间差异才是影响中国区域经济发展差异的最重要因素。

（二）经济结构视角

经济结构的演变通常伴随着产业结构、国有化程度、市场开放度以及城市化等因素的不同程度变动，许多研究者在讨论区域经济差异问题时将这些因素作为其关注的重点。20世纪末，Barro 和 Sala - I - Martin⑥、Bernard 和 Jones⑦以产业部门为单位研究了区域经济差异，发现不同产业部门对地区经济增长的贡献存在差异。此后，细分产业

① 王小鲁、樊纲：《中国地区差距的变动趋势和影响因素》，《经济研究》2004年第1期，第33—44页。

② 李国璋、周彩云、江金荣：《区域全要素生产率的估算及其对地区差距的贡献》，《数量经济技术经济研究》2010年第5期；赵桂婷：《基于人力资本传导机制的区域经济差异研究》，兰州大学，2014年。

③ 蔡昉：《中国经济增长如何转向全要素生产率驱动型》，《中国社会科学》2013年第1期。

④ Bils M, Klenow P J., "Does Schooling Cause Growth?", *American Economic Review*, Vol. 90, No. 5, 2000, pp. 1160 - 1183.

⑤ 李静、彭飞、毛德凤：《资源错配与中国工业企业全要素生产率》，《财贸研究》2012年第23卷第5期，第46—53页。

⑥ Barro and R J, Sala - I - Martin X., "Convergence", *Journal of Political Economy*, No. 2, 1992.

⑦ Bernard A B, Jones C I., "Comparing apples to oranges : productivity convergence and measurement across industries and countries", *American Economic Review*, Vol. 86, No. 5, 1996, pp. 1216 - 1238.

部门、量化产业结构的研究视角成了区域差异研究的一种范式。范剑勇和朱国林[①]、干春晖和郑若谷等[②]分别从产业结构变动以及产业空间聚集的角度探讨了区域发展差异的演变过程。最后，在全球一体化背景下，许多学者探讨了对外开放程度对地区经济发展差距的影响机制，多数研究结果表明，贸易波动带来的市场供求变化是影响区域经济增长的因素[③]。

（三）制度因素视角

近年来，越来越多的理论研究将制度因素引入经济问题的探讨，认为制度因素对中国区域经济发展具有重要影响。在所有制度因素中，经济政策是影响地区经济增长的重要因素。国内外许多学者，都肯定了改革开放以来中国经济政策，尤其是具有地区偏向性的优惠政策对区域经济发展所产生的积极作用[④]。考虑到制度的时效性和动态性，一些学者研究了制度变迁对不同地区经济发展产生的示范效应和锁定效应，并认为锁定效应是区域经济发展差异存在的必要条件[⑤]。在中国市场经济机制不完善的情况下，地方政府的干预对区域经济发展有

---

① 范剑勇、朱国林：《中国地区差距演变及其结构分解》，《管理世界》2002 年第 7 期，第 37—44 页。

② 郑若谷、干春晖、余典范：《转型期中国经济增长的产业结构和制度效应——基于一个随机前沿模型的研究》，《中国工业经济》2010 年第 2 期，第 58—67 页。

③ Behrens K, Gaigné C, Ottaviano G I P, et al., "Countries, regions and trade: On the welfare impacts of economic integration", *European Economic Review*, Vol. 51, No. 5, 2007, pp. 1277 – 1301; Zeng D Z, Zhao L., "Globalization, interregional and international inequalities", *Journal of Urban Economics*, Vol. 67, No. 3, 2010, pp. 352 – 361.

④ Zhang Z, Liu A, Yao S., "Convergence of China's regional incomes: 1952 – 1997", *China Economic Review*, Vol. 12, No. 2 – 3, 2001, pp. 243 – 258; Bao S, Chang G H, Sachs J D, et al., "Geographic factors and China's regional development under market reforms, 1978 – 1998", *China Economic Review*, Vol. 13, No. 1, 2002, pp. 89 – 111; Démurger S, Sachs J D, Woo W T, et al., "Geography, Economic Policy and Regional Development in China", *Social Science Electronic Publishing*, Vol. 1, No. 1, 2002, pp. 146 – 197; 林毅夫、刘培林：《中国的经济发展战略与地区收入差距》，《经济研究》2003 年第 3 期，第 19—25 页。

⑤ 徐现祥、李郇：《中国省区经济差距的内生制度根源》，《经济学》（季刊）2005 年第 4 卷第 S1 期，第 83—100 页；徐现祥、陈小飞：《经济特区：中国渐进改革开放的起点》，《世界经济文汇》2008 年第 1 期，第 14—26 页。

显著影响，市场化建设是新常态背景下推动供给侧结构性改革的重要制度保障，对中国实现可持续发展、缩小区域发展差距具有十分重要的作用[①]。

（四）外商直接投资的视角

在开放经济条件下，外商直接投资（FDI）是造成区域经济发展差异的重要原因。Berthelemy 和 Demurger[②] 研究发现外商直接投资在短期和长期对各省经济增长均有推动作用，证明外商直接投资可以解释中国的区域经济发展差异。王成岐等[③]研究发现外商直接投资对区域经济增长存在显著的正向影响，但外商直接投资对经济增长的贡献在很大程度上受到技术水平的调节作用，发达地区的技术水平要远高于落后地区的技术水平，这导致外商直接投资对发达地区经济增长的推动作用明显高于落后地区。分地区的研究表明，外商直接投资的地区间差异可以在很大程度上解释中国东中西部地区发展存在的巨大差异[④]。东部地区凭借良好的地理位置和国家的优惠政策，迅速吸引到大量的外商直接投资，并形成溢出效应，这使得东部地区的发展速度远远快于中西部地区[⑤]。

关于外商直接投资究竟如何受到技术水平的调节作用，张建华和欧阳轶雯[⑥]做出了合理的解释：外商直接投资存在较强的正外部性，其带来的先进技术会溢出到区域各产业部门中，从而促进当地经济的

---

① 宋月明：《市场化水平对区域经济发展的影响研究》，东北财经大学，2016 年。

② Berthelemy J C, Demurger S., "FDI and Economic Growth：Theory and Application to China", *Review of Development Economics*, Vol. 4, No. 2, 2000.

③ 王成岐、张建华、安辉：《外商直接投资、地区差异与中国经济增长》，《世界经济》2002 年第 4 期，第 15—23 页。

④ 魏后凯：《外商直接投资对中国区域经济增长的影响》，《经济研究》2002 年第 4 期，第 19—26 页。

⑤ Ouyang P, Fu S., "Economic growth, local industrial development and inter‐regional spillovers from foreign direct investment：Evidence from China", *China Economic Review*, Vol. 23, No. 2, 2012, pp. 445–460.

⑥ 张建华、欧阳轶雯：《外商直接投资、技术外溢与经济增长——对广东数据的实证分析》，《经济学》（季刊）2003 年第 2 期。

发展。因此，本地企业的技术吸收能力以及外商直接投资的溢出能力，决定了外商直接投资对经济增长的贡献程度。最后，外商直接投资对经济增长的作用并不总是正向的，在引进外商直接投资的过程中，还要考虑到竞争会带来挤出效应①。

第二节　区域经济一体化研究

一　一体化/市场分割测度

区域经济一体化是指在特定区域内的经济主体通过某种承诺达成经济合作或者组建一定形式的经济合作组织，谋求区域内商品流通或要素流动的自由化及生产分工最优化，并且在此基础上形成产品和要素市场、经济和社会政策或者体制等统一的过程②。市场一体化与地方市场分割是一组相对应的概念，在一定意义上，建设全国统一开放市场的过程，就是逐步打破和消除地方市场分割的过程③。

Schiff 和 Winters④ 认为，判断区域经济一体化协定是否成功的终极标准，就是经济增长和产业布局是否实现一体化。刘生龙和胡鞍钢⑤指出，形成国内统一的市场能带来更大的市场规模和充分竞争，使资源流向最有效率的地方，因此，实现区域经济一体化能够产生规模经济并促进经济增长。

鉴于区域经济一体化的重要性，国内外许多学者就中国的区域经济一体化问题进行了研究。首先，关于中国区域经济一体化的程度，

① 许冰：《外商直接投资对区域经济的产出效应——基于路径收敛设计的研究》，《经济研究》2010 年第 2 期，第 44—54 页。
② 孙久文：《区域经济一体化：理论、意义与"十三五"时期发展思路》，《区域经济评论》2015 年第 6 期，第 8—10 页。
③ 徐现祥、李郇：《市场一体化与区域协调发展》，《经济研究》2005 年第 12 期，第 57—67 页。
④ Schiff M. W., Winters L. A., *Regional integration and development*, World Bank Publications, 2003.
⑤ 刘生龙、胡鞍钢：《交通基础设施与中国区域经济一体化》，《经济研究》2011 年第 3 期。

已有研究普遍认为改革开放后的中国一体化程度较低，仍然存在着比较严重的市场分割①。银温泉和才婉茹②研究指出，我国区域间恶性竞争、重复建设、市场保护等市场分割问题一直比较突出。Poncet③使用边界效应法研究了中国各省国际和国内市场的一体化程度。结果表明中国各省对外贸易在1987—1997年快速增长的同时，省际贸易强度减弱，国内市场分割壁垒相对于国际贸易壁垒更为严重，结论认为中国在推动对外贸易方面取得了巨大成就，但在国内市场一体化方面做得并不成功。

另一批研究表明，尽管市场分割问题突出，中国的区域经济一体化程度的确在不断加深④。李善同等⑤通过对地方保护主义调查问卷的分析，研究了国内的地方保护问题，调查结果显示：无论是企业还是非企业单位都认为地方保护的严重程度在逐步减轻。桂琦寒等⑥利用1985—2001年各地商品价格指数对中国相邻省份的商品市场整合程度及变化趋势进行了评价，得出国内市场的整合程度总体呈现上升趋势的结论。行伟波和李善同⑦采用2003—2005年中国省际产品贸易及缴纳增值税的数据，对省际贸易的本地偏好程度进行了实证检验，发现中国省际产品贸易确实存在明显的本地偏好，实证结果表明中国国内

---

① Rozelle S., Park A., Huang J., Jin H., "Liberalization and rural market integration in China", *American Journal of Agricultural Economics*, Vol. 2, No. 79, 1997, pp. 635 – 642.

② 银温泉、才婉茹：《我国地方市场分割的成因和治理》，《经济研究》2001年第6期，第3—12 +95页。

③ Poncet S., "Measuring Chinese domestic and international integration", *China Economic Review*, Vol. 14, No. 1, 2003.

④ Naughton B., "How much can regional integration do to unify China's markets?", *How far across the river*, 2003, pp. 204 – 232.

⑤ 李善同、侯永志、刘云中、陈波：《中国国内地方保护问题的调查与分析》，《经济研究》2004年第11期，第78—84页。

⑥ 桂琦寒、陈敏、陆铭、陈钊：《中国国内商品市场趋于分割还是整合：基于相对价格法的分析》，《世界经济》2006年第2期，第20—30页。

⑦ 行伟波、李善同：《本地偏好、边界效应与市场一体化——基于中国地区间增值税流动数据的实证研究》，《经济学》（季刊）2009年第4期，第1455—1474页。

产品市场的一体化已具备较高的水平。赵奇伟和熊性美[1]利用中国1995—2006年分地区的居民消费价格分类指数、固定资产投资价格指数和职工平均实际工资指数，分别测算消费品市场、资本品市场和劳动力市场的市场分割指数，并对各地区市场分割程度走势的稳定性进行分析，发现中国各地区各类市场的分割程度都呈现出稳定的收敛趋势，研究还发现东中西三地区之间的各类市场分割程度并没有体现出非常显著的差异，但消费品、资本品和劳动力三类市场之间却存在显著的分割程度差异，劳动力市场的分割最为严重。

二　市场分割问题的成因

在市场分割问题的成因上，主流的观点通常是从财政分权的视角切入探索我国市场分割的根源，其中最有影响的是Young[2]的研究。Young[3]指出，我国1978—1997年的经济体制改革导致了"零碎分割的内部市场和受地方政权控制的封地"，地方政府为了保护既得利益会造成更严重的资源扭曲，从而将中国的地方保护和市场分割归因于中国的渐进式改革。这一观点在学界引起了较大的争议，使得这两个话题在我国的研究热度迅速提高。一批学者紧随其后，提出了不同的观点。白重恩等[4]研究了我国产业的地区集中度的决定因素及变动趋势，重点考察了地方保护主义对产业的地区集中度的影响。结果表明，在利率和税率较高以及国有化程度较高的产业，地方保护更趋严重，产业的地区集中度也相应较低。林毅夫和刘培林[5]研究认为，中国目

① 赵奇伟、熊性美：《中国三大市场分割程度的比较分析：时间走势与区域差异》，《世界经济》2009年第6期，第41—53页。

② Young A. , "The razor's edge: Distortions and incremental reform in the People's Republic of China", *The Quarterly Journal of Economics*, Vol. 4, No. 115, 2000, pp. 1091 – 1135.

③ Ibid.

④ 白重恩、杜颖娟、陶志刚、仝月婷：《地方保护主义及产业地区集中度的决定因素和变动趋势》，《经济研究》2004年第4期，第29—40页。

⑤ 林毅夫、刘培林：《地方保护和市场分割：从发展战略的角度考察》，《北京大学中国经济研究中心工作论文》2004年第15期。

前的地方保护和市场分割，在一定程度上可以归因到政府的保护行为，即改革开放前中央政府保护赶超企业免于国际竞争的行为，在分权体制下，逐渐演变为各省保护当地企业免于国际和其他国内省份竞争的行为，进而形成了地方保护主义和市场分割。陈敏等[①]研究发现，在经济开放水平较低时，经济开放加剧了国内市场的分割，国有企业就业比重和政府消费的相对规模是加剧市场分割的作用因素，但进一步的经济开放能够促进国内市场一体化，并预测一些省份的国内商品市场分割有加剧的可能性。刘生龙和胡鞍钢[②]研究发现，交通基础设施的改善促进了我国的区域贸易总量，且对区域经济发展的边界效应产生了显著的负向影响，从而证明交通基础设施的改善对我国的区域经济一体化有显著的促进作用。

有部分文献从地方政府官员所面临的政治激励展开，探讨了我国市场分割的成因。周黎安[③]从政治晋升博弈出发，对国内的市场分割和地区间恶性竞争等问题给出了一个全新的解释："地政官员合作困难的根源并不主要在于地方官员的财税激励及其所处的经济竞争性质，而是在于嵌入在经济竞争当中的政治晋升博弈的性质。"徐现祥等[④]更进一步，探讨了为什么有些省区选择市场分割，而有些却致力于实现区域一体化，该研究从中央政府按照经济绩效晋升地方政府官员的假设出发，构造了一个地方官员晋升博弈模型。结果表明，以政治晋升最大化为目标，地方官员选择市场分割还是区域一体化因条件而异。

---

① 陈敏、桂琦寒、陆铭、陈钊：《中国经济增长如何持续发挥规模效应？——经济开放与国内商品市场分割的实证研究》，《经济学》（季刊）2008 年第 1 期，第 125—150 页。

② 刘生龙、胡鞍钢：《交通基础设施与中国区域经济一体化》，《经济研究》2011 年第 3 期。

③ 周黎安：《晋升博弈中政府官员的激励与合作——兼论我国地方保护主义和重复建设问题长期存在的原因》，《经济研究》2004 年第 6 期，第 33—40 页。

④ 徐现祥、李郇、王美今：《区域一体化、经济增长与政治晋升》，《经济学》（季刊）2007 年第 4 期，第 1075—1096 页。

三　一体化对区域经济的影响

关于区域经济一体化带来的影响，现有的研究也从不同视角进行了探讨。十年前的研究普遍认为市场分割会影响社会发展，带来福利损失。徐现祥和李郇①基于长三角城市群的样本分析了市场一体化对区域经济协调发展的影响。结果发现：1990—2002 年，市场分割确实阻碍了长三角地区的协调发展，但随着地方政府成立协调组织推动市场一体化进程，市场分割对区域协调发展的阻碍作用逐年下降，这表明市场一体化有利于实现区域协调发展。赵永亮和刘德学②研究认为：地方保护壁垒造成的省份市场分割会影响保护战略实施省份自身的经济绩效，地方保护和市场分割会限制竞争，保护落后的生产力，进而延缓技术效率提高的速度和技术进步的速度，最终会降低社会的总体福利水平。

最近十年，学界对于一体化和市场分割影响的研究却出现了逆转，新的研究不再单方面认为一体化就是有利的。陆铭和陈钊③研究了相邻省份商品市场的分割对省级经济增长的影响，实证结果表明，市场分割对于当地即期和未来的经济增长的影响呈倒 U 形。对于超过 96% 的观察点来说，市场分割有利于本地的经济增长，分割市场更可能有利于经济开放程度较高地区的增长。宋冬林等④使用价格指数来测度市场分割，基于 1990—2012 年省级面板数据研究区域发展战略背景下的市场分割与区域经济增长之间的关系，实证结果表明，国内区域市场出现整合趋势，但东部的市场分割明显强于其他区域。同时，针对

---

①　徐现祥、李郇：《市场一体化与区域协调发展》，《经济研究》2005 年第 12 期，第 57—67 页。

②　赵永亮、刘德学：《市场歧视、区际边界效应与经济增长》，《中国工业经济》2008 年第 12 期，第 27—37 页。

③　陆铭、陈钊：《分割市场的经济增长——为什么经济开放可能加剧地方保护?》，《经济研究》2009 年第 3 期。

④　宋冬林、范欣、赵新宇：《区域发展战略、市场分割与经济增长——基于相对价格指数法的实证分析》，《财贸经济》2014 年第 8 期，第 115—126 页。

市场分割与区域经济增长的关系，并未得出规律性结论。付强①研究发现：当产品差异化产生具有线性需求函数和线性成本函数时，无论其进行产量竞争还是价格竞争，市场分割都能基于较高的产业同构程度对区域经济增长产生显著的促进作用，市场分割对区域经济增长的促进作用将以产业同构为媒介，并在一定程度上受制于开放程度和经济周期。孙元元和张建清②研究了市场一体化对产业集聚和地区生产率差距的作用及其演变路径，同时探讨了技术外部性强度的影响，理论模型推出的假说认为，随着市场一体化的推进以及技术外部性的强化，地区生产率差距会随之扩大，基于2000—2012年省级数据的实证结果表明上述假说成立。叶宁华和张伯伟③基于世界银行2003年的中国企业调研数据考察了地方保护对企业市场扩张选择的影响。研究发现，地方保护主义对企业外部市场扩张的影响因所有制不同存在显著差异，同样是进行区域间市场扩张，地方保护显著降低了内资企业进入跨区域市场的概率，该影响对外资企业不显著。结论认为，国际贸易并不能完全替代国内贸易，消除地方保护有利于本土企业获得国内统一大市场的规模效应。

第三节 区域经济发展影响因素研究

一 区域内部影响因素

（一）基础设施

交通基础设施与经济增长的关系一直是经济学者重点关注的问题，20世纪中叶以来，罗丹、纳克斯和罗斯托等发展经济学家对包括交通在内的基础设施与经济增长的关系提出了许多经典理论，被广泛用于

---

① 付强：《市场分割促进区域经济增长的实现机制与经验辨识》，《经济研究》2017年第3期，第47—60页。

② 孙元元、张建清：《市场一体化与生产率差距：产业集聚与企业异质性互动视角》，《世界经济》2017年第4期，第79—104页。

③ 叶宁华、张伯伟：《地方保护、所有制差异与企业市场扩张选择》，《世界经济》2017年第6期，第98—119页。

指导发展中国家的实践。罗丹最早提出了"大推进"理论，认为交通等基础设施是一种社会先行资本，必须优先发展；纳克斯发展了罗丹的理论，认为交通基础设施投资是政府的责任，私人企业很少有动力对具有初始投资不可分和强外部性特征的交通基础设施进行投资；罗斯托将交通等基础设施视为社会先行资本，认为交通等基础设施发展是实现"经济起飞"的一个重要前提条件[①]。

针对美国 1973 年前后生产率下降，而公共资本投资也从 20 世纪 60 年代后期开始下降的事实，Aschauer[②] 基于新古典经济增长模型，将交通等基础设施投资的下降与生产率的下降结合进行计量分析，计算得出交通等基础设施的产出弹性为 0.39，从而得到交通等基础设施对经济增长有重要作用的结论。该研究引发了一轮关于基础设施对经济增长影响的研究热潮。

上述关于交通基础设施对经济增长作用的早期研究，都是在新古典经济增长理论框架下进行的，并没有考虑交通基础设施对经济增长的空间溢出效应。一方面，交通基础设施可能通过扩散效应，使经济增长较快区域带动增长较慢区域的经济发展，从而表现出正的空间溢出作用；另一方面，运输成本降低可以使生产要素更方便地流向经济发达地区，在这种情况下，一个区域的经济增长可能会以其他区域的经济衰退为代价，交通基础设施产生负的空间溢出作用[③]。

在我国，对具有典型外部性的交通基础设施进行投资，历来是政

---

① Rosenstein – Rodan P N., "The Problems of Industrialization of Eastern and South – Eastern Europe", *Economic Journal*, Vol. 53, No. 210 – 211, 1943, pp. 202 – 211; Nurkse R., *Problems of capital formation in underdeveloped countries*, Basil Blackwell, 1953, pp. 413 – 420; Rostow W. W., *The stages of economic growth: A non – communist manifesto*, Cambridge university press, 1990.

② Aschauer D. A., "Is public expenditure productive?", *Journal of monetary economics*, Vol. 2, No. 23, 1989, pp. 177 – 200.

③ Boarnet M. G., "Spillovers and the locational effects of public infrastructure", *Journal of Regional Science*, Vol. 3, No. 38, 1998, pp. 381 – 400; Fujita M., Krugman P. R., Venables A. J., *The spatial economy: cities, regions and international trade*, Wiley Online Library, 1999.

府的重要职责，也是促进区域经济增长的重要手段。张学良[①]利用1993—2009年的省级面板数据分析了交通基础设施对区域经济增长的空间溢出效应。结果表明，交通基础设施对中国区域经济增长的空间溢出效应非常显著，外地交通基础设施对本地经济增长表现为以正的空间溢出效应为主，但是也有空间负溢出的证据。

（二）人力资本

人力资本水平一方面会影响区域的技术选择，从而决定技术进步路径；另一方面会影响产业结构转换能力，人力资本类型、结构与产业结构的匹配状况决定着产业结构优化的效果[②]。作为影响区域经济发展的重要因素，人力资本的作用广受学者关注。

许和连等[③]在新增长理论框架下，分析了人力资本在生产函数中的作用及贸易开放度和人力资本积累水平对中国全要素生产率的影响。结果表明，人力资本积累有助于提高物质资本的利用率，人力资本积累水平的提高主要是通过影响全要素生产率进而作用于经济增长，贸易开放度则会影响人力资本的积累水平，贸易开放度和人力资本对全要素生产率的影响在东中西部存在差异。

金相郁和段浩[④]在卢卡斯模型的基础上利用省级面板数据进行人力资本与区域经济发展差距的实证分析，首先利用永续盘存法估算各省物质资本存量，利用受教育年限累积法估算各省人力资本存量，并将人力资本存量划分为初级、中级和高级。实证结果表明，物质资本和劳动力与区域经济发展呈显著正相关；与物质资本和劳动力相比，人力资本总体上尚未对经济增长起到明显的促进作用，但高等人力资

① 张学良：《中国交通基础设施促进了区域经济增长吗——兼论交通基础设施的空间溢出效应》，《中国社会科学》2012年第3期，第60—77页。

② 陈建军、杨飞：《人力资本异质性与区域产业升级：基于前沿文献的讨论》，《浙江大学学报》（人文社会科学版）2014年第5期，第149—160页。

③ 许和连、亓朋、祝树金：《贸易开放度、人力资本与全要素生产率：基于中国省际面板数据的经验分析》，《世界经济》2006年第12期，第3—10页。

④ 金相郁、段浩：《人力资本与中国区域经济发展的关系——面板数据分析》，《上海经济研究》2007年第10期，第22—30页。

本对区域经济发展有很强的解释力。

任乐[①]运用灰色关联分析法，在建立人力资本与区域经济耦合系统评价指标体系的基础上，研究了河南省人力资本与区域经济耦合的主要因素及耦合关系。结果发现，异质性人力资本相比同质性人力资本在促进区域经济增长中发挥了更大的作用，异质性人力资本是区域经济发展的主要驱动力。

（三）空间集聚

由空间集聚所引起的空间效率与区域平衡之间的权衡问题是经济地理学的前沿话题之一。威廉姆森认为，空间集聚在经济发展初期能显著促进效率提升，但在达到某一门槛值后，空间集聚对经济增长的影响变小，甚至不利于经济增长，拥挤外部性使空间经济分布趋于分散。

徐盈之等[②]使用门槛回归对威廉姆森假说进行了实证检验，考察了空间集聚与中国区域经济增长之间的关系。研究结果表明，空间集聚对经济增长具有非线性影响，即没有达到门槛值以前，集聚对经济增长具有正的影响；超过门槛值以后，进一步的集聚会降低经济增长率。威廉姆森假说在中国是成立的。

刘修岩[③]基于中国 1999—2010 年的省级面板数据，研究了空间集聚对地区总体经济增长及其内部收入差距的影响。结果表明，空间集聚是推动地区总体经济增长的重要力量，同时也是导致地区内部收入差距扩大的关键因素。

二 区域外部影响因素

（一）贸易开放

改革开放以来，中国经济持续高速增长，贸易开放在中国经济腾

---

① 任乐：《异质性人力资本对区域经济耦合的关联分析——基于河南省 18 地市的数据检验》，《经济管理》2014 年第 7 期，第 31—38 页。

② 徐盈之、彭欢欢、刘修岩：《威廉姆森假说：空间集聚与区域经济增长——基于中国省域数据门槛回归的实证研究》，《经济理论与经济管理》2011 年第 4 期，第 95—102 页。

③ 刘修岩：《空间效率与区域平衡：对中国省级层面集聚效应的检验》，《世界经济》2014 年第 1 期，第 55—80 页。

飞中的作用举足轻重。随着中国在全球贸易体系中的快速崛起，中国已经超过美国成为世界上最大的商品出口国，经济总量世界排名第二，仅次于美国（WTO，2010）。

李亚玲和汪戎[①]测算了我国 29 个省份 1993—2004 年的人力资本基尼系数，比较分析发现我国地区间人力资本的差距主要表现在人力资本分布结构上，对其与人均 GDP 相关关系的实证分析表明，人力资本基尼系数与地区经济发展之间存在强负相关关系，区域间人力资本的差距是区域经济差距的重要成因。

谢建国和周露昭[②]利用 1992—2006 年中国省级面板数据研究了国际 R&D 通过进口贸易对中国省区的技术溢出效果。结果表明，国际 R&D 通过进口贸易对中国的全要素生产率有显著影响，国际贸易的技术外溢主要是通过促进技术进步实现的，但对技术效率的改进作用较小，同时，国际 R&D 通过进口贸易产生的技术溢出具有显著的区域差异，呈现出中西部较强、东部较弱的特征。

熊灵等[③]在新增长理论和空间经济学框架下，研究了中国省际贸易开放对经济增长的空间效应。实证结果表明，在控制空间相关性后，贸易开放对省域经济的增长效应为正，且存在空间收敛与发散双向效应，并因地区发展水平、基础设施和人力资本差异而存在空间异质性；产业层面的空间效应与整体经济层面不完全相同。

林祺和范氏银[④]研究了贸易开放对中国区域经济增长的动态空间效应。结果表明，中国省际及区域经济增长存在显著的正向空间效应，控制空间效应后，贸易开放度的提高会促进中国区域经济的增长。但

---

① 李亚玲、汪戎：《人力资本分布结构与区域经济差距——一项基于中国各地区人力资本基尼系数的实证研究》，《管理世界》2006 年第 12 期，第 42—49 页。

② 谢建国、周露昭：《进口贸易、吸收能力与国际 R&D 技术溢出：中国省区面板数据的研究》，《世界经济》2009 年第 9 期，第 68—81 页。

③ 熊灵、魏伟、杨勇：《贸易开放对中国区域增长的空间效应研究：1987—2009》，《经济学》（季刊）2012 年第 3 期，第 1037—1058 页。

④ 林祺、范氏银：《中国区域经济增长的动态空间效应——基于贸易开放的视角》，《国际贸易问题》2013 年第 8 期，第 95—106 页。

东中西部贸易开放对区域经济的促进作用因地区经济发展水平、公共基础设施、人力资本、技术水平和劳动力市场完善程度等方面的差异而存在空间异质性。

苏丹妮和邵朝对①从空间维度解构全球价值链参与的经济增长效应，利用 2000—2013 年中国海关微观数据以及 2002 年、2007 年和 2010 年中国 30 个省份的区域间投入产出表，实证检验了全球价值链参与对中国区域经济增长的影响。结果表明，全球价值链参与不仅产生地区内溢出，也产生地区间溢出，即某地全球价值链参与度的提升不仅促进本地区经济增长，而且间接带动了其他地区的经济增长；在金融危机前后和不同国家之间，全球价值链参与的经济增长效应呈现出显著的异质性特征。

（二）外商投资

魏后凯②利用 1985—1999 年的时间序列和截面数据，研究了外商投资对中国区域经济增长的影响。实证结果表明，在此期间东部发达地区与西部落后地区之间 GDP 增长率的差异，大约有90%是由外商投资引起的。

武剑③运用多维方差分析模型，对我国地区间 GDP 差距、国内投资数量差距、国内投资效率差距、FDI 数量差距和 FDI 效率差距等重要问题进行了分析。结果表明，FDI 的区域分布不能有效解释各地区经济的不平衡状况，国内投资的区域差距特别是投资效率差距，是造成区域经济差距长期存在的主要因素。

陈继勇和盛杨怿④构建了包括国内知识资本、外商在华直接投资

---

① 苏丹妮、邵朝对：《全球价值链参与、区域经济增长与空间溢出效应》，《国际贸易问题》2017 年第 11 期，第 48—59 页。

② 魏后凯：《外商直接投资对中国区域经济增长的影响》，《经济研究》2002 年第 4 期，第 19—26 页。

③ 武剑：《外国直接投资的区域分布及其经济增长效应》，《经济研究》2002 年第 4 期，第 27—35 页。

④ 陈继勇、盛杨怿：《外商直接投资的知识溢出与中国区域经济增长》，《经济研究》2008 年第 12 期，第 39—49 页。

的知识溢出和地区技术进步的分析框架，利用省级面板数据检验了中国区域 R&D 投入、外商在华直接投资的知识溢出对地区技术进步的影响。结果表明，地区自身的科技投入是推动地区技术进步的最主要因素，外商在华直接投资的知识溢出效应并不明显，通过 FDI 渠道传递的外国 R&D 资本对技术进步的促进作用与当地的经济、科技发展水平有着密切关系。

郭志仪和杨曦①基于内生框架分析了 FDI 对中国东、中、西部地区经济增长作用机制的差异。研究发现 FDI 在中国各地区发挥的作用存在明显差别：FDI 对东部地区经济增长作用显著，对中部地区边际作用较大但不明显，对西部地区作用甚微；FDI 在东部地区具有显著的技术外溢和资本挤入效应，对中部地区经济增长的作用表现为挤入效应而非技术外溢效应，而在西部地区资本挤入和技术外溢效应均不明显。东、中部地区的经济增长有助于吸引 FDI 进入，但西部地区的经济增长并不能显著提高 FDI 的吸收规模。

程鹏和柳卸林②从资本形成的角度横向对比分析了外资对广东和江苏区域经济增长的短期和长期效应。结果表明，外资对广东经济增长只具有短期效应，而对江苏经济增长却有长期效应。进一步从不同来源外资所蕴含的技术和管理知识水平、现有产业政策和企业经营理念、外资进入前内资企业的发育状况三个角度，探讨了外资对广东和江苏经济可持续增长存在差异的原因。

（三）空间外溢

潘文卿③以 1997—2007 年中国 8 区域的区域间投入产出表为基础，使用静态多区域投入产出模型分析了中国区域经济发展的区域内乘数效应、区域间溢出效应与反馈效应及其变化特征。进一步通过比较静

---

① 郭志仪、杨曦：《外商直接投资对中国东、中、西部地区经济增长作用机制的差异——1990—2004 年地区数据的实证检验》，《南开经济研究》2008 年第 1 期，第 75—86 页。

② 程鹏、柳卸林：《外资对区域经济可持续增长影响的差异性研究——基于广东和江苏的实证研究》，《中国工业经济》2010 年第 9 期，第 78—88 页。

③ 潘文卿：《中国区域经济发展：基于空间溢出效应的分析》，《世界经济》2015 年第 7 期，第 120—142 页。

态分析考察了中国经济总量变动中 3 类效应的贡献，并从来源地区与影响因素两个方面对区域间溢出效应的变化进行了结构分解。结果表明，1997—2007 年这 10 年间，中国总产出中来自区域内乘数效应的贡献在下降，来自区域间溢出与反馈效应的贡献在上升；区域溢出效应的变化主要是由投资、进口及消费的规模扩大引起的。

龚维进和徐春华[1]基于全国地级市数据和复合权重空间杜宾模型，将空间外部性和利用能力同时纳入区域经济增长模型中进行分析。结果表明：一方面，空间外部性本身以及区域对外来的空间外部性的利用能力都是促进区域经济增长的重要因素，但这种促进作用将随着地理距离的增大逐渐让位于由物质资本积累引发的技术进步；另一方面，人力资本对区域经济增长的促进作用范围呈现梯度递减，而物质资本对区域自身经济增长的促进作用随着地理距离增大而逐渐增强，因此总体上表现出显著且逐渐增大的空间外溢效应。

---

① 龚维进、徐春华：《空间外溢效应与区域经济增长：基于本地利用能力的分析》，《经济学报》2017 年第 1 期，第 41—61 页。

第 三 章

广东省区域经济发展相关研究

区域经济发展的研究价值，不但在于经典理论的提出与验证，更在于对每个地区独特的发展路径与内在机制的探究。改革开放 40 年来，广东一直是中国经济的排头兵，是改革开放的前沿阵地，这一方面是改革开放带来的诸多机遇使然，另一方面也得益于广东以"敢为人先"的精神探索出的大量区域经济发展成功经验。特区经济为广东带来了经济起飞的契机，制度优势和外资进入让广东的经济发展走在全国前列；专业镇经济是广东把握改革开放机遇的重要体现，通过模仿学习和空间集聚，迅速形成的大批专业镇为广东外向型经济的发展奠定了坚实的产业基础，更是带动广东农村区域经济发展的重要支柱；产业转移园区在广东区域经济发展中扮演了重要角色，不仅推动了产业的升级和转移，还能缩小珠三角地区和粤东西北地区的经济发展差距，促进区域协调发展；城市群是广东尤其珠三角地区经济发展的新模式，通过城市群内部的产业互补协作，能提高城市群的整体竞争力，让区域经济发展的总体绩效超出原本各城市绩效之和；相对于城市群，泛珠三角经济圈是在更大空间尺度上的区域经济合作，"9 + 2"的合作发展模式一方面能让广东经济发展动能辐射带动泛珠流域省份的经济发展，另一方面能为广东的产业转型升级提供更大的战略纵深；自由贸易试验区是广东经济发展的新引擎，其定位是依托港澳、服务内地、面向世界，将自贸试验区建设成为全国新一轮改革开放先行地、21 世纪海上丝绸之路重要枢纽和粤港澳深度合作示范区，自贸区的设立显著推动了广东区域经济发展；粤港澳大湾区是广东区域经济发展的重大机遇，是国家建设世界级城市群和参与全球竞争的重要空间载体，粤港澳大湾区建设已经写入党的十九大报告和政府工作报告，提升到国家发展战略层面，推进粤港澳大湾区建设，打造国际一流湾区和世界级城市群，建成世界级的科技创新中心，能为广东区域经济发展提供动能全面升级的契机。

第一节　特区经济相关研究

1978 年党的十一届三中全会决定，把全党工作重心转移到发展生产力上来，实行改革开放。1979 年中央批准在广东的深圳、珠海、汕头以及福建的厦门四个城市试办"出口特区"，1980 年经全国人大常委会批准，上述四个"出口特区"正式更名为"经济特区"，1988年，海南经济特区正式设立。此后，经济特区成为对外开放的先行者和体制改革的试验田，为我国的渐进式改革和经济社会发展提供了宝贵的经验。

一　特区经济的历史变迁

夏小林和孙安琴[1]研究了不同时期我国特区经济发展的主要动力机制及其受内外部因素影响所发生的变迁。邓力平和唐永红[2]分析了入世为我国特区经济发展带来的机遇与挑战。徐现祥和陈小飞[3]系统梳理了经济特区的历史沿革、主要功能及其推动经济增长的机制，并指出经济特区是中国渐进式改革的起点。

---

[1]　夏小林、孙安琴：《中国经济特区：变迁与选择》，《管理世界》1995 年第 1 期，第198—207 页。

[2]　邓力平、唐永红：《入世与我国经济特区的再发展》，《国际贸易问题》2002 年第 8 期，第 1—4 页。

[3]　徐现祥、陈小飞：《经济特区：中国渐进改革开放的起点》，《世界经济文汇》2008 年第1 期，第 14—26 页。

二　特区经济的制度优势

桑百川[①]研究指出，经济特区实行特殊的经济体制和开放政策，能吸引生产要素和有创新能力的企业在此聚集，经济特区是区域乃至全国的经济增长极，是经济体制改革的试验场和助推器。徐现祥[②]在关于广东经济增长的动力机制的研究中指出，经济特区的发展经验具有非竞争性和非排他性，能作为公共物品促进经济增长，而中央政府在一定时间段内实施的排他性政策是广东经济起飞的重要动力机制。黄玖立等[③]研究认为，经济特区凭借各种优惠政策能营造出适宜企业成长的环境，基于中国海关贸易数据的实证分析结果显示，设立经济特区的城市在契约密集型行业上具有沿集约边际实现的比较优势。

三　特区经济的发展绩效

黄景贵和高莹[④]论述了我国五大经济特区的发展成就及其面临的挑战，结论认为特区发展模式亟待创新。李胜兰和王妙妙[⑤]回顾我国特区经济发展的历程，总结了改革开放以来我国经济特区在经济增长、产业发展、对外贸易以及城乡一体化等方面取得的成绩，并在此基础上提出特区经济今后的发展路径。杨经国等[⑥]探讨了我国经济特区的设立所带来的经济增长效应，基于合成控制法和反事实分析的实证结

[①]　桑百川：《经济特区是中国发展和改革开放的助推器》，《特区经济》2005 年第 11 期，第 12—16 页。

[②]　徐现祥：《广东经济起飞的动力机制研究》，《中山大学学报》（社会科学版）2009 年第 2 期，第 198—204 页。

[③]　黄玖立、吴敏、包群：《经济特区、契约制度与比较优势》，《管理世界》2013 年第 11 期，第 28—38 页。

[④]　黄景贵、高莹：《经济特区的发展成就、主要挑战与改革新使命》，《中共党史研究》2010 年第 11 期，第 8—17 页。

[⑤]　李胜兰、王妙妙：《中国特区经济：何去何从》，《中国经济特区研究》2016 年第 1 期，第 85—102 页。

[⑥]　杨经国、周灵灵、邹恒甫：《我国经济特区设立的经济增长效应评估——基于合成控制法的分析》，《经济学动态》2017 年第 1 期，第 41—51 页。

果表明，经济特区的设立可以显著促进经济增长，但这种效应在时间和空间两个维度上都存在不对称性：在时间维度上，20 世纪 80 年代设立的特区对经济增长的促进效应最为明显，但随时间推移影响效果不断减弱，较晚设立的经济特区因此呈现"后发劣势"；在空间维度上，东部地区的经济特区带来的经济效益最大，而在中西部设立的经济特区收益不显著。

第二节　专业镇经济相关研究

专业镇经济是指建立在一种或两三种产品的专业化生产优势基础上的乡镇经济，一般以专业市场为依托，通过市场竞争使地区的生产和资源逐步向本地最具经济优势的产品和生产环节集中，广东专业镇经济起步于20 世纪 80 年代初期，典型例子包括佛山的石湾陶瓷、西樵纺织和乐从家具，中山的小榄五金和古镇灯饰，东莞的虎门服装、厚街鞋业和清溪电子产品等①。与此同时，专业镇也是一种企业创新网络，企业间的合作、竞争和相互学习能让专业镇保持创新活力，在各类资源禀赋之外，企业家精神和创业榜样对专业镇形成与发展有着不可忽视的作用②。

一　专业镇经济的类型

王珺③从专业化分工网络的视角出发，将专业镇经济划分为横向网络和纵向网络两种类型。前者体现了专业镇经济的聚集效应，即通过专业化生产、经营，使生产和提供这种产品与服务所需的资源向专业镇集中；后者反映了专业镇经济的分工效应，即一个产业在某区域

① 王珺：《论专业镇经济的发展》，《南方经济》2000 年第 12 期，第 9—11 页。
② 李新春：《专业镇与企业创新网络》，《广东社会科学》2000 年第 6 期，第 29—33 页。
③ 王珺：《产业组织的网络化发展——广东专业镇经济的理论分析》，《中山大学学报》（社会科学版）2002 年第 1 期，第 89—95 页。

内形成上下游分工联系。白景坤和张双喜①将中国的专业镇经济划分为基于优势资源、优势产业和已经形成的专业市场等因素建立起来的内生型专业镇，以及凭借优越的地理位置、政府的优惠政策、较好的投资环境和生活环境形成的嵌入型专业镇。王珺②通过分析珠江三角洲西岸产业集群的生成条件和转化过程，提出了衍生型集群的概念。沈静和陈烈③研究了珠江三角洲专业镇成长的过程、原因及其基本模式，从成长模式的角度将珠三角的专业镇经济分为内生型专业镇和外生型专业镇。

二　专业镇经济的作用

谯薇④研究认为，产业集群能够带来人口集中，从而促进小城镇发展，专业镇能较好发挥集群优势，是促进小城镇发展的必要途径。路平⑤指出，专业镇经济已成为当时带动广东农村区域经济发展的重要支柱和牵引力，推动了广东农村产业结构的优化升级和信息服务业的发展，为实现经济社会信息化，特别是企业的信息化创造了条件。

三　专业镇经济的升级

岳芳敏⑥研究发现，广东专业镇在全省地区经济发展中的增长极作用并没有因为金融危机的影响而削弱，60%的地市中，专业镇经济

① 白景坤、张双喜：《专业镇的内涵及中国专业镇的类型分析》，《农业经济问题》2003年第12期，第17—20页。
② 王珺：《衍生型集群：珠江三角洲西岸地区产业集群生成机制研究》，《管理世界》2005年第8期，第80—86页。
③ 沈静、陈烈：《珠江三角洲专业镇的成长研究》，《经济地理》2005年第3期，第358—361页。
④ 谯薇：《建设专业镇是促进小城镇发展的必要条件》，《经济学家》2006年第5期，第123—124页。
⑤ 路平：《专业镇是推动广东经济社会发展的强大动力——实施专业镇技术创新试点的五年历程》，《广东科技》2006年第8期，第1—4页。
⑥ 岳芳敏：《广东专业镇转型升级：机制与路径》，《学术研究》2012年第2期，第81—88页。

对本地经济增长的贡献超过30%，这主要得益于专业镇产业的转型升级，其具体方式包括制造业环节升级、产业链延伸、产业分工升级、引进战略性新兴产业等。刘城①指出，加快专业镇经济向创新型产业集群转型，是广东经济实现创新驱动的重要途径，其关键在于提高创新活跃程度，加快高级生产要素的集聚，培育战略性新兴产业，以及创新商业模式。梁永福等②基于广东56个专业镇面板数据的实证研究发现，专业镇产业结构的转型升级会推动城镇化进程，并且专业镇的生存期越长，其产业结构优化调整对城镇化水平的提升效果越大。

第三节　产业园区相关研究

园区经济是指在一定地域空间内集聚了大量企业，以产业集群或产业链耦合为基础，吸纳生产要素集中投入，从而形成经济增长乘数效应的经济组织形式，其带来的竞争力和对区域经济增长的贡献，引发了广泛的研究③。

高新技术开发区是一类重要的产业园区。1991年，国务院批准建立深圳、中山、广州、惠州、佛山、珠海6个国家级高新技术产业开发区后，广东省先后批准设立了汕头、东莞、江门等10个省级高新技术开发区，至此，全省高新技术产业开发区达16个，成为全国高新区最多的省份。这些高新区在发展高新技术产业，增强技术创新能力，完善技术创新环境三大方面成绩斐然。④

广东省的产业转移主要形式是建立产业转移园区，产业转移园区

①　刘城：《粤港澳大湾区优化营商环境的对策建议》，《新经济》2017年第12期，第51—54页。

②　梁永福、宋耘、张展生、肖智飞：《专业镇、产业结构与新型城镇化建设关系》，《科技管理研究》2016年第21期，第157—161页。

③　向世聪：《园区经济理论述评》，《吉首大学学报》（社会科学版）2006年第3期，第97—103页。

④　杜海东、严中华：《广东科技园区创新能力建设问题与对策》，《中国科技论坛》2009年第1期，第46—49页。

不仅推动了产业的升级和转移，还能起到缩小珠三角和粤北山区以及东西两翼的差距、协调区域经济发展的作用。广东省现有产业转移工业园超过70个，是承接产业转移、加速产业集聚、培育产业集群的主要载体。①

　　白国强②分析了广东产业转移园建设中劳动力、资本和土地资源的配置效应，以及转入地和转出地产业转型升级的绩效。结论认为推动转型升级的关键在于改善要素供给。黄新飞和陈珊珊③从产业结构、农村劳动力就业和先进制造业发展等角度出发，通过指标分析和案例分析研究了广东产业转移园区的建设现状及其面临问题，并从发展规划、空间布局、激励机制以及促进农村劳动力就业等方面提出建议和措施。

第四节　城市群经济相关研究

　　城市群是指在特定地域范围内，以1个以上的特大城市为核心，由至少3个大城市为构成单元，依托发达的交通和通信等基础设施网络所形成的空间组织紧凑、经济联系紧密，并最终实现高度同城化和高度一体化的城市群体④。

　　张虹鸥等⑤测度了珠三角城市群20年来首位度、回归斜率、城市规模基尼指数等多项指标的变化，并对城市规模分布的空间特征进行了分析。结果显示，珠三角城市群的城市人口规模分布趋于分散，而

　　① 刘可夫、张志红：《论广东科技园区产业转移的现状与发展对策》，《广东经济》2011年第7期，第46—49页。

　　② 白国强：《产业转移园转型升级与要素响应——以广东为例》，《产经评论》2013年第6期。

　　③ 黄新飞、陈珊珊：《广东提升产业转移园区建设水平研究——基于产业结构、农村劳动力就业和先进制造业发展三重视角》，《农林经济管理学报》2016年第4期，第424—434页。

　　④ 方创琳：《中国城市群研究取得的重要进展与未来发展方向》，《地理学报》2014年第8期，第1130—1144页。

　　⑤ 张虹鸥、叶玉瑶、陈绍愿：《珠江三角洲城市群城市规模分布变化及其空间特征》，《经济地理》2006年第5期，第806—809页。

经济规模分布则趋于集中。程玉鸿和许学强[①]对珠三角城市群内部各城市的产业竞争力进行比较分析发现，珠江三角洲城市群从工业发展角度可划分为高中低速三种类型，并指出应强化区域分工与协作，从而提升城市群整体工业竞争力。何琪[②]基于地缘经济关系和欧氏距离分析法研究了珠三角城市群间的合作竞争关系。结果显示，珠三角城市间的整体竞争性较强、缺乏合作，进而提出珠三角城市群应该进行适当的产业分工，降低城市间的分割度，采取产业互补、共同发展的政策。

王春超和余静文[③]研究认为，珠江三角洲城市群能较好发挥组织结构优势，有利于城市群内各地区间的协调发展和资源的合理分配，因此实行城市群后的地区总收益将大于未实行城市群的各地区收益之和。实证结果表明，城市群的形成确实能够提升城市群内各地区的经济发展绩效。覃剑和冯邦彦[④]实证检验了大珠三角城市群中各城市金融业和制造业的空间指向性。结果表明，大珠三角城市群的金融业和制造业在空间上既有分离性也有相吸性。黄洁等[⑤]对比分析了我国三大城市群的可持续发展效率及其空间分异特征。针对珠三角的分析结果表明，珠江三角洲的可持续发展效率逐渐增高，主要由其较高的纯技术效率驱动，具体表现为技术创新和管理水平的提升。赵祥[⑥]研究认为，珠三角城市群大部分城市都形成了正向的产业结构效应，但多

---

① 程玉鸿、许学强：《珠江三角洲城市群产业竞争力比较》，《经济地理》2007 年第 3 期，第 418—422 页。

② 何琪：《珠三角城市群地缘经济关系分析》，《统计与决策》2013 年第 17 期，第 123—125 页。

③ 王春超、余静文：《政府间组织结构创新与城市群整体经济绩效：以珠江三角洲城市群为例》，《世界经济》2011 年第 1 期，第 143—160 页。

④ 覃剑、冯邦彦：《大珠三角城市群金融业与制造业空间关系研究》，《南方金融》2014 年第 7 期，第 87—91 页。

⑤ 黄洁、咨涛、张宏强：《基于 DEA 和 Malmquist 模型的中国三大城市群可持续发展效率研究》，《中国人口·资源与环境》2016 年第 S1 期，第 373—376 页。

⑥ 赵祥：《城市经济互动与城市群产业结构分析——基于珠三角城市群的实证研究》，《南方经济》2016 年第 10 期，第 109—120 页。

数城市未形成空间竞争力净效应和空间区位效应，尚不能充分利用其他城市发展带来的积极影响，城市群专业化分工与协作水平有待提高，经济发展的空间结构调整有待深化。

第五节　泛珠三角经济圈相关研究

"泛珠三角"是指沿珠江流域的广东、福建、江西、广西、海南、湖南、四川、云南、贵州 9 个省（区），加上香港和澳门 2 个特别行政区在内的 11 个地区合作，共谋发展，简称"9 + 2"。此概念于 2003 年在广东经济发展国际咨询会上正式提出，得到了其余 10 个地区政府的积极响应。在中央的指导和国家有关部门的支持下，泛珠三角区域合作稳步推进。

曹小曙等[1]在分析泛珠三角地区自然资源、基础设施、人口与劳动力等区域发展条件的基础上，对泛珠三角内部的产业空间结构、城市体系特征，以及区域间要素流动等问题进行了研究，为泛珠三角的未来发展提出了若干建议。张秀萍和余树华[2]从生产要素流动、产业链配套、产业升级与梯度转移、跨地域环境污染等方面对泛珠三角地区的产业集群与区域竞争力进行了研究。结论认为，应当规范和协调产业集群发展中的政府行为，促进集群企业完善横纵向产业链，实施产业集群优化升级和向中西部转移并行发展的战略，同时加强跨区域环境治理。陈瑞莲和刘亚平[3]从区域公共管理的视角分析了泛珠三角区域政府合作的背景和现状，并从合作理念、合作模式、合作机制、合作规范、合作政策五个方面探讨了泛珠三角区域政府在合作上的创新与路径。

① 曹小曙、柳意云、闫小培：《泛珠江三角洲的经济地理格局与区域发展展望》，《中国发展》2004 年第 3 期，第 27—34 页。

② 张秀萍、余树华：《泛珠三角产业集群与区域竞争力问题探析》，《南方经济》2005 年第 12 期，第 98—100 页。

③ 陈瑞莲、刘亚平：《泛珠三角区域政府的合作与创新》，《学术研究》2007 年第 1 期，第 42—50 页。

王鹏和张剑波①研究了不同来源的外商直接投资对泛珠三角区域创新产出的影响，结果显示：外商直接投资能够显著扩大高创新能力地区的创新产出规模，对低创新能力地区的创新产出规模及层次均有正向影响，海外华商投资溢出效应主要表现为促进创新产出规模的扩大，而西方国家投资则对低创新能力地区的创新产出规模和层次影响显著。吴立军和李佛关②以广东省为基准研究了除四川省外泛珠三角其余七省的经济增长差异及收敛性问题。结论认为，广东省人力资本储蓄率和贡献率高于其他省域，是劳均产出差异的根源，在向各自均衡路径收敛的时间尺度上，福建省最快，贵州省最慢。

第六节　广东省自贸区相关研究

2014 年 12 月，国务院决定设立中国（广东）自由贸易试验区，广东自贸区涵盖三个片区：广州南沙新区片区（广州南沙自贸区）、深圳前海蛇口片区（深圳蛇口自贸区）、珠海横琴新区片区（珠海横琴自贸区），总面积为 116.2 平方公里。广东自贸区的战略定位是：依托港澳、服务内地、面向世界，将自贸试验区建设成为全国新一轮改革开放先行地、21 世纪海上丝绸之路重要枢纽和粤港澳深度合作示范区。2018 年 5 月，国务院印发了《进一步深化中国（广东）自由贸易试验区改革开放方案》，明确广东自贸区要打造"两区一枢纽"，即开放型经济新体制先行区、高水平对外开放门户枢纽和粤港澳大湾区合作示范区。

一　自贸区与粤港澳区域合作

林江和范芹③探讨了广东自贸区的建设背景，认为除了全球新一

---

① 王鹏、张剑波：《外商直接投资、地区差异与创新规模及层次——基于泛珠三角区域内地九省区面板数据的实证研究》，《国际贸易问题》2012 年第 12 期，第 84—94 页。
② 吴立军、李佛关：《泛珠三角经济圈区域内经济增长差异及收敛性探究》，《广东财经大学学报》2015 年第 4 期，第 35—43 页。
③ 林江、范芹：《广东自贸区：建设背景与运行基础》，《广东社会科学》2015 年第 3 期，第 21—27 页。

轮竞争加剧、中国内部改革需求以及中国战略发展的选择以外，内地与港澳合作进入瓶颈期也是重要因素，因此，广东自贸区的最大亮点是粤港澳合作优势。此外，通过对比分析广东与其他自贸区的运行基础，发现广东自贸区有其优越性。广东自贸区不仅要借鉴和复制部分"上海经验"，更要突出地方特色，应在全球竞争中充分发挥粤港澳合作优势，破除服务贸易发展的体制机制障碍，探索更加有效的负面清单管理，构建粤港澳合作的全面示范区，为推进我国的改革开放进程做出新贡献。

张凤超和张明①考察了粤澳金融合作的进展以及束缚粤澳金融深度合作的因素，在珠海横琴自由贸易区建立的背景下，探究了粤澳金融深度合作的战略目标以及推进设想。研究发现，粤澳金融体制上的巨大差异束缚着两地金融合作的进一步深化，珠海横琴自贸区具备的金融合作优越性可以推动金融地域运动高效进行，从而为粤澳金融深度合作提供契机。

二 自贸区与地方产业发展

宋洋②探讨了广东自贸区的功能定位，并从多个角度分析珠三角现代服务业的发展情况，评估广东自由贸易区的建立对珠三角服务业的影响。研究发现，广东自贸区为珠三角与港澳服务业的融合与互促奠定了良好的制度基础，促进了技术、人才、资金等要素在粤港澳三地之间的自由流通，为促进珠三角服务业升级起到良好的示范作用。

詹荣富③通过文献对比法分析了上海自贸区融资租赁的发展经验，并对广东自贸区及金融创新基础进行总需求模型分析，最后从金融制度改革、风险管控监理、服务内容创新以及人才培养四个方面切入分

---

① 张凤超、张明：《金融地域运动视角下的粤澳金融深度合作——基于珠海横琴自贸区的思考》，《华南师范大学学报》（社会科学版）2015 年第 6 期，第 115—122 页。
② 宋洋：《广东自贸区的建立对珠三角服务业的影响研究》，《科技经济市场》2016 年第 6 期，第 47—48 页。
③ 詹荣富：《广东自贸区物流服务创新及推动探究——基于上海自贸区融资租赁发展启示》，《物流工程与管理》2016 年第 7 期，第 79—82 页。

析，提出广东自贸区的物流金融应采用"互联网＋金融＋物流"的发展模式。

黄鹤和杨芷琪①认为，广东自贸区是中国贸易自由化和便利化的改革创新之举，其建立对周边城市有创新示范和溢出带动作用，进一步探讨了广东自贸区对佛山经济的影响。结论认为，广东自贸区对佛山经济的可能影响主要体现在四个方面：①对佛山制造业的"双重效应"；②推动佛山金融产业的升级发展；③导致技术人才"先流失，后集聚"；④造成佛山税源外流。

三　自贸区比较研究

王孝松和卢长庚②对上海和广东两个自贸区进行比较分析，对中国近年来设立的各个自贸区的竞争策略进行了系统的研究，同时还考察了"新常态"背景下以加快行政管理体制改革为手段推动自贸试验区竞争与发展的方法与对策。

陈德宁等③对广东自贸区南沙片区与上海自贸区的开放措施进行比较研究。结果表明，在投资管理、贸易监管和自然人移动方面，南沙自贸片区的开放水平高于上海自贸区，但在政府行政和金融开放方面与上海仍有一定的差距，税赋制度方面二者水平相同。

四　自贸区的宏观经济影响

谭娜等④运用反事实分析法，基于我国省级工业增加值增长率和进出口总额增长率的月度数据，对上海自贸区成立的经济增长效应进

---

①　黄鹤、杨芷琪：《广东自贸区对佛山经济的影响及对策研究》，《统计与管理》2016 年第 11 期，第 76—77 页。

②　王孝松、卢长庚：《中国自由贸易试验区的竞争策略探索——基于上海、广东自贸区的比较分析》，《教学与研究》2017 年第 2 期，第 42—50 页。

③　陈德宁、高晓祥、高静雯：《广东自贸区南沙片区与上海自贸区的开放措施比较研究》，《城市观察》2017 年第 4 期，第 132—146 页。

④　谭娜、周先波、林建浩：《上海自贸区的经济增长效应研究——基于面板数据下的反事实分析方法》，《国际贸易问题》2015 年第 10 期，第 14—24 页。

行评估。结果发现，上海自贸区成立对上海经济增长具有显著的正效应，分别能提升上海市工业增加值和进出口总额月同比增长率 2. 69 个和 6. 73 个百分点，且该结果关于自贸区成立时点的变化、控制组的外生性假设、变量选择准则的使用等都具有稳健性。

王利辉和刘志红①运用政策效应评估法与合成控制法评估了上海自贸区的成立对地区的经济效应。研究发现，两种方法评估得到的上海自贸区对上海地区实际人均 GDP、固定资产投资及进出口总额的影响分别为 2. 82%、1. 25%、2. 54%、2. 34% 及 3. 24%、1. 05%、2. 75%、2. 23%，该结果表明自贸区对地方经济的影响效应为正，两种方法均通过了稳健性检验。

黄丽霞②通过研究广东自贸区的成立对广东省经济增长的影响，运用 VAR 模型中的脉冲响应函数和方差分解法，基于广东省自贸区成立前后广州、深圳和珠海的规模以上工业增加值、出口额、外商实际投资额的月度数据，对广东自贸区成立的经济增长效应进行了实证研究。

五 自贸区金融发展与风险防范

据广东省金融办数据③，自广东自贸区建立以来，前海蛇口、南沙、横琴大力发展特色金融业，截至 2016 年 3 月，三大区域已分别集聚了各类金融机构和创新型金融企业总计 42844 家，同比增加超过 2. 5 万家。谢家泉等④从广东自贸区的跨境资金流动风险出发，结合自贸区各片区的功能定位特点开展了广东自贸区金融风险防范研究。从金融风险趋势预测和敏感度分析、金融风险国内外传导分析、金融风险

① 王利辉、刘志红：《上海自贸区对地区经济的影响效应研究——基于"反事实"思维视角》，《国际贸易问题》2017 年第 2 期，第 3—15 页。
② 黄丽霞：《自由贸易区对区域经济增长的影响——基于广东自贸区成立前后数据对比的 VAR 模型分析》，《商业经济研究》2017 年第 20 期，第 154—156 页。
③ 引自《南方日报》2016 年 4 月 22 日（时局·聚焦版）。
④ 谢家泉、林越、徐莎莎、李丽雯：《构建广东自贸区国际金融风险防范体系》，《金融经济》2017 年第 16 期，第 126—127 页。

差异化分析三个角度构建广东自贸区金融风险防范体系，最后提出金融监管、金融自律和金融数据大平台建设对风险防范体系的必要性。

第七节　粤港澳大湾区相关研究

粤港澳大湾区是由广州、佛山、肇庆、深圳、东莞、惠州、珠海、中山、江门9市和香港、澳门2个特别行政区形成，是国家建设世界级城市群和参与全球竞争的重要空间载体。粤港澳大湾区是目前国家经济活力最强的区域之一。

一　发展战略和定位

单纯从面积和总人口数来衡量，粤港澳大湾区已经成为全球最大的大湾区，超越了目前的三大世界级大湾区（纽约湾区、东京湾区和旧金山湾区）。但粤港澳大湾区作为国家层面的重要发展战略，目标定位显然更为远大：第一，粤港澳大湾区的发展应是全面的，要建设成为现代化、高品质的世界级大湾区，具备较高程度的国际竞争力和影响力。[1] 第二，以城市群形式重构区域发展蓝图，是近年来国家区域发展战略的重要形式，是消除行政区划障碍、解决区域进一步融合发展瓶颈的有效方式。因此城市的发展和协调、城市群的培育和品质提升，是粤港澳大湾区发展的重要基础。粤港澳大湾区要建设具有国际竞争力的现代化大湾区，首先必须打造文明程度极高、文化品质极好的现代化都市群[2]。第三，进入21世纪以来，伴随知识经济的兴起，科技活动逐步成为一种新的产业形态。要建设粤港澳大湾区、提升其国际竞争力和影响力，必须顺应这一历史潮流，以建设"国际创

---

[1]　梁育民：《粤港澳大湾区发展研究》，《城市观察》2018年第1期，第5—6页。

[2]　蔡赤萌：《粤港澳大湾区城市群建设的战略意义和现实挑战》，《广东社会科学》2017年第4期；王枫云、任亚萍：《粤港澳大湾区世界级城市群建设中的城市定位》，《上海城市管理》2018年第2期，第30—38页。

新枢纽"的理念来定位和建设粤港澳大湾区①。

二　制度环境

制度规则对社会经济的发展具有重要影响，在不同的制度环境下，社会经济发展水平和效率也会表现出较大差异。粤港澳大湾区的发展自然离不开制度上的创新和完善。制度上的创新和完善主要包括以下几个方面。

（一）构建跨境协商管制机制和社会合作交流机制

国家层面进行的顶层设计是社会发展的权威保障和根本支撑，由于粤港澳大湾区跨越了行政边界，其多中心与多重行政的构成特征在某种程度上造成了区域内部竞争，增添了区域协调的难度。为克服这一困难，应在中央政府牵头协调下构建粤港澳大湾区跨境协商管制机制。该跨境协商管制机制由中央政府领导、粤港澳三地政府共同参与，具有制定合作规则、执行具体事务、提供监督与咨询等多种职能。此外，还应推动各种形式的社会资源流动和合作，构建多层次的社会合作制度②。

（二）推动和培育多种形式、灵活而有深度的非正式合作机制

充分发挥大湾区内民间商会、行业协会等民间团体在区域合作中的作用，使之成为联系协商管制机制与微观上企业及个人之间的重要渠道，消除区域之间阻碍要素自由流动的壁垒；此外，还可使其成为地区间同行交流的平台，增进三地企业间的交流和沟通③。

（三）充分发挥软法治理的作用

软法的形态具有多样性，经常冠以诸如宣言、纲要、协议、倡议、章程、纪要、促进法等多种称谓。软法治理与区域政府间合作具有高

---

① 许长青：《广州建设国际创新枢纽的发展战略与路径选择思考：基于粤港澳大湾区高水平大学科技合作的视角》，《广东经济》2018 年第 1 期，第 80—84 页。

② 钟韵、胡晓华：《粤港澳大湾区的构建与制度创新：理论基础与实施机制》，《经济学家》2017 年第 12 期，第 50—57 页。

③ 同上。

度的联系。实际上，自港澳回归以来，内地尤其是广东省与港澳两地的合作机制通过多种合作文件的形式逐渐完善，为粤港澳的合作和粤港澳大湾区的建设奠定了重要的制度基础。充分发挥软法的治理作用，并且使之与宪法和港澳基本法等"硬法"相协调，是完善粤港澳大湾区制度建设的重要方面①。

（四）完善营商环境建设

现代国家之间的竞争，不仅表现为城市及城市群之间经济等硬实力的竞争，更表现为经济软实力特别是营商环境的竞争。透明、便利、法治的营商环境是湾区经济取得成功的重要前提，国际化营商环境建设的成效决定着粤港澳大湾区能否实现从区域性湾区向国际性大湾区的"质的转变"。然而，目前粤港澳大湾区在营商环境方面的建设与世界著名湾区仍然存在一定的差距。因此，必须重视和加强粤港澳大湾区的营商环境建设，提高其软实力。②

三　文化创新

粤港澳大湾区是广府文化发展和传承的中心，广府文化以农业文化和海洋文化为源头，在发展过程中不断吸收和融合中原文化和海外文化，逐渐形成务实、开放、兼容、理性、创新的特点。在粤港澳的法治文化中，异质性与同质性并存、私法性与公法性同在、建构性与进化性共生，这些都是促进法治文化发展的有利基础③。在利用传统文化之外，还要重视文化的创新，形成湾区内的创新文化特征。因此，当前发展粤港澳大湾区的核心任务之一，就是要实现协同创新，完善创新合作体制机制，优化跨区域合作创新发展模式，构建有活力的跨

---

① 陈洪超、张春杨、王琳：《软法视野下粤港澳大湾区合作治理机制研究》，《特区经济》2018 年第 3 期，第 22—25 页。

② 谢俊、申明浩、杨永聪：《差距与对接：粤港澳大湾区国际化营商环境的建设路径》，《城市观察》2017 年第 6 期，第 25—34 页；刘城：《粤港澳大湾区优化营商环境的对策建议》，《新经济》2017 年第 12 期，第 51—54 页。

③ 刘云甫：《粤港澳大湾区法治文化的发展困境与优化路径》，《广东行政学院学报》2018 年第 1 期，第 63—68 页。

区域、跨制度创新体系。①

四 区域和产业协调发展

海洋经济是粤港澳大湾区的一个重要特征。通常来说，海洋经济具有典型的国际性、开放性特征。基于粤港澳大湾区海洋经济特征，促进经济要素流动、区域协调发展，形成湾区经济开放合作的作用机制框架，对粤港澳间海洋经济持续增长、提供湾区经济的国际竞争力以及推进"一带一路"建设具有明显的促进作用。通过陆海统筹融合资源、推进要素国际流动、金融促进海洋经济发展以及合理划分政府与市场的边界，可以有力促进粤港澳大湾区发展。目前，粤港澳地区已经形成发展为世界顶级湾区的开放型经济雏形，有良好的基础设施支撑，但仍存在巨大的发展空间②。

改革开放40年来，粤港澳大湾区形成了"一国两制三区"的多元体制。这种多元体制下的互补优势直接推动了珠三角地区经济社会的快速发展。具体包括跨境交通协调（物流）、跨境人员交流（人流）、跨境信息交流（信息流），以及跨境产业合作、跨境基础设施建设、跨境环境保护、跨境公共安全等，这些跨境区域协调涉及经济、行政、法律、社会多个层面，涉及粤港澳三地之间、港澳和广东省内各区域各部门之间的协调。这是粤港澳大湾区与世界其他著名湾区经济的不同之处，同时也是粤港澳大湾区的发展潜能所在。③

粤港澳大湾区的区域联系和要素流动。目前，粤港澳内部城市的综合质量、联系水平均存在显著的空间非均衡分布特征，粤港澳网络联系呈现出由港深穗向周边梯度衰减态势，且表现出显著的圈层结构

---

① 汪云兴：《粤港澳大湾区协同创新的着力点》，《开放导报》2018年第2期，第55—56页。

② 张昱、陈俊坤：《粤港澳大湾区经济开放度研究——基于四大湾区比较分析》，《城市观察》2017年第6期，第7—13页；陈明宝：《要素流动、资源融合与开放合作——海洋经济在粤港澳大湾区建设中的作用》，《华南师范大学学报》（社会科学版）2018年第2期，第21—26页。

③ 刘云刚、侯璐璐、许志桦：《粤港澳大湾区跨境区域协调：现状、问题与展望》，《城市观察》2018年第1期，第7—25页。

特征。粤港澳大湾区及周边城市在空间结构上表现为显著的"核心—半边缘—边缘"结构和三级圈层结构特征，整体网络联系过度依赖港深穗的辐射带动和中介桥梁作用，缺乏合理的梯度层级。此外，粤港澳大湾区各城市间要素流动强度具有明显的地理邻近性，一方面，由于经济、法律制度、行政体制之间的差异，要素难以实现完全的自由流动；另一方面，湾区中的各区域存在一定程度的同质竞争。因此粤港澳大湾区应通过建立"市场共同体"等路径，实现要素国际对接。[①]

粤港澳大湾区的产业协同发展。根据区域经济的基本，区位优势和资源禀赋是区域产业协同发展的基本前提。目前，粤港澳大湾区拥有发达的城市群和世界级海港群、空港群及高效的物流体系，产业结构互补性强，具有独特的区位优势和资源禀赋。然而，尽管经过了30多年的经贸交流，粤港澳三地的产业合作仍未达到理想状态，产业链还来能得到有效的整合和延伸，未形成上下游完整配套的产业链条，多层面、跨区域的产业合作协调机制仍有缺失，这在很大程度上制约了粤港澳大湾区发展的进程。因此，粤港澳大湾区产业协同发展需要创新产业分工与产业链全面融合机制、协同研发与新业态共育机制以及国际国内市场双向拓展机制[②]。

五　环境治理

现代经济的发展离不开环境治理的优化。良好的自然生态环境条件，是实现区域可持续发展的重要前提和基础。粤港澳大湾区位于河网密布、山水相依、河海交汇、陆海相连、环境相关的珠江三角洲，拥有复杂而不可分割的自然生态系统。如何充分利用优越的地理位置和自然环境禀赋，是粤港澳大湾区实现全面发展、形成国际竞争力的一个重要途径。目前，粤港澳大湾区已开展了多年的环保合作，政府

---

① 陈世栋：《粤港澳大湾区要素流动空间特征及国际对接路径研究》，《华南师范大学学报》（社会科学版）2018 年第 2 期，第 27—32 页。

② 向晓梅、杨娟：《粤港澳大湾区产业协同发展的机制和模式》，《华南师范大学学报》（社会科学版）2018 年第 2 期，第 17—20 页。

间的专项性环境规划和协议相继出台，在空气质量管理、跨界河流治理、珠江河口水质管理、东江水质保护等领域形成了较为成熟的合作机制[①]。要实现粤港澳大湾区的环境治理优化，第一，大湾区总体环境治理规划需要由国家带动，粤港澳三方政府参与共同制定；第二，形成多层次、广范围的合作机制，完善包括中央层面、大珠三角层面、小珠三角层面在内的多层级责权明晰、多元主体互动的区域环境协调的组织机制，构建如联席会议制度、环境合作小组等合作机制[②]。

第八节　文献评述

从前文梳理的文献脉络可以发现，现有对区域经济发展的研究成果，更多关注对区域经济发展的时空特征刻画，区域经济发展的影响因素，以及国外区域经济发展理论的验证。这些研究为我们提供了丰富的经验证据和多样的理论视角：针对区域增长和区域差异及其影响因素的研究，为我国的宏观调控提供了政策制定的依据；关于区域战略和区域转型的相关研究，能在我国的区域经济发展进程中及时提供政策战略实施效果的成效考察，并提供有益的新思路；对区域一体化和区域合作的研究，则考察了区域间资源配置优化的作用、约束及其成因，为区域协调发展探索了合作共进的可能思路。

现有研究的不足之处在于，或受限于数据可得性和技术可行性，或受国内外同期研究热点的影响，比较缺乏对社会、历史、制度等深层次机制的分析。

区域经济作为经济地理学的一个重要分支，其研究的一个重要出发点在于不同区域的经济发展有其特殊性，这些特殊性往往来自区域的地理环境、自然禀赋、历史文化以及制度变迁。正是因为这些特殊

---

① 王玉明：《大珠三角城市群环境治理中的政府合作》，《南都学坛》2018 年第 4 期。

② 王玉明：《大珠三角城市群环境治理中的政府合作》，《南都学坛》2018 年第 4 期；张洲：《2017 第六届中国南方智库论坛征文学者观点选编之三》，《新经济》2017 年第 11 期，第 16—25 页。

性的存在，区域间的经济发展才会各有特征，彼此间出现差异，而后才会引出区域均衡、发展战略以及市场一体化等话题。抛开这些特殊性的深层次来源，就难以对区域经济发展的规律进行因果识别，也无法判断套用国对外既有区域经济理论的检验是否适用于某个或某些区域，因此得出的结论往往莫衷一是。理论的研究，归根结底是为了指导实践，倘若不能从区域本身的独特社会历史背景出发，得到的研究成果对区域经济发展的指导作用就必然打折扣。

近年来，我国的区域经济研究表现出几点新的趋势：（1）空间尺度从总体上以中国全境、省域、传统经济带等为主，转向省域、市域经济差异和新型经济区域如城市群、自贸区等，空间尺度的细化意味数据可得性的提高，也代表对每个区域的分析有可能进一步深入；（2）多研究尺度（省、经济区、全国）经济差异研究逐渐增多，不同尺度下的对比研究，同样有助于揭示深层机制的影响；（3）对区域发展战略的研究视角逐渐从区域平衡发展转化到区域协调发展；（4）关于区域政策评价和金融市场对区域经济发展影响的研究不断涌现。这些变化都是可喜的，但同时也要看到，探讨社会、历史和制度等因素影响机制的研究仍旧是比较欠缺的。

本书在深入梳理回顾改革开放 40 年以来广东区域经济发展历程的基础上，研究了广东区域经济发展的动力变迁、区域协调发展机制以及自贸区设立和区域发展战略的影响等主题，既能为当前国内区域经济发展研究提供广东的经验证据，也是从社会、历史和制度等深层机制开展区域经济发展研究的有益探索。

中 篇

回顾篇

第四章

特区经济：全国区域经济
渐进式发展的先河

中国经济特区诞生于20世纪70年代末80年代初，成长于90年代。经济特区的设置标志中国改革开放进一步发展。截至目前，中国内地共有7个经济特区，广东有深圳、珠海和汕头3个经济特区。

经济特区是我国采取特殊政策和灵活措施吸引外部资金特别是外国资金进行开发建设的特殊经济区域。经济特区可以扩大本国的对外贸易；引进更多的国外资金、技术和管理经验；增加就业机会，扩大社会就业；加快特定地区经济发展与经济开发的速度，形成新的产业结构和社会经济结构，对全国（地区）经济发展形成吸纳和辐射作用；获得更多的土地出售、出让和出租收益。从功能上讲，经济特区是我国改革开放和现代化建设的窗口、排头兵和试验场。这既是对经济特区特殊政策、特殊体制、特殊发展道路的概括和总结，也是对经济特区承担的历史使命和实际作用的概括和总结。

广东三大经济特区，尤其是深圳经济特区坚持锐意改革，敢闯敢试、敢为天下先，勇于突破传统经济体制束缚，率先进行市场取向的经济体制改革，在我国实现从高度集中的计划经济体制到充满活力的社会主义市场经济体制的历史进程中发挥了重要作用；坚持对外开放，有效实行"引进来"和"走出去"，积极利用国际国内两个市场、两种资源，成功运用国外境外资金、技术、人才和管理经验，为我国实现从封闭半封闭到全方位开放进行了开拓性探索；坚持服务国家发展大局，全国支持经济特区发展，经济特区回馈全国，促进东中西部协调发展，对全国发展起到重要辐射和带动作用；坚持"一国两制"方针，加强同香港、澳门、台湾地区的多领域交流合作，为推动香港、澳门回归祖国并保持繁荣稳定和促进祖国和平统一大业发挥了桥梁和纽带作用。① 广东三大经济特区经过 40 年的努力，综合经济实力跃居全国大中城市前列，创造了世界工业化、现代化、城市化发展史上的奇迹，为我国改革开放和社会主义现代化建设做出了重要贡献。

第一节　特区经济开启改革开放大门

一　改变落后面貌的急切需求开启改革开放，让广东先行一步

　　1978 年 5 月 11 日，《光明日报》公开发表了《实践是检验真理的唯一标准》。随后在 11 月 10 日召开的中央工作会议上，邓小平做了《解放思想，实事求是，团结一致向前看》的重要讲话，提出了让一部分人和一部分地区先富起来的想法，这也是经济特区在中国大地出现的指导思想。我国改革开放、发展经济的探索也逐步展开，1987 年 4 月，原国务院副总理谷牧派国家计委和外贸部组织了一个经济贸易考察组赴港澳进行实地调查，提出借鉴港澳经验，把靠近港澳的宝安、珠海两县划为出口基地，逐步将其建设成为具有现代相当水平的对外生产基地、加工基地和吸引港澳游客的旅游区。1978 年 7 月，时任广东省委第二书记的习仲勋到宝安县调研，他派当时的省计委副主任张勋甫率领工作组深入宝安、珠海调研，10 月初，广东省向国务院上报了《关于宝安、珠海两县外贸基地和市政建设规划设想的报告》。1979 年 1 月 25 日，习仲勋主持召开了省委常委扩大会议，这次会议明确提出要利用广东毗邻香港的有利条件，利用外资，引进先进的技术设备，搞补偿贸易，搞加工装配，搞合作经营。为了更好地实施改革开放的基本国策，广东省委决定将宝安、珠海两县改为市。1979 年 3

---

① 胡锦涛在深圳经济特区建立 30 周年庆祝大会上的讲话。

月 5 日，经国务院批准，将宝安、珠海县改为深圳市、珠海市，并决定 3 年内国家拨款 1.5 亿元作为建设出口商品基地、旅游区和新型边境城市的启动资金。其次是交通部香港招商局提出在广东省宝安县蛇口公社创办工业区的构想。1978 年底，时任招商局副董事长的袁庚意识到，如果能够利用广东毗邻香港的土地、劳动力和香港及国外的资金、技术、市场、设备，就能综合内地和香港的各项有利因素。由此 1979 年 1 月 16 日，广东省联合交通部向国务院呈报《关于我驻香港招商局在广东宝安建立工业区的报告》。1 月 31 日，李先念做了同意的批示。广东省委经过反复对在深圳、珠海、汕头举办出口加工区的可行性进行研究后，在领导层已经达成了共识，但具体命名还没能最后确认。1979 年 4 月，中央工作会议召开期间，习仲勋提出广东邻近港澳，华侨众多，应当充分利用这个有利条件，积极开展对外经济技术交流，希望在广东实行特殊政策，让广东先行一步。

二　创办经济特区，探索改革开放道路

邓小平说："就办一个特区嘛，陕甘宁就是特区。"当谈及配套建设资金时，邓小平同志说："中央没有钱，你们自己去搞，杀出一条血路来！"这样，广东省的想法在中央工作会议上得到了中央的认可。7 月 15 日"中央〔1979〕50 号文件"明确规定了"出口特区"先在深圳、珠海两市办，待取得经验后，再考虑在汕头、厦门设置。1979年 12 月 16 日，吴南生在向党中央和国务院汇报的《关于广东建立经济特区的几个问题》中，第一次使用了"经济特区"称呼，认为"经济特区"较"出口特区"好，因为特区不仅要搞工厂，也要搞其他经济事业。中央同意了广东的报告，并于 1980 年 3 月正式将"经济特区"确定下来，并在深圳加以实施。按其实质，经济特区也是世界自由港区的主要形式之一，以减免关税等优惠措施为手段，通过创造良好的投资环境，鼓励外商投资，引进先进技术和科学管理方法，以达到促进特区所在国经济技术发展的目的。经济特区实行特殊的经济政策、灵活的经济措施和特殊的经济管理体制，并坚持以外向型经济为

发展目标。1980 年 5 月 16 日，中共中央、国务院发出《关于广东、福建两省会议纪要的批示》，广东应首先集中力量把深圳特区建设好，其次是珠海。1980 年 8 月 26 日，由叶剑英委员长主持的第五届全国人大常委会第十五次会议批准颁布了《中华人民共和国广东省经济特区条例》，在广东省深圳、珠海、汕头三市划分出 327.5 平方公里、6.7 平方公里、1.67 平方公里，设置经济特区。至此，完成经济特区设立的决策和立法程序，标志着中国经济特区的正式诞生。这也意味着，中国正式向全世界宣布：中国创办了经济特区。经济特区的诞生，代表了中国探索改革开放道路的决心。中国经济特区的诞生起源于中央给予的排他性政策，这种排他性使得广东省成为全国范围内如何发展市场经济的"试验田"，也开启了广东省经济起飞的大门。随着经济特区政策的完善与发展，其迅速起飞为中国改革开放打开了一幅完美的画面。

三 特区经济引领中国改革制度创新

特区经济的发展离不开政策的支撑，这种政策是中国改革开放及融入世界的首次制度创新。

（一）"引进来"和"走出去"双向的市场化和管理权限创新

根据《广东省经济特区条例》（1980 年 8 月 26 日第五届全国人民代表大会常务委员会第十五次会议批准施行），深圳市制定了一系列吸引外资的优惠政策，包括企业经营自主权、税收、土地使用、外汇管理、产品销售、出入境管理等。通过来料加工、补偿贸易、合资经营、合作经营、独资经营和租赁的形式，吸引了大量外资，加速了经济特区的迅猛发展。

中央赋予经济特区当地政府较大的经济管理权限，其对投资项目的批准权限相当于省一级；按照市场经济的要求，赋予特区企业充分的经营自主权。政府不对企业下达指令性生产计划。企业在遵守国家法律的前提下，可以自主地按照市场需求进行投资决策。在批准的经营范围内自行制订生产经营计划，决定产品价格，安排生产和销售，确定管理机构的设置，招聘和辞退员工；对特区企业实行优惠的税率，企业所得税一律为 15%，对外商投资经营期在 10 年以上的生产性企业，从获利年度起可以享受 2 年全免、3 年减半征收（按 7.5% 计征）的优惠。减免税期满后，如属产品出口企业，经申请批准可减按 10% 的税率缴纳。对外商投资 500 万美元以上，经营期在 10 年以上的非生产企业，从获利年度起，可享受 1 年全免、2 年减半征收的优惠；特区企业用进口材料生产的出口产品一律免征关税、增值税；用国产原材料生产的出口产品，除国家明确规定的少数产品外，也全部免征；特区内行政机关、事业单位和企业，经批准进口用于特区建设和生产用的机器设备、零件、部件、原材料、燃料以及货运车辆、旅游、饮食业营业用的餐料、自用的数量合理的办公用品和交通工具均免征关税和增值税，但运往国内其他地区时其所含免税进口的东西则应照章补纳关税和增值税。投资者可按协议规定取得一定期限的土地使用权，也可通过招标和拍卖方式取得土地使用权，地价款可一次付清，也可按规定分期付清。对与我国有外交关系或有官方贸易往来的国家和地区的外国人、华侨和港、澳、台胞到特区洽谈商务，从事科技交流、探亲访友、旅行观光的，在深圳特区不超过 5 天，在珠海特区不超过 3 天，均可在以上特区的口岸临时办理入境签证，外国投资者及企业聘用的外籍员工及其随行眷属，均可申请办理多次入境签证。外国的公司、企业和其他经济组织或个人，按照平等互利的原则，经过特区政府批准后，均可在特区同中国的合营者共同举办按各方注册资本比例分享利润和分担风险和盈亏的合资企业。在合资企业中，外国经营者的投资比例不得低于 25%。也可同中方合营者举办按契约商定合营各方的投资或者合作条件、收益或者亏损分担的合作企业，还可以举办承担全部投资的独资企业。同时，可以利用中方现有的厂房、设备和劳动力，开展来料加工、来样加工和来件组装，外商支付工缴费，取回全部产品，还可以开展补偿贸易、设备租赁，以及购买股票和债券等。

（二）新时期探索建设超大城市规划建设管理运营的示范创新

根据《国务院关于同意撤销深圳经济特区管理线的批复》（国函〔2018〕3号），为促进深圳经济特区一体化发展，结合特区建设发展面临的新形势新使命新任务，同意撤销深圳经济特区管理线。国务院责令广东省和深圳市要认真做好经济特区管理线撤销相关工作，并以此为契机，实施深圳全市域统一的城乡规划建设管理，进一步优化城市功能布局，完善交通基础设施，推进节约集约用地，强化环境保护和生态建设，有序提升公共产品和服务供给水平，实现更高质量的城市化，为新时期超大城市规划建设管理运营积累经验、当好示范。

深圳经济特区管理线撤销后，要进一步加强粤港边界一线管控，强化基础设施建设，确保粤港边界持续稳定。

第二节　特区经济与先行先试的梯度发展

一　特区经济开启全国区域经济渐进式发展的先河

（一）广东三大特区对全国整体经济的影响逐渐扩大

改革开放以来，深圳、珠海、汕头三大经济特区的GDP总量大幅增长。1980年，三个经济特区的GDP为15.36亿元，占全国的0.33%；1990年，三大特区的GDP增加至285.55亿元，占全国的1.54%，年均增长0.1%，增速较为缓慢；2000年，三大特区的GDP增加至2472.71亿元，占全国的2.77%，年均增长0.2%，GDP增长率较为稳定；2016年，三大特区的GDP增加至23789.94亿元，占全国的3.20%，年均增长0.32%。其中，需要指出的是，受到2008年金融危机的影响，2010年三大特区的GDP占全国的2.92%，相比2005年比重是降低的，但随着市场的回暖，三大特区的GDP占全国比重逐渐变大，对中国经济的影响也逐渐扩大（图4—1）。

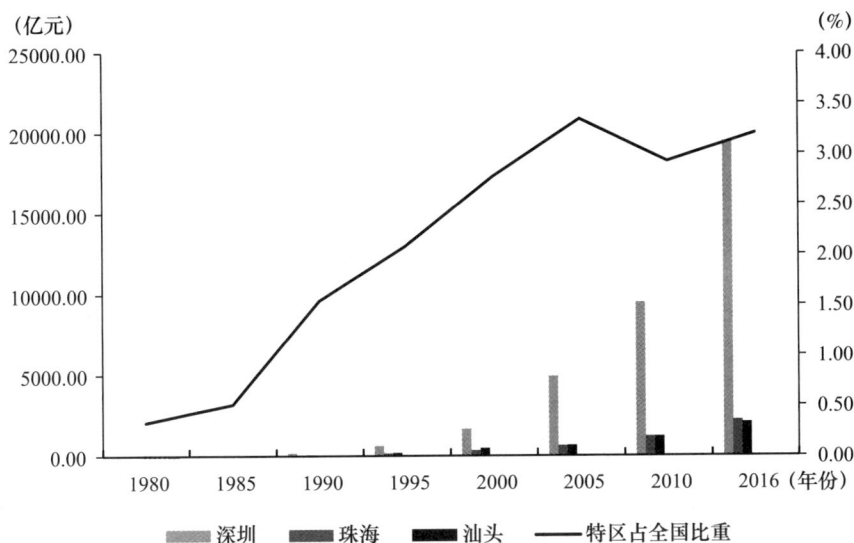

图4—1 广东三大经济特区 GDP 变化图

除了整体上考量三大经济特区的经济体量外，还需分析其人均 GDP 的变化，是经济特区经济运行质量和效益是否提高的具体表征。1980 年，三大经济特区人均 GDP 为 553 元/人，略高于全国平均水平；1990 年，三大经济特区人均 GDP 增长到 5434 元，高于全国平均水平 3800 元，是全国平均水平的 3.33 倍；2000 年，三大经济特区人均 GDP 增长到 25610 元，高于全国平均水平 18532 元，是全国平均水平的 3.62 倍；2016 年，三大经济特区人均 GDP 增长到 113100 元，高于全国平均水平 59120.33 元，是全国平均水平的 2.1 倍（图4—2）。

随着三大经济特区经济总量及质量、效益的不断提升，其财力不断增强。1980 年，三大经济特区财政收入 1.83 亿元，占全国的 0.16%，体量较小；1990 年，财政收入达 32.21 亿元，占全国的 1.10%，是 1980 年的 17.60 倍；2000 年，财政收入达 287.60 亿元，占全国的 2.15%，是 1980 年的 157.16 倍；2016 年，财政收入达 3565.88 亿元，占全国的 2.23%，是 1980 年的 1948.57 倍（图4—3），三大经济特区财政收入取得了飞跃式的增长。

（元/人）

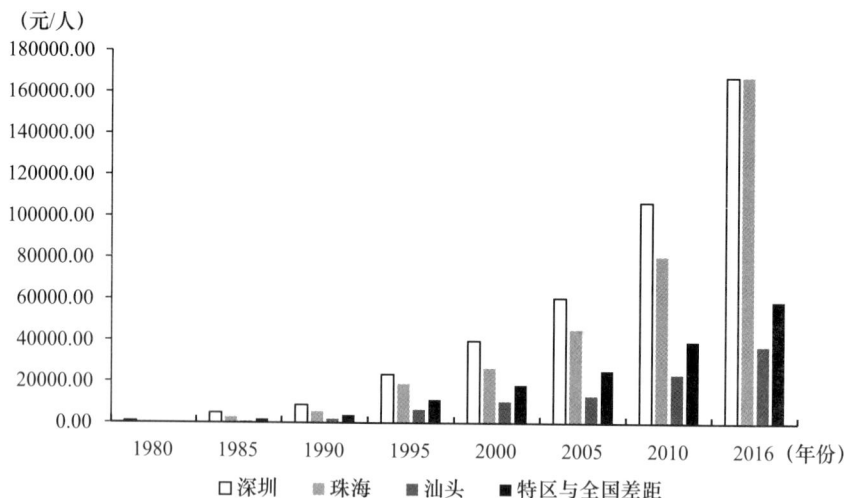

图4—2　广东三大经济特区人均GDP变化图

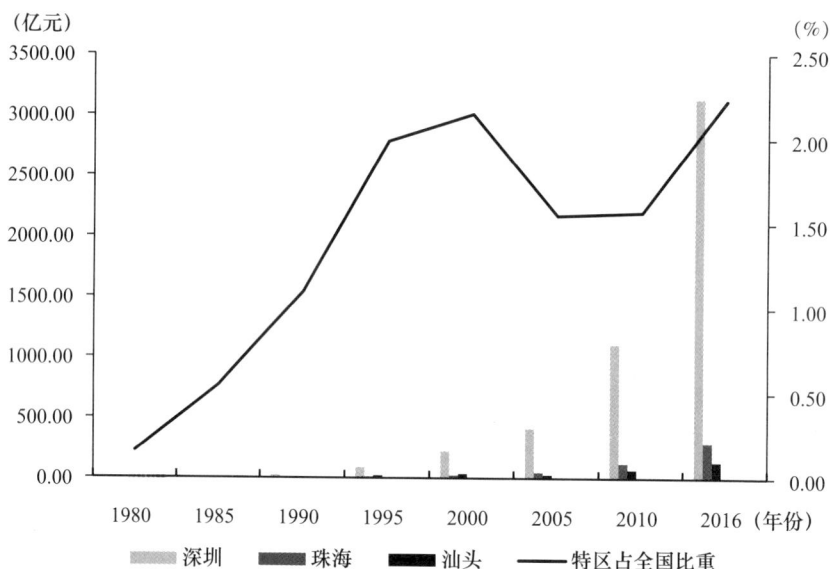

图4—3　广东三大经济特区财政收入变化图

（二）广东三大特区产业结构的高度与质量引领全国

改革开放以来，三大经济特区的产业结构处于快速优化之中，第一产业下降迅速，第二、第三产业比重稳步提高，第三产业略超过第二产业。三大经济特区三次产业所占比重的平均水平由 1980 年的 33.5：33.6：32.9 转变为 2016 年的 1.73：49.27：51.71，2016 年第二产业高于全国 9.47%，第三产业高于全国 0.11%（图 4—4）。进一步说明了三大经济特区产业结构的高度与质量均超过了全国平均水平。

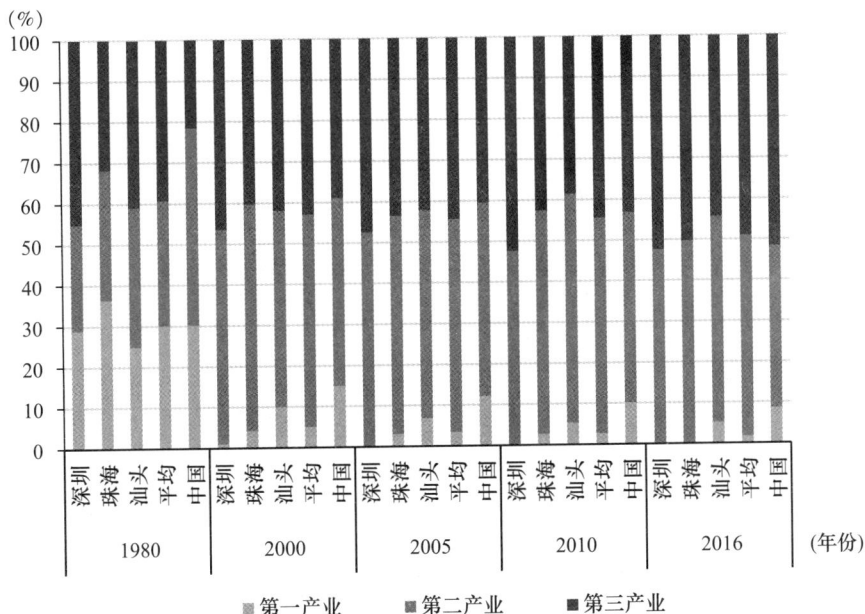

图 4—4　广东三大经济特区产业结构变化图

（三）广东三大特区是全国发展外向型经济的风向标

自三大经济特区设立以来，以外向型经济为发展目标，不断扩大对外贸易和对外经济技术交流与合作。至 2016 年，三大经济特区已与欧美、亚洲等众多国家和地区建立贸易往来关系，进出口总额从 1980 年的 2.88 亿美元上升到 2016 年的 29592.14 亿美元，是 1980 年的 10279 倍，2016 年占全国的 12.16%，增长速度较快（图 4—5）。

从三大经济特区的境外旅游人数来看，旅游业发展较快。1980 年，三大经济特区的境外旅游人数为 15.53 万人次，1990 年，增加至 201.32 万人次，年均增长 20.13%；2000 年，增加至 297.10 万人次，年均增长 18.58%；2016 年，增加至 1687.64 万人次，年均增长

139.05%，占全国 12.19%。可见三大经济特区借助中国改革开放的东风，除了自身所拥有强势的旅游资源，完善的公共服务设施等是吸引游客的重要因素，旅游发展也是经济特区重点发展的产业之一。

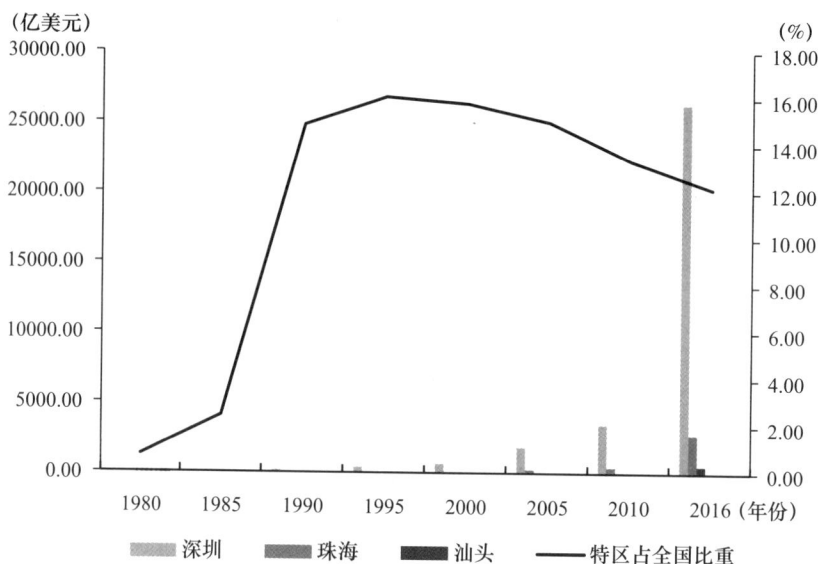

图4—5　广东三大经济特区进出口总额变化图

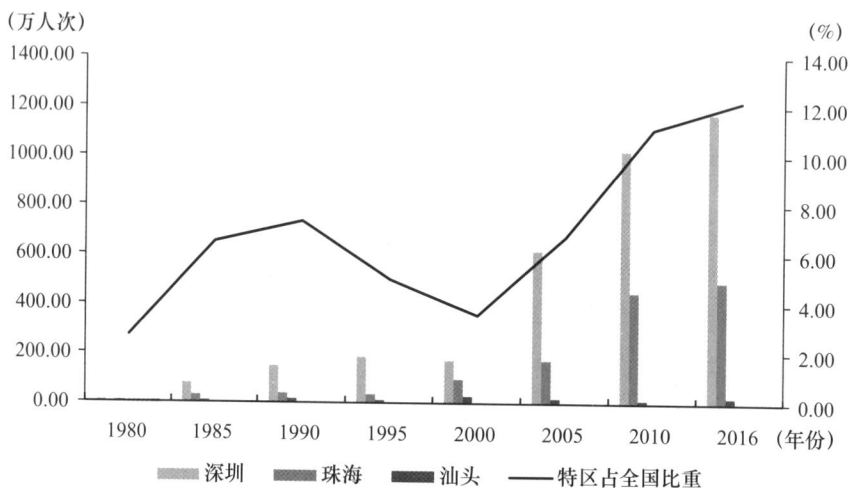

图4—6　广东三大经济特区境外旅游人数变化图

二　特区经济先行先试的梯度发展困境

（一）特区经济发展的定位不清

中国经济特区的设立首先是考虑中国国情，其次是在吸收借鉴国外类似经济特区发展经验的基础上进行设立的。到目前为止，特区经济城市的发展不一，例如，深圳是综合性的经济特区，那么珠海和汕头在新时代应该如何定位呢？事实上，特区经济的综合性是一致的，都将特区和城市发展紧密联系起来，通过特区发展促进城市发展，进而起到辐射带动作用。从特区产业来看，特区的产业发展以国际贸易、出口加工、旅游、房地产、金融、临港产业、物流等产业为主，都是外向型发展模式，从产品和产业结构来看都较为雷同，产业的雷同化不仅不利于区域经济发展互补性和发挥各自的优势，更加不利于参与国际竞争，同时也影响对邻近地区的辐射带动效应。因此，在新时代厘清不同特区城市的定位对未来特区经济的健康发展和引领全国发展意义重大。

（二）特区经济内部发展仍然不平衡不充分

随着改革开放的逐渐深入，三大经济特区城乡一体化进程加快，城乡居民收入显著提升。从城镇居民收入来看，1980 年，三大经济特区城镇居民人均收入为 110 元，全国平均水平为 476 元，低于全国平均水平 366 元；1990 年，三大经济特区城镇居民人均收入为 3030.67 元，全国平均水平为 1686 元，高于全国平均水平 1344.67 元，相比 1980 年实现了跨越式的发展；2000 年，城镇居民人均收入增加至 15147.67 元，高于全国平均水平 8867.67 元，提升快速；2016 年，城镇居民人均收入增加至 38784.47 元，高于全国平均水平 5168.47 元，是 1980 年的 353 倍（图 4—7）。

从农村居民收入来看，1980 年，三大经济特区农村居民收入为 264.33 元，全国平均水平为 178 元，高于全国平均水平 86.33 元；2016 年，农村居民收入增加为 18276.20 元，高于全国平均水平 5913.20 元，是 1980 年的 69 倍（图 4—8），2016 年城镇居民收入是农村居民收入的 2 倍，差距在变小，但城乡一体化进程较为缓慢。

（元/人）

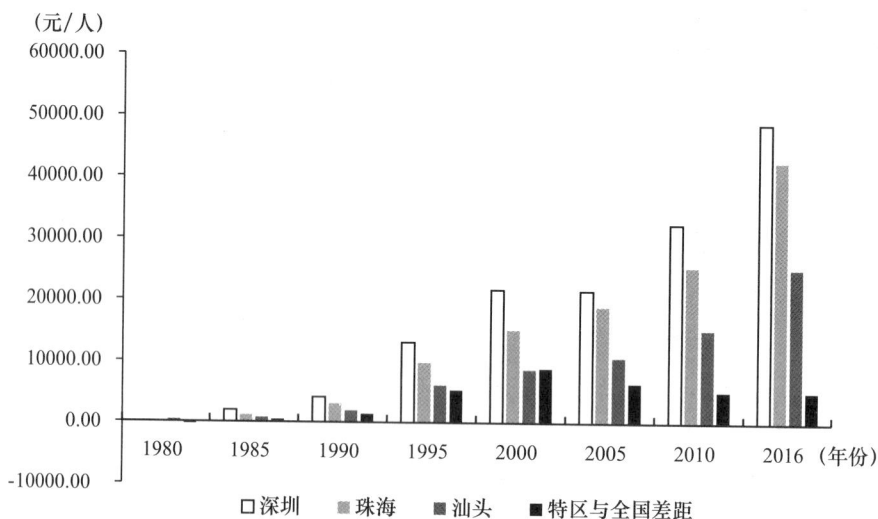

图4—7 广东三大经济特区城镇居民收入变化图

（元/人）

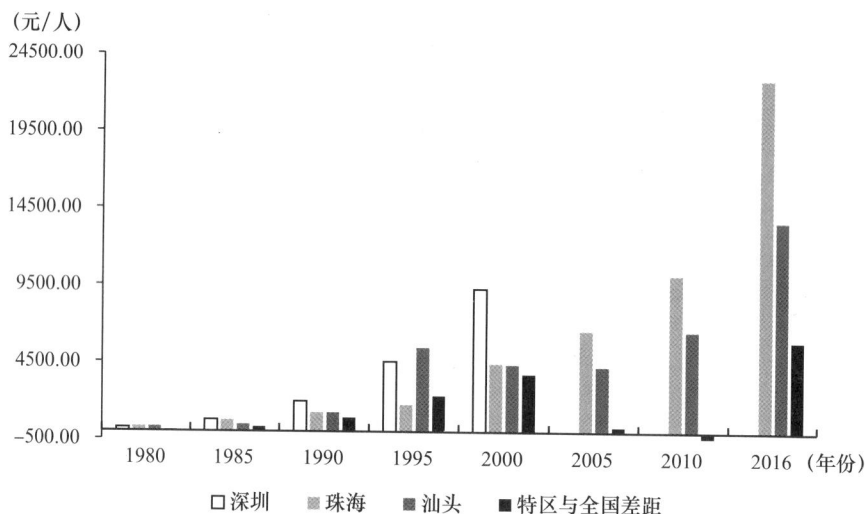

图4—8 广东三大经济特区农村居民收入变化图

总体上看，广东三大经济特区中珠海、汕头存在大量的农村，农村居民收入较低。1980 年，三大经济特区农村居民收入均在 300 元以内，差距不大；2015 年，珠海、汕头的农村居民收入分别为 20510 元、12455 元，而珠海、汕头的城镇居民收入分别为 38322 元、18996 元，两者比较分别相差 1.89 倍、1.53 倍。相比之下，城乡发展不平衡不充分问题较为严重，农村居民收入相对较低，农村经济发展较为缓慢，也影响了特区经济的可持续发展和率先实现现代化的进程。因此，特区在发展的过程中，关注农村发展是必然的趋势，也是重中之重，只有实现城乡一体化和城乡协调发展，才能实现经济特区的全面可持续发展。

第三节　特区经济与非特区经济的
　　　　协同发展

一　深汕特别合作区（图 4—9）：探索广东区域协调发展示范

深圳与汕尾共建产业和共建园区，凸显深圳力量和深圳品牌的同时，促进汕尾实体经济的发展。深圳对汕尾进行对口帮扶，2014 年以来，深圳累计投入"双精准"帮扶资金 8.5 亿元，完成帮扶项目近 700 个，汕尾被帮扶村人均收入和集体收入分别增长 3 倍和 13 倍。与此同时，深圳、汕尾两市已经超越了简单的帮扶与被帮扶关系，通过产业共建实现共享共赢，让深圳东进、汕尾西融，探索广东区域协调发展找到了一个最佳示范。[1]

图 4—9　深汕特别合作区

---

① http：//info. lib. szu. edu. cn/cii/archives/6964.

（一）产业共建集聚效应显现

深汕特别合作区产业共建已见成效，如华为云、腾讯云计算数据中心和华润新一代数据中心等项目纷纷落地或已投入运营，深汕特别合作区云计算产业集群进一步发展壮大。此外，随着比亚迪新能源汽车、华为云计算服务基地等一批超十亿、超百亿产业项目相继开工建设、试产和投产，汕尾"1+4"产业园区载体建设蒸蒸日上，2017年1—11月投入产业园区开发建设资金22.15亿元，完成工业固定资产投资97.25亿元，实现规上工业增加值98.57亿元，仅比亚迪新能源汽车项目2016年就拉动汕尾GDP增长1.3个百分点[①]，进一步增强了汕尾发展的内生动力。

（二）探索区域协调发展的"广东试验"

当前，深汕特别合作区已进入大开发、大建设和大发展阶段。从深汕特别合作区起步到大发展期间，一批深圳市属国资国企作为建设主体高质量和高标准开展对口帮扶工作，对合作区充分发挥基础性、公共性、先导性作用，以及综合保障与战略支撑功能。如特区建发集团发挥国企在专业、管理、人才、资金和产业等方面的优势，与深汕特别合作区进行全方位多领域合作，发挥示范、引领、集聚和带动作用，助力合作区突破瓶颈，实现跨越式发展。2014年8月，特区建发集团进行深汕特别合作区小漠组团一期7.7平方公里市政基础设施的规划和建设。自2014年以来，特区建发集团在深汕特别合作区投融资、资本运作、基础设施建设、土地开发、城市产业升级空间拓展和园区管理服务等方面发挥了重要的平台作用，为深汕特别合作区的顺利起步做出了突出贡献，为深汕特别合作区留下了鲜明的"深圳速度""深圳质量""深圳标准""深圳元素"和"深圳烙印"，打造了"深圳品牌"。特区建发集团控股的深汕投控集团在深汕特别合作区直接投资了包括品牌产业园、海洋产业总部基地、华为（深汕）云计算服务基地等在内的23个项目，投资额约104亿元。此外，特区建发集

---

① http：//info.lib.szu.edu.cn/cii/archives/6964.

团全资子公司——特建发东部公司帮扶汕尾民生项目和深汕特别合作区产业配套项目。截至 2017 年 11 月，特建发东部公司在建"特区建发·东部大厦"项目，小漠国际物流港一期陆域形成及配套路网开发、建设、运营 PPP 项目，鲘门站前广场及交通场站项目和深汕中心医院项目 4 个项目，总投资近 70 亿元。从长远布局来看，深汕特别合作区是长远探索区域协调发展的"广东试验"样本。

二　珠海和阳江共建产业园区（图 4—10）

根据《中共广东省委广东省人民政府关于进一步促进粤东西北地区振兴发展的决定》（粤发〔2013〕9 号）和《中共广东省委办公厅　广东省人民政府办公厅关于调整珠三角地区与粤东西北地区对口帮扶关系的通知》（粤办发〔2013〕27 号）精神，珠海对口帮扶阳江，珠海以促进阳江产业园区扩能增效、中心城区扩容提质和新区建设、交通基础设施建设、发展现代农业、特色旅游业发展、民生社会事业发展等对口共建工作，促进阳江经济社会的快速发展。

图 4—10　珠海和阳江共建产业园

（一）以先进装备制造产业发展引擎，促进产业发展

加大招商引资力度，促进阳江产业发展是珠海对口帮扶的重点工作。自 2014 年纳入珠江西岸先进装备制造产业带以来，阳江利用临港优势，着力推动风电装备、高端不锈钢等制造产业发展。珠海阳江合作共建的产业园区也逐步成为先进装备制造产业集聚的新平台。截至

2017年7月，投资20亿元的锈钢深加工技改（热轧）项目及粤水电、三峡风电制造等一批龙头项目启动了高端不锈钢和风电装备制造产业的发展引擎。先进装备制造产业发展的背后是珠海和阳江两地推进产业共建、加大产业招商的不懈努力。

（二）定制奖励政策，创新招商理念

珠海为了扶持阳江市重点产业发展，加大招商引资力度，促进项目尽快落地投产，"量身定制"了一套产业全链条招商奖励政策，对项目引进、签约、动工、投产各阶段实施奖励。如2017年8月，由珠海对口帮扶阳江指挥部引进国内知名的专业孵化器运营商——珠海清华科技园与阳江高新区正式签约，借助其资源优势，将加快引进创业创新团队和技术项目，以及各类优秀人才，助推阳江高新区升级为国家级高新区，成为展现珠海帮扶工作"速度与激情"的有力样本。

（三）珠海和阳江两市齐心协力，加快形成全面开放新格局

实施区域协调发展战略是当前国家的重大战略部署。缩小粤东西北与珠三角发展差距，是广东区域协调发展的紧迫任务。珠海全面贯彻党的十九大精神，珠海和阳江两市同心协力，持续加强园区建设合作，进一步拓展产业共建平台，优化产业布局，谋划建设省级产业集中集聚区；持续加强产业发展与扶贫开发合作，大力开展联合招商，深入推进精准扶贫工作；持续加强民生事业合作，不断完善珠海和阳江两市教育文化与医疗卫生等对口部门和领域的常态化交流合作机制；持续加强开放发展合作，共同谋划在产业共建、体制对接、交通互连等方面的深入合作，加快形成全面开放新格局。

第四节 特区经济何去何从

改革开放40年来，尽管广东特区经济发展取得了亮眼的成绩，但在发展过程中还存在区域发展的不平衡不充分等问题，尤其习近平总书记亲临十三届全国人大一次会议广东代表团参加审议并发表重要讲话，要求广东努力实现"四个走在全国前列"，即"在构建推动经济

高质量发展体制机制、建设现代化经济体系、形成全面开放新格局、营造共建共治共享社会治理格局上走在全国前列"，特区城市应在"四个走在全国前列"的指引下以及抓住"21 世纪海上丝绸之路"和粤港澳大湾区的发展战略等机遇期，特区发展应迎难而上，勇于创新，在特区经济发展高质量、现代经济体系打造、全面开放新格局引领、区域协同发展等方面做出新的成绩。

一 推动特区经济高质量发展的体制机制创新

习近平总书记在党的十九大报告中指出"我国经济已由高速增长阶段转向高质量发展阶段"。这一重大判断也指出了经济高质量发展的三个重点领域，即发展方式、经济结构和增长动力。发展方式，包括资源要素的组织模式和配置方式、经济产出效率、经济与生态的关系等方面；经济结构，包括产业结构、供需结构、收入结构、城乡结构、区域结构等方面；增长动力，包括"三驾马车"、创新驱动、传统动能优化提升、新动能培育等方面。经济高质量发展涵盖供给、需求、配置、投入产出、收入分配、经济循环等多个层面[1]。总之，高质量发展，就是能够很好满足人民日益增长的美好生活需要的发展，是体现新发展理念的发展，是创新成为第一动力、协调成为内生特点、绿色成为普遍形态、开放成为必由之路、共享成为根本目的的发展[2]。广东三大特区自设立以来，均以"改革"和"开放"为关键词，一直走在全国的前列。但是新时代经济发展进入高质量阶段，贴有"改革"和"开放"标签的特区理应继续在体制机制创新方面先行先试。在推动特区经济高质量发展的体制机制创新方面，应继续发挥高度市场化的体制优势、多元自由平等的文化优势和科技创新体制。

在发挥高度市场化的体制优势方面，应注重民营经济的主体性和创新性，加强高度的开发性，深度融入国际和国内两大市场。在此基

---

① 夏锦文、吴先满、吕永刚、李慧：《江苏经济高质量发展"拐点"：内涵、态势及对策》，《现代经济探讨》2012 年第 3 期。

② 盛朝迅：《理解高质量发展的五个维度》，《领导科学》2018 年第 15 期。

础上，应处理好政府与企业的关系，明确政府的服务角色，以企业利润为导向，政府和企业应相互影响和相互促进。

在发挥多元自由平等的文化优势方面，广东三大特区受到高度市场化环境的长期熏陶，加之先天具有移民优势的特征，使得特区城市逐渐形成了务实、诚信、敢为人先的城市文化。城市文化是促进一个地方经济社会发展的内生因子，多元、自由、平等、法治等文化体制成为提升经济高质量发展的主要影响因素。在未来，三大特区应继续探索体制和文化之间的关系对经济高质量发展的推动作用。

在科技创新体制方面，一个地方的创新驱动是促进经济实现高质量发展的主要因素。三大特区城市应继续大力实施质量强市战略，坚持以供给侧结构性改革为主线，大力发展实体经济，加快新旧动能转换，支持科技革新与城市各方面的设计相结合，将城市各方面的设计与城市发展质量、城市标准、城市品牌、城市信誉连成一体，协同促进特区城市经济高质量发展。

二　建设特区现代化经济体系

现代化经济体系是在党的十九大报告中首次提出。现代化经济体系是紧扣新时代中国社会主要矛盾转化、落实中国特色社会主义经济建设布局的内在要求，是决胜全面建成小康社会、开启全面建设社会主义现代化国家新征程的基本途径，也是适应中国经济由高速增长阶段转向高质量发展阶段，转变经济发展方式、转换发展动能和全面均衡发展的迫切需要，意义深远而重大。现代化经济体系，是政府宏观调控为主导，大众创业万众创新为基础，大健康产业为核心，通过产业融合实现产业升级经济可持续高速发展的智慧经济理论体系与智慧经济形态①。现代化经济体系具有更高效益的经济水平和经济增速、更高质量的经济增长方式、更平衡的区域和城乡发展格局、更完善的

① 刘志彪：《建设现代化经济体系：新时代经济建设的总纲领》，《山东大学学报》（哲学社会科学版）2018年第1期。

市场经济体制、更全面的对外开放、更完善的现代化产业体系及空间布局结构和协调程度六大基本特征（经济网，2017）。结合特区经济40年来发展的情况，未来应该在以下五个方面建设特区现代化经济体系，促进特区经济健康可持续发展。

在产业转型升级方面。特区城市应以实体经济为经济发展的着力点，推动制造业和基础设施产业转型升级。在促进产业转型升级的过程中，把提高供给体系质量作为主要方向，在加强发展先进制造业的同时，还应推动"互联网＋"、大数据、人工智能与实体经济的深度融合，加快形成现代化产业新优势，促进经济高质量发展和形成经济高质量发展优势。

在区域发展机制方面。特区城市应完善区域发展机制，促进城乡区域协调、协同及共同发展。特区城市在区域发展方面存在最大的问题是城乡发展不平衡不充分。因此，应通过城乡规划、基础设施规划、产业规划、公共服务设施规划、生态环境规划等多规合一，推动特区城市农村基础设施建设和公共服务水平的提升，逐渐改善农村的生产生活条件，形成现代农业产业、生产和经营三大体系一体化及多规一体化，实现城乡土地市场一体化，推动城乡人流、物流、资金流和技术流等的双向互动，最终形成特区城乡要素的平等交换和公共资源的均衡配置的新格局。

在科技创新和人才建设方面。特区城市还需加快科技创新的体制机制和人才机制建设。特区城市应进一步增强企业原始创新的能力，同时提高科技持续创新的能力。应借助大学与研发机构的力量与世界科技前沿接轨，做基础性和前瞻性研究，引领原创成果的突破，为实体经济的发展做巨大支撑。在人才机制建设方面，重视人才培养、人才创业、人才流动、华人华侨、移民及留学生群体等，发挥人才的红利作用，为经济发展助力。

在提高开放型经济水平方面。应以提升中国企业"走出去"质量为着力点，全面提高开放型经济水平。

在处理好政府和市场的关系方面。应建设更优质的体制环境，实现市场在资源配置中起决定性作用与更好发挥政府作用。应继续转变政府职能，简政放权，建立合理公正的制度来引导企业发展，降低企业的交易成本，激发企业的创新能力，营造良好的营商环境。

三　开创特区经济全方位开放新格局

党的十九大报告从统筹国内国际两个大局的高度、从理论和实践两个维度，系统回答了新时代要不要开放、要什么样的开放、如何更好推动开放等重大命题。报告指出的全面开放内涵丰富，既包括开放范围扩大、领域拓宽、层次加深，也包括开放方式创新、布局优化、质量提升，是习近平新时代中国特色社会主义思想和基本方略的重要内容。

广东三大特区具有先天的区位、文化和开放创新等优势，在新时代，应从以下五个方面践行国家全方位开放新格局的战略举措，不仅实现特区梦，也助力实现中国梦。

在拓展国民经济发展新空间方面。特区城市应做到引资、引技、引智一体化，应在利用外资的同时，引进外资搭载的先进前沿技术、经营性理念、先进管理经验及市场机会等，带动特区企业甚至我国企业全方位嵌入全球产业链、价值链和创新链，加强在不同创新领域的各种形式的合作，进而提升外资利用的技术溢出效应和产业升级效应，促进经济高质量高水平发展。

在高水平开放促进深层次结构调整方面。特区城市还应大幅度放宽市场准入，扩大服务业对外开放，重点推进金融、教育、文化、医疗等服务业领域有序开放，放开育幼养老、建筑设计、会计审计、商贸物流、电子商务等服务业领域外资准入限制。

在拓展对外贸易，加快转变外贸发展方式方面。特区城市应从四个方面继续拓展对外贸易。一是加快货物贸易转型优化升级，加快外贸转型升级基地、贸易平台、国际营销网络建设，鼓励高新技术、品牌产品出口，引导加工贸易转型升级。二是促进服务贸易创新发展，鼓励文化、旅游、建筑、软件、研发设计等服务出口，大力发展服务外包，打造"特区服务"国家品牌。三是培育贸易新业态和新模式。支持跨境电子商务、市场采购贸易、外贸综合服务等健康发展，打造外贸新的增长点。四是实施更加积极的进口政策，促进进出口平衡发展。

在改善外商投资环境和创新对外投资合作方式方面。在加强利用外资法治建设、完善外商投资管理体制和营造公平竞争的市场环境等方面努力创新改革，全面改善外商的投资环境。此外，还应在促进国际产能合作、加强对海外并购的引导、规范海外经营行为和健全海外投资服务保障方面加强对外投资的合作方式，形成面向全球的贸易、投融资、生产、服务网络的国家示范效应。

在促进贸易和投资自由化便利化方面。特区城市应根据新时代新情况及时制定高水平的贸易与投资自由化及便利化的政策，从提高自身的开放水平和主动塑造开放的外部环境两方面着手。

四　多元合作，协同发展

"协同"的经济学含义最早由 Ansoff 提出，即协同由多个要素在交互作用下会产生一个独立要素无法达成的整体效果[1]，事实上协同的本质内涵为一种交互性关系[2]。"区域协同"更加注重地方多元主体在正确处理公平与效率、人与自然等关系的基础上，提倡目标同向、和谐包容、资源和收益共享、风险共担、互利共赢和共同发展，构建协商、交流、承诺、共识的集体决策机制和协作机制，最终形成交通、产业、市场、城乡、生态环境、公共服务与民生等相互协同的区域发展新格局（毛汉英，2017），是一种比区域合作和区域协调更高层次的集体行动[3]。从国外区域合作发展的经验来看，区域协同发展对促

---

① Ansoff H. I. , Corporate strategy, New York：Mcgraw – Hill, 1965.

② 周密、孙浬阳：《专利权转移、空间网络与京津冀协同创新研究》，《科学学研究》2016 年第 11 期。

③ Paul W. Mattessich, Barbara R. Monsey, Collaboration：What Makes It Work, Amherst H. Wilder Foundation, 1992.

进区域经济发展的作用巨大。特区经济地区和非特区经济地区在经济社会发展等多方面都存在巨大的差异。因此，特区经济除了自身发展和外向型发展之外，还应注重在国内的内向型联系，发挥其对周边甚至中西部、北部地区的辐射效应和溢出效应。这需要特区经济地区和非特区经济地区在两大区域协同发展的社会参与主体、合理划分各自的职能和完善相关的法律法规制度、构建一套全方位的区域协同发展的社会机制，协同促进特区经济地区和非特区经济地区在产业协同、要素市场协同、公共服务共建共享等方面协同创新。

第五节　特区发展大事记

● 1979 年 1 月 23 日，广东省将宝安、珠海两县改设为深圳、珠海市，并在两市划出地域设立出口基地，以此作为全省经济体制改革的试点。1 月 31 日，中央决定在深圳市兴建蛇口工业区，由香港招商局集资并组织实施。同年 4 月，在中央召开的工作会议上，广东省委第一书记习仲勋等领导向中央提出了广东试办出口特区的设想，获得了邓小平等中央领导人的支持。邓小平明确指示："可以划出一块地方叫做特区……中央没有钱，你们自己去搞，杀出一条血路出来。"7月，中央在批复广东、福建两省关于建立出口特区的报告中，批准广东省在深圳、珠海、汕头三市试办出口特区。

● 1980 年，广东率先创立深圳、珠海和汕头三个经济特区，实行改革开放，以特殊的经济政策与灵活措施吸引外商集中投资，形成了外向型出口工业为主、工贸技相兼的经济区域。

● 1980 年 8 月，全国人大常委会颁布了《广东省经济特区条例》，深圳经济特区正式成立，地域包括今罗湖、福田、南山、盐田四个区。当时，经济特区实行特殊经济政策和管理体制，建设资金以引进外资为主，所有制结构为多种形式共存，产业结构以工业为主，产品以出口外销为主。经济特区成为中国改革开放的排头兵。

● 1984 年，邓小平视察深圳和珠海经济特区，并为经济特区题词："深圳的发展和经验表明，我们建立经济特区的政策是正确的。""珠海经济特区好。"充分肯定了特区的建设成就和发展方向。

● 1986 年 2 月 14 日，省政府公布《广东省经济特区涉外企业会计管理规定》。

● 1986 年 3 月 12 日，省政府公布《深圳经济特区与内地之间人员往来管理规定》。

● 1986 年 10 月 22 日，省人大常委会公布《广东省经济特区涉外公司条例》。

● 1987 年 6 月 11—18 日，广东省经济特区、开放城市经济贸易展览会在新加坡举行。

● 1990 年 2 月 5—8 日，全国经济特区工作会议在深圳举行。会议由国务院副总理田纪云主持，国务院总理李鹏到会讲话。深圳、珠海、汕头、厦门、海南经济特区，广东省、福建省和国务院有关部门负责同志参加了会议。

● 1992 年，邓小平再次视察了深圳和珠海等地，发表了一系列重要谈话，号召进一步解放思想，加快改革开放与经济发展的步伐，建设有中国特色社会主义，要求广东力争用 20 年时间赶上亚洲"四小龙"。邓小平的南方谈话，成为中国改革开放进程中的一个划时代的里程碑。

● 1993 年 9 月 6—16 日，广东省八届人大常委会第四次会议在广州举行，审议并通过了《广东省经济特区城市市容和环境卫生管理规定》等 5 项地方性法规。

● 1997 年 11 月 3 日，三个经济特区拥有立法权。

● 1997 年 11 月 24 日—12 月 1 日，省八届人大常委会举行第 32 次会议，审议批准废止《广东省经济特区劳动条例》。

● 2000 年 9 月 12 日，国务院发展研究中心与海南、深圳、厦门、珠海、汕头经济特区和浦东新区联合在深圳举行经济特区与建设有中国特色社会主义理论研讨会。

• 2000 年 10 月 31 日，省委、省政府在珠海市召开现场会，研究部署珠海经济特区的经济社会发展问题。

• 2006 年 10 月 16—24 日，全国政协副主席李贵鲜来粤参加由全国政协组织的"中国特区建设及进一步发挥特区作用问题"视察活动。

• 2010 年 7 月 1 日，深圳举行"扩大深圳经济特区范围庆典"，庆祝深圳经济特区范围扩至全市。省长黄华华出席并致辞。深圳经济特区范围从原来的罗湖、福田、南山、盐田四区扩大到全市，面积从 327.5 平方公里扩大至 1991 平方公里，增加 5 倍。

第 五 章

专业镇经济：广东城镇化
发展的特色之路

"专业镇"于20世纪90年代中后期在解决中国农村城镇化和农业产业化等问题时被首次提出①，具有明显的广东特色。专业镇是在一个镇域范围内，以某一种或两种产业的专业化生产为主，形成具有一定规模，主导镇域经济发展和就业格局的乡镇经济形式②，也就是说以中小企业专业化生产为依托的小城镇可以称为专业镇经济③。珠三角凭借其改革开放先行和毗邻香港两大优势，在中国改革开放的大环境和世界全球化和知识经济时代的大背景下，不断进行产业积累、区域内部的体制改革和投资环境建设，已成为我国经济最发达的地区之一。在这种环境中，珠三角城镇实现了由计划经济向市场经济的转型和由农业主导型经济向加工制造业主导型经济转型，专业化产业逐渐突出，专业镇脱颖而出。截至2016年，广东全省被认定为专业镇的有413个。专业镇作为珠三角产业集群的一种类型，具有产业集群的集聚效应、范围经济、减少交易成本、利于学习和创新等优势，增强城镇的竞争能力，促进城镇经济社会全面发展（沈静，

---

① 白景坤、张双喜：《专业镇的内涵及中国专业镇的类型分析》，《农业经济问题》2003年第12期，第17—20页。

② 沈静、陈烈：《珠江三角洲专业镇的成长研究》，《经济地理》2005年第3期，第358—361页。

③ 王珺：《产业组织的网络化发展——广东专业镇经济的理论分析》，《中山大学学报》（社会科学版）2002年第1期，第89—95页。

陈烈，2005）[①]。

第一节 "三来一补"与珠三角遍地开花的专业镇

广东专业镇发展起步于20世纪80年代末90年代初，尤其是在珠三角地区首先发展起来的。专业镇的发展得益于改革开放的春风，得益于改革开放初期的外商投资优惠政策，也得益于优越的地理位置和发达的交通环境，这些条件，都有利于专业镇的孕育和发展。总之，专业镇的发展是伴随着广东经济的发展而形成和发展起来的。广东专业镇涵盖了蚕桑、茶叶、灯饰、电子电器、纺织业、工艺生产、海产、化工、机械、家具、建材、经济作物、粮食作物、旅游、食品、蔬菜、水果、陶瓷、五金、物流、鞋业、养殖业、医药、印刷包装等多个产业、产品类别。截至2016年，广东全省共有市辖镇1128个，街道办461个，被认定为专业镇的有413个（图5—1）。

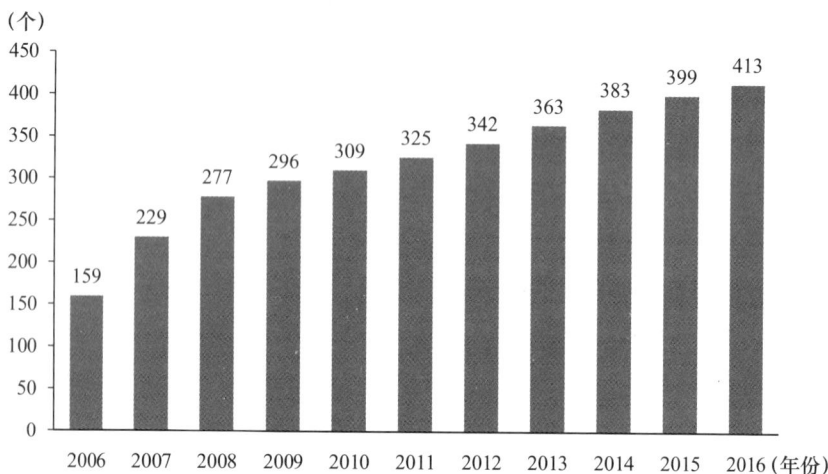

图5—1 2006—2016年广东省专业镇数量

---

① 沈静、陈烈：《珠江三角洲专业镇的成长研究》，《经济地理》2005年第3期，第358—361页。

"三来一补"指来料加工、来样加工、来件装配和补偿贸易，是在改革开放初期尝试性地创立的一种企业贸易形式，最早出现于1978年。1978年7月，东莞县第二轻工业局设在虎门境内的太平服装厂与港商合作创办了全国第一家来料加工企业——太平手袋厂。"三来一补"对广东省专业镇经济的崛起发挥了巨大作用，外资公司看中发展中国家的低劳动力成本优势、政府提供的优惠政策，大量进入某行业产品的生产，由此发展起一批"三来一补"型企业，在大型外资企业的带动下，吸引了大量相关配套企业的进入，配套企业完善形成地域品牌，吸引更多大型企业投资建厂，由此形成真正意义上的专业镇经济。东莞市在"三来一补"的基础上形成了大量的专业镇，从1978年引进第一宗来料加工业务到1991年底，"三来一补"企业共有5000多家，实际利用外资总额达到13亿美元，生产加工产品有4000多个品种。

一 政策利好，推动专业镇快速发展

近年来，围绕专业镇的发展，省委、省政府及省科技厅出台系列政策文件如"双提升"计划、"一镇一策"、"校镇、院镇、所镇"产学研合作计划等，支持和推动专业镇壮大发展，提升专业镇自主创新能力和产业竞争力，并取得了显著成效。

2003年广东省委、省政府《关于加快建设科技强省的决定》中提出要实施专业镇技术创新示范工程，大力培育一批产业相对集中、经济规模大、营销网络点多面广的专业镇。

2006年，《中共广东省委、广东省人民政府关于加快发展专业镇的意见》（粤发〔2006〕23号）提出"要发挥发达地区专业镇的示范带动作用，在工作成效显著、特色产业优化升级成绩突出、国内外同行业内有较高知名度的专业镇中，择优开展'省创新示范专业镇'建设工作"的要求。

2007年12月22日，广东省科学技术厅发布《关于印发〈广东省创新示范专业镇建设实施办法〉的通知》（粤科计字〔2007〕181

号），指出在全省开展"广东省创新示范专业镇"工作，完善并强化专业镇公共技术创新服务平台建设，完善和创新适应特色产业发展的机制、体制，通过制定和实施适应产业发展的城镇总体规划来改善城镇空间布局，强化对第三产业的扶持力度，大力扶持龙头企业，使其对中小企业起到引领、辐射作用，进一步优化城市结构及区域功能。鼓励在跨区域形成的特色产业团组（产业集群）中，以示范专业镇为中心，突破行政区域限制，组合有关专业镇，进行"组团规划、特色发展"，建立统一的运作协调机制，进一步提升产业关联度、产业相互渗透和产业相互促进，建立起跨区域的社会化、网络化的中介服务体系。

2008 年 3 月 26 日，广东省科学技术厅发布关于印发《广东省技术创新专业镇管理办法》的通知。通知指出以专业镇（区）技术创新平台建设为核心，为中小企业提供科技服务和技术支持，延长和完善特色产业链，提升镇（区）的产业水平和规模。以企业为主体、市场为导向、高等院校和科研机构为科技依托，通过建立科技创新和经济、社会协调发展的新体制和新机制，从总体上提升专业镇的产业技术水平和规模。

2011 年初，《广东省人民政府关于进一步促进专业镇转型升级的意见（征求意见稿）》明确提出要加快推动专业镇产业结构向高附加值转变，产业组织形态向现代产业集群转变，经济发展方式向创新驱动转变，发展格局向全面协调可持续转变，实现创新型、效益型、集约型、生态型的专业镇发展模式。

2012 年 8 月 23 日，广东省政府发布《关于加快专业镇中小微企业服务平台建设的意见》（粤府〔2012〕98 号）。意见指出专业镇和产业集聚度比较高的镇要建立中小微企业服务平台，主要包括技术创新服务平台、工业设计服务平台、质量检测服务平台、知识产权服务平台、信息网络服务平台、电子商务服务平台、创业孵化服务平台、企业融资服务平台、人才培训服务平台，重点要开展共性关键技术研究与服务、加强质量检测服务、加强知识产权服务、加强信息网络技术运用、建立"品牌培育基地"、建立"创业孵化基地"、组建产学研一体化平台、发展专业化服务团队、加强与港澳台及国内外生产力促进机构交流合作。

2016 年 4 月 29 日，广东省科学技术厅发布《关于加强专业镇创新发展工作的指导意见》（粤科产学研字〔2016〕54 号），提出专业镇工作以"创新驱动"为主导思想，以"市场引领，创新支撑，平台提升，品牌带动，园区承载，集群发展"为原则，以加快专业镇产业转型升级、培育战略新兴产业、提高自主创新能力、建立中小微企业公共服务体系和营造良好的创新创业氛围为主要内容，推动专业镇发展走上内生增长、创新驱动的发展轨道，成为推动全省产业转型升级的重要力量。

二 特色鲜明的专业镇遍地开花

（一）两种角色，双重动力

按专业镇形成和发展的推动力来源可以分为内生型和嵌入型。广东专业镇扮演着两种角色：一是农村城镇化的承担者（也包括中国城乡经济结构调整的重新定位）；二是国际产业转移的接收者（发挥簇群功能）。作为农村城镇化的承担者的专业镇是适应农村城镇化和农业产业化以及城市经济结构调整的需要而产生的，基于自身的优势资源和优势产业或为城市工业配套而形成，发展动力来自内部；而作为国际产业转移接收者的专业镇，是制造业国际分工，世界跨国公司在全球范围内寻求最佳的生产基地、投资基地、销售场所的结果，主要依靠外资的进入而形成的，与专业镇原有优势产业及优势资源没有太大的相关性，有的甚至是根本无关联。由此，中国的专业镇可以划分为两类：内生型专业镇和嵌入型专业镇。

1. 内生型专业镇：农村城镇化的承担者

内生型专业镇是指依托自身的优势资源、优势产业和已经形成的专业市场等，以中小规模的民营企业为主体，并随着市场规模不断扩大形成横向一体化的生产方式。这种专业镇是适应农村城镇化和农业产业化的客观要求而建立起来的,是中国目前专业镇发展的主要形式。其特点是以某一细分行业为经营对象,以民营中小企业为主体,依托专业市场,通过适用、简单技术的应用来充分发挥劳动力资源优势。内生型专业镇具有技术要求不高、劳动密集、生产组织简单的特点,主要是因为我国市场经济发展水平不高,民营企业的实力较弱。当然,内生型专业镇是目前我国专业镇的主要类型。中山市是典型的内生型专业镇,截至 2015 年,共有 18 个专业镇,其形成大多是依靠内部力量,以本土优势资源和原有的支柱产业为依托,充分利用廉价的劳动力资源,打造以传统制造业为主、以民营中小企业为主体的专业镇,促进了专业镇经济发展迅速,其专业镇的比例也是广东省最高的,对中山市 GDP 的贡献率接近 3/4(表 5—1)。

表 5—1　　　　　　　　　2016 年中山市专业镇一览表

专业镇	特色产业	生产总值(万元)
横栏镇	花木业	671567
南区	电梯	942367
火炬高技术产业开发区	健康医药	5063554
港口镇	游戏游艺产业	909425
南朗镇	旅游	1064604
黄圃镇	食品加工业	1216275
民众镇	农产品(香蕉等)	632465
沙溪镇	休闲服装	1141286
三角镇	纺织、电子	1326157
板芙镇	美式传统家具	881019
大涌镇	红木家具、牛仔纺织服装	490453
东升镇	办公家具	1167448
东凤镇	小家电	1330148

专业镇	特色产业	生产总值（万元）
南头镇	家电	1375361
阜沙镇	精细化工	545063
古镇镇	灯饰	1282472
小榄镇	五金制品	2870333
三乡镇	古典家具	1517289

2. 嵌入型专业镇：国际产业转移的接收者

嵌入型专业镇是指依靠外商投资而形成的专业镇。它主要是凭借优越的地理位置、政府的优惠政策、较好的投资环境和生活环境来吸引外资，依托国际市场参与国际分工。该类型专业镇是制造业国际转移的必然结果，它代表着专业镇发展的方向，反映了国际分工与制造业大转移的客观要求。嵌入型专业镇的特征是以大型跨国公司为主导，大量中小企业为之配套生产零配件，采用先进的技术，主要销往国际市场，各企业间的纵向相关性较大，是跨国集团在全球范围内寻找最佳的资源供应、生产和销售基地进行合理布局的结果。截至 2015 年，东莞有 34 个专业镇（表 5—2），对东莞 GDP 的贡献率超过 50%，东莞的专业镇属于"嵌入型"专业镇，主要是依靠外商投资形成的，以跨国公司为主导，成为全球分工中的一环，如东莞的石碣镇，承接日本、中国台湾、中国香港的产业转移，制造工业迅猛发展，已形成了以电子工业为龙头，电器、五金、时装、皮革制品、纸品等 100 多个产品系列共同发展的良好势头。全镇现有工业企业 1200 多家，是 1978 年的 33 倍。其中，引进外资企业 500 多家，累计引进外资 11 亿多美元，且有 16 家是海外上市公司，这些前来投资的公司来自美国、日本、马来西亚、韩国、中国台湾、中国香港等多个国家和地区。

表5—2 　　　　　　　　　　2015年东莞市专业镇一览表

专业镇	产业	生产总值（万元）
万江街道	数控装备	1047196
清溪镇	现代物流	2080511
莞城街道	文化创意	1469204
谢岗镇	高端装备	675484
高埗镇	休闲体育用品	1177880
麻涌镇	粮油食品	1673252
东城区办事处	电子信息	3728664
石排镇	通信部件	731026
凤冈镇	电子电气	2128717
望牛墩镇	印刷包装	550965
大岭山镇	家具	1758093
黄江镇	电子元器件	1339779
塘夏镇	电子电源	3029267
常平镇	半导体照明	2801648
清溪镇	光电通信	2080511
东坑镇	通信电子	1004595
道滘镇	食品	773870
桥头镇	包装印刷	1102103
大朗镇	现代信息服务业	2201519
企石镇	光电产业	539762
樟木头镇	商贸服务业	851972
常平镇	物流	2801648
沙田镇	港口物流业	1068619
茶山镇	食品	975074
中堂镇	造纸产业	846736
虎门镇	服装	4471700
厚街镇	家具	3219431
寮步镇	光电数码	2104805
长安镇	电子五金	4005148

专业镇	产业	生产总值（万元）
石龙镇	电子信息	866308
石碣镇	电子工业	1331428
横沥镇	模具	1007554

（二）三大产业，主导发展

从专业镇的主导产业属性来看，专业镇还可以细分为农产品生产加工型专业镇、传统制造业专业镇和旅游服务业专业镇。农产品加工型专业镇是指以农业产业化和专业化的区域布局为契机，以农产品的生产、加工为主要内容，通过镇域品牌的塑造而形成的专业镇（图5—2）。

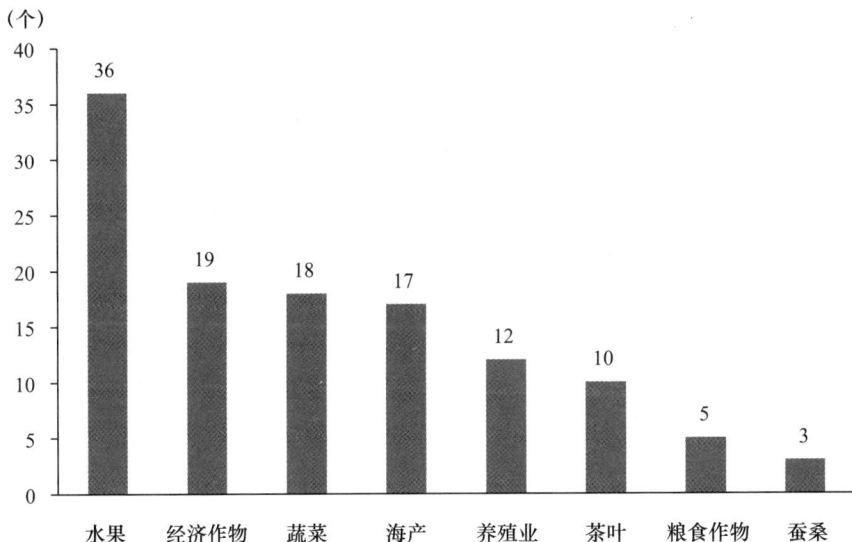

图5—2　农产品生产加工型专业镇

农产品生产加工型专业镇案例——阳江市春湾镇（图5—3）

春湾素有广东省"菜篮子"和"米袋子"的称号，该镇也是粤西地区最大的蔬菜集散地。2007年，该镇的蔬菜种植面积达6万亩。种植的品种以瓜豆类蔬菜和叶菜为主，获得无公害农产品认证的有春绿牌芥菜、四季豆、苦瓜、茄子四种，蔬菜年产总产量10万吨，流通达21万吨，总产值3.4亿元，占种植业产值的70%。优质大米也是该镇独具特色品牌，全年优质稻种植面积保持在65882亩，目前，该镇的优质大米年产值达1.8亿元。春湾大米已在珠江三角洲等发达地区树立起自己的品牌，春湾牌油黏米、雪花黏、丝苗黏等优质大米在珠三角及港、澳地区十分畅销。

图5—3 农产品生产加工型专业镇——阳江市春湾镇

　　传统制造业专业镇包括城市配套型专业镇和区域特色型专业镇，城市配套型专业镇指建立在城乡工业新的分工合作格局的基础上，为大城市工业提供配套服务的专业镇，这种专业镇往往是由于大城市劳动力成本过高而向成本较低的乡镇转移的结果（图5—4）。

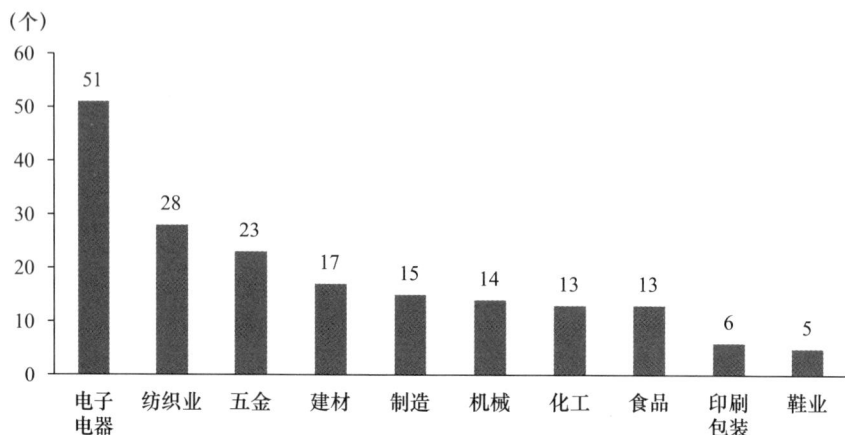

图5—4 城市配套型专业镇

城市配套型专业镇案例——云浮市罗城镇（图5—5）

云浮市罗城镇纺织、服装产业发展迅速，拥有各类纺织（染整）、服装企业100多家，占全镇工业企业的23.74%，服装、纺织产业产值高达18.3亿元，从业人员近3万人，年生产各类服装6亿件（套），其产品70%远销欧、美、俄罗斯、东南亚市场，为全镇经济三大支柱产业之一。罗城镇拥有一批具有世界先进水平的纺织、服装生产技术装备，形成了纺织工业中毛纺、机织、针织、漂染、印花、洗水、制衣等行业的规模框架及纤维制品、皮革服装、羽绒制品、毛衣、针织、服饰机件等一系列配套的上、下游行业，从产品的开发设计、生产、配套加工到销售形成了一个较为完整的产业链，成为粤西地区最重要的服装、纺织生产基地。

图5—5　城市配套型专业镇——云浮市罗城镇

区域特色型专业镇是指建立在传统优势行业或专业市场基础上而形成的专业镇。该类型的专业镇主要是为了共用专业市场的品牌优势，由众多生产同类产品的企业聚集在一起而形成的，具有同业交往性质，纵向联系较差，是农村集市交易演化的结果（图5—6）。

区域特色型专业镇案例——中山市古镇镇（图5—7）

中山市古镇镇，如今是闻名国内外的"中国灯饰之都"。位于广东省中山市西北面，是中山、江门、佛山（顺德区）三市的交会处，

（个）

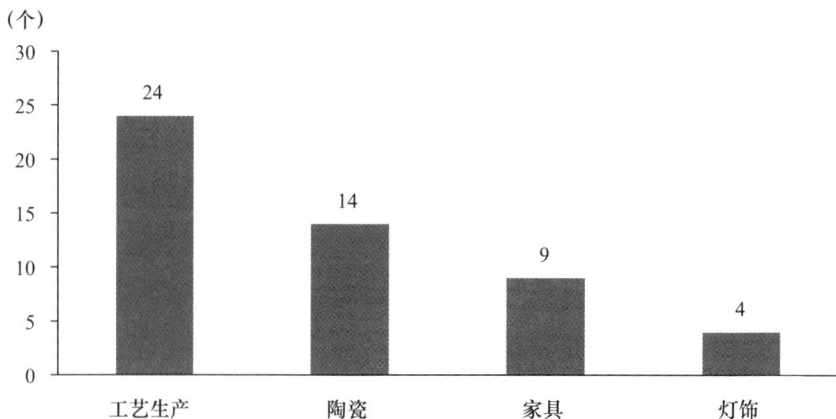

图5—6 区域特色型专业镇

毗邻港澳。改革开放以来，古镇镇按照"工业立镇，工农商并举"的发展思路，逐步从单一的农业经济镇发展成为区域特色经济明显，以灯饰、花卉苗木两大产业为支柱的工业城镇。经济建设和社会各项事业的全面发展，为古镇赢得了各种荣誉，被授予和评为"中国灯饰之都""国家文明镇""国家卫生镇""首届全国投资环境百强乡镇""全国造林绿化百佳镇""广东省首批工业卫星镇""省教育强镇""省农业现代化示范区""广东省产业集群升级示范区"等一系列荣誉称号。2008年，全镇实现工农业总产值222亿元，国内生产总值近70亿元，人均9.77万元；各项税收9.47亿元，农民人均收入16756元，全市第一；年末银行存款余额首次超过100亿元，达105亿元，居民储蓄余额78.85亿元。

图5—7 区域特色型专业镇——中山市古镇镇

　　旅游服务业专业镇是指以旅游服务为主的专业镇，依托区域内独具特色的自然、人文等旅游资源，打造生态旅游区，带动第三产业的发展，旅游业成为地区龙头产业（表5—3）。

表5—3　　　　　　　　　旅游服务业专业镇一览表

地区	专业镇	旅游特色
云浮市	六祖镇	镇内有久负盛名的新兴十景中的"龙山胜概""笔架横烟"；佛教禅宗六祖慧能大师的出生地——夏卢村六祖故居、圆寂地——藏佛坑（化身池）及其开山创建至今已有1300多年历史的国恩寺，与禅文化相关的还有六祖别母石、竹院庵、越王殿等景点；闻名遐迩硫氢化物泉——龙山温泉；蜚声海内外的省级龙山温泉旅游度假区。
揭阳市	京溪园镇	满磜瀑布群位于揭西京溪园镇粗坑河上游，河水至此奔流直泻，形成宽80米，落差近百米的天然瀑布。京明温泉度假村位于风光秀丽的揭西县京溪园镇，度假村距揭西县城25公里，距揭阳市区35公里，距深圳市250公里，是一个集生态茶园、旅游观光、休闲度假于一身的综合性旅游景区。
中山市	南朗镇	在中山市，南朗是最有发展文化旅游潜力的乡镇。南朗镇土地面积2006平方公里，有26公里的海岸线，10多万亩山地，几万亩沿海滩涂地和围垦地，背靠五桂山脉，面临珠江出海口，山水相连，田园秀美，人才辈出，构成了南朗丰富、极有开发价值的文化旅游资源。
河源市	热水镇	以绿色生态资源为基础，以热龙温泉度假村为龙头，以客家文化为内涵，以生态观光旅游、红色文化旅游、农业休闲度假旅游为主题，先后引资兴建了热水漂流、热龙温泉度假村、全球首创5D水秀梦境、兴隆文化民俗村、蝴蝶峰生态度假村、中国南方养生基地等旅游景点，形成多个风格迥异、优势互补的经营实体。
梅州市	差干镇	"一核、一带、五片区"的旅游新格局（一核是指以五子石景区为核心；一带是指松溪河水上旅游观光带；五片区是指五子石丹霞景区、塔子里农业观光区、松溪河水上游览区、圩镇服务区、客家田园观光区）。

地区	专业镇	旅游特色
梅州市	转水镇	境内有独具特色的旅游度假胜地——维龙热矿泥山庄，山庄设有温泉浴、热矿泥浴、温泉瀑布、温泉游泳池、俄罗斯木屋别墅、鳄鱼场、鸵鸟场等旅游配套设施，对旅客提供食住、娱乐、购物、美容、医疗保健全方位服务，形成独具有特色的热矿泥山庄，号称"北有汤岗子，南有维龙热矿泥"。
	福兴街道	神光山脉以其独特的自然环境，自古以来是至省城经五华、龙川，连接梅州、汕头的官驿之道，同时，神光山也是兴宁宗教之地，千年古刹神光寺、墨池寺、石古大王等庙宇坐落于国家级森林公园内，香火鼎盛。神光山以其绮丽的自然风光，天然氧吧林区已成为梅州、兴宁的重要旅游胜地。
惠州市	龙田镇	依托良好的生态资源优势、深厚的文化底蕴和丰富的水资源积极开发温泉旅游业，全镇拥有龙门铁泉和天然温泉两家国家4A级旅游景区。
肇庆市	河儿口镇	龙山的双龙洞、白石岩、乳峰群等奇峰异洞，都属喀斯特地貌，岩石母质为石灰岩；千层峰峰体主要由砂页岩、局部钙质页岩组成，其岩体重叠垂壁千仞；这种岩体在相隔10公里左右的范围出现，呈现出特有的多态地貌景观，更兼有蜿蜒环抱的溪流，展示出独树一帜的综合美、自然美。此外，还有距今14万至3万年的古人类遗址和古墓葬、古建筑，有石器、陶器、哺乳动物化石等出土文物一大批，共同构成自然与人文相映生辉的粤西风光。
	官圩镇	大力发展旅游业，配合县委县政府规划建设了盘龙峡生态旅游区、广东最美的乡村——金林水乡、花世界生态旅游区等景区，旅游资源十分丰富。旅游业在镇域经济发展中起着重要作用，年接待游客超过30万人，旅游总收入11亿元，带动当地山区居民就业1500人。
	凤凰镇	明确把旅游工作定位为推动全镇经济工作的重中之重，进一步优化旅游资源，塑造凤凰旅游品牌，做大做强旅游产业，推动旅游产业化、规模化发展，把凤凰镇建设成为环珠三角集风景、探险、观光、休闲、度假、玩乐、养生于一身的绿色生态旅游景区，使旅游业成为全镇第三产业的龙头，实现旅游业的跨越式发展。

续表

地区	专业镇	旅游特色
肇庆市	桥头镇	以燕岩、世外桃源、燕山风景区为龙头，加快雪风洞、双色莲湖景区的开发建设；加快圩镇硬件配套设施建设，强化服务功能，优化服务环境；提升旅游文化品位，展示"千里旅游走廊"的良好形象。
江门市	塘口镇	源远流长的华侨文化赋予塘口丰富的旅游资源和人文景观，全镇有各式碉楼近600座，数量之多为开平之最，其建筑风格独特，融汇中西文化精髓，极具观赏价值。著名景点有"中国华侨园林一绝"4A级景点——立园和"开平碉楼与村落"申报世界文化遗产主要项目自力村碉楼群。
韶关市	丹霞街道	境内的丹霞山风光秀丽迷人，是国家级重点风景名胜区，国家地质地貌自然保护区，国家4A级旅游区，国家地质公园，又被称为中国红石公园。
佛山市	芦苞镇	2008年被评为广东省旅游特色镇。"打高尔夫，购名牌，泡温泉，游古村，逛祖庙，品河鲜。"一句话形象地勾勒出三水芦苞镇给游客带来的享受。

三　专业镇集群经济发展阶段特征

广东专业镇发展起步于改革开放时期，经历了以下三个阶段。

（一）创生初期："一镇一品"，专业镇雏形初现

20世纪80年代末到90年代，"专业户""专业村"在广东相继出现，以这些"专业户"和"专业村"为基础，逐渐形成了产供销一条龙的"专业镇"雏形，在地方政府组织和领先企业家的带动下，各种产业发展所需的资源在逐渐向地区聚集，随着农产品加工业、传统手工制造业、"三来一补"制造业发展模式的推广，专业镇经济取得了长足发展。1995年广东省政府实施省人大提出的"一镇一品"议案，并取得了重大进展，为发展农村地区经济提供了新的思路和对策，通过"一镇一品"活动，催生了一批"蔬菜镇""皮具镇"等专业镇。

（二）成长期：协同合作，形成规模经济效应

进入21世纪，随着专业镇经济的深度发展，企业的产品生产和技

术发展开始呈现专业化趋势。基于纵向配套的产业整体发展模式，企业间联系变得越发紧密。伴随着这一联系的发展，以及协作关系不断增强，其社会网络也得到进一步扩展，网络的外部效应和产业的规模经济效应开始显现，呈现出产业集群雏形①。专业镇内与制造发展相配套的中介服务机构和行业协会的催生与发展，为专业镇市场规则秩序制定与维护，以及资源共享与优化配置，提供了组织保障。

（三）创新期：产业升级，推动可持续发展

金融危机后，伴随经济转型和结构调整。广东经济从高速增长转入平稳增长阶段，在市场竞争压力与政府政策引导双重作用下，专业镇开始从短期经济利益、家族利益向创新、可持续发展方向转变。广东省委、省政府也高度认同专业镇在"推动全省区域经济优化升级、促进区域协调、建设幸福广东"方面的重要作用，并将专业镇转型升级视为"加快转变经济发展方式的重要抓手""促进县域经济发展和区域协调发展的重要途径"。通过建立产学研联合研发机构、增加企业科技特派员、建立专业镇创新服务平台、制定产业技术路线图等方式，企业技术能力显著提升，创新体系得到进一步优化。

第二节　专业镇经济与制造业大省的崛起

专业镇集群经济的发展，使广东省快速成为世界重要的制造业基地之一。2005 年，为摸清全省专业镇经济发展的基本情况，广东省科技厅组织了对全省建制镇经济、科技发展情况的普查，共调查出深圳、珠海之外的 19 个地市的 1117 个建制镇，占全省建制镇的 84%，产业调查覆盖了各镇排名前三位的主导产业。调查显示，2004 年底广东 1117 个建制镇中特色产业产值达 10368.72 亿元，占全省工业总产值（26720.87 亿元）的 38.8%，占被调查建制镇工业产值的 74.8%；单

---

① 朱桂龙、钟自然：《从要素驱动到创新驱动——广东专业镇发展及其政策取向》，《科学学研究》2014 年第 1 期。

个行业产值超过 1 亿元的特色产业共有 495 个，5 亿元以上的特色产业有 428 个，10 亿元以上的有 242 个行业。截至 2016 年，经省科技厅认定的省级专业镇达 413 个，专业镇地区生产总值（GDP）达到 3 万亿元，占全省 GDP 总额的 1/3 以上，近四成的专业镇工农业产值超过百亿元。其中，工农业产值超千亿元的专业镇达 11 个，超百亿元的有 146 个。全球 60 亿人口，平均每 5 个人中就拥有 1 件东莞大朗镇生产的毛衣；花都狮岭的皮具生产量占全国的 1/3，占领了中西亚和欧洲绝大部分皮具市场；增城新塘的牛仔服装占领全国 60% 的市场份额；南海大沥的铝型材产量占全国的 35%；罗定附城的充电器产量占世界 30% 以上；中山古镇民用灯具的国内市场占有率在 60% 以上；佛山市顺德区陈村镇的花卉产业在全球花卉行业享有盛誉。专业镇经济规模和影响力不断扩大，成为广东省打造经济新常态、实施创新驱动战略和产业转型升级的重要载体。

此外，专业镇经济不仅局限于低端的加工制造，近几年不断通过科技创新，专业镇形成了自己的品牌，特色产品的市场占有率和竞争力不断提高。2010 年，广东省专业镇名牌产品已超过 1500 个，著名驰名商标已超过 1000 个，扩大了广东制造的知名度和影响力，推动专业镇的产品走出广东、走出国门、走向世界。在品牌建设成效显著的同时，专业镇还培育出一大批科技型企业，如美的、格兰仕、亚洲铝厂等企业。2010 年，广东专业镇拥有高新技术企业 1000 余家，约占全省高新技术企业总数的 1/3，成为发展科技型企业的重要基地。

一　产业集聚，推动产业结构转型升级

大量相同或相似的企业在某一区域集聚会形成"产业区"，在产业区内产业链会不断完善，产业结构会进一步优化升级，最终推动"产业区"的经济发展。国内学者王秀明等[1]认为不同行业的产业集聚

---

[1]　王秀明、李非：《产业集聚对区域经济增长的影响：基于广东省的实证研究》，《武汉大学学报》（哲学社会科学版）2013 年第 6 期。

对产业结构的影响方式不同,工业集聚和服务业集聚都对产业结构的发展有明显的影响,合理的产业集聚对产业结构的优化升级具有直接的推动作用。但是,也有专家学者质疑产业聚集对产业结构的积极作用,如闫逢柱等①就认为中国制造业的产业集聚对产业发展不存在显著的影响。专业镇是广东省发展特色产业的重要载体,作为大量中小企业在一定地理区域内集聚而成的、以专业化生产为特征的、既竞争又合作的一种生产模式,对生产过程中各个阶段进行专业化分工,实现企业规模经济生产,拥有产业集聚效应、范围经济、减少交易成本、利于学习和创新等优势,能够增强城镇的竞争能力,从而推动产业结构的转型升级②。

二 产城互动,推动广东城镇化进程

在影响城镇化的众多因素中,产业发展能直接支配生产要素的变动,从而促进产业转换升级,推动经济的发展,对城镇化的发展起到决定作用③。专业镇作为广东省发展镇域经济的产物,本身就是一个产业集中和人口转移的过程。也就是说,专业镇的发展过程也就是城镇化的进程。优化产业结构与提升城镇化质量是互促互动的关系:一方面,优化产业结构有利于推动城镇转型发展和提高城镇化质量;另一方面,城镇化质量的提升又有利于拉动产业结构调整升级,并促进产业合理布局④。"十二五"期间专业镇不仅创造了大量的就业机会,吸纳农业剩余劳动力和众多外来人口,而且培育了一大批新型工人,使农村原有的生活方式和管理方式逐渐被工业社会的生活方式和管理

---

① 闫逢柱、乔娟:《产业集聚一定有利于产业成长吗?——基于中国制造业的实证分析》,《经济评论》2015 年第 5 期。

② 梁永福、宋耘、张展生、肖智飞:《专业镇、产业结构与新型城镇化建设关系》,《科技管理研究》2016 年第 21 期。

③ 张丽琴、陈烈:《新型城镇化影响因素的实证研究——以河北省为例》,《中央财经大学学报》2013 年第 12 期。

④ 沈正平:《优化产业结构与提升城镇化质量的互动机制及实现途径》,《城市发展研究》2013 年第 5 期。

方式所替代，城市生活的主导地位逐渐形成。专业镇以特色产业聚集化为目标，大力发展新型农业经营体系，带动农业专业镇向城乡统筹、城乡一体、产城互动、节约集约、生态宜居的新型城镇化迈进。2015年，全省专业镇职工总数1641.69万人，同比增长1.6%。广东省住房和城乡建设厅联合省建筑科学研究院发布的《广东住房城乡建设年度报告（2015）》显示，1978—2015年广东实现城镇化率从16.3%提高到68.6%，城镇化实现了历史性跨越，位列全国各省区的首位，珠三角城市群成为中国三大城市群之一，这其中专业镇的发展对城镇化起了巨大的作用。

三 经济载体，带动区域经济发展

专业镇是具有广东特色的区域产业集群发展载体，也是广东省传统产业和特色优势产业的主要集聚地。截至2015年底，全省经认定的省级专业镇达399个，实现地区生产总值达2.77万亿元，是2011年的1.69倍，年均增速达14%。专业镇辖内GDP占全省GDP的比重由2011年的31%上升至2015年的38%。佛山、东莞、江门的专业镇经济贡献度均超过80%，汕头、中山、云浮的专业镇经济贡献度超过70%，潮州、梅州等地的专业镇经济贡献度超过50%。全省工农业总产值超千亿元的专业镇已经达到9个，超百亿元的专业镇达141个，比2011年多出了38个。专业镇内规模以上企业数达3万家，专业镇平均企业集聚度达1712个镇，珠三角平均企业集聚度达3222个镇。专业镇涵盖了全省30多个传统优势产业，形成了电子信息、家电家具、纺织服装、装备制造等一批立足广东、影响全国的产业集群基地。专业镇对地区经济发展的带动作用非常显著，为2008年金融危机以来广东保持经济平稳较快增长做出了贡献。

带动区域经济发展典型案例——惠州专业镇

在2008年以前，惠州的专业镇发展模式以代工为主，包括索尼、乐金、TCL移动等公司，靠要素的投入来推动发展。2008年碰到国际

金融危机，再加上人工成本上升，很多企业受此影响萎缩。原先靠资金和人工投入扩大生产，做加工贸易的路子走不下去了，迫使专业镇转型升级，依靠创新驱动发展。所以金融危机之后，惠环大力推动创新服务体系的建设，新建孵化器、新型研发机构和一批公共技术服务平台，提高企业的核心创新能力，并引入高端项目和企业，着重打造以电子产业为主的战略性新兴产业集群。数据显示，截止到2015年，惠环街道发明专利申请量有2079件，授权量有422件，分别占惠州市的45.2%和48.6%。至今，惠环街道形成了110家高新技术企业，约占全市381家高企的29%。创新能力的提升也带动了惠环一批企业转型。惠州市东阳智能技术股份有限公司以前只是做模型零部件的贸易，随后慢慢转型生产零件，到如今已经能够生产无人机，并将品牌打入了国际市场。惠州中城电子科技有限公司研发和生产智能电表10多年，如今已实现多道工序的自动化，并计划新建一个智能工厂，要将产品卖到南美和非洲。在电子信息专业镇的仲恺区陈江街道，以及鞋业专业镇的惠东县黄埠镇和吉隆镇，类似的变化也在发生。比如，陈江大力发展孵化器，引进和培育一批科技型中小企业群。惠东利用阿里巴巴的电子商务的优势，为优质制鞋企业搭建线上交易平台，共同建设阿里巴巴·惠东产业带。

第三节　专业镇经济与广东区域
发展差异形成

"20世纪90年代以来，广东经济一个突出的特点就是镇一级经济的发展壮大，在珠三角腹地和东西两翼部分地区出现了不少'专业镇'。"广东省科技厅2000年正式启动"专业镇技术创新试点"工作，经过18年的发展，专业镇从少到多，从弱到强。专业镇经济对缩小广东省区域发展差异发挥了重要作用，本节从创新角度反映了广东专业镇的既有能力和发展潜力，也通过创新指数得分差异刻画出不同专业镇的创新特征差异。本节主要考察经济体量较大、在区域经济发展中扮演着相对重要职能的、在区域创新格局中居于中心地位的专业镇。为此，在全省399个专业镇中最终计算反映了100个工业镇（区）、50个农业镇（区）和19个服务业镇（区），聚焦其创新链与产业链融合、创新优势与集聚优势衔接两个理论基点，找出衡量专业镇创新（集群创新）的四个关键维度——创新基础水平、科技研发能力、产业化能力和专业化能力，并筛选出10项核心指标，将纳入评价的169个专业镇划分为工业、农业、服务业三个组别，分组进行指标评价与分析。最终测算结果显示，佛山顺德北滘镇、中山民众镇和佛山顺德乐从镇创新指数分别居三个组别首位。

一　工业类专业镇：珠三角专业镇居第一梯队

工业类专业镇（表5—4），佛山顺德北滘镇、中山火炬开发区、中山南头镇和东莞横沥镇分别凭借相对突出的产业化能力、创新基础、专业化能力和科技研发能力位居全省工业镇创新能力前四位。在工业组别创新能力第一梯队（11个专业镇）中，东莞占54.5%、中山占27.3%、佛山占18.2%，是广东省创新型专业镇集聚的高地；而从产业分布看，创新型专业镇更多集中在电子信息、家电制造等创新活跃的产业领域。

表5—4　　　　　工业类专业镇创新指数一览表（100强）

排序	调查单位名称	特色产业名称	创新基础	科技研发能力	产业化能力	专业化能力	总指数
1	佛山市顺德区北滘镇	家用电器生产	173.3	111.2	229.4	153.3	667.3
2	中山市火炬高新技术产业开发区	健康医药	193.7	186.7	157.1	90.2	627.7
3	中山市南头镇	家用电器及配件	163.1	150.4	162.2	141.0	616.6
4	东莞市横沥镇	模具制造	178.9	208.9	121.7	92.6	602.0

排序	调查单位名称	特色产业名称	创新基础	科技研发能力	产业化能力	专业化能力	总指数
5	东莞市麻涌镇	粮油食品	175.8	183.1	164.9	70.7	594.5
6	东莞市塘厦镇	电源电子	179.3	135.8	180.7	88.3	584.1
7	佛山市顺德区容桂街道	高端信息家电	171.7	66.6	182.6	146.4	567.3
8	东莞市东城区	电子信息	201.6	190.1	99.7	70.2	561.6
9	中山市小榄镇	五金制品	176.8	170.1	124.1	80.5	551.5
10	东莞市清溪镇	光电通信、现代物流	186.3	124.6	118.6	120.6	550.0
11	东莞市石龙镇	电子信息	134.4	185.7	116.8	107.0	543.9
12	汕头市金平区石炮台街道	轻工机械产业	110.9	148.4	169.0	89.0	517.3
13	佛山市顺德区大良街道	机械及电气装备制造业	140.6	107.9	151.5	110.5	510.6
14	潮州市枫溪区	陶瓷制品制造	154.8	114.6	99.0	125.5	493.9
15	佛山市南海区狮山镇	汽配、玩具、家电、照明灯饰、口腔器材	174.4	114.2	71.2	128.1	487.9
16	中山市南区	电梯产业	176.1	120.7	75.9	109.9	482.6
17	东莞市中堂镇	造纸及纸制品	159.3	89.9	123.0	109.9	482.6
18	佛山市三水区乐平镇	太阳能光伏产业	196.2	96.5	97.4	90.7	480.7
19	东莞市石碣镇	电子信息产业	150.3	77.1	141.7	110.7	479.8
20	阳江市阳东区东成镇	五金刀具制造	130.7	105.8	104.5	136.1	477.1
21	梅州市梅江区西阳镇	电子	165.1	97.3	128.2	85.8	476.3

排序	调查单位名称	特色产业名称	创新基础	科技研发能力	产业化能力	专业化能力	总指数
22	惠州仲恺高新技术产业开发区惠环街道	电子	92.3	57.8	210.9	121.6	473.6
23	东莞市长安镇	电子五金	147.1	108.8	94.6	121.7	472.3
24	中山市古镇镇	灯饰灯具	162.3	125.9	85.2	98.7	471.9
25	佛山市南海区丹灶镇	小五金	161.2	118.5	80.0	111.9	471.5
26	惠州市仲恺高新区陈江镇	电子通信	133.3	83.0	117.2	136.8	470.8
27	东莞市常平镇	电子信息设备制造、物流	162.9	120.1	93.7	90.1	466.8
28	佛山市顺德区伦教镇	木工机械、珠宝首饰	183.5	96..0	70.6	112.1	462.1
29	佛山市顺德区杏坛镇	高性能环保材料	154.9	95.3	98.1	111.4	459.4
30	珠海市斗门区井岸镇	电子信息	106.2	134.9	72.2	146.4	459.7
31	东莞市企石镇	光电产业	162.5	154.3	85.6	56.0	458.4
32	佛山市南海区西郊镇	纺织业	145.9	97.1	143.6	71.0	457.6
33	江门市蓬江区	摩托车及汽车配件制造	157.4	116.0	80.1	94.4	447.8
34	东莞市石排镇	通信部件	150.9	91.0	144.1	61.3	447.4
35	江门市江海区	电子材料	139.5	92.5	152.1	60.2	444.3
36	佛山市南海区桂成街道	鞋业、机械业	185.8	100.5	79.7	75.6	441.6

排序	调查单位名称	特色产业名称	创新基础	科技研发能力	产业化能力	专业化能力	总指数
37	中山市阜沙镇	精细化工	120.1	99.8	125.0	95.8	440.7
38	中山市港口镇	游戏游艺	165.9	92.6	105.9	76.0	440.5
39	江门市开平市水口镇	水暖卫浴、化纤纺织	114.5	85.9	170.3	69.4	440.1
40	珠海市金湾区三灶镇	生物医药	137.3	84.0	117.4	100.4	439.1
41	东莞市虎门镇	服装设计与制造、信息传输线缆	175.8	72.5	96.3	90.5	435.1
42	佛山市顺德区龙江镇	家具制造	107.8	85.7	135.0	105.47	434.3
43	中山市东凤镇	小家电	159.9	101.1	78.3	93.6	432.9
44	佛山市三水区白泥镇	建材行业	143.1	99.7	78.3	93.6	432.2
45	东莞市寮步镇	广电数码	141.6	88.0	84.3	117.4	431.2
46	佛山市南海区里水镇	袜业纺织	132.3	112.8	103.7	82.1	430.8
47	东莞市宛城街道	文化创意	118.3	138.6	82.4	91.5	430.8
48	佛山市高明区杨和镇	金属材料	93.3	133.2	85.9	112.9	425.3
49	佛山市禅城区南庄镇	陶瓷	118.2	106.1	86.5	107.7	418.4
50	东莞市大朗镇	毛纺织产业、现代信息服务	134.3	89.0	110.6	83.6	417.5
51	惠州市惠城区水口街道	电子产品	113.4	104.3	105.2	89.3	412.3

续表

排序	调查单位名称	特色产业名称	创新基础	科技研发能力	产业化能力	专业化能力	总指数
52	广州市白云区同和街道	生物医药产业	82.9	62.3	128.8	137.7	411.8
53	佛山市顺德区陈村镇	机械装备、花木	99.1	84.9	114.3	109.1	407.5
54	佛山市顺德区勒流镇	小五金小家电、照明电器	87.6	76.9	108.9	125.7	399.1
55	阳江市江城区平岗镇	倪和金、农副产品	142.3	107.4	65.5	82.5	397.7
56	湛江市麻章区麻章镇	饲料	91.6	92.9	102.1	106.7	393.2
57	中山市东升镇	办公家具	160.1	92.4	79.3	61.0	392.9
58	东莞市黄江镇	电子信息制造业	93.8	111.5	95.7	91.0	392.0
59	佛山市禅城区张槎街道	针织	117.7	84.3	90.1	97.0	389.1
60	东莞市谢岗镇	高端装备制造产业	133.5	107.1	68.0	78.6	387.3
61	中山市三角镇	纺织服装印染产业	133.1	92.3	73.2	85.6	384.2
62	东莞市东坑镇	通信电子产业	149.4	87.2	65.3	81.0	382.9
63	香洲区南坪镇	打印耗材	114.9	78.2	108.1	81.3	382.5
64	东莞市厚街镇	家具	118.1	144.2	67.5	48.7	378.5
65	江门市台山市台城街道	汽车配件	118.1	65.7	95.7	95.1	374.7
66	中山市沙溪镇	服装	87.1	125.0	65.5	96.2	373.8
67	中山市横栏镇	新型照明灯饰	104.2	130.9	69.0	69.4	373.5
68	佛山市高明区荷成街道	塑料材料	134.2	76.8	79.5	81.2	371.7
69	东莞市万江街道	数控装备制造业	74.8	163.5	76.7	55.5	370.5

排序	调查单位名称	特色产业名称	创新基础	科技研发能力	产业化能力	专业化能力	总指数
70	中山市黄圃镇	农产品深加工	102.5	113.5	99.4	52.3	367.7
71	江门市江海区外海街道	半导体照明	127.1	95.9	83.7	59.5	366.1
72	东莞市高埗镇	休闲体育用品	154.0	86.3	66.9	57.7	364.8
73	惠州市博罗县罗阳镇	电子信息	150.1	56.9	63.6	93.6	364.4
74	东莞市道滘镇	食品产业	120.4	101.1	87.8	53.0	362.4
75	汕头市澄海区凤翔街道	玩具工业	126.8	83.3	66.9	91.6	364.4
76	佛山市南海区大沥镇	有色金属、内衣	102.1	71.1	72.1	114.9	360.2
77	中山市大涌镇	红木家具	148.3	94.7	58.9	54.4	356.4
78	潮州市潮安区庵埠镇	食品、印刷	88.4	110.3	62.2	92.3	353.3
79	佛山市三水区西南街道	电子电器产业	112.5	80.7	67.5	91.0	351.6
80	东莞市望牛墩镇	印刷包装	111.4	90.9	72.8	76.2	351.1
81	肇庆市四会市东城街道	玉器	87.1	119.9	81.1	62.9	351.1
82	东莞市桥头镇	还包包装	81.0	104.7	95.3	70.0	351.0
83	汕头市澄海区澄华街道	毛织服装	108.3	89.6	81.3	65.9	345.0
84	佛山市禅城区银塘镇	牛仔纺织服装	142.3	80.1	81.3	40.5	344.2
85	汕头市潮南区梁英镇	针织服装	100.3	117.5	65.6	60.2	343.4

排序	调查单位名称	特色产业名称	创新基础	科技研发能力	产业化能力	专业化能力	总指数
86	东莞市凤冈镇	电子信息、电器制造	132.5	61.6	62.3	87.2	342.4
87	中山市板芙镇	美式家具	71.4	122.6	58.0	86.4	338.4
88	潮州市潮安区彩塘镇	不锈钢锅、盆	134.1	59.6	80.1	62.0	335.7
89	中山市板芙镇	美式家具	115.9	92.1	64.9	62.1	335.7
90	潮州市潮安区彩塘镇	不锈钢锅、盆	86.5	108.5	76.8	62.2	333.9
91	东莞市大岭山镇	家具制造业	112.4	74.1	92.0	53.3	331.8
92	佛山市高明区更合镇	不锈钢、养殖业	85.4	94.3	62.9	88.3	330.9
93	云浮市罗定市罗成街道	纺织服装	112.4	74.1	92.0	53.3	331.8
94	惠州市惠阳区新余镇	电子试听专业	85.4	108.5	76.8	62.2	333.9
95	佛山市顺德区均安镇	牛仔纺织服装	66.1	99.7	74.7	82.3	322.8
96	广州市花都区狮岭镇	皮革配件	72.2	60.1	58.4	130.6	321.3
97	汕头市潮阳区谷饶镇	针织服装	71.9	118.0	64.9	63.4	318.3
98	东莞市茶山镇	食品产业	75.9	90.1	82.8	67.9	316.6
99	广州市番禺区沙湾镇	珠宝制造业	99.2	86.5	80.2	50.2	316.1
100	揭阳市揭西县河婆街道	电子琴工业	101.9	65.1	101.9	43.2	312.2

在工业组专业镇评比中，佛山顺德区北滘镇创新指数得分最高，达 667.3 分（以千分制计算，下同），中山火炬高新技术产业开发区以 39.6 分差距紧随其后，中山南头镇、东莞横沥镇分别以 616.6 分、602.0 分，居第三位、第四位，这 4 个镇（区）构成了全省工业专业创新指数 600 分以上的高分集团。前 10 名余下镇（区）依次为东莞麻涌镇、东莞塘厦镇、佛山顺德容桂街道、东莞东城区、中山小榄镇、东莞清溪镇。

从区域位置看，创新指数得分较高（550 分以上）的专业镇全部集中于东莞（5 个）、中山（3 个）和佛山顺德区（2 个），基本反映了专业镇创新能力区域格局——东莞专业镇创新能力平均水平较高，中山、佛山单个专业镇创新能力突出。东西北地区创新评价最高得分则为汕头金平区石炮台街道（第 12 位）、潮州枫溪区（第 14 位）和阳东区东成镇（第 20 位），分别代表了粤东产业集群和粤西产业集群创新发展的水平。

从产业结构看，创新指数得分较高的专业镇特色产业集中分布于家电制造（3 个）、电子信息（3 个）、健康医药（1 个）等先进制造业和高新技术产业。报告指出，结合专业镇区域创新分布，可以发现创新指数得分高的专业镇事实上代表了东莞以电子信息为主的高新技术产业集群、顺德—中山以家电为主的先进制造集群的创新水平。

广东专业镇创新能力第一梯队成员均分布于佛山、东莞、中山 3 个地市，其中佛山 2 个，东莞 6 个，中山 3 个；产业主要集中于电子信息（5 个）、家电制造（2 个）、五金模具（2 个），传统的粮油食品和高新技术的健康医药也各有一个专业镇进入第一梯队。

二 农业类专业镇：粤北、粤西专业镇特色鲜明

从区域位置看，农业镇创新能力 50 强主要分布于粤北（16 个）、珠三角（14 个）和粤西（14 个），粤东分布较少（6 个）（表5—5）。

表5—5　　　　　　**农业类专业镇创新指数一览表（50强）**

排序	调查单位名称	特色产业名称	创新基础	科技研发能力	产业化能力	专业化能力	总指数
1	中山市民众镇	农业	192.2	78.0	233.7	97.8	601.6
2	茂名市电白区博贺镇	捕捞与水产品	117.7	119.3	154.9	110.2	502.1
3	惠州市惠城区汝湖镇	甜玉米	181.0	73.9	133.9	57.6	446.5
4	潮州市饶平县汫洲镇	海水养殖、水产加工	140.8	113.8	58.0	120.7	433.3
5	湛江市廉江市石颈镇	廉江红橙	81.4	204.7	58.8	85.5	430.4
6	珠海市斗门区白蕉镇	水产养殖	142.4	110.9	58.9	108.8	421.0
7	珠海市斗门区莲洲镇	水产养殖	141.5	128.8	58.0	88.0	416.3
8	汕尾市陆丰市东海镇	海马养殖与深加工	115.5	72.9	121.5	103.2	413.1
9	佛山市三水区大塘街道	蔬菜	178.9	62.8	100.4	57.6	399.3
10	梅州市平原县仁居镇	脐橙	124.0	141.6	58.0	73.9	397.4
11	惠州市惠城区横沥镇	梅菜产业	120.4	136.7	58.0	80.1	395.2
12	惠州市惠东县梁化镇	无公害蔬菜种植、加工	67.4	123.3	65.1	133.4	389.2

排序	调查单位名称	特色产业名称	创新基础	科技研发能力	产业化能力	专业化能力	总指数
13	潮州市饶平县新徐镇	水果	126.1	139.0	60.1	62.8	388.1
14	云浮市新兴县天堂镇	蔬菜、紫米、南药种植	78.4	163.4	58.0	81.6	381.5
15	阳江市阳东区大沟镇	南美白对虾养殖	79.9	163.4	58.0	81.6	381.5
16	茂名市电白区林头镇	花生加工	68.3	128.9	70.3	111.4	378.8
17	肇庆市高要市禄步镇	肉桂	105.4	107.2	89.4	74.6	376.6
18	云浮市郁南县大方镇	南药	79.9	132.1	58.0	97.4	367.5
19	云浮市云安县南盛镇	柑橘	71.6	130.2	58.0	103.5	363.3
20	梅州市梅县区梅南镇	蔬菜种植	118.3	97.7	58.0	88.1	362.1
21	潮州市饶平县浮滨镇	茶叶	66.5	120.0	58.0	107.5	352.0
22	梅州市大埔县枫朗镇	茶叶	87.2	115.4	58.9	84.0	345.5
23	梅州市兴宁市叶塘镇	牲畜养殖	63.1	119.5	96.9	64.2	343.7
24	潮州市潮安区凤凰镇	茶叶种植	58.2	117.3	100.0	65.3	340.8

续表

排序	调查单位名称	特色产业名称	创新基础	科技研发能力	产业化能力	专业化能力	总指数
25	河源市连平县高莞镇	花生种植及加工	67.6	139.7	58.0	72.9	338.2
26	湛江市雷州市松竹镇	绿色稻米	66.5	145.0	61.6	68.2	331.8
27	梅州市兴宁市罗浮镇	油茶	85.9	114.7	61.6	68.2	330.5
28	茂名市高州市谢鸡镇	香蕉	89.6	121.3	58.0	56.1	324.9
29	韶关市曲江区马坝镇	马坝油站	56.1	131.6	58.7	71.8	318.2
30	江门市新会区崖门镇	畜鸟畜养殖	106.9	81.2	62.2	64.6	314.8
31	阳江市阳春市松柏镇	经济林	72.9	123.2	58.0	60.7	314.9
32	梅州市丰顺县汤溪镇	种养	71.1	103.9	58.0	80.3	313.3
33	湛江市廉江市长山镇	茶叶	81.7	97.4	58.3	72.2	309.6
34	惠州市惠东县铁涌镇	马铃薯	64.0	79.5	59.3	106.0	308.8
35	河源市东源镇上湾县	上莞仙湖茶	64.6	108.8	58.0	74.4	305.8
36	云浮市新兴县水台镇	花卉种植	90.3	112.2	58.0	43.6	304.1

排序	调查单位名称	特色产业名称	创新基础	科技研发能力	产业化能力	专业化能力	总指数
37	河源市紫金县蓝塘镇	紫金春甜橘	77.3	56.7	124.2	45.7	303.9
38	惠州市惠阳区镇隆镇	荔枝	94.1	54.7	101.2	52.9	302.9
39	梅州市梅县区水车镇	水产	115.2	63.9	58.0	68.0	298.8
40	阳江市阳春市圭岗镇	柑橘	64.3	118.1	58.0	59.8	300.2
41	河源市东源县船塘镇	板栗种植、加工	57.4	115.4	58.0	68.0	298.8
42	阳江市阳西县程村镇	程村蚝	83.3	116.5	59.2	38.1	297.0
43	梅州市五华县长布镇	蔬菜产业	86.4	72.0	98.2	39.4	296.0
44	梅州市五华县安流镇	竹木	60.6	94.8	50.8	81.5	294.9
45	江门市台山市斗山镇	鳗鱼养殖与深加工	60.6	94.8	58.0	81.5	294.9
46	梅州市蕉岭县三圳镇	蔬菜产业	84.1	106.7	62.7	41.3	294.7
47	惠州市龙门县龙华镇	年橘	76.4	106.1	58.3	53.7	294.4
48	惠州市龙门县龙潭镇	竹木	57.7	56.6	58.0	120.7	292.9

排序	调查单位名称	特色产业名称	创新基础	科技研发能力	产业化能力	专业化能力	总指数
49	汕头市濠江区河浦街道	水产养殖	57.8	126.8	70.6	37.3	292.5
50	梅州市梅县区石扇镇	金柚	88.7	65.3	60.5	77.7	292.2

从综合指数较高的 8 个镇区（超过 400 分）看，珠三角由于接近广深等创新型城市，更易于获取创新资源，因此占据了高分组别的 50%（4 个），粤西则以水产捕捞和养殖为特色，拥有 3 个高分组别的专业镇，粤东地区的汕尾陆丰市东海镇也以海马养殖和深加工为特色列入高分组别。

从产业分布看，农业镇创新 50 强主要分布于蔬菜瓜果种植业（34%）和水产业（18%），其他分布于稻米种植、中药材、茶叶、经济林木等产业。

尽管水产专业镇在创新 50 强中仅有 9 个镇，但在高分组别中则拥有 5 个镇。广东水产专业镇在全省农业专业镇中表现出更强的创新能力。

根据专业镇创新指数得分的分布情况，可以将 50 个农业类专业镇大致分为 3 个不同梯队。中山民众（601.6 分）、茂名博贺（502.1 分）因为远超其他专业镇的高分组成第一梯队，惠州汝湖、潮州洪洲、湛江石颈等 19 个镇区因超越农业组平均分组成第二梯队，梅州枫朗镇、梅州叶塘镇等 29 个综合得分低于平均分的镇区组成第三梯队。

在农业组别，中山民众镇、茂名博贺镇以显著的产业化能力优势和专业化能力优势位居第一梯队，是全省农业专业镇的创新标杆。农业专业镇创新能力 50 强中，粤北（占比 32%）、珠三角（占比 28%）和粤西（占比 28%）是农业创新的主阵地。而从产业分布分析，蔬菜瓜果种植业（占比 34%）和水产业（占比 18%）相对其他农业产业更易催生创新能力强的专业镇。

三 服务类专业镇：珠三角创新能力强

在服务业组别中（表 5—6），服务业创新能力强的专业镇主要分布于珠三角地区（占比 57.9%），乐从镇以均衡且显著的科技研发能力、产业化能力、专业化能力优势位居全省第一。从产业分布看，服务类专业镇主要包括物流、旅游两大产业，其中，以商贸为特征的物流专业镇体现出更强的创新能力。

表 5—6   服务类专业镇一览表（10 强）

排序	调查单位名称	特色产业名称	创新基础	科技研发能力	产业化能力	专业化能力	总指数
1	佛山市顺德区乐从镇	大型专业市场	149.6	150.4	193.2	135.9	629.1
2	东莞市樟木头镇	商贸服务业	132.6	87.4	137.2	109.0	466.3
3	惠州市惠城区小金口街道	物流	171.3	114.8	134.2	41.2	461.4
4	佛山市三水区芦苞镇	旅游业	168.3	74.6	94.6	115.6	453.2
5	中山市南朗镇	文化旅游	215.9	89.3	101.9	41.0	448.0
6	广州市花都区花东镇	空港物流	91.6	77.7	154.5	115.6	418.3
7	梅州市兴宁市福兴街道	旅游	76.4	125.1	135.4	41.0	405.6
8	惠州市龙门县龙田镇	旅游业	75.5	145.6	58.0	94.5	392.8

续表

排序	调查单位名称	特色产业名称	创新基础	科技研发能力	产业化能力	专业化能力	总指数
9	肇庆市鼎湖区凤凰镇	旅游	82.5	133.5	58.3	68.8	378.6
10	东莞市沙田镇	港口物流配套	107.1	73.3	119.1	113.6	352.6

　　从区域位置看，服务类专业镇创新能力 10 强主要分布于珠三角地区（9 个），其余 1 个分布于粤北梅州市。从产业分布看，服务业专业镇主要包括物流（3 个）、旅游（5 个）两大产业，其中物流产业的 3 个专业镇全部分布于珠三角。

　　根据专业镇创新指数得分的分布情况，可以将 10 个服务类专业镇大致分为 2 个不同梯队。佛山顺德区乐从镇（629.1 分）因远超其他专业镇的高分单独组成第一梯队，东莞樟木头镇、惠州惠城区小金口街道等 9 个镇区组成第二梯队。

　　第一梯队中，佛山顺德区乐从镇以超越第二名 34.9% 的高分位居全省服务类专业镇创新能力首位。除创新基础外，乐从镇在科技研发能力、产业化能力、专业化能力三个方面都居全省服务类专业镇首位。充分表现了以创新驱动产业发展，以创新驱动产业转型的特征。

第四节　专业镇经济的困境与出路

一　先天不足，后天落后，专业镇面临瓶颈

（一）产业定位：粗放型发展

　　专业镇中多是中小企业，依靠低廉的生产要素获取利润，形成了粗放型的资源利用模式，经济的增长主要依靠生产要素量的扩张和集聚效益，而不是依靠技术进步和规模效益①。尽管在创办初期有一定

——————————
　　①　吴国林：《广东专业镇：中小企业集群的技术创新与生态化》，人民出版社 2006 年版。

的竞争优势，但是随着市场的扩大，买方市场的形成，就会产生竞争力不足的问题，没有合理的产业定位，就很难在市场竞争中占据优势。

（二）产业结构：价值链低端

专业镇主导产业绝大部分属于传统产业且大多处于全球价值链低端，存在着结构不合理、产业发展后劲不足、自主创新能力不强、核心技术和自主知识产权缺乏、产品附加值不高、国际国内市场竞争力较弱等"短板"，导致专业镇产业发展后劲不足。广东专业镇中比重最大的是以劳动密集型产业为主导产业的专业镇，主要产业是服装、纺织、鞋业、玩具、食品、陶瓷、家具、灯饰、五金等，这些产业目前面临一个很大的问题就是缺乏科技创新人才，生产设备比较落后，没有掌握关键的零件和技术，仍然处在产品链的低端，走不出仿制、组装的老路；另外，接受国际产业转移而形成的专业镇，虽然多是技术密集型产业，如电子电器的生产，但产品的核心技术仍然依赖欧美日发达国家的大企业。

（三）整体规划：不平衡发展

从整体看，广东对发展专业镇的整体规划仍不完善。在地域分布上，专业镇集中在珠三角地区，珠三角地区是广东经济发展的龙头，而山区和东西两翼产业水平总体不高，聚集度较低，专业镇也较少。专业镇发展数量和质量不平衡，创新资源布局不尽合理，粤东西北地区发展相对滞后。相关政策支撑体系尚未充分发展，难以支撑 300 多个专业镇的全面发展。中小企业空间布局分散造成资源浪费，在行政分割背景下形成的专业镇发展模式，造成了中小企业在镇区范围内小集中、大分散的空间布局①。

（四）企业治理：缺乏规范性

专业镇内中小企业为主，这些企业先天性不足，在改革开放的浪潮中成立，人才、技术、资金等方面都相对落后，多数企业不是仿制就是生产低档产品，这也制约了企业技术革新和开发新产品的能力。

---

① 吴国林：《广东专业镇：中小企业集群的技术创新与生态化》，人民出版社 2006 年版。

专业镇内企业多是个体、私营企业，其中夫妻店、兄弟厂、家族式企业占很大比例，这种企业尚未建立完善的现代企业制度，缺乏规范性，也相对封闭，对人力资源的引进具有一定的排外性，企业组织和治理都面临着挑战。

二　转型升级，迫在眉睫

产业集群升级长期来看遵循着产业升级的路径，即产业结构优化、产业层次提升，但二者又有一定差异。产业集群升级的出发点和落脚点是产业集群整体附加值的提高以及市场竞争力的增强，其本质特征在于创新，通过创新获取更多附加值，通过创新提升集群在全球价值链上的竞争力[①]。Humphrey 和 Schmitz[②] 把产业集群升级置于全球价值链的视角上，提出了四种升级模式：工艺流程升级、产品升级、功能升级和部门间升级。与市场经济体制较为完善的国家和地区相比，我国广东专业镇形成发展于改革开放的背景下，其转型升级的机制和路径既有与国外集群升级路径相同之处，也有其特色。

（一）升级机制：政府与市场，双轨并行

1. 无形之手——市场推动

专业镇形成于改革开放初期，那是一个市场环境急剧变化的时期，国内由"卖方市场"转变为"买方市场"，市场竞争日益激烈。随着我国人均收入水平的提高，消费水平也不断提升，消费结构也发生了变化，市场需求的变化推动企业不断创新、升级。中国加入 WTO 后，廉价的中国商品赢得了国际市场，形成高额的贸易顺差，由此引发了一系列的贸易摩擦。随着国内工业化进程的加速，高投入、高消耗、高污染、低效益的粗放型增长模式受到挑战，迫使更多的企业谋划转型升级。经济发展迅速，劳动力成本优势逐渐减弱，东部地区土地、

---

① 岳芳敏：《广东专业镇转型升级：机制与路径》，《学术研究》2012 年第 2 期，第 81—88 页。

② Humphrey, Schmitz. "How does upgrading in global value chains affect upgrading in industrial clusters", *Regional Studies*, Vol. 36, No. 9, 2002.

原材料、能源等价格上升，甚至出现"民工荒"现象，加上 2007 年以来新劳动合同法的颁布实施、最低工资标准的提高以及国家对环境保护的日益重视，珠三角的劳动密集型企业、高污染企业要么向周边地区和邻近省份转移，要么加大研发创新投入、更新改造工艺设备，或生产更高附加值的产品，进行转型升级。

市场机制推动专业镇转型升级典型案例——东莞厚街镇

作为东莞转型升级试点镇的厚街，近年来在转型升级领域的探索，正是东莞乃至珠三角近 10 年来推动转型升级工作的缩影。从传统低端加工业向中高端制造业转型，完成"厂家向商家"的转变，逐步向"微笑曲线"两端发展，即研发设计和品牌营销，如扎根厚街 20 多年、曾一度为国际品牌做代工的来料加工企业创科集团，在金融危机倒逼下将原来分散的 7 家来料加工厂进行合并，建成了占地面积达 27 万平方米的总部型企业，还建成 14000 平方米的研发大楼，投入 7000 万元更新了生产研发设备。通过实施并购品牌、整合资源、研发创新三大发展战略，创科集团成功从 OEM（代工生产）商转型成 OBM（代工厂经营自有品牌）商，在全球电动工具行业排名前列。

2. 双向协同——政府引导机制与市场机制

专业镇转型升级应该朝哪个方向转型？具体如何转呢？2011 年省委、省政府发布《广东省人民政府关于进一步促进专业镇转型升级的意见（征求意见稿）》（以下简称《意见》）。《意见》明确提出要加快推动专业镇产业结构向高附加值转变，产业组织形态向现代产业集群转变，经济发展方式向创新驱动转变，发展格局向全面协调可持续转变，实现创新型、效益型、集约型、生态型的专业镇发展模式。由于专业镇原本的科技力量薄弱，产学研协同创新便成为其产业转型升级的重要法宝。省科技厅利用"三部两院一省"产学研合作机制，针对专业镇的产业特色和需求，推动其与高校、科研机构建立合作关系。2015 年，全省专业镇参与产学研合作企业数为 1929 家，与大学、科研院所共建科技机构数共 769 个；全省专业镇的创新服务机构共 2900 个，公共创新服务平台覆盖率达 90% 以上；创新服务平台共培训人员近 22 万人次，对外服务企业达 5.48 万家；完成和参与的成果转化项目达 620 项，总产值达 30 亿元。近年来，在省委、省政府的正确领导下，广东省科技厅坚持以科技创新为重要抓手，通过实施专业镇自主创新能力和产业竞争力"双提升"计划、"一镇一策"、"校镇、院镇、所镇"产学研合作计划等一系列强有力措施，引导专业镇从早期的引进消化吸收，走向以科技创新为核心的发展新路。

政府引导机制与市场机制协同推动专业镇转型升级典型案例——佛山西樵镇

佛山市南海区西樵镇是广东省最早的省级专业镇之一，纺织业是其传统支柱产业。该镇有纺织服装企业 846 家，其中规模以上企业 200 家，从业人员约 6 万人；拥有年产各种纺织面料 26 亿米的生产能力，2015 年实现纺织工业总产值 161 亿元，比 2014 年增长 10%；轻纺城市场交易额达 316 亿元。纺织产业的蓬勃发展，催生了大量的创新发展服务需求，在省政府、科技厅的政策引导和支持下，创立了佛山市南海南方技术创新中心。该中心通过与中国纺织工业协会、东华大学、天津工业大学、西安工程大学、浙江大学等 10 多家纺织专业院所进行产学研合作，设有新产品新技术研发、质量检测认证、融资担保等 28 个服务部门，为西樵及周边多个地市提供专业服务，累计提供各类技术支持服务约 10 万次，80 多项新技术、新工艺得到全面推广，从而被业界誉为产业"加速器"。政策的引导作用和市场的资源配置机制有机结合，进而推动了广东的专业镇转型升级。

（二）广东专业镇转型升级的路径

当前广东专业镇发展面临技术革命催生新产业、互联网革命催生新模式、市场需求驱动产业转型和技术升级、城市化的加速深化、市场化的体制机制改革五大趋势。因此，广东专业镇的新一轮发展必须依靠"协同创新"的核心理念——实现创新资源和要素有效汇聚，通过突破创新主体间的壁垒，充分释放"人才、资本、信息、技术"等创新要素活力而实现深度的创新合作。提升专业镇技术创新能力，加快集群经济转型升级，是专业镇实现可持续发展的根本出路。

1. 市场为主导，政府来推动，以科技创新为重要抓手

发挥市场"无形之手"对资源的配置作用，让优质资源向专业镇流动，同时用好政府"有形之手"，打造良好的创新创业氛围。优化专业镇创新生态，发展"科金产协同"创新集群发展模式。政府应加大创新要素、创新资源的引入力度；同时，鼓励扶持新型研发机构、风险资本等创新业态的发展，带动专业镇创新模式与传统产业的融合发展。引入金融要素，推动专业镇以企业、政府为主体的要素重组演变为以市场、资本为纽带的要素重组。

2. 聚集资源，协同创新，着力推进产业集群创新发展

针对专业镇的产业特色和需求，充分利用"三部两院一省"产学研合作机制，推动专业镇与对口高校、科研机构建立长期的合作关系，深入实施"校（院）镇合作""企业科技特派员"等行动计划，积极开展产学研合作与协同创新。对于传统产业总需求趋近饱和的专业镇，要利用跨产业需求，创造新需求，加强产业间的创新协同，引导新一轮产业发展搭乘智能化、互联网化、移动互联网化的技术快车。推广以信息技术为代表的先进实用技术，建设信息化综合服务平台，方便广大中小企业获取市场和技术信息，建立信息化的管理和营销体系。如佛山市顺德区乐从镇建成首个"国家级电子商务试点镇"，中国塑料网、家家易、中国国际家具网、中国家具之都网等迅速发展起来，近八成企业都加入行业电子商务平台，引发了乐从钢铁、塑料、家具三大专业市场经营模式的重大变革。此外，聚集创新人才。一方面必须大力发展本镇专业化急需的职业技术教育；另一方面要着力落实对创新创业人才的鼓励政策，切实降低创新人才及年轻从业人员的生活成本。

3. 建立和完善公共服务平台，打造市场化、专业化的公共服务体系

通过产学研合作等方式，组建综合性、专业性的协同创新中心，集中优势力量建立和完善一批技术研发、工业设计等高水平的省、市、镇级公共创新平台，形成纵横相连、资源共享、协同服务的专业镇创新公共服务体系。专业镇创新平台要为企业提供精准的专业化服务，特别是在"互联网＋"、机械化与自动化、节能减排、知识产权服务、产业技术标准建设、品牌与营销能力建设等方面加强建设。现有的专业镇平台可以从三个方向实现改革：一是能够开展业务、拥有营收的平台可进行市场化改革，成为科技服务业的市场主体；二是建立起政府采购公益性服务的制度，使既有平台由创新实体定位转向资源汇聚服务平台定位，由专业机构完成专业镇的专业化服务；三是围绕产业重大、关键的技术创新、技术基础设施建设，推动某些具有实力的创新平台转为产业集群的公共研发机构（实验室），使专业镇平台向科技机构转变。

4. 联动帮扶，区域合作，提升专业镇辐射效应

加强专业镇在对口帮扶与跨区域合作方面的互补优势，推动粤东西北地区加快发展。学习中山—潮州对口帮扶的经验，以共建中小微企业公共服务平台为切入点，深化各地专业镇开展"镶嵌式"合作对接，因地制宜发展特色主导产业。2015 年，粤东西北地区 232 个省级专业镇的工农业总产值实现 12327 亿元，是 2011 年的 1.4 倍，GDP 达6022 亿元，是 2011 年的 1.46 倍。通过跨区域合作交流，推动专业镇经验走出广东，走向全国。

第五节 专业镇经济发展大事记

• 1992 年 11 月 6 日，顺德市北滘镇获国家科委"国家星火技术密集区"和全国首个"国家星火科技产业示范镇"称号。

• 1999 年底，广东省科技厅组织有关专家深入各专业镇调研，提

交了"建立专业镇技术创新平台，推动专业镇经济登上新台阶"的调研报告，为开展专业镇创新工作提供了充分的科学依据。

• 2000 年初，省科技厅党组决定，在全省组织开展"专业技术创新试点"工作。

• 2000 年 3 月，粤办发〔2000〕6 号文件要求，"积极开展专业镇技术进步试点工作"，"对同一产业相对集中、已形成相对规模的镇，省科技厅行政管理部门要组织科研机构和高等学校的力量，与当地政府共同研究制定和实施产业技术进步规划，推进县和镇一级的产业技术升级和产品的更新换代"。

• 2000 年 8 月 14 日，省科技厅组织召开了广东省专业镇技术创新工作座谈会，引起了各级政府对此工作的高度重视。应邀到会的专家在会上阐述了专业镇对广东农村经济发展的重要意义及发展前景。

• 2000 年 12 月，省科技厅印发了《专业镇技术创新试点实施方案》，明确了"十五"期间开展专业镇技术创新示范工程的目标、任务和措施。

• 2001 年 6 月 21 日，省科技厅在广东迎宾馆主持召开了广东省专业镇技术创新试点工作新闻发布会。

• 2002 年 9 月 25 日，省科技厅在顺德召开了广东省专业镇技术创新分片座谈会。

• 2002 年 10 月 30 日，全省专业镇技术试点工作现场会在南海西樵山轻纺城召开。

• 2005 年 8 月 19 日，省科技厅联合香港生产力促进局在香港举行了专业镇中小企业技术服务体系学习考察活动，并形成长效培训机制。学习主要围绕政府如何服务中小企业这一主题进行。

• 2005 年 12 月 15 日，省科技厅组织召开了广东省专业镇技术创新工作座谈会。会议主要内容是通报了广东省专业镇历年来的建设情况及存在问题，并提出了今后工作的一些设想。

• 2006 年 1 月 9 日，时任广东省科技厅副厅长的马宪民出席了粤港合作民间机制委员会举行的珠江两岸产业结构转型座谈会，并介绍了广东省开展科技创新促进产业转型和专业镇工作的情况。

• 2006 年 4 月 7 日，时任广东省科技厅副厅长的马宪民参加了江门市科技工作会议，并做了题为《如何构建以企业为主体的区域创新体系，以支柱产业为支撑的科技平台建设和加快专业镇建设》的重要讲话。

• 2006 年 5 月 11 日，全省加快发展专业镇工作会议筹备会议在省政府召开。时任广东省科技厅副厅长的马宪民介绍了专业镇建设情况，省委政研室莫震副主任介绍了《中共广东省委 广东省人民政府关于加快发展专业镇的意见（征求意见稿)》的起草过程及主要内容；与会代表就《全省加快发展专业镇工作会议工作方案（代拟稿）》和《意见》发表了各自的意见和建议。

• 2006 年 7 月 6 日，由广东国际科学技术合作协会、广东省专业镇发展促进、广州博士科技交流中心、广州博士俱乐部联合主办的"2006 年广东专业镇建设博士论坛"在广州博士俱乐部召开。时任广东省科技厅副厅长的马宪民在论坛上做了题为《广东省专业镇发展及特点》的报告；省专业镇发展促进会会长路平、原省发展研究中心副主任李超、省专业镇发展促进会副会长陈新，中山及南海的专业镇代表，博士代表出席了论坛并阐述了对专业镇发展的新思路和建议。

• 2006 年 7 月 18 日，全省加快发展专业镇工作会议在广州召开。会议总结、交流了"十五"期间广东省推进专业镇建设与发展的经验，部署推进"十一五"期间专业镇建设和发展工作。会上，广东省省长黄华华做了重要讲话，宋海副省长做了大会总结，时任省科技厅厅长谢明权做了题为《加快发展专业镇，提升广东竞争力》的报告。

• 2006 年 10 月 14 日，省委、省政府印发《中共广东省委 广东省人民政府关于加快发展专业镇的意见》。

• 2007 年 4 月 18 日，创新集群与专业镇产业升级论坛在中山市香格里拉酒店举行。会上，科技部火炬高技术产业开发中心副主任马彦民代表科技部火炬高技术产业开发中心向中山市颁发了"国家火炬计划特色产业集群创新（试点）基地"牌匾；时任广东省科技厅副厅长马宪民做了题为《科技创新给广东簇群经济插上腾飞的翅膀》的报告。

● 2007年6月15日，广东省科技厅厅长李兴华与来访科技厅的香港特区政府创新科技署署长王锡基一行5人举行会谈，商讨2007年粤港关键领域重点突破联合攻关招标的专题内容及具体安排，借此机会，会议还讨论了继续在广东省相关专业镇联合开展推介香港纳米材料研发中心的事宜。

● 2007年6月28日，广东省产学研科技创新成果展览开幕式暨省部产学研结合项目签约仪式在广州白云国际会议中心举行。13个省部产学研战略联盟、23项校市全面合作项目、11项高校与专业镇对接项目和131个产学研校企合作项目举行了现场签约。

● 2008年10月14日，省科技厅厅长李兴华参加了中山市委、市政府在中山市召开的全市科学技术大会暨专业镇共性技术创新平台建设现场会。

● 2009年8月21日，广东省专业镇发展促进会第二届会员代表大会暨广东省专业镇建设座谈会在广州召开。会议主要内容有：对广东省专业镇发展情况进行了分析报告，向与会代表通报了当年全省专业镇项目申报、受理和评审情况，并就下一步工作任务做了部署；就省科技重大专项和产学研工作的组织实施以及有关要求进行了具体详细的介绍和说明，并就专业镇如何参与重大专项与产学研合作建设方面提出了建议。

● 2010年4月20日，省科技厅副厅长叶景图率发展规划处和政策法规处相关同志到梅州、揭阳、东莞开展科技产业发展情况调研，并专门在梅州市考察了梅州市兴宁市叶塘养殖加工专业镇、梅县雁洋旅游专业镇等专业镇产业发展情况。

● 2010年9月19日，中共中央政治局委员、省委书记汪洋在广东省委常委会学习务虚会上提出"依托专业镇，实行一镇一策的产业转型升级改造"，将专业镇工作正式作为广东加快转变经济发展方式的实际举措内容提到省委战略高度。

● 2012 年 7 月 19 日，全省科技创新工作会议在中山召开，部署全省科技创新和加快专业镇转型升级各项工作。省委、省政府印发《关于依靠科技创新推进专业镇转型升级的决定》。

● 2013 年 7 月 5 日，广东专业镇镇长高峰会召开，围绕"镇域经济，产业转型；现代服务，助力升级"和"联合品牌，协力发展；城镇化路，先行先试"话题对广东专业镇转型升级进行阐述。

● 2014 年 11 月 14 日，粤鲁特色产业强镇创新发展论坛在广州隆重召开，强镇聚首，共话创新发展策略。

● 2015 年 5 月 14 日，广东省专业镇发展促进会承办的 2015 年专业镇巡回宣讲服务活动（东莞站）在东莞市石龙镇成功举办；5 月 21 日，在惠州市科技馆成功举办。

● 2015 年 11 月 1—6 日，由广东省专业镇发展促进会、广东省科技基础条件平台中心和浙江省科技人才教育中心联合组织的专业镇产学研协同创新平台建设培训交流活动在浙江省举行，全省专业镇代表 50 余人参加了此次活动。

● 2016 年 3 月 31 日，为落实广东省与清华大学全面战略合作协议，广州、深圳、珠海、佛山、东莞等地市与清华珠三角研究院在清华大学签订了一批重点科技合作项目协议，推进省校合作向纵深发展。

第六章

产业园区经济：广东产业集聚和
全球化的加速器

产业园区是一个国家或区域的政府根据自身经济发展的内在要求，通过行政手段划出一块区域，聚集各种生产要素，在一定空间范围内进行科学整合，提高工业化的集约强度，突出产业特色，优化功能布局，使之成为适应市场竞争和产业升级的现代化产业分工协作生产区。我国的产业园区包括各种类型，如国家级经济技术开发区、高新技术产业开发区、保税区、出口加工区以及省级各类工业园区等。自改革开放以来，广东省共有 37 个国家级工业园区、64 个省级工业园区和 87 个省产业转移工业园区。

随着全球经济园区浪潮的兴起与扩散，广东坚持稳中求进，落实新发展理念，按照高质量发展要求，推进供给侧结构性改革，以提高产业供给质量和效益为主要方向，全面贯彻"中国制造2025"，加快发展先进制造业，改造提升传统产业，大力发展战略性新兴产业，协同促进广东工业园区经济蓬勃发展，有力支撑了广东经济增长，创造了广东世界工业化与城市化史上的奇迹。

第一节　产业园区经济促进产业
集聚式发展

联合国环境规划署（United Nations Environment Programme，UN-

EP）认为，产业园区是在一大片土地上聚集若干企业的区域。它具有如下特点：开发较大面积的土地；进行详细的区域规划；制定长期发展战略与相关政策；对入驻公司有明确的准入条件；对园区环境规定了限制标准；为控制与适应企业进入园区提供必要的管理条件。产业园区按经营活动的特征可划分为工业园区、农业园区、旅游园区和商业园区等类型。

一　全方位政策，促产业集聚

自改革开放以来，广东省对各种不同类型的工业园区在财政、土地、税收、融资、行政管理、服务设施、引进人才、科技研发方面进行全方位优惠政策扶持。

（一）财政扶持，专项引导

根据省政府《印发广东省省级财政专项资金管理暂行规定的通知》（粤府〔2006〕37号）、《中共广东省委　广东省人民政府关于加快高新技术产业开发区发展的意见》（粤发〔2009〕13号）等规定而制定的《广东省高新技术产业开发区发展引导专项资金管理办法》指出，设立省高新技术产业开发区发展引导资金，引导地方和社会资金加大对高新区的投入，于2010年安排1亿元，主要用于推动高新区研发与引进产业高端项目、孵化自主知识产权项目、加速重大创新成果产业化、培育发展半导体照明和新型平板显示等高新技术产业。

该专项资金主要用于引导各级财政加大对高新区的科技投入力度，推动高新区提升产业竞争力和自主创新能力，培育各高新区错位发展，各自形成特色，使用范围主要包括：（1）推动高新区研发产业高端技术，开展产业前沿技术重大攻关；（2）扶持引进产业高端技术与产业化项目，孵化具有自主知识产权项目；（3）加速重大创新成果产业化，培育发展半导体照明和新型平板显示等高新技术产业；（4）扶持发展高技术服务业项目；扶持园区发展环境、创新体系研究和规划建设；（5）支持高新技术产业培育区建设；（6）培育园区特色产业和特色产业基地建设与发展。专项资金按照批准的项目（任务），采取无偿补助、贷款贴息、奖励等支持方式，对重大项目可实行滚动支持。

（二）土地利用，优先安排

根据《广东省关于支持民营经济发展若干用地政策的实施办法》（粤办发〔2003〕17号）、《关于促进扩大内需支持现代产业发展用地的若干意见》（粤国土资利用发〔2009〕71号）、《关于进一步规范各类开发区及产业转移工业园土地管理的通知》（粤国土资规划发〔2010〕120号）、《关于加强现代产业"500强"项目用地保障工作的通知》（粤国土资利用发〔2010〕335号）等，对工业园区发展土地利用的扶持政策如下。

（1）对园区内投资10亿元以上的重大项目和由省立项的项目，由省专项安排新增建设用地指标。

（2）切实减少"两高一资"（高污染、高能耗、资源消耗型）等不符合节能环保规定的项目，将腾出的土地利用规划空间和土地利用年度计划指标优先安排用于现代产业"500强"项目。

（3）全力保障现代产业项目用地，并积极引导技术含量高、创新性强的高新技术产业化项目优先落户各高新技术产业开发区。

（4）现代产业项目确已落实且承诺一年内动工建设的，属使用闲置未满两年的土地，土地闲置费减半收取；属使用闲置满两年以上的土地，可暂不作收回土地使用权且土地闲置费减半收取。

（5）单独设立的研发中心、科研机构以及产品设计和动漫制作产业的用地，在符合相关规划条件前提下，可按协议出让方式供地。

（6）民营企业经市、县（市、区）人民政府批准，土地使用权出让金分期缴纳的，可按已缴出让金的份额申请办理土地使用权登记发证手续。

（三）税收扶持，全面培育

根据《中华人民共和国企业所得税法实施条例》（中华人民共和国国务院令第512号）、《关于企业所得税若干优惠政策的通知》、《广东省科学技术厅　广东省经济贸易委员会　广东省国家税务局　广东省地方税务局关于企业研究开发费税前扣除管理试行办法》（粤科政字〔2008〕121号）、《关于实施高新技术企业所得税优惠有关问题的通知》（国税函〔2009〕203号）等，对工业园区发展税收的扶持政策如下。

（1）国家需要重点扶持的高新技术企业，减按15%的税率征收企业所得税。

（2）创业投资企业采取股权投资方式投资于未上市的中小高新技术企业2年以上的，可以按照其投资额的70%在股权持有满2年的当年抵扣该创业投资企业的应纳税所得额；当年不足抵扣的，可以在以后纳税年度结转抵扣。

（3）企业为开发新产品、新技术、新工艺所发生的研究开发费，未形成无形资产计入当期损益的，在按照规定据实扣除的基础上，按照研究开发费用的50%加计扣除；形成无形资产的，按照无形资产成本的150%摊销。

（4）投资额超过80亿元人民币或集成电路线宽小于0.25微米的集成电路生产企业，可以减按15%的税率缴纳企业所得税，其中，经营期在15年以上的，从开始获利的年度起，第一年至第五年免征企业所得税，第六年至第十年减半征收企业所得税（简称企业所得税"五免五减半"优惠政策）。

（5）对生产线宽小于0.8微米（含）集成电路产品的生产企业，经认定后，自获利年度起，第一年和第二年免征企业所得税，第三年至第五年按照25%的法定税率减半征收企业所得税（简称企业所得税"两免三减半"优惠政策）。

（6）对我国境内新办集成电路设计企业和符合条件的软件企业，经认定后，自获利年度起，享受企业所得税"两免三减半"优惠政策。

（四）融资试点，自主创新

根据《中共广东省委　广东省人民政府关于加快高新技术产业开发区发展的意见》（粤发〔2009〕13号），在条件成熟的高新区开展知识产权等无形资产质押贷款业务试点工作，积极探索组建服务自主创新的新型金融组织。建立健全信用担保机制，探索发展新型担保机构。创新上市后备资源培育机制，大力推进高新区内企业在中小企业板和创业板上市。大力发展私募股权投资，鼓励在高新区设立创业投资引导基金，引导和鼓励创业投资企业投资于高新区内种子期、起步期等创业早期高新技术企业。争取广州、深圳等发展较好的高新区进入国家在高新区内开展的非上市股份有限公司股份代办转让试点。

（五）行政管理，方式转变

根据《关于落实"三促进一保持"的实施意见》（粤工商〔2008〕25号）和《关于服务我省加快经济发展方式转变的若干意见》，允许自主创新型企业经营范围中含有生产、加工等内容的企业名称使用"实业"字样；允许经营范围中含有投资内容的企业名称使用"发展"字样。支持科研机构等改制为自主创新型企业，科研机构改制时可以自主选择转为企业或进入企业的具体方式，可最大限度保留原名称特点。此外，对投资新能源、节能环保、新材料、新医药、生物育种、信息网络、新能源汽车等产业的，支持不需要办理权属登记的技术作为公司股东的首次出资。

（六）服务设施，优先布局

根据《中共广东省委 广东省人民政府关于加快高新技术产业开发区发展的意见》（粤发〔2009〕13号），培育和发展金融保险、风险投资、担保机构、技术交易、科技信息、公共检测服务平台等中介服务机构，引导其向专业化、规模化和规范化方向发展。

高新区内道路、交通、供水、供电、通信、环保等基础设施及公共服务设施建设，纳入城市总体规划、近期建设规划和城乡规划年度实施计划，予以重点支持和保障，优先施工建设。加强高新区环境保护。新设立高新区应开展规划环境影响评价，通过环评优化园区规划、布局，高新区污染集中治理设施要与园区同步规划、同步建设。

（七）引进人才，优先办理

根据《广东省高新技术产业开发区管理办法》（粤府〔2002〕41号）和《中共广东省委 广东省人民政府关于加快高新技术产业开发

区发展的意见》（粤发〔2009〕13号），推动全省高新区成为汇集、吸引、培养全球高层次人才的重要载体，鼓励高新区制定培养吸引高层次人才的政策措施，培养引进高新区发展急需的高层次创新创业人才。选择一批高新区建立省级海外高层次人才创新创业基地，积极支持广州、深圳高新区建设成为海内外著名的高层次人才创新创业基地，鼓励更多高新区积极创建国家级海外高层次人才创新创业基地。对高新区内企业急需的科技、管理人员，经高新区管理机构同意，报市有关行政部门优先办理落户手续。

（八）科技研发，积极支持

根据《中共广东省委　广东省人民政府关于加快高新技术产业开发区发展的意见》（粤发〔2009〕13号），以省院合作为契机，促进中科院重大项目和创新资源在广东省高新区进行高效配置和综合集成。组建全省高新区战略联盟，建立健全全省高新区协同发展机制。加强高新区与港澳台和国际科技合作，实施粤港共同推进高新区建设计划，引导境外知名高校和科研机构到广东省高新区设立分支机构，提供各类科技服务；各高新区必须建立创业服务中心、科技企业孵化器或集研发、孵化于一身的省级研究开发院，逐步形成结构合理、功能完善的科技服务体系；实施产业前沿技术重大攻关计划，支持高新区重点开展电子信息、先进制造、生物医药、新材料、新能源、节能坏保等关键领域的科技攻关，加速高科技成果转化和产业化。省、市有关部门的各类科技计划项目和创新资源要重点向高新区和高新技术企业倾斜，支持其开展研发和产业化活动。

（九）珠海园特殊政策

除了上述优惠政策之外，对珠澳跨境工业区发展采取了特殊的政策。根据《中华人民共和国海关珠澳跨境工业区珠海园区管理办法》（海关总署令第160号），在税收和贸易管制方面的要求如下。

（1）税收方面。珠海园区生产性的基础设施建设项目所需的机器、设备和其他物资，予以免税进口；区内企业自用的生产、管理设备和自用合理数量的办公用品及其所需的维修零配件，建设生产厂房、仓储设施所需的物资、设备，予以免税进口；珠海园区行政管理机构自用合理数量的管理设备和办公用品及其所需的维修零配件，予以免税进口；区内企业为加工出口产品所需的原材料、零部件、元器件、包装物料，予以保税进口；转口货物、在珠海园区储存的货物和展览品、样品，予以保税进口；从珠海园区运往境外的货物免征出口关税，但法律、行政法规另有规定的除外；以一般贸易方式经珠海园区进入区外，并且获得香港或者澳门签证机构签发的 CEPA 优惠原产地证书的货物，可以按照规定享受 CEPA 零关税优惠。

（2）贸易管制方面。珠海园区与境外之间进出的货物，不实行进出口配额、许可证件管理，但法律、行政法规和规章另有规定的除外；区内企业在加工生产过程中产生的边角料、废品，以及加工生产、储存、运输等过程中产生的包装物料，属于进口配额、许可证件管理商品的，免领进口配额、许可证件；属于列入《禁止进口废物目录》的废物以及其他危险废物需出区进行处置的，有关企业凭珠海园区行政管理机构以及所在地的市级环保部门批件等材料，向海关办理出区手续。

二　优惠政策倾斜，促全球化发展

根据《广东省高新技术产业开发区发展引导专项资金管理办法》，设立省高新技术产业开发区发展引导资金，引导地方和社会资金加大对高新区的投入，于 2011 年、2012 年各安排 2 亿元，主要用于推动高新区研发与引进产业高端项目、孵化自主知识产权项目、加速重大创新成果产业化、培育发展半导体照明和新型平板显示等高新技术产业。

（1）为引导广东省产业转移工业园与珠三角地区的产业对接，推动园区产业集聚发展，培育专业性产业转移工业园，2010—2013 年，广东省财政安排 8 亿元，设立广东省专业性产业转移工业园建设竞争性扶持资金，对主导产业属于珠三角地区并已具有明确转移倾向的 8 个行业的省产业转移工业园进行扶持。其中，扶持地级以上市政府合作共建的重点产业园区 2 个，其他省产业转移工业园区 6 个，每个中标园区可获得 1 亿元专项资金扶持。

（2）为鼓励珠三角地区企业向广东省产业转移工业园转移，推动珠三角地区产业转型升级，广东省财政安排 9 亿元，设立广东省珠三角地区企业产能转移奖励资金。对在珠三角地区工商行政部门办理注册登记，并于 2010—2013 年转移到广东省产业转移工业园的生产性企业给予奖励，对企业整体或生产线转移的，根据企业办理工商注销登记或生产线拆除时对应的上一年度产值（产能），按 30 元/万元年产值（产能）的标准给予一次性奖励。对产能扩张转移（原企业或生产线不转移）的，取企业在广东省产业转移工业园所在地 2010—2013 年实现产值（产能）的平均数，按 30 元/万元年产值（产能）的标准给予一次性奖励。

（3）对珠江三角洲地区外商投资企业向粤东西北地区转移，给予政策扶持，提供便利服务。鼓励外商投资企业落户广东省产业转移工业园，在同等条件下，优先给予安排挖潜改造等专项资金。此外，除国家规定统一征收的税费外，推行"零收费区"的做法，不再对入园企业征收任何地方性收费；对规模大、成效好的产业转移工业园，广东省给予一定用地指标奖励，对于投资 10 亿元以上的重大项目用地计划由省专项安排；对符合《广东省优先发展产业目录》且用地集约的外商投资工业项目，在确定土地出让底价时允许按不低于所在地土地等别相对应《全国工业用地出让最低价标准》的 70% 执行。

（4）支持外商投资企业向园区集聚发展。借助产业配套效应，全方位引导关联外资企业、配套项目向龙头企业所在开发区、工业园区聚集，加快形成规模效益和竞争优势。积极推动外商投资企业集聚的工业园区向高新技术园区、技术先进型企业园区等特色载体升级。支持符合条件的外商投资企业在海关特殊监管区域开展保税加工、保税物流和保税服务业务。

（5）电价比珠三角地区低 0.1 元左右，未来还要对园区进行直供电试点，探索进一步降低入园企业电价的新举措。在用电指标分配上对广东省示范性产业转移工业园的网供电计划指标单独安排并给予适当倾斜。

（6）加快进入产业转移工业园道路建设和电网改造，目前，园区标准干线公路通达，大部分园区 5 公里范围内有高速公路出入口；电力部门已经投入 20 多亿元资金，优先用于安排通往产业转移工业园的电网建设与改造项目。

（7）支持符合条件的产业转移工业园设立出口加工区和保税物流中心，提高物流通关与监管效率。

（8）保障园区企业劳动力供应，通过教育扶贫或委托培养、培训等方式，由广东省属和珠江三角洲地区有关技工学校，高、中等职业技术院校为山区及东西两翼培养企业需要的专业型技能人才。

第二节　产园区经济与广东制造业嵌入全球产业链分工

一　园区发展，精彩纷呈

自改革开放以来，广东省共有 37 个国家级工业园区，64 个省级工业园区，包括经济技术开发区、高新技术产业园区、综合保税区、出口加工区、国家级新区、自贸区、自主示范区、旅游度假区、保税物流园区、跨境工业区等（表6—1、表6—2）。

表6—1　　　　　1978—2017 年广东省国家级工业园区一览表

序号	开发区名称
1	湛江经济技术开发区
2	广州经济技术开发区
3	南沙经济技术开发区
4	惠州大亚湾经济技术开发区
5	增城经济技术开发区
6	珠海经济技术开发区
7	中山火炬高新技术产业园区
8	广州高新技术产业园区

续表

序号	开发区名称
9	深圳高新技术产业园区
10	佛山高新技术产业园区
11	惠州仲恺高新技术产业园区
12	珠海高新技术产业园区
13	东莞松山湖高新技术产业园区
14	江门高新技术产业园区
15	肇庆高新技术产业园区
16	源城高新技术产业园区
17	河源高新技术产业园区
18	清远高新技术产业园区
19	汕头高新技术产业园区
20	汕头保税区
21	广州保税区
22	珠海保税区
23	深圳出口加工区
24	南沙出口加工区
25	广州出口加工区
26	惠州出口加工区
27	广州白云机场综合保税区
28	深圳盐田综合保税区
29	深圳前海湾保税港区
30	广州南沙保税港区
31	广东南沙新区
32	中国（广东）自由贸易试验区
33	深圳国家自主创新示范区
34	珠三角国家自主创新示范区
35	广州南湖国家旅游度假区
36	深圳盐田保税物流园区
37	珠澳跨境工业区

表6—2 　　　　　　 1978—2017年广东省省级工业园区一览表

序号	开发区名称
1	广州白云工业园区
2	广州云埔工业园区
3	广州花都经济开发区
4	广东从化经济开发区
5	广东珠海金湾联港工业园区
6	广东珠海富山工业园区
7	广东汕头高新技术产业园区
8	广东汕头金平工业园区
9	广东汕头龙湖工业园区
10	广东佛山禅城经济开发区
11	广东佛山南海经济开发区
12	广东佛山南海工业园区
13	广东佛山顺德工业园区
14	广东佛山高明沧江工业园区
15	广东佛山三水工业园区
16	广东韶关工业园区
17	广东韶关曲江经济开发区
18	广东乐昌经济开发区
19	广东始兴工业园区
20	广东翁源官渡经济开发区
21	广东乳源经济开发区
22	广东河源经济开发区
23	广东源城高新技术产业园区
24	广东紫金经济开发区
25	广东梅州经济开发区
26	广东梅州蕉华工业园区
27	广东梅州高新技术产业园区
28	广东丰顺经济开发区
29	广东五华经济开发区

续表

序号	开发区名称
30	广东惠州工业园区
31	广东惠州惠阳经济开发区
32	广东惠州大亚湾石化产业园区
33	广东汕尾红海湾经济开发区
34	广东海丰经济开发区
35	广东陆丰东海经济开发区
36	广东东莞东部工业园区
37	广东中山工业园区
38	广东江门新会经济开发区
39	广东台山广海湾工业园区
40	广东阳江工业园区
41	广东阳江港经济开发区
42	广东阳东经济开发区
43	广东湛江临港工业园区
44	广东湛江麻章经济开发区
45	广东湛江东海岛经济开发区
46	广东吴川经济开发区
47	广东徐闻经济开发区
48	广东廉江经济开发区
49	广东茂名石化产业园区
50	广东茂名茂南经济开发区
51	广东茂名茂港经济开发区
52	广东信宜经济开发区
53	广东高州金山经济开发区
54	广东化州鉴江经济开发区
55	广东肇庆工业园区
56	广东清远经济开发区
57	广东潮州经济开发区

序号	开发区名称
58	广东潮安经济开发区
59	广东饶平潮州港经济开发区
60	广东揭阳经济开发区
61	广东揭阳榕城工业园区
62	广东揭东经济开发区
63	广东云浮工业园区
64	广东汕尾星都经济开发区

（一）产业主导，高速增长

根据数据的可获得性，以部分具有代表性的国家级经济技术开发区或者国家级高新技术产业开发区如湛江经济技术开发区、惠州大亚湾经济技术开发区、珠海经济技术开发区、惠州仲恺高新技术产业开发区、肇庆高新技术产业开发区（图6—1）为例来说明广东省产业园区的经济运行特征。

1. 生产总值，高速增长

2017年，湛江经济技术开发区地区生产总值368.1亿元，同比增长13.0%，开发区生产总值经济指标增幅排名全市第一；惠州大亚湾经济技术开发区经济总体呈现"稳中向好、稳中有进"发展态势。大亚湾全年地区生产总值505.1亿元，对比2016年增长6%；珠海经济技术开发区地区生产总值274.5亿元，同比增长10.4%，增速位居全市第三；惠州仲恺高新技术产业开发区地区生产总值630.9亿元，同比增长4.3%，总量占全市16.5%，比第三季度提高0.4个百分点，总量排全市各县区第四位；肇庆高新技术产业开发区地区生产总值202.7亿元，同比增长7.9%，增幅比第三季度提高1.2个百分点。从图6—2可知，省内5个国家级产业园区2017年地区生产总值均比2016年增长了至少4%，呈现出高速增长态势。

（1）湛江经济技术开发区　　　　　（2）惠州大亚湾经济技术开发区

（3）珠海经济技术开发区

（4）惠州仲恺高新技术产业开发区　　　（5）肇庆高新技术产业开发区

图6—1　主要产业园区

2. 工业为王，主导动力

2017 年，惠州大亚湾经济技术开发区第一产业增加值 1.7 亿元，

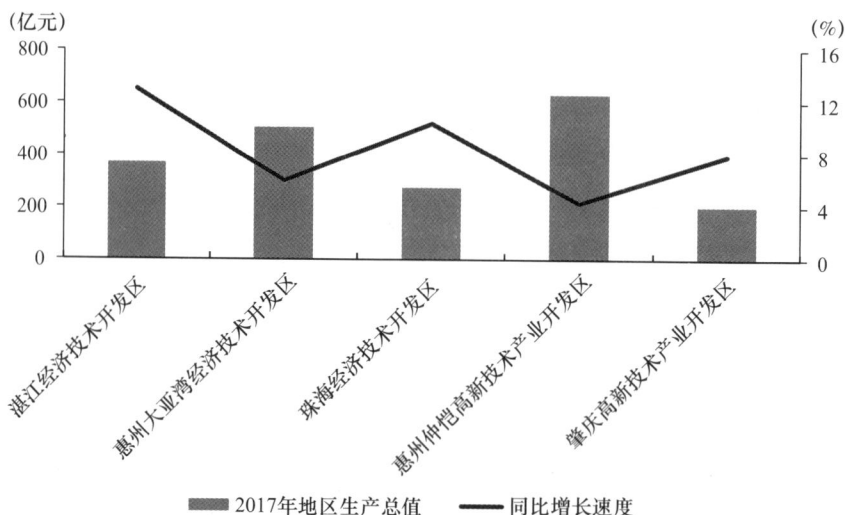

（亿元）　　　　　　　　　　　　　　　　　　　　　（%）

■ 2017年地区生产总值　　── 同比增长速度

图6—2　2017年广东省国家级产业园区GDP

增长3.1%；第二产业增加值402.3亿元，增长6.3%；第三产业增加值101.1亿元，增长5.1%。三次产业比重由2016年的0.4∶79.2∶20.5调整为0.3∶79.7∶20.0，其中工业占GDP比重从2016年的76.8%上升至77.3%，全区实现规模以上工业增加值465.7亿元，同比增长6.4%，总量排县区第二。惠州仲恺高新技术产业开发区第一产业增加值6.1亿元，增长0.7%；第二产业增加值480.4亿元，增长4.2%；第三产业增加值144.5亿元，增长4.8%。三次产业比重为1∶76.1∶22.9，全区规模以上工业增加值496.9亿元，增长4%。肇庆高新技术产业开发区第一产业增加值7166万元，下降1%；第二产业增加值172.4亿元，增长8.5%；第三产业增加值29.5亿元，增长4.3%。三次产业比重为0.35∶85.07∶14.58，全区规模以上工业增加值172.7亿元，增长8.5%。图6—3、图6—4表明，第二、第三产业尤其是第二产业对省内三个国家级产业园区经济的贡献度和拉动效应非常明显，3个产业园区均呈现出"二三一"型的产业结构。

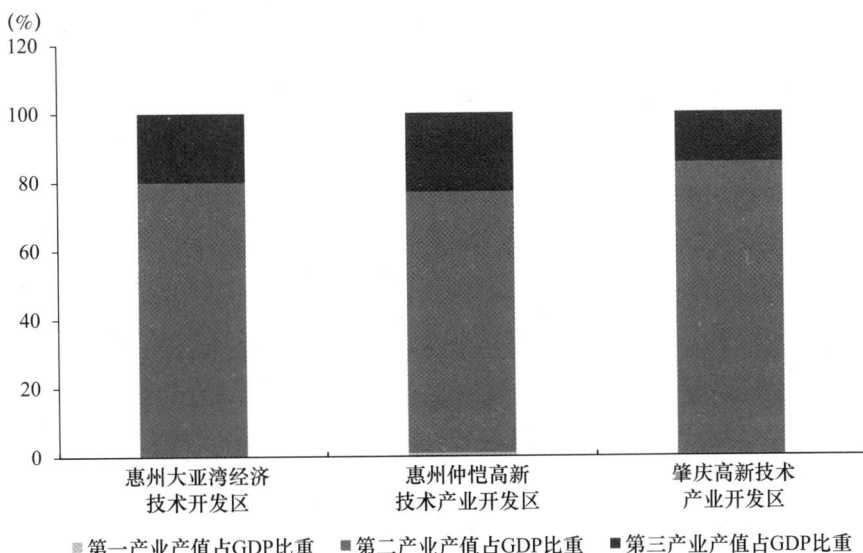

第一产业产值占GDP比重　■第二产业产值占GDP比重　■第三产业产值占GDP比重

图6—3　2017年广东省国家级经济技术开发区三次产业结构

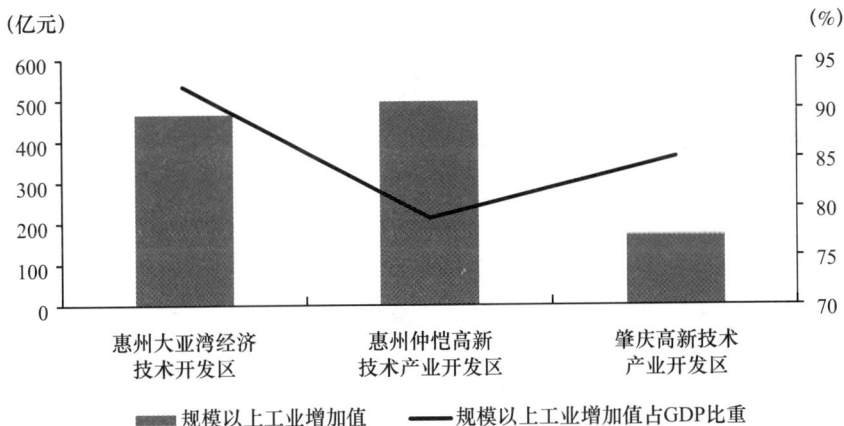

■规模以上工业增加值　——规模以上工业增加值占GDP比重

图6—4　2017年广东省国家级产业园区工业增加值及占GDP比重

3. 投资稳步增长，产业投资为重点

2017年，大亚湾经济技术开发区累计完成固定资产投资365.2亿元，下降7.8%。剔除中海油惠州炼化二期投资数据后，全区固定资产投资仍呈高位增长态势。据统计，2017年全区固定资产投资在剔除中海油二期项目后完成307.3亿元，增长36.9%。其中：工业投资

61.3 亿元，增长 77.5%；工业技改投资 41.8 亿元，增长 127.9%；基础设施投资 38.7 亿元，增长 39.1%。在项目投资上，全区 43 宗重点产业建设项目共完成投资 89 亿元，占年度计划投资总额（81.3 亿元）的 109.5%。全区 18 宗省、市重点项目共完成投资 61.9 亿元，占年度投资计划（51.6 亿元）的 120%。惠州仲恺高新技术开发区累计完成固定资产投资 220.8 亿元，增长 8.9%。其中：工业固定资产投资 101.1 亿元，下降 23.4%；工业技改投资 91 亿元，下降 0.1%；房地产开发投资 59.3 亿元，增长 28.5%；基础设施投资 52.5 亿元，增长 244.1%。在项目投资上，2017 年区所负责的省重点建设项目有 15 个，计划投资 78.5 亿元；所负责的市重点建设项目有 42 个，计划投资 114 亿元，在市重点建设项目数及投资任务上，均居惠州市各县区之首。珠海高新技术产业开发区累计完成固定资产投资 123.4 亿元，增长 22.8%。其中：工业投资 22.3 亿元，增长 36.8%；房地产开发投资 65.6 亿元，增长 - 5.3%。在项目投资上，区建设项目共 75 个，截至 2017 年 11 月底，区所负责的省、市重点建设项目完成投资 54.12 亿元，完成进度 118.53%。图 6—5 表明，2017 年 3 个省内的国家级经济技术开发区或者高新技术产业开发区的固定资产投资额都对比起 2016 年至少增长 8%，呈现出较快增长的态势。

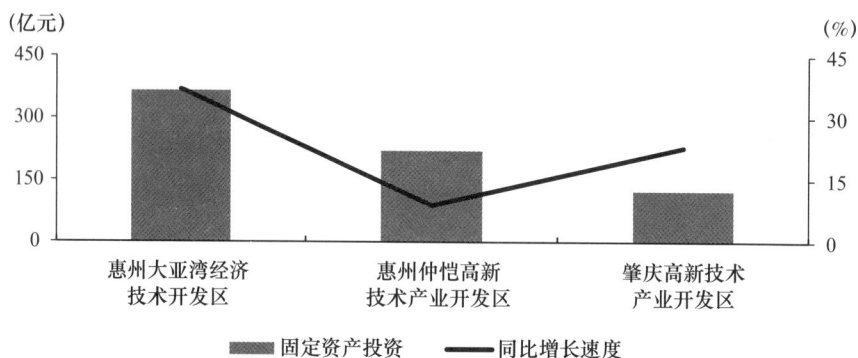

图6—5 2017 年广东省国家级经济技术开发区固定资产投资及同比增长速度

4. 消费能力，较快增长

2017 年，湛江经济技术开发区完成社会消费品零售总额 166.8 亿元，增长 10.7%；惠州大亚湾经济技术开发区实现社会消费品零售总额 38.8 亿元，增长 14%，增速排县区第一；珠海经济技术开发区实现社会消费品零售总额 5.5 亿元，增长 14.4%；惠州仲恺高新技术产业开发区社会消费品零售总额 64.5 亿元人民币，同比增长 8.7%，增幅比上月止累计提高 0.4 个百分点；肇庆高新技术产业开发区社会消费品零售总额 120.3 亿元，增长 17.2%，增速排名全市第一。图 6—6 表明，2017 年 5 个省内的国家级经济技术开发区或者高新技术产业开发区的社会消费品零售总额都对比起 2016 年至少增长 8%，呈现出较快增长的态势。

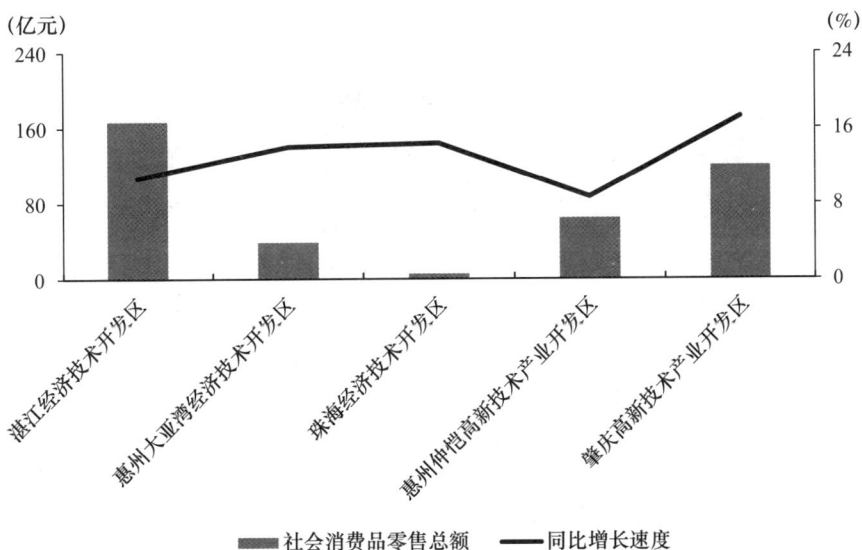

图6—6　2017年广东省国家级经济技术开发区社会消费品零售总额及同比增长速度

5. 进出口总额，保持较快增长

2017 年，惠州大亚湾经济技术开发区累计完成外贸进出口总额 212.8 亿元，同比增长 24.5%。其中：出口总额 135.9 亿元，同比增长 26.1%；进口总额 76.9 亿元，同比增长 21.9%。珠海经济技术开发区累计完成外贸进出口总额 353.1 亿元，同比增长 13.47%。其中：
出口总额 122.3 亿元；进口总额 230.8 亿元。惠州仲恺高新技术产业
开发区外贸进出口总额 2105.01 亿元人民币，同比增长 9.0%。其中：
出口总额 1312.30 亿元，同比增长 10.6%；进口总额 792.71 亿元，同
比增长 6.3%。珠海高新技术产业开发区外贸进出口总额 376.9 亿元，
同比增长 75%。其中：出口总额 288 亿元，同比增长 109.3%；进口
总额 88.9 亿元，同比增长 14.3%。图 6—7 表明，4 个省内国家级经
济技术开发区或者高新技术产业开发区的外贸进出口总额对比起 2016
年的增长速度至少为 9%，呈现出较快增长态势。

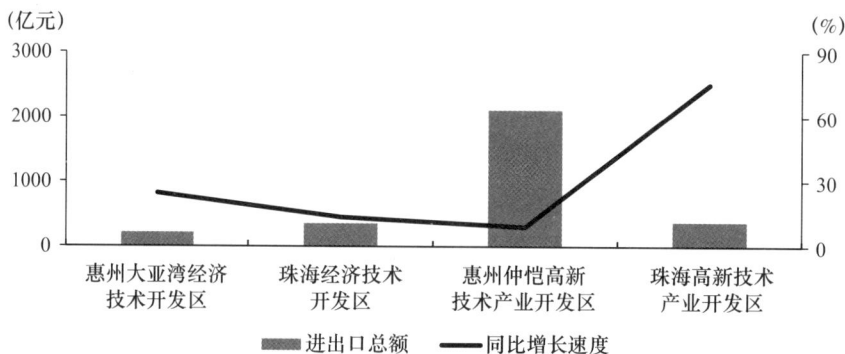

图 6—7　2017 年广东省国家级经济技术开发区进出口总额及同比增长速度

6. 预算收入，稳步增长

2017 年，湛江经济技术开发区地方一般公共财政收入 38.8 亿元，
增长 318.9%，全年开发区公共财政收入该项经济指标增幅排名全市
第一。惠州大亚湾经济技术开发区一般公共财政预算收入 53.1 亿元，
增长 17.4%，增速排县区第二。珠海经济技术开发区一般公共预算收
入 22.5 亿元，增长 10.7%（可比口径），增速比 2016 年同期上升 0.5
个百分点。惠州仲恺高新技术产业开发区一般公共财政预算收入 32.1
亿元，增长 11%，继续保持较快增长。珠海高新技术产业开发区一般
公共财政预算收入 16.2 亿元，增长 11.6%。肇庆高新技术产业开发区
一般公共财政预算收入 6.6 亿元，增长 21.7%。图 6—8 表明，6 个省

内国家级经济技术开发区或者高新技术产业开发区的一般公共财政预算收入对比起 2016 年的增长速度至少为 10%，呈现出较快增长态势。

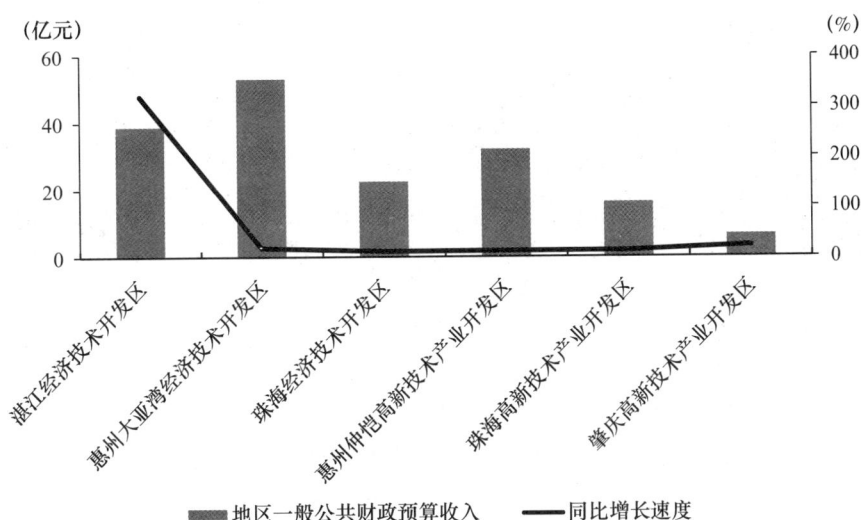

图 6—8　2017 年广东省国家级经济技术开发区地方一般公共财政预算收入

（二）科技创新，稳步推进

广东省工业园区科技创新稳步推进。如湛江经济技术开发区在 2017 年高新技术产品产值 129.5 亿元，同比增长 17%；高新技术产品 190 个，同比增长 24%，均保持较快增长态势。专利申请 390 件，专利授权 202 件，分别增长 20% 和 15%。

2014 年，松山湖高新区（图 6—9）推进新型研发机构服务工作，协助北大光电研究院等 6 家新型研发机构办理入驻前期准备，建立新型研发机构详细产业化台账。持续提升科技服务水平，鼓励企业申报各类科技项目和专利，东莞市有 14 家企业被认定为国家高新技术企业，10 家高新技术企业通过复审；专利申请总量为 2930 件，专利授权总量为 1572 件。5 家企业获东莞市专利奖，其中金奖 2 项；3 家企业被认定为东莞市专利优秀企业。

图6—9 东莞松山湖高新区

二 多重因素，嵌入全球产业链分工

广东产业园区经济发展具有高度开放的外向型、民营型、创新型和商贸型，其发展受到政策、区位、技术、集聚、文化、创新、网络等多种因子的影响。广东产业园区在多重因素的影响中，逐渐嵌入全球产业链分工。

（一）开放政策，连通内外市场

改革开放之前，中国可以说是一个较为封闭的经济体，各个地区的生产活动、生产要素（如劳动力、资本等）仅仅服务于本地区。1979年，中国率先在深圳等地设立经济特区，大力促进改革开放，充分利用国内和国外两个市场，1980年前的中国可近似为封闭的经济体，各地区生产活动以及劳动力基本仅服务于本地区，经济特区获得政策后开始同时利用国外和国内两个市场。开放政策使得广东开启了"三来一补"的大幕，广东经济特区的企业面对的需求市场腹地显著增加，极大地促进了经济特区的真实市场潜力，边际成本临界值大大下降，市场竞争程度显著增强，进而促进经济发展和工业园区的快速化发展。

（二）区位优越，先行一步

广东具有濒临海洋，靠近海上国际航线，邻近中国香港、中国澳门、中国台湾与南亚、东南亚等世界经济发达地区等的天然区位优势，对外交通极其便利，容易受到经济发达地区的辐射与影响，产生产业发展的关联效应、承接效应和传递效应。尤其是邻近香港国际自由港与国际贸易、国际金融、国际旅游、国际海空运输、国际信息交流等一港和五大中心，有利于就近开展互惠互利、互取长短、相互推动与促进经贸合作和技术交流。此外，广东各大工业园区凭借优越的地理区位，快速发展对外直接贸易、转口贸易和出口贸易，接受国际市场融资和外商直接投资，大力发展外向型经济，让广东各大工业园区迅速掌握国际市场信息和先进技术，直接接触、学习和借鉴海外先进的经营管理经验和前沿理念，促使广东各大工业园区产业发展迅速融入国际产业链分工，创造了举世瞩目的奇迹①。

（三）技术创新，提高全要素生产率

技术创新与经济增长之间的关系研究表明，技术创新主要通过提高全要素生产率和产生新产品、新服务、新技术等方式来促进经济的增长②。技术创新与广东工业园区的发展具有很强的相关性。经过改革开放初期的"三来一补"，随着经济发展转型升级的倒逼，"广东制造"逐渐转向"广东质造"，质量创新与科技、管理、制度等创新形式成为企业转型升级的普遍路径。其中，技术创新实现了供给侧和需求侧的有效对接，不仅提高了全要素生产率，也进一步促使广东工业园融入国际高端产业链分工。

深圳突出协同创新，积极打造充满活力的综合创新生态体系

推动科技创新、产业创新、管理创新、商业模式创新和金融创新等方面有机结合，努力构建综合创新生态体系。加大各类人才引进培养力度，大力实施引进海外高层次人才的"孔雀计划"，设立"千人计划"创业园、"孔雀计划"产业园和市人才研修院，举办国际人才

---

① 陈乔之：《广东的区位优势与经济发展》，《东南亚研究》1996 年第 2 期。
② 李苗苗、肖洪钧、赵爽：《金融发展、技术创新与经济增长的关系研究——基于中国的省市面板数据》，《中国管理科学》2015 年第 2 期。

交流大会，集聚海内外各类创新型人才。依法实施最严格的知识产权保护，2017 年新出台了加强知识产权保护的 36 条举措，构建快速受理、授权、确权、维权服务体系，高水平打造国家知识产权示范城市。提出"创新、创业、创投、创客"的"四创联动"新思路，制定出台了支持创客发展的若干措施和三年行动计划，设立支持青少年创新专项计划。成功举办三届深圳国际创客周活动和九届中国深圳创新创业大赛活动，大力弘扬创新创业文化，柴火创客空间等一批众创空间蓬勃发展，高交会、IT 领袖峰会、BT 领袖峰会等成为促进创新创业的重要平台，大众创业、万众创新氛围更加浓厚。

深圳大疆科技注重源头创新，持续开展技术研发

深圳市大疆创新科技有限公司成立于 2006 年，是全球顶尖的飞行影像系统和无人机飞行控制系统的研发和生产商。公司以飞行影像系统为核心，以技术创新引领行业发展，通过系统的空中拍摄解决方案，开拓全球民用无人机市场，并占据了 50% 以上市场份额，已成为全球最大的小型无人载具供应商。公司注重源头创新，持续开展技术研发。2014 年公司 PCT 专利申请 170 多件，已授权 40 多件，其中 8 件核心专利首先获美国授权。公司拥有无人机飞行及地面站控制、专业影视航拍、直驱三轴陀螺稳定云台、高清远距离数字图像传输等领域的核心技术，并储备了未来若干年发展所需的最新技术。公司依托香港科技大学的技术、人才支持，吸引全球顶尖科技人才为公司持续创新提供源源不断的动力；高度重视市场应用，基于无人机飞行控制系统的研发、设计平台，开拓了电力、环保、搜救、房地产、农业等应用领域的无人机市场。

（四）文化包容，注入活力

文化是表现人类生存和发展的基本内涵①。岭南文化是促进广东

---

① 安应民：《文化经济学》，中国经济出版社 1994 年版。

经济发展的有利因素。岭南文化不仅是中原文化与海外文化的结合，而且是内陆农业文化与沿海商贸文化的双重交融。这种开放包容的岭南文化既可以团结当地人民齐心协力推进经济建设，又可以带动与科学技术相关的服务业的快速发展，进而增加国民收入，促进经济的快速发展。此外，文化事业的多元发展极大地改善了广东外商投资环境，不断吸引外来投资。广东之所以称为港澳台的投资集中地，最大的原因在于投资者对于岭南文化的地方认同感。

文化除了促进投资和改善营商环境之外，还可以推动物质产业和精神文化产业的比例配比，推动产业结构的转型升级，促进产业结构的合理化与高级化；文化还可以提高劳动者的素质，进而促进科技进步，促进文化产业的高度整合与高素质人才的培养，从根本上为地方经济发展注入新鲜的活力与不竭动力。

江门"侨梦苑"架起了园区与全球 华侨华人沟通联系的桥梁

截至 2018 年，进驻高新区珠西云谷创客产业项目达 80 个，进驻华侨华人创业创新基地孵化项目达 45 个；中美（江门）产业合作园的艾默生能源、德尔福派克等世界 500 强企业持续增资扩产；优美科长信、德昌电机、御澳食品、江盛重工、活仕环保集团项目、英国海归叶其昌博士项目、加拿大海归起涨点科技、英国海归悠客意行、香港三只大象茶文化项目以及香港线上教育平台项目等顺利落户。英国华人国际交流协会、华夏海外侨商联合会等与光博汇采购互贸平台签订战略合作协议。促成中组部千人计划国家特聘专家、加拿大张亮博士落户新会区。

（五）金融改革，支持发展

2012 年党的十八大报告明确指出："深化金融体制改革，健全促进宏观经济稳定、支持实体经济发展的现代金融体系。"金融发展与经济增长之间的关系研究表明：金融发展与国家或地区、产业经济增长之间具有高度的相关性，并且金融发展对经济增长的影响受到经济发展阶段的影响。金融发展对广东工业园区的发展具有积极的促进作用。

马兴瑞：促进经济和金融良性循环健康发展

2018 年 1 月 11 日下午，广东省省长马兴瑞主持召开省政府常务会议，深入贯彻落实中央经济工作会议关于坚决打赢防范化解重大风险攻坚战的决策部署，强调要深入学习贯彻习近平新时代中国特色社会主义思想和党的十九大精神，按照全国金融工作会议的部署要求，全面深化广东省金融改革，增强金融服务实体经济能力，防控金融风险，促进经济平稳健康发展。要加快转变金融发展方式，完善地方金融监管体系，优化整合地方金融资源，壮大地方金融组织体系，提高金融服务效能，加快建设服务实体经济能力强、风险防控能力强、改革创新能力强、辐射交互能力强的金融强省，促进经济和金融良性循环、健康发展。①

（六）人力集聚，提升竞争

自改革开放以来，广东依靠劳动力、土地和环境等资源优势，经过 40 年的高速发展，实现了经济的快速扩张，取得了举世瞩目的成就。但随着劳动力、土地等要素成本的上升，这种高投入、高消耗、高排放、低效率的粗放型经济增长方式越发难以为继。当前，随着广东省转型升级加快推进和"双转移"②工作向纵深拓展，劳动力转移面临着新的问题和挑战。面临这种问题和挑战，广东省制定了人才强省战略，确立人才"第一优势"是广东推动产业转型升级和增强核心竞争力的迫切要求。通过人才优势与人才集聚，推动产业转型升级，进而带动人才的发展，最终形成人才发展与产业转型升级的良性互动。

---

① http://gdipa.org/artice/10013_5788.html.

② "双转移"是指广东省发达的珠三角地区和欠发达的山区、东西两翼之间形成的一种双向转移。具体是指珠三角地区将劳动密集型产业向东西两翼、粤北山区转移；而东西两翼、粤北山区的农村剩余劳动力，一方面向当地第二、第三产业转移，另一方面向发达的珠三角地区转移。

广东顺德北滘镇：创新要看人才集聚

　　北滘镇位于顺德区北部，镇域 92 平方公里，常住人口 26 万人，其中户籍人口 11 万人，9 个居委会 10 个村委会。改革开放 40 年来涌现出著名家电企业美的集团和房地产企业碧桂园集团以及大批中小企业，成为珠江三角洲农村工业化的典范。同样，北滘也突出地表现出珠江三角洲地区普遍存在的"半城市化"、"产城分割"、产业集中度过高、所有产业中制造业独大、城市环境跟不上产业发展等问题，严重影响了北滘对人才的吸引力。北滘镇党委、镇政府由此提出了"智造北滘，魅力小城"的奋斗目标，并开始探索如何发挥政府作用推动北滘走上产业转型，城市升级之路。北滘镇依托家电产业、旅游产业、高端休闲、农业观光等产业，与碧桂园、慧聪等企业形成创新的协同效应，同时以创新产业相当的眼光目标明确、阶段清晰地推动城市环境的升级，产业创新与城市环境升级协同促进对人才的吸引力，即"新产业吸引新人群，新人群建设新城市"。①

第三节　产业园区经济促进广东区域经济高质量发展

一　星级园区，综合评比

　　根据《广东省工业园区星级服务评价工作方案》的要求，围绕服务文化、服务条件、服务内容、服务管理、企业满意度、行业贡献、社会责任 7 个一级指标（包括 21 个二级指标和 51 个三级指标），对广东省工业园区进行全方位的综合调研评比。通过园区自评、企业调查、实地考察、专家评审、走访进园企业、向企业与投资者发放问卷调查等多渠道多形式，最终评选出 1—5 个不同星级的获奖园区，星级数越多代表服务水平越好，五星级是最高级别，代表着最好服务水平。

---

　　①　http://www.ciudsrc.com/zhuanti/1708anli/.

2011 年，广东省工业园区协会在考察调研其他省市工业园区的基础上，结合广东省的实际情况，在广东省经济和信息化委、广东省民政厅的指导与支持下，开展广东省园区星级服务评价工作，以促进广东省工业园区完善园区服务基础设施，提高服务质量与服务能力，提升广东省工业园区软实力与竞争力。

2012 年，广东省园区协会主持广东省工业园区星级服务评价工作。2012 年有 15 家园区申报参评，通过专家评审、现场考察、园区企业调查等程序，共评出 2 家五星级园区、3 家四星级园区和 1 家三星级园区。中山（河源）产业转移工业园、中山（肇庆大旺）产业转移工业园 2 个园区被认定为五星级优秀园区，珠海（茂名）产业转移工业园、广州（梅州）产业转移工业园、东莞大岭山（南雄）产业转移工业园 3 个园区被认定为四星级优秀园区，深圳罗湖（河源源城）产业转移工业园被认定为三星级优秀园区。

2012—2016 年，广东省园区协会先后评出 8 个五星级园区、5 个四星级园区和 1 个三星级园区。荣膺星级服务的工业园区体现出制度健全、措施得力、配套完善等特点，在企业建设、融资、法律、研发、物流和员工生活服务等方面大多建立或引进了服务平台，为企业提供全方位的服务，满足入园企业和员工各类需求，自觉接受企业和公众监督，帮助企业健康快速发展。

根据数据的可获得性，以 2014 年和 2017 年为例，阐述新认定星级服务园区和复评星级服务园区的情况。

（一）科学新认定，星级服务园区

2014 年和 2017 年，广东省园区协会继续开展广东省工业园区服务星级评价工作。根据《广东省工业园区服务星级评价方案》的相关规定，经园区自愿申报、园区企业评价、专家评审委员会书面材料审查和实地考察等环节，2014 年新认定了 1 个五星级园区、2 个四星级园区；在园区自愿申请、园区企业评价的基础上，对 2012 年获评的首批"广东省星级服务园区"进行了复评，认定了 2 个五星级园区、2 个四星级园区；2017 年新认定了 4 个星级服务园区，对 2015 年获评的

"广东省星级服务园区"进行了复评（表6—3）。

表6—3 **2014年和2017年广东省工业园区新认定**
星级服务园区一览表

序号	工业园区名称	星级	时间
1	广州（梅州）产业转移工业园	五星级园区	
2	清远华侨工业园	四星级园区	
3	惠州产业转移工业园	四星级园区	2014年
4	汕头产业转移工业园	五星级园区	
5	广州白云江高（电白）产业转移工业园	四星级园区	
6	广州清远产业转移工业园	四星级园区	2017年
7	广州海珠（丰顺）产业转移工业园	三星级园区	

广州（梅州）产业转移工业园：

在工业发展上再造一个梅州（图6—10）

广州（梅州）产业转移工业园，是广州与梅州两市合作共建，广东省首个两次获得广东省产业转移竞争性扶持资金（共10亿元）的省级示范性产业转移工业园。参照广州科学城的规划理念，结合梅州"全力加快绿色经济崛起、建设富庶美丽幸福新梅州"战略，以"生态园区、工业新城"的发展定位进行高标准规划。"工业新城"规划面积约47.73平方公里，由生态园区、畲江中心镇和生态保留区三部分组成，其中生态园区约22.37平方公里，是工业新城的核心区，致力于打造成为带动全市乃至周边地区发展的经济增长极。

园区全面建成、入园企业全部达成后，可实现工业产值613亿元，税收61亿元，吸纳用工10万人以上，在工业发展上再造一个梅州，在城市发展上再造一座15万人口的宜居宜业新城。①

---

① http：//www.mzjs.gov.cn/news/xmjj/2011－8－25/1182511513655EF3HK18IE75KA3B.html.

图6—10 广州（梅州）产业转移工业园

汕头市产业转移工业园

汕头市产业转移工业园规划建设用地面积为21.84平方公里，分广澳、濠江、海门、潮南四个片区（图6—11）。产业转移工业园重点发展以装备制造业、电子信息业为主，纺织服装业为辅的产业。园区根据各自现有产业优势与发展情况，确定不同的产业发展方向。其中，濠江片区主要发展电子信息业、装备制造业；海门片区主要发展纺织服装业、装备制造业；潮南区主要发展电子信息业、纺织服装业；广澳片区主要发展保税、物流和仓储业。各工业区实行专业化发展，形

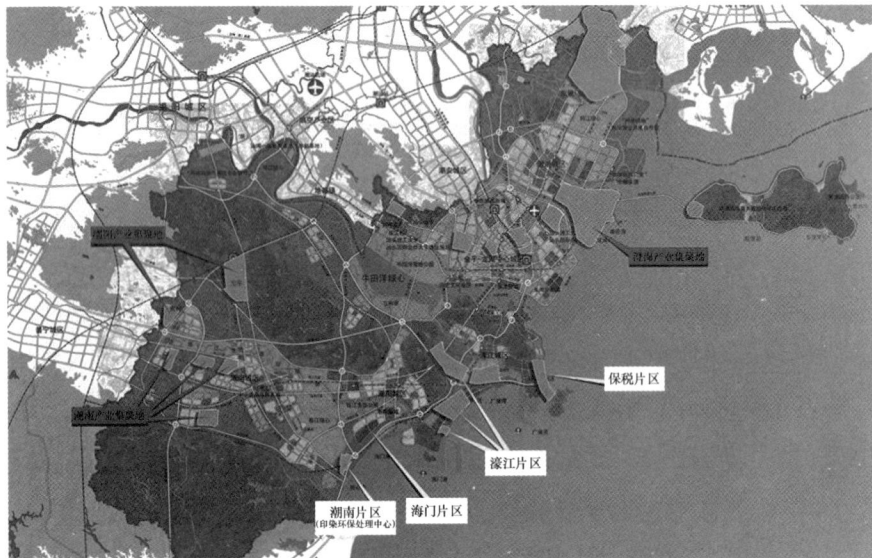

图6—11 汕头市产业转移工业园布局规划图

成布局合理、特色鲜明、配套完善的产业集群。

产业转移工业园管委会推行投资代理和"一条龙"全方位服务。对进入产业转移工业园的投资项目，从企业的工商登记注册、税务登记，到项目的立项、报建、开工所涉及的一切手续，由管委会实行专人代理服务；园区推行"零收费区"做法，除国家、省规定统一征收的税费外，不再对入园企业征收任何地方性收费。国家、省有关规定需缴交的规费，由产业转移工业园管委会设"一个窗口"代理收取上缴。

汕头市产业转移工业园在习近平新时代中国特色社会主义思想的指引下，按照省、市关于产业园区提质增效的工作部署，坚持以问题为导向、全力补齐园区短板，坚持以创新为动力、加快新旧动能转换，坚持以规划为引导、优化园区布局，坚持以项目为重点、推进园区产业集聚，坚持以获批五星级服务园区为契机、提升园区管理和服务水平，开创汕头市产业园区提质增效新局面。①

（二）首批星级园区获复评，服务质量和水平获提高

2014 年对 2012 年获评的首批"广东省星级服务园区"进行了复评，共 4 个，包括 2 个五星级园区［肇庆大旺产业转移工业园和深圳（河源）产业转移工业园］、2 个四星级园区［茂名产业转移工业园和东莞大岭山（南雄）产业转移工业园］。

2017 年对 2015 年获评的"广东省星级服务园区"进行了复评，共 6 个，包括 4 个五星级园区［茂名产业转移工业园、江门产业转移工业园、深圳大鹏（河源源城）产业转移工业园和深圳宝安（龙川）产业转移工业园］、2 个四星级园区［中山火炬（阳西）产业转移工业园和惠东产业转移工业园］（表6—4）。

---

① https：//shantou. focus. cn/zixun/f2a8a5153e6b075e. html.

表6—4　　2014年和2017年广东省工业园区复评星级服务园区一览表

序号	工业园区名称	星级	时间
1	肇庆大旺产业转移工业园	五星级园区	
2	深圳（河源）产业转移工业园	五星级园区	2014年
3	茂名产业转移工业园	四星级园区	
4	东莞大岭山（南雄）产业转移工业园	四星级园区	
5	茂名产业转移工业园	五星级园区	
6	江门产业转移工业园	五星级园区	
7	深圳大鹏（河源源城）产业转移工业园	五星级园区	
8	深圳宝安（龙川）产业转移工业园	五星级园区	2017年
9	中山火炬（阳西）产业转移工业园	四星级园区	
10	惠东产业转移工业园	四星级园区	

茂名产业转移工业园

　　茂名产业转移工业园是经广东省政府认定的示范性产业转移园，2010年11月被认定为省级茂名高新技术产业开发区（图6—12）。近年来，园区经济社会保持又好又快发展势头，先后荣获了科技部国家火炬计划石化产业基地、广东省重大产业集聚区（石化产业类）、广东省星级服务园区、省级循环经济工业园、省级清洁生产示范试点园

图6—12　茂名产业转移工业园

区。2012 年被评为省产业转移目标责任考核优秀园区。2013 年、2014 年连续两年荣获"中国化工园区 20 强"荣誉称号。

茂名园是茂名市委、市政府重点打造的"三大平台"之一，规划总面积约 31.8 平方公里，实际控制面积 81 平方公里。园区的发展定位，是紧紧依托茂名雄厚的石化基础和良好的临港条件，重点加快发展大型炼油、乙烯、芳烃等石化龙头产业，并以此为基础构建较为完整的石化中下游产业链体系。截至 2014 年底，高新区累计落地项目 110 个，总投资达 126.81 亿元。其中：建成项目 61 个，总投资 52.37 亿元；落地项目 49 个，总投资 74.44 亿元。

茂名园未来 3—5 年的发展，将采取"北联南进、西拓东优"的空间发展策略，通过"三横两纵路网"联结，形成"一个工业中心、五大配套基地"空间结构体系。2016 年，园区实现工业总产值 500 亿元，实现固定资产投资 130 亿元。五大规划发展片区各具规模：北片区完全成型，西南片区日趋成熟，高新新城初具规模，移民新村运转良好，商业廊带经济活跃，努力向世界级石化基地目标迈出更大的步伐，力争 2020 年实现工业总产值 1250 亿元，为粤东西北地区振兴发展做出重要贡献。①

总之，优秀的服务必然带来良好的回报。广东省星级服务园区服务质量与服务水平的提高，不仅提升了入驻园区企业的满意度，也有力地促进了企业的发展和园区的全球招商引资工作。通过广东省星级服务园区服务引领发展，星级服务园区在生产产值、税收等指标的增长水平高于广东省产业转移工业园平均增长水平，在发展速度和质量上表现更好。江门产业园、深圳（河源）产业园、深圳宝安（龙川）产业园创造了连续多年均获得"优秀"的奇迹。这充分说明了园区较高的服务水平与园区的发展紧密相连。

---

① http：//mmswj. maoming. gov. cn/tinfo. php？cid = 392.

二 星级服务园区服务建设，促经济高质量发展

结合广东省星级服务园区的评价结果及各园区的实际发展，星级服务园区在服务建设方面做了大量工作，促进了园区经济高质量发展。

（一）优化园区服务环境和投资环境，不断提升园区环境质量

广东省星级服务园区注重基础设施与配套建设，不断优化园区服务环境和投资环境，不断提升园区环境质量与入园企业满意度。在基础设施与配套建设方面，完善园区内道路网络建设，扩建道路和改善路面，实施园区绿化和亮化工程，推进园区道路林荫化、生态化和景观化，从根本上改善园区的投资环境。清远华侨工业园2013年扩建道路30余公里，完成水泥路面铺设15公里，对园区的招商引资和企业增资扩产起了促进作用；广州（梅州）产业转移工业园在2014年植树节期间完成绿化面积5万多平方米，完善了园区配套服务设施，提升了园区服务档次。在引进园区优质配套设施方面，广州（梅州）产业转移工业园引进的碧桂园商住配套项目，惠州产业转移工业园建设技工学校项目等，汕头产业转移工业园按照"多区启动，全面带动"的模式，实现"产城融合"。广州海珠（丰顺）产业转移工业园通过政府购买服务，开通园区专线，连通园区内外交通，免费为企业员工上下班提供便利。

（二）提升园区服务效能，促进园区全面发展

广东省星级服务园区重视园区软实力建设，提升园区服务效能和提高园区人员的服务意识，以及规范服务体系，促进园区的全面发展。在完善制度建设方面，广东省星级服务园区分别成立园区专职服务机构，构建园区服务文化，制定园区服务规范，建立园区服务监督机制，推动园区的合理规范化发展。在园区平台建设方面，广东省星级服务园区都搭建了信息、金融、科技、创新、人才和产学研等多元化与系统化企业服务平台，完善企业服务内容，满足企业需要，促进园区企业的健康快速发展。在构建和谐园区方面，园区加强人文关怀，积极参与社会公益活动，丰富园区文化体育活动，营造园区和谐氛围。广

州（梅州）产业转移工业园出资 500 多万元帮扶园区附近的松棚村和双龙村，济困助学和帮扶企业员工累计捐款达 60 多万元。广州（清远）产业转移园本着"一切为了企业，一切为了投资者，一切为了清远"的服务理念，促使企业快速落地，创造了"广清园"速度。广州江高（电白）产业转移工业园将服务人员直接派驻到企业，对企业进行贴身保姆式服务，加强了园区管委会与企业之间的联系，做到服务高效。

（三）突出创新，构建优质服务亮点

党的十九大提出："要以提升组织力为重点，突出政治功能，把企业、农村、机关、学校、科研院所、街道社区、社会组织等基层党组织建设成为宣传党的主张、贯彻党的决定、领导基层治理、团结动员群众、推动改革发展的坚强战斗堡垒。"广东省星级服务园区全面加强党组织建设工作，增强了党组织在经济社会发展中的核心地位及引领作用。广州江高（电白）产业转移工业园结合产业园区发展的实际情况，以"党建引领、党群互动、共建共赢"为宗旨，创造了"党建＋"模式，促进了企业和园区双向发展。

第四节　腾笼换鸟与产业园区经济转型升级

一　产业转型升级，带动产业集聚发展

截至 2017 年 9 月，广东省共有 87 家省产业转移工业园（含有关县区依托省产业转移工业园带动产业集聚发展项目，以下简称产业集聚地）。其中，汕头市有 3 家、韶关市 8 家、河源市 8 家、梅州市 9 家、惠州市 3 家、汕尾市 5 家、江门市 4 家、阳江市 4 家、湛江市 9 家、茂名市 6 家、肇庆市 7 家、清远市 6 家、潮州市 4 家、揭阳市 6 家、云浮市 5 家省产业转移工业园（表 6—5）。这些产业转移工业园的主要类型有合作共建示范园、自建示范园、一般园和起步园四种类型，如广州（梅州）产业转移工业园主要集聚的产业有汽车（摩托车）零配件、电子信息、稀土应用（兼顾发展高端医药和健康食品产业）；广州（清远）产业转移工业园主要集聚的产业有装备制造、电

子信息、新材料产业（兼顾发展新能源、生物医药产业）；深圳（河源）产业转移工业园主要集聚的产业有电子信息、机械模具、光伏产业（兼顾发展稀土高新材料产业）；深圳（汕尾）产业转移工业园主要集聚的产业有电子信息、云计算、新能源产业（兼顾发展食品加工业）；湛江产业转移工业园主要集聚的产业有钢铁、石化及其配套产业；东莞石龙（始兴）产业转移工业园主要集聚的产业有新材料特色产业；深圳龙岗（紫金）产业转移工业园主要集聚的产业有电子、电器、机械制造等。从产业类型来看，主要是传统制造业集聚、先进制造业集聚和新兴产业集聚（表6—5）。

表6—5　　　　　1978—2017年广东省产业转移工业园名单

序号	地市	单位
1	汕头市	汕头产业转移工业园
2		汕头金平产业转移工业园
3		汕头海湾新区集聚地
4	韶关市	东莞（韶关）产业转移工业园
5		乐昌产业转移工业园
6		始兴产业转移工业园
7		南雄产业转移工业园
8		乳源产业转移工业园
9		翁源产业转移工业园
10		仁化县产业集聚地
11		新丰县产业集聚地
12	河源市	深圳（河源）产业转移工业园
13		深圳盐田（东源）产业转移工业园
14		深圳福田（和平）产业转移工业园
15		深圳大鹏（河源源城）产业转移工业园
16		深圳龙华（紫金）产业转移工业园
17		深圳宝安（龙川）产业转移工业园
18		河源江东新区产业转移工业园
19		连平县产业集聚地

续表

序号	地市	单位
20	梅州市	广州（梅州）产业转移工业园
21		东莞石碣（兴宁）产业转移工业园
22		广州南沙（平远）产业转移工业园
23		广州番禺（五华）产业转移工业园
24		广州海珠（丰顺）产业转移工业园
25		梅州蕉华产业转移工业园
26		梅县区产业集聚地
27		蕉岭县产业集聚地
28		大埔县产业集聚地
29	惠州市	惠州产业转移工业园
30		惠东产业转移工业园
31		博罗县产业集聚地
32	汕尾市	深圳（汕尾）产业转移工业园
33		海丰县产业转移工业园
34		陆丰产业转移工业园
35		陆河县产业集聚地
36		汕尾新区产业集聚地
37	江门市	江门产业转移工业园
38		江门新会产业转移工业园
39		江门江海产业转移工业园
40		鹤山市产业集聚地
41	阳江市	珠海（阳江）产业转移工业园
42		阳春产业转移工业园
43		珠海（阳江万象）产业转移工业园
44		中山火炬（阳西）产业转移工业园
45	湛江市	湛江产业转移工业园
46		佛山顺德（廉江）产业转移工业园
47		吴川华昱产业转移工业园
48		霞山临港产业转移工业园
49		徐闻产业转移工业园
50		遂溪县产业集聚地

序号	地市	单位
51	湛江市	湛江海东新区产业集聚地
52		奋勇高新区产业集聚地
53		雷州市产业集聚地
54	茂名市	茂名产业转移工业园
55		广州白云江高（电白）产业转移工业园
56		信宜产业转移工业园
57		高州产业转移工业园
58		化州产业转移工业园
59		茂南产业转移工业园
60	肇庆市	肇庆大旺产业转移园
61		德庆产业转移工业园
62		怀集产业转移工业园
63		高要区产业集聚地
64		四会市产业集聚地
65		广宁县产业集聚地
66		封开县产业集聚地
67	清远市	广州（清远）产业转移工业园
68		广州花都（清新）产业转移工业园
69		广州白云（英德）产业转移工业园
70		广东顺德清远（英德）经济合作区
71		连州市产业集聚地
72		佛冈县产业集聚地
73	潮州市	中山（潮州）产业转移工业园
74		潮安区产业集聚地
75		饶平县产业集聚地
76		潮州新区产业集聚地
77	揭阳市	揭阳产业转移工业园
78		揭阳金属生态城
79		揭东产业转移工业园
80		普宁市产业集聚地
81		惠来县产业集聚地
82		揭西县产业集聚地

序号	地市	单位
83	云浮市	佛山（云浮）产业转移工业园
84		佛山顺德（云浮新兴新成）产业转移工业园
85		罗定市产业集聚地
86		郁南县产业集聚地
87		云安区产业集聚地

佛山促进了优势传统产业改造提升

佛山工作母机类制造业与本地优势传统产业紧密相连，形成了相互促进、共同发展的良性循环。佛山市拥有陶瓷、金属制品、食品饮料、塑料制品、家具等一批产值在千亿元左右的优势传统产业，为陶瓷机械、金属压力成型机械、印刷包装机械、塑料加工机械、木工机械专用设备的成长发展提供了肥沃的土壤和广阔的市场。同时工作母机类制造业的研发创新也推动了传统产业的技术创新、产品创新，为传统产业的智能化、自动化改造提升提供了有力的技术支撑。

二 创新融合，已成趋势

（一）新兴产业与科技双向驱动

2010 年，国家正式提出要加快培育和发展战略性新兴产业，坚持把科技进步与创新作为加快转变经济发展方式的重要支撑。2012 年和 2016 年国务院均印发了《"十二五"国家战略性新兴产业发展规划》（国发〔2012〕28 号）和《"十三五"国家战略性新兴产业发展规划》（国发〔2016〕67 号），提出坚持走创新驱动发展道路，促进一批新兴领域发展壮大并成为支柱产业，持续引领产业中高端发展和经济社会高质量发展。[①]

2017 年 8 月，广东省人民政府印发《广东省战略性新兴产业发展"十三五"规划》（粤府办〔2017〕56 号），提出战略性新兴产业代表

---

① 《"十三五"国家战略性新兴产业发展规划》（国发〔2016〕67 号）。

新一轮科技革命和产业变革的方向，是培育发展新动能，获取未来竞争新优势的关键领域。广东未来必须把战略性新兴产业摆在更加突出的位置，将新一代信息技术产业、生物产业、高端装备与新材料产业、绿色低碳产业、数字创意产业和战略性产业作为产业发展重点，围绕实施珠三角地区优化发展和粤东西北地区振兴发展两大战略，根据各地产业发展基础和创新资源优势，坚持因地制宜、因业布局、因时施策，突出战略性、前瞻性，加快形成点面结合、优势互补、错位发展、协调共享的新兴产业发展格局。①

对于广东不同类型的工业园区来说，在推动园区建设的同时，应充分发挥产业集聚区在加快战略性新兴产业成长方面的辐射带动作用，把加快培育和发展战略性新兴产业作为主攻方向。同时，发展科技服务业也成为园区发展的主要方向。因此，围绕战略性新兴产业和科技服务业，促进产业的集群化、特色化与品牌化的发展，将成为广东省工业园区实现转型提升和可持续发展的关键。

（二）协同创新，引领发展

创新是工业园区的生命和关键，在面对国内外原材料、土地和劳动力等生产要素成本高企及工业园区原有的政策优势逐渐弱化的形势下，创新成为工业园区发展的迫切要求和必然趋势。除了工业园区自主创新推动经济发展走上内生增长的轨道之外，协同创新成为工业园区发展的主要驱动力。协同创新是对于创新领域的原始创新、集成创新、引进消化吸收再创新三种创新方式的有机整合，激发企业自主创新的内在动力，走自主知识产权、自主性品牌、自主性创新能力的"三自"发展道路。高层次和宽领域整合创新资源，实现三链（技术链、产业链和价值链）的紧密结合，在产业服务模式、园区经营管理、招商引资、高端人才引进和培养机制等方面进行协同创新，引领工业园区自主创新能力的整体提升。

---

① 《广东省战略性新兴产业发展"十三五"规划》（粤府办〔2017〕56 号）。

（三）区域融合，前瞻把握

广东省不同类型的工业园区除了产业集聚和创新之外，产城融合也是其发展的方向，即在产业带动下的人口集聚化与城市服务功能的拓展。当前，企业重视工业园区内的营商环境，而务工人员重视工业园区内的宜居环境，因此，工业园区从"重生产、轻服务"向"重生产、重服务"转变，在发展工业园区的同时，加快园区内的金融、科技、信息、法律、物流等生产性服务业与商服、休闲、教育、医疗等生活性服务业的综合发展，提高城市发展的综合功能，协调发展社会事业，切实促进工业园区的现代化发展。

三 广东省产业园区未来发展路径

（一）高端制造总部与第三产业深度融合，促进产城融合

高端制造总部包括企业行政总部、营销管理、财务、总装、测试、技术研发、核心部件生产等。不同类型工业园区内的高端制造业总部应该是科技含量高、创新能力强、劳动生产率高、市场前景好、需求收入弹性高、经济效益良好和经济持续增长，发展高端制造总部必须与第三产业深度融合，高端装备制造产业需要酒店、公寓、会议、展览等基础商务设施和办公设施，同时还需要金融、法律、保险、教育、会计等专业化服务体系的有力支撑。因此，广东省不同类型的工业园区在未来的发展中应处理好工业企业总部、高端制造和商住配套之间的关系，既可以完善各项配套设施，更好地服务高端制造总部，也可以增加工业园区的经济收入与税收，吸引大量人才，促进产城深度融合。

（二）做优园区存量，做大园区增量，增强产业竞争力

当前广东省不同类型的工业园区面临着传统存量和引入新兴产业增量之间的关系。为了很好地解决园区发展面临的问题，要处理好增量发展与存量优化之间的关系。一方面，重点扶持新一代信息技术产业、生物产业、高端装备与新材料产业、绿色低碳产业、数字创意产业和战略性产业等新兴产业。对于不符合工业园区发展要求的低附加

值、污染环境的制造加工企业引导其有序退出，有效优化工业园区内现有存量。另一方面，加快引进符合工业园区规划定位要求的产业准入门类和企业入驻，不断完善有针对性的产业政策，创建工业园区科技创新孵化体系，培育工业园区内高成长、高附加值、低能耗、低污染、自主知识品牌等优质中小企业做大做强，鼓励发展信息技术、人工智能、创意、健康、数字创新、金融等新兴产业，形成经济新增量，增强工业园区产业竞争力。

（三）有形之手和无形之手相结合，创新总部经济园区开发模式

当前，工业园区有地产商、政府独立开发、综合开发三种主要模式。总部经济园区的开发与建设应以有形之手政府主导和无形之手市场主体相互结合，探索新型的工业园区开发模式。工业园区在发展初期应以政府主导为主，大力推进招商引资，引入具有总部经济运作经验丰富的城市运营商，并且建设相应的功能配套设施。在城市运营商健康运作之后，政府应以协助企业为主，政府协助城市运营商开展工业园区项目招商引资，培育新兴产业，形成点与面结合和上下游有机互动的特色化产业链，辐射和影响第三产业整体转型升级，形成"政府助推、企业主体、市场运作、互利多赢"的开发模式。

（四）大力发展生产性服务业和新兴工业

生产性服务业是为保持工业生产过程的连续性、促进工业技术进步、产业升级和提高生产效率提供保障服务的服务行业，是从制造业内部生产服务部门而独立发展起来的新兴产业，贯穿于企业生产的上游、中游、下游诸环节中，是二、三产业加速融合的关键环节，主要包括研发设计与其他技术服务，货物运输、仓储和邮政快递服务，信息服务，金融服务，节能与环保服务，生产性租赁服务，商务服务，人力资源管理与培训服务，批发经纪代理服务，生产性支持服务这几类服务行业。① 随着高端制造总部经济政策的完善及配套设施政策推出，广东省不同类型的工业园区大力发展生产性服务业和新兴工业，

---

① https：//baike. so. com/doc/5402277 - 5639963. html.

将促使园区经济可持续发展。

第五节　产业园区经济发展大事记

- 1979 年 7 月 15 日，中共中央、国务院决定先在深圳、珠海划出部分地区试办出口特区。蛇口建立我国第一个出口加工区。
- 1985 年中央决定在长江三角洲、珠江三角洲和厦漳泉三角地区开辟沿海经济开放区。
- 1992 年 3 月 23 日，广东省人民政府印发《广东省高新技术产业开发区若干政策的实施办法》。
- 1992 年 7 月 3 日，广东省人民政府正式批准设立阳江市海陵岛经济开发试验区。
- 1992 年 7 月 12 日，广东省人民政府批准茂名市设立水东经济开发试验区。
- 1992 年 7 月 20—23 日，广东省人民政府批准设立台山市上、下川岛旅游开发综合试验区。23 日，广东省人民政府批准设立湛江市东海岛经济开发试验区。
- 1992 年 8 月 28 日，广东省人民政府批准仁化县设立丹霞旅游经济开发试验区，以加快开发丹霞山风景区旅游资源。
- 1992 年 9 月 1 日，深圳市沙头角保税区正式投入运营。这是继上海外高桥、天津港保税区之后我国第三个正式投入运营的保税区。
- 1992 年 9 月 26 日，广东省人民政府举行扩大对外开放新闻发布会。省长朱森林宣布国务院批准将韶关、河源、梅州市列入沿海经济开发区。至此，广东形成全省开放格局。
- 1992 年 10 月 26 日，广东省人民政府批准在紫金县古竹镇设立紫金经济开发试验区。
- 1992 年 10 月 28 日，经林业部批准，全国第一个林业综合开发试验区在韶关建立。
- 1992 年 11 月 6 日，广东省人民政府批准设立梅州经济开发试验区和潮州经济开发试验区。

- 1992 年 11 月 24 日，国务院同意将清远市扶贫经济开发试验区列为全国农村改革试验区。

- 1993 年 2 月 7 日，国务院批准惠州仲恺高新技术产业开发区为国家级高新技术产业开发区。开发区位于惠州市城区，面积为 8.8 平方公里。

- 1993 年 3 月 3 日，国务院批准珠海高新技术开发区为国家级高新技术开发区。开发区位于珠海市西区，面积为 9.8 平方公里。

- 1993 年 5 月 6 日，广东省八届人大常委会第二次会议在广州举行，审议并通过了《广东省对外加工装备业务条例》《湛江经济技术开发区条例》等地方性法规。

- 1993 年 5 月 10 日，全国第一家由外资企业全面承担开发经营任务的保税区——广州保税区正式投入运营。

- 1993 年 7 月 1 日，国务院批准广东番禺南沙经济技术开发区、惠州大亚湾经济技术开发区为国家级经济技术开发区。

- 1993 年 7 月 17 日，中共广东省委、广东省人民政府制定《关于扶持高新技术产业发展的若干规定》。

- 1996 年 1 月 29 日，经海关总署批准，广州保税区海关正式开关运作。

- 2000 年 1 月 5 日，南海市被国家农业部授予"全国农村改革试验区先进集体"称号。

- 2001 年 4 月 21 日，由科技部批准的国家火炬计划软件产业基地主园之一——广东软件科学园奠基。

- 2002 年 7 月 22—25 日，省九届人大常委会第三十五次会议在广州召开。会议表决通过《广东省厂务公开条例》《广东省保税区管理条例》《广东省失业保险条例》等条例和决议。

- 2003 年 3 月 30 日，国内首个以循环经济和生态工业为指导理念的建设环保科技产业园——南海国家生态工业建设示范园区暨华南环保科技产业园在佛山市南海区丹灶镇举行奠基、挂牌和部分入园企业签约仪式。

● 2003 年 12 月 9 日，珠澳跨境工业区正式奠基，省长黄华华、澳门特别行政区行政长官何厚铧共同为珠澳跨境工业区纪念牌匾揭幕。

● 2005 年 4 月 8 日，省委、省政府提出关于大力提高工业产业竞争力的意见。

● 2005 年 7 月 8 日，省政府在韶关召开全省产业转移工业园工作现场会。

● 2005 年 10 月 28 日，省委、省政府做出关于提高自主创新能力、提升产业竞争力的决定。

● 2008 年 5 月 24 日，省委、省政府印发《中共广东省委 广东省人民政府关于推进产业转移和劳动力转移的决定》。

● 2008 年 7 月 2 日，省委、省政府印发《中共广东省委 广东省人民政府关于加快建设现代产业体系的决定》。

● 2008 年 11 月 4—9 日，第七届中国国际航空航天博览会在珠海举行。4 日，中共中央政治局委员、国务院副总理张德江，中共中央政治局委员、省委书记汪洋，中央军委委员、国务委员兼国防部长梁光烈，全国政协副主席李金华，省长黄华华出席航博会开幕式和珠海航空产业园开园仪式。

● 2009 年 2 月 19 日，国家工业和信息化部在广州召开全国中小企业工作经验交流座谈会。

● 2009 年 7 月 9 日，由国家海关总署、发展改革委、财政部、国土资源部、住房城乡建设部、交通运输部、商务部、税务总局、工商总局、质检总局、外汇管理局 11 部委组成的联合小组，通过对广州南沙保税港区（一期）的验收。南沙保税港区成为全国第五个、广东第一个通过正式验收合格的保税港区。

● 2009 年 7 月 26 日，《人民日报》头版头条发表题为《"双转移"助推广东科学发展》的文章，介绍广东实施"双转移"（产业转移、劳动力转移）战略促进产业转型升级情况。

● 2009 年 12 月 16 日，珠海市横琴新区挂牌暨重点项目启动仪式在珠海横琴岛举行。中共中央政治局委员、省委书记汪洋，省长黄华华为横琴新区挂牌并启动重点项目。

● 2010 年 4 月 21 日，省委、省政府印发《中共广东省委 广东省人民政府关于加快外经贸战略转型提升国际竞争力的决定》。

● 2010 年 4 月 23 日，全省加工贸易转型升级工作现场办公会在广州召开。

● 2010 年 4 月 24—27 日，第二届中国（深圳）国际工业博览会在深圳举行。此届展会参观人数达 10.3 万人次，展会现场成交 0.82 亿元，意向签约 23.95 亿元，总额 24.77 亿元。

● 2011 年 4 月 19 日，2011 年粤澳合作联席会议在珠海举行。省长黄华华和澳门特别行政区行政长官崔世安出席会议并分别做主题发言。会后，粤澳双方共同举行竹银水源工程竣工仪式和粤澳合作中医药科技产业园启动仪式。

● 2011 年 5 月 16 日，省政府与海关总署在北京签署《共同建设全国加工贸易转型升级示范区推进转变发展方式合作备忘录》。

● 2011 年 7 月 5 日，省政协十届十五次常委会议在广州召开，围绕"加快技术改造促进优势传统产业高端化"专题开展议政活动。

● 2011 年 7 月 5 日，国务院批复，原则同意《广东海洋经济综合试验区发展规划》。

● 2011 年 8 月 25 日，省政协"加快产业转移园建设，推进'双转移'实现重大突破"专题协商会在广州召开。中共中央政治局委员、省委书记汪洋出席会议并讲话，省政协主席黄龙云主持会议。

● 2011 年 10 月 27 日，中海石油气电集团有限责任公司珠海热电联产项目在珠海高栏港经济区开工奠基。

● 2012 年 2 月 2 日，广东省《2012 年扶持中小微企业发展的若干政策措施》出台，这是国内首个省级层面扶持中小微企业发展的政策性文件，主要措施包括财政资金支持、税收政策优惠、缴费与土地价格优惠、融资支持、强化公共服务等八个方面共 56 条内容。

● 2012 年 4 月 25 日，汪洋在珠海调研并出席三一海洋重工产业园开工仪式。

● 2012 年 8 月 20 日，全省实施广东海洋经济综合试验区发展规划工作会议召开。汪洋主持会议，朱小丹讲话。

● 2012 年 9 月 6 日，国务院批复《广州南沙新区发展规划》。南沙新区成为国家级新区，南沙新区的开发建设上升到国家战略。

● 2012 年 9 月 11—12 日，全省推广顺德南海综合改革试点工作现场会在佛山召开。

● 2012 年 10 月 12 日，省委常委举行第十一期集中学习讨论会，邀请国务院发展研究中心产业经济部部长冯飞、中山大学工学院教授余志围绕"第三次工业革命与广东转型升级"做专题报告。

● 2013 年 2 月 26 日，2012 年省工业园区服务星级评价结果发布会暨授牌仪式举行。中山（河源）产业转移工业园等首批 6 个服务星级园区产生。

● 2014 年 9 月 15 日，国务院批复同意在汕头经济特区设立华侨经济文化合作试验区。

● 2014 年 12 月 12 日，国务院常务会议要求在广东、天津、福建特定区域再设 3 个自由贸易园区。中国（广东）自由贸易试验区 116.2 平方公里，其中广州南沙新区片区 60 平方公里（含广州南沙保税港区 7.06 平方公里）、深圳前海蛇口片区 28.2 平方公里、珠海横琴新区片区 28 平方公里。

● 2015 年 3 月 24 日，广东自由贸易试验区总体方案获中央政治局会议审议通过，将打造新型国际规则试验区。

● 2015 年 3 月 26 日，全省工业转型升级攻坚战动员大会召开。胡春华主持会议并讲话，强调要迅速行动起来，全力以赴，真抓实干，打赢全省工业转型升级攻坚战。朱小丹对全省实施工业转型升级攻坚战做具体部署。

● 2015 年 4 月 23 日，中国（广东）自由贸易试验区珠海横琴新区片区正式挂牌运作。

- 2015 年 4 月 27 日，中国（广东）自由贸易试验区深圳前海蛇口片区正式挂牌。

- 2015 年 6 月 1 日，南沙成为全国首个推出跨境电商商品质量溯源的自贸区。

- 2015 年 6 月 10 日，中国（广东）自由贸易试验区工作领导小组第一次会议召开。朱小丹出席会议并讲话。

- 2015 年 7 月 27 日，全省贯彻落实《中国制造 2025》暨珠江西岸先进装备制造产业带建设工作会议召开。胡春华出席会议并讲话，强调要大力发展装备制造、智能制造，努力掌握自主创新核心技术，推动广东由制造业大省向制造业强省转变。朱小丹就制造业转型升级工作做具体部署。

- 2015 年 7 月 28 日，《中国（广东）自由贸易试验区珠海横琴新区片区建设实施方案》正式发布，重点发展旅游休闲健康、商务金融服务、文化科教和高新技术等产业。

- 2015 年 8 月 6 日，《中国（广东）自由贸易试验区广州南沙新区片区建设实施方案》公开发布。南沙新区片区将发起设立海上丝绸之路港口开发建设基金，建立沿线国家城市港口联盟。

- 2015 年 10 月 16 日，中国（广东）自由贸易试验区建设工作领导小组第二次会议举行。朱小丹出席会议并讲话。

- 2016 年 2 月 15 日，全国首家内地与港澳合伙联营律师事务所在广东自贸试验区横琴片区揭牌。

- 2016 年 2 月 25 日，国务院印发《关于同意开展服务贸易创新发展试点的批复》，同意在广州、深圳开展服务贸易创新发展试点，试点期为 2 年。

- 2016 年 7 月 14 日，广东省推进中国（广东）自由贸易试验区第二批可复制推广改革创新经验等改革工作意见稿。

- 2017 年 12 月 8 日，我国首个跨境工业园区——珠澳跨境工业园区启用。珠澳跨境工业园区是我国首个跨境工业园区，2003 年 12 月 5 日经国务院批准设立，同年 12 月 9 日动工建设，位于珠海拱北茂盛围与澳门西北区的青洲之间，通过填海造地形成，首期总面积为0.4平方公里，其中珠海园区面积约0.29平方公里，澳门园区面积约0.11平方公里。该工业园区以发展工业为主，兼顾物流、中转贸易、产品展销等功能。双方已有41家企业落户。

第 七 章

城市群经济：广东区域经济
协调发展平衡器

城市群是在特定的区域范围内云集相当数量的不同性质、类型和等级规模的城市，一般以一个或两个（有少数的城市群是多核心的例外）特大城市（小型的城市群为大城市）为中心，依托一定的自然环境和交通条件，城市之间的内在联系不断加强，共同构成一个相对完整的城市"集合体"。改革开放至今，通过充分改革与发展，珠三角地区逐渐成为中国市场化程度最高与市场体系最完备的地区，成为中国外向度最高的经济区域和对外开放的重要窗口，也成为中国经济地区发展的强大引擎及三大城镇密集地区之一①。珠江三角洲城市群是亚太地区最具活力的经济区之一，它以广东70%的人口，创造着全省85%的GDP，是有全球影响力的先进制造业基地和现代服务业基地，南方地区对外开放的门户，我国参与经济全球化的主体区域，全国科技创新与技术研发基地，全国经济发展的重要引擎，辐射带动华南、华中和西南发展的龙头，是我国人口集聚最多、创新能力最强、综合实力最强的三大区域之一，有"南海明珠"之称。2015年9月29日，珠三角国家自主创新示范区正式获得国务院批复同意。目标是把珠三角建设成为我国开放创新先行区、转型升级引领区、协同创新示范区、创新创业生态区，打造成为国际一流的创新创业中心。珠三角9市携

---

① 《珠江三角洲地区改革发展规划纲要（2008—2020 年）》。

手港澳打造粤港澳大湾区，是继美国纽约湾区、美国旧金山湾区、日本东京湾区之后，世界第四大湾区，建成世界级城市群。[①]

第一节　城市群经济的形成与功能

城市群是在城市化过程中，在一定的地域空间上，以物质性网络（由发达的交通运输、通信、电力等线路组成）和非物质性网络（通过各种市场要素的流动而形成的网络组织）组成的区域网络化组织为纽带，在一个或几个核心城市的组织和协调下，由若干个不同等级规模、城市化水平较高、空间上呈密集分布的城镇通过空间相互作用而形成的，包含有成熟的城镇体系和合理的劳动地域分工体系的城镇区域系统[②]。

一　产业集聚，巨大推动

在工业化的初期和中期，一些铁矿、煤炭、石油等资源蕴藏量丰富的区域依托当地丰富的资源发展重化工工业和能源工业。随着区域资源深度开发、交通等基础设施建设、生产生活设施及其配套设施建设，其上、下游产业链及相应的生产和生活性服务业应运而生。在产业集聚效应的合力下，不同等级规模的生产相同或者相似产品的企业在某一区域大量集聚，形成产业集群。在产业集群的推动下，在该区域内形成城镇密集区，区内城镇之间在区域经济发展的过程中通过产业关联或其他方式逐渐建立了密切的联系，进而形成了合理的劳动地域分工体系，最终形成城市群。珠三角城市群就是通过这种方式产生的。

珠江三角洲城市群是在1978年我国实行改革开放政策之后形成的，在国家改革开放优惠政策的直接推动下，以加工工业和"三来一

① http://www.chinacity.org.cn/csfz/csxw/290018.html.
② 刘静玉、王发曾：《城市群形成发展的动力机制研究》，《开发研究》2004年第6期。

补"为主的各种产业迅速在珠三角地区集聚，形成珠三角不同类型的产业集群（如专业镇经济）。珠三角经济快速发展，城镇化进程加快，在珠三角涌现了一大批大、中、小城镇，这些城镇之间分工明确、联系紧密，从而形成了城镇高度密集的城市群。

二 区域网络，组织发展

区域内的网络化组织包括由交通运输、通信电力等物质性线路组成的物质性网络和由市场中各种要素资源流动形成的非物质性网络两种。在工业化发展的初、中期，在珠三角逐渐形成了大、中、小城镇之间分工明确和精密联系的城镇群，这些城镇之间由铁路、公路、管道、通信线路、电力等各种线路形成的物质性网络组织相互连接，借助现代化的网络组织珠三角各城市之间既可以沿相应的轴线进行产业布局又可以开展分工合作，增加珠三角区域城镇之间的相互联系，形成各具特色的劳动地域分工体系，珠三角城市群借此得到了进一步的发展。

三 投资环境，企业行为

在市场经济条件下，在资源配置中起关键作用的是市场机制。企业是经济社会最基本的生产单元，企业的行为选择对城市人口分布和城市空间布局的发展具有重要作用，从这个角度而言，城市之间的空间相互作用则源于企业。企业通过对诸如区域政策、劳动力、技术、生态环境等投资环境分析之后决定其区位指向，大量企业共同的区位指向直接影响到城镇的兴起和发展，并会进一步影响城镇之间的相互联系程度和城市化区域的发展。如果大量的企业向某一区域集聚，在集聚效应和扩散效应的作用下，驱使区域经济快速发展、区域城市化进程加快，大批城镇在这一区域形成、发展、集聚，最终导致城市群的形成，珠江三角洲城市群就是这样形成的。改革开放以来，我国在资金和政策方面对珠江三角洲予以支持，受到有利的投资环境的驱动，大量企业迅速在珠三角形成和集聚，形成了深圳、珠海、中山、佛山、东莞等大中城市和数量众多的小城镇，众多的城镇之间相互分工合作、联系密切，最终导致了珠江三角洲城市群的形成。

四　功能集聚，邻近扩散

城市功能的集聚与扩散是城市化发展的结果。在城市发展的初期往往以政治或军事等少数功能为主。随着城市不断地发展和城市功能的增多，与之相适应的城市空间需求越来越强烈，城市功能向城市的近远郊区和邻近的城市扩散，这种扩散导致了城市的进一步发展，新城、新区出现乃至城镇密集区的形成，最终形成城市群，如珠三角城市群。珠三角城市群是工业化、城市化进程中，广东区域空间形态的高级现象，在广东经济社会发展过程中产生了巨大的集聚经济效益，是国民经济快速发展、现代化水平不断提高的标志之一，对推动广东新型城镇化发展意义重大。

第二节　城市群经济与区域经济一体化

《珠江三角洲地区改革发展规划纲要（2008—2020 年）》提出加快推进珠江三角洲区域经济一体化作为重大战略和重要内容。按照主体功能区定位，优化珠江三角洲地区空间布局，以广州、深圳为中心，以珠江口东岸、西岸为重点，推进珠江三角洲地区区域经济一体化，包括城乡规划一体化、产业布局一体化、基础设施建设一体化、基本公共服务一体化、环境保护一体化等，带动环珠江三角洲地区加快发展，形成资源要素优化配置、地区优势充分发挥的协调发展新格局。[①]

一　城乡一体化：提升城镇群的整体竞争力

城乡规划一体化是区域经济一体化的先决条件和重要保障，是新时期促进经济发展方式转变的重要抓手。城乡规划一方面深入落实

[①]　《珠江三角洲地区改革发展规划纲要（2008—2020 年）》。

《珠江三角洲地区改革发展规划纲要（2008—2020年）》关于切实加强统筹城乡的规划布局、优化珠三角城镇群的空间结构、构建城乡规划统筹协调的一体化发展格局等要求；另一方面优化空间资源的配置，在推进城乡规划一体化的进程中大力支撑和推动经济发展方式的转变。①

（一）省委、省政府历来高度重视珠三角地区的规划统筹和空间布局

2005年，广东省政府公布实施《珠江三角洲城镇群协调发展规划（2004—2020年）》，从区域空间发展策略、总体布局、城镇中心体系，对广佛肇、深莞惠、珠中江三大都市区，珠三角生态、交通、产业、市政设施等方面分别提出了规划指引，以促进珠三角城镇协调发展。2006年，广东省第十届人民代表大会常务委员会第二十六次会议通过《广东省珠江三角洲城镇群协调发展规划实施条例》，从地方法规的层面促进珠江三角洲城镇群全面、协调与可持续发展。2013年，广东省发展和改革委员会发布《珠江三角洲城乡规划一体化规划（2009—2020年）》，加快推进珠江三角洲区域经济一体化进程。

（二）开启了低碳生态和高品质的城乡规划建设模式

珠三角城乡一体化在规划和建设过程中以实现低碳生态化、高效能和高品质发展为目标，优化珠三角区域生态结构与产业布局、实现城市（镇）和村庄集约节约建设、构建高效低能耗的绿色交通系统、营造绿色人居环境等，这些成为珠三角经济发展方式转变的坚实空间载体。

（三）打造以广深为核心的珠三角世界城市区域，提升了城乡区域一体化的品质与国际竞争力

世界城市区域不仅需要强大的区域服务与管理能力，还需要优质的生活环境。广州加快了广东宜居城乡的"首善之区"与服务全国和面向世界的国际大都市的建设；深圳以创新为特色，一直走在全国前

---

① 《珠江三角洲城乡规划一体化规划（2009—2020年）》。

列。广州和深圳在生产、集散、管理、服务和创新等综合性管理服务功能方面一路攀升，广州国家中心城市和深圳国际化城市的区域辐射和带动作用逐渐凸显，而且宜居宜业和创新等城市综合环境成为城市竞争力，不仅优化了珠三角城乡和产业的空间结构，而且进一步引领珠三角城市群向亚太地区最具活力和国际竞争力城市群迈进。

（四）引导了区域公交网络和城市—区域空间发展良性互动，促进城镇群紧凑一体化发展

在珠三角地区已确定的"一脊、三带、五轴"区域空间结构框架下开始了区域公交网络的大建设，广珠、广佛肇、穗莞深、莞惠等城际轨道，以及广深港、武广客运专线、贵广、南广铁路等客运铁路专线建成并运营良好。此外，轨道交通、快速公交、自行车等出行方式之间无缝衔接，珠三角出行公交化不断优化，不仅强化中心城市的服务功能和带动城市新区、新市镇的建设，而且促进了"多中心、网络化"现代城镇体系的城乡区域一体化发展模式形成和完善。

（五）在城乡之间建成了永久保持的"绿色空间"系统

基于珠三角的自然生态格局和城乡发展状况，规划以山、林、江、海、田为要素，通过连通区域内具有重大自然生态价值和景观代表性的生态斑块和生态廊道，已形成了"两环、两带、三核、网状廊道"的区域绿地体系，协调珠三角城市（镇）建设发展与生态环境的关系。在珠三角"两环、两带、三核、网状廊道"的区域绿地体系的基础上，沿着河滨、溪谷、山脊、山谷等自然和人工走廊建立线型开敞空间——绿道，串联珠三角重要的公园、自然保护区、风景名胜区、历史古迹和城乡居住区等。在区域层面，要形成6条总里程数超过1690公里、服务人口约2560万人、具有国际先进水准的区域绿道，已经形成"区域—城市—社区"三级绿道网络，满足城乡居民日益增长的休闲游憩需求，并带动第三产业特别是旅游观光、度假产业的发展，实现保护生态、改善民生、发展经济的完美结合。

珠三角绿道网

　　广东省委十届六次全会第四次全体会议提出,从 2010 年起,广东将用 3 年左右时间,在珠三角地区率先建成总长约 1690 公里的 6 条区域,串联 200 多处主要森林公园、自然保护区、风景名胜区、郊野公园、滨水公园和历史文化遗迹等发展节点,连接广佛肇、深莞惠、珠中江三大都市区,服务人口约 2565 万人(图 7—1)。构成珠三角绿道网的主体框架,将绿道打造成为广东省的“标志工程”。2012 年后,引导珠三角绿道网向省内东西北地区延伸。力争一年基本建成,两年全部到位,三年成熟完善,将珠三角绿道网打造成为全省乃至全国的标志性工程。

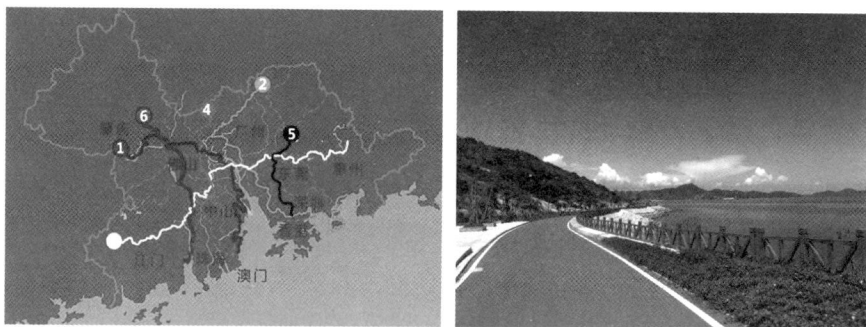

图 7—1　珠三角绿道网

　　1 号绿道:主线长约 310 公里,沿珠江西岸布局,以大山大海为特色,西起肇庆波海湖公园,经佛山、广州、中山,至珠海观澳平台,途经 50 多个发展节点。

　　2 号绿道:主线长约 470 公里,沿珠江东岸布局,以山川田海为特色,北起广州流溪河国家森林公园,经增城、东莞、深圳,南至惠东稔平半岛巽寮休闲度假村,途经 50 多个发展节点。

　　3 号绿道:主线长约 360 公里,横贯珠江三角洲,以文化休闲为特色,西起江门帝都温泉,经中山、广州、东莞,东至惠州横沥黄沙洞自然保护区,途经 60 多个发展节点。

4 号绿道：主线长约 220 公里，纵贯珠江三角洲中部，以生态休闲为特色，北起广州芙蓉嶂水源保护区，向南途经佛山、珠海，南至珠海御温泉度假村，途经 20 多个发展节点。

5 号绿道：主线长约 120 公里，纵贯珠江三角洲东部，以生态休闲为特色，北起惠州罗浮山自然保护区，途经东莞、深圳，南至深圳银湖森林公园，途经 20 多个发展节点。

6 号绿道：主线长约 210 公里，纵贯珠江三角洲西部，沿西江布局，以滨水休闲为特色，北起肇庆贞山，向南途经佛山、江门，南至江门银湖湾湿地及古兜温泉，途经 16 个发展节点。

（六）珠三角乡村振兴，增强区域认同感和归属感

党的十九大提出实施乡村振兴战略，是以习近平同志为核心的党中央着眼党和国家事业全局、顺应亿万农民对美好生活的向往，对"三农"工作做出的重大决策部署，是决胜全面建成小康社会、全面建设社会主义现代化国家的重大历史任务，是新时代做好"三农"工作的总抓手。改革开放以来，得益于工业化和城镇化不断推进，广东多年来持续快速发展。作为广东经济发展领头羊的珠三角地区，也是我国经济社会发展的前沿阵地，乡村振兴在一定程度上已走在全国前列，农民富了，农业强了，农村美了，农村面貌发生了深刻变化。2017 年 12 月，珠三角乡村振兴推进会召开，广东省委农办主任陈祖煌提到，乡村振兴发展，珠三角要先行先试，每年各地要有相应的措施、任务、抓手和平台，推动珠三角在乡村振兴方面走在全省前列，发挥示范带动作用。乡村振兴要立足全省一盘棋，立足服务粤港澳大湾区发展，立足对标国内外先进标准。珠三角地区要多往来交流，互帮互促。

二 产业布局一体化：实现资源要素配置效率最大化

2008 年，广东省委、省政府《关于加快建设现代产业体系的决定》（粤发〔2008〕7 号）明确提出了建设"珠三角现代产业核心区"

的构想，要求珠三角各市按照区域经济一体化的战略要求，统筹区域内产业发展规划、定位和重点，错位发展、优势互补，把珠三角建设成为核心竞争力强、高端产业集聚、三次产业协调发展，带动全省、辐射华南的现代产业示范区。

2010 年 7 月，广东省人民政府办公厅印发《珠江三角洲产业布局一体化规划（2009—2020 年）》的通知（粤府办〔2010〕45 号），推进珠三角产业布局一体化，遵循产业发展规律，强化市场导向功能，打破行政体制机制障碍，整合资源、集约发展，构建特色突出、错位发展，分工协作、互补互促，空间集聚、布局优化的产业发展新格局，实现资源要素配置效率最大化，提高珠三角区域整体竞争力。[①]

珠三角产业布局一体化坚持高端发展的战略取向，优先发展以生产性服务业为主体的现代服务业，加快发展先进制造业，大力发展战略性新兴产业和高技术产业，改造提升优势传统产业，积极发展现代农业 5 大领域 30 个重点产业，构建布局一体化的珠三角地区"530"产业体系。

（一）现代服务业逐渐知识化和高端化

全面实施《粤港合作框架协议》，发展了知识化和高端化的现代服务业，大力发展金融服务、信息服务、专业服务、教育服务、会展服务、流通服务、外包服务、旅游服务及文化创意等现代服务产业。其中，总部经济得到了快速的发展，逐渐创新了商业模式，珠三角逐渐成了国际航运、物流、信息、贸易、会展、旅游和创新中心，成了具有较强国际竞争力的世界高端服务业基地。

深圳总部经济

位于福田核心区的平安金融中心一路向西大约 16 公里到前海，形成一条总部经济轴线，即平安集团、腾讯、招商银行、正威国际、恒大集团等商业巨头的总部大楼均位于此条总部经济轴线上。此外，深

---

① 《珠江三角洲产业布局一体化规划（2009—2020 年）》的通知（粤府办〔2010〕45 号）。

圳阿里中心、百度国际总部、高通创新中心等国内外科技巨头的国际总部、区域总部或职能性总部纷纷设在深圳。深圳的创新力、人才吸引力和市场管理能力正吸引着企业"用脚投票"，深圳总部经济正强势崛起。

（二）先进制造业既大又强

珠三角形成了以装备制造业和大石化、精品钢铁为主体的先进制造业，交通及海洋装备、通信设备、电力设备、通用和专用设备、石油化工、钢铁等产业是先进制造业的发展重点，这些产业促使珠三角成为世界级重大成套与技术装备制造产业基地。

（三）战略性新兴产业与高技术产业自主创新能力逐渐增强

珠三角一直以来坚持科学技术引领，提升自主创新能力，抢占国际产业发展制高点，电子信息、新能源、新材料、生物医药、海洋、航空等战略性新兴产业与高技术产业发展取得了优越的成绩，逐渐形成了一批先导性鲜明的战略性新兴产业集群，即将培育形成建成亚太地区和全球重要的高技术产业聚集区。

（四）优势传统产业加速转型升级

坚持名牌带动、以质取胜，珠三角家用电器、纺织家居、食品饮料、建筑材料、金属制品、造纸等行业积极转型升级，加强技术改造，传统产业积极与大数据、机器人、云计算等先进技术融合，打造了一批知名品牌龙头企业，提高了产品技术含量、附加值和国际竞争力。

（五）现代农业都市化和外向化

按照高产、优质、高效、生态、安全的要求，珠三角不断优化产业结构，重点发展蔬菜和优质稻、畜禽和水产，以及花卉园艺和观光休闲农业，逐渐建立了具有岭南特色的都市化和外向化的现代农业产业体系。

（六）形成了"A"字形产业总体空间布局

珠三角产业布局按照"引导增量、优化存量"的思路，培育发展新兴产业，优化提升现有产业，整合优势产业，打造了珠江口东岸的知识密集型产业带、珠江口西岸的技术密集型产业带和珠三角沿海的生态环保型重化产业带，形成了"A"字形产业总体空间布局。

东岸知识密集型产业带：广州东部和中部—东莞—深圳等东岸地区，重点布局发展金融、物流、会展、信息服务、专业服务、文化创意等现代服务业，以及电子信息、新能源、新材料、生物医药等战略性新兴产业和高技术产业，形成了服务化、高端化的知识密集型产业带。

西岸技术密集型产业带：广州北部和南部—佛山—中山—珠海等西岸地区，重点布局发展汽车、轨道交通、船舶及海洋工程装备、核电、风电、光伏发电及输变电设备、通用专用机械、航空等装备制造业和家电、金属制品、纺织建材等优势传统产业，以及外包服务、教育服务、物流等现代服务业，形成了自主化、集成化的技术密集型产业带。肇庆作为西岸腹地，重点要延伸沿岸产业链，成为重要的配套产业基地。

沿海生态环保型重化产业带：惠州—深圳—珠海—江门等珠三角沿海地区，重点布局发展石油化工、精品钢铁、海洋工程装备、海洋生物医药、油气勘探开采等先进制造业，以及商务休闲、文化创意、教育培训等现代服务业，形成了规模化、集约化的临港产业带。

三　基础设施建设一体化：在更高层次、更广范围、更大空间发挥基础设施对社会经济的支撑和带动作用

珠三角基础设施建设一体化是指珠三角地区交通、能源、水资源和信息等方面的基础设施，按照统一规划、统一建设、统一经营和统一管理的要求，从区域整体上进行统筹规划，努力实现互联互通、共建共享。①

（一）交通基础设施建设一体化，适应区域经济一体化

适应珠三角区域经济一体化要求的现代综合交通运输体系逐渐建

---

① 《珠江三角洲基础设施建设一体化规划（2009—2020年）》。

成。珠三角城际轨道交通网络已然成熟，如广州—东莞—深圳、广州—珠海、广州—佛山、佛山—肇庆、佛山—东莞、东莞—惠州等城际轨道及广州、深圳、东莞、佛山等城市轨道交通。从铁路网络方面来看，广深港客运专线、厦深铁路、贵广铁路、南广铁路、广珠铁路、广东西部沿海铁路广州至茂名段、广州至汕尾铁路等铁路开通运营，与公路及水运通道共同形成珠三角对外的综合运输大通道。另外，高速公路、港口、机场和运输服务一体化协同促进珠三角区域经济一体化的进程。

广深港客运专线

广深港高速铁路（Guangzhou – Shenzhen – Hong Kong Express Rail Link）是中国一条部分通车的在建高铁，是从广东省广州市、深圳市抵达香港特别行政区的一条高速铁路，也是中国"四纵四横"客运专线中，京广高速铁路至深圳、香港的延伸线，亦为珠三角城际快速轨道交通网的骨干部分。数据显示，广深港高铁广深段（广州—深圳）为2015年全国旅客往返最频繁的高铁线路。该铁路主要提供广深港之间的客运服务，并计划发展长途高速铁路客运业务。列车时速中国内地段可达350公里，香港段为200公里，由广州至香港行车距离142公里，全程行车时间约为30分钟。2011年12月26日，广深港高铁广深段正式开通，根据停站数量与停站时间的不同，广州南站到深圳北站只需29—50分钟。截至2016年11月18日，总长26公里的广深港高速铁路香港段宣告全线贯通。

（二）能源基础设施建设一体化，建设清洁高效珠三角

一体化智能电网、一体化油品输送管网、天然气"全省一张网"等均进行了整体的统筹、建设和完善，珠三角油、气、电输送网络逐渐一体化，资源在各市进行共享，管理水平逐渐提升，安全、清洁、经济、高效的一体化能源保障体系渐趋形成。

（三）水资源基础设施建设一体化，建设人水和谐珠三角

合理配置西江、北江和东江水资源的应用，合理调整和整合了现有的供水格局，形成了区域江库连通、相互补给和灵活调度的多层次供水网络。此外，推进了珠三角河网整治一体化、建立了珠三角水资源一体化管理体制机制、建设完善了珠三角水利防灾减灾体系，建设绿色环保、人水和谐的珠三角。

（四）信息基础设施建设一体化，构建"数字珠三角"

按照创新机制、整合资源、惠及全民的原则，以信息资源整合共享为突破口，加快信息技术的应用，推进了"三网融合"，建设开放融合的信息网络体系和"随时、随地、随需"的社会信息服务网络，构建"数字珠三角"。

四 基本公共服务一体化：构建珠三角优质生活圈

珠三角基本公共服务一体化是指珠三角公民所享受到的基本公共服务能够突破行政区划的界限，逐步实现对接共享并最终达到同一标准的过程和状态，内涵包括资源共享、制度对接、要素趋同、流转顺畅、差距缩小、城乡统一、待遇互认和指挥协同八个方面，范围包括公共教育、公共卫生、公共文化体育、公共交通、生活保障、住房保障、就业保障、医疗保障、生态与环境和现代服务业十个方面。[①]

（一）实现区域基本公共服务一体化，先行先试

珠三角统一了区域基本公共服务的最低标准。按照不同发展阶段的目标要求，统一珠三角各项基本公共服务的最低标准，根据最低标准建立科学的评价指标体系，在确保最低标准达标率的基础上，全面实现区域基本公共服务一体化。

提高次发达地区基本公共服务水平。加大珠三角发达地区帮扶珠三角次发达地区的力度，充分发挥次发达地区提高基本公共服务的积极性与主动性，形成次发达地区基本公共服务经费投入稳定增长的

[①] 《珠江三角洲基本公共服务一体化规划（2009—2020年）》。

机制。

实现区域基本公共服务自由流转。如公积金贷款等实现了在珠三角的无障碍流转，充分发挥基本公共服务资源的效用。

（二）实现城乡基本公共服务一体化，协调发展

加强了制度创新，逐步实现城乡基本公共服务制度对接。此外，逐渐完善了农村基本公共服务体系，如对农村地区的基本公共服务体系进行了完善与改造。同时，通过合理配置城乡基本公共服务资源，均衡优质资源的布局，把城乡基本公共服务水平差距控制在允许的合理范围内，结合需求与财力可能，不断缩小城乡基本公共服务水平差距。

（三）实现常住人口基本公共服务一体化，统筹推进

珠三角逐渐实现户籍常住人口基本公共服务一体化，逐步把非户籍常住人口纳入基本公共服务一体化覆盖范围。此外，切实提高了非户籍常住人口基本公共服务享有水平。在财力允许的条件下，在义务教育、就业服务、最低生活保障、医疗保障、计划生育基本技术服务和住房保障等领域优先安排资金满足非户籍常住人口的需求，努力实现户籍人口与非户籍人口享有同等待遇的基本公共服务。

五　环境保护一体化：提升珠三角区域可持续发展能力

环境保护一体化是破解珠三角环境难题的重要途径，是推进区域经济社会一体化的重要内容，是实现区域可持续发展的重要保障。珠三角环境保护一体化规划从推进区域环境保护一体化入手，统筹构建八大体系，实现环境管理机制、政策"两创新"，产业调控、环境监管"两统一"，大气污染防治、水环境保护"两联合"，生态保育、环境基础设施建设"两共同"，着力于环境优化经济发展、不断改善环境质量、维护环境安全，为区域经济一体化提供环境保障。突出环境保护的共识、共治与共赢，与城乡规划一体化、产业布局一体化、基础设施建设一体化和公共服务一体化等规划相互衔接，共同推进珠三

角协调、有序、可持续发展。①

（一）调控产业环境，促经济发展方式转变

以《珠江三角洲环境保护规划纲要（2004—2020年）》确定的分级控制要求为基础，结合主体功能区规划和环境容量要求，引导珠三角的产业布局优化调整。对化学制浆、电镀、印染、危险废物处置等重污染行业进行统一规划和统一定点，加强了产业转移和防止污染转移。此外，建立了环保与发改、经信、国土、建设、交通、水利、农业、林业、旅游、海洋渔业等部门的联动机制，依法全面推进规划环评，从根本上促进区域产业结构和布局优化调整，促进了经济发展方式的转变。

（二）跨界联合防治水污染，确保区域供水安全

以《珠江三角洲环境保护规划纲要（2004—2020年）》水环境安全格局为基础，以保护饮用水源为重点，科学优化水环境功能区划，优化区域取排水格局，统筹区域水资源保护，保障区域水源安全。通过优化调整取排水格局、取排水河系分离，集中建立饮用水源保护区，强化跨界河流断面水质目标管理和考核，以淡水河、观澜河（石马河）、广佛内河涌（西南涌、佛山水道）、独水河等水体污染严重的跨界河流为突破口，齐防共治，集中力量，全力推进跨界河流水污染整治等措施，确保了珠三角区域持续性供水安全。

（三）区域联防联控，解决区域大气复合污染

在珠三角清洁空气行动计划的指引下，珠三角各城市从注重重点行业减排转向全面防控，从单因子治理转向多污染因子综合控制，多手段联合推进，稳步提升脱硫成效，全面推进降氮脱硝，协同控制挥发性有机物和氮氧化物，大幅减少颗粒物，构建世界先进的典型城市群大气复合污染综合体系，逐步解决区域大气复合污染问题。

（四）形成河流湿地廊道体系，全方位构筑区域生态安全格局

立足于珠三角区域自然环境和经济发展的情况，形成了外围环状

---

① 《珠江三角洲环境保护一体化规划（2009—2020年）》。

连绵山体和南部沿海湿地的"一环一带"珠三角生态屏障，以东江、北江、西江干流为基础的河流湿地廊道体系，优先保护"生态高地"，统筹规划区域绿地和区域"绿道"，实施生态同保共育，合力构筑整体联结的生态安全体系，维护区域生态安全。

（五）加强农村环境保护，建设宜居城乡

本着以城带乡和区域统筹的原则，珠三角加快了环保公共基础设施建设和基础设施共建共享，逐步加强了农村环境保护，逐步实现了珠三角城乡之间和区域之间环境基本公共服务均等化，建设宜居城乡，深化粤港澳环保合作，促进区域环境同治。

第三节　城市群经济与城镇化趋向

一　中国对内改革开放，珠三角农村快速城镇化

1978 年，党的十一届三中全会提出对内进行改革对外开放的政策。至此，全党全社会的工作以经济建设为主。1979 年，国家批准设立深圳、珠海经济特区，助推了珠江三角洲经济的快速发展，珠江三角洲农业、乡镇企业、外商直接投资等均快速发展与增多，吸引了大量的农村剩余劳动力，形成了快速的"农村城镇化"现象[1]。1986 年后，国家设立珠江三角洲经济区，从政策上进一步肯定了珠江三角洲农村城镇化的发展道路。随着珠江三角洲多元化农村城镇化的发展，形成了"外向型经济发展"的东莞模式[2]、"公有制经济为主、工业为主和大型骨干企业为主"的顺德模式[3]、"以混合经济为基础，推进乡镇企业和外资共同发展"的中山模式、"三大产业齐发展，六个轮子一起转"的南海模式、"自上而下"的以经济开发区和高科技开发区

---

① 许学强、李郇：《珠江三角洲城镇化研究三十年》，《人文地理》2009 年第 1 期。

② 薛凤旋、杨春：《外资：发展中国城市化的新动力——珠江三角洲个案研究》，《地理学报》1997 年第 3 期；蔡建明：《中国城市化发展动力及发展战略研究》，《地理科学进展》1997 年第 2 期。

③ 王光振、张炳申、赵瑞彰：《广东四小虎——顺德·中山·南海·东莞经济起飞之路》，广东高等教育出版社 1989 年版。

为主体的经济发展模式①等不同的城镇化发展模式。由于珠江三角洲与香港、澳门、台湾的空间邻近效应，珠三角成为港澳台的产业转移基地，甚至成为"世界工厂"，而广东的东西两翼地区和山区开发开放程度较低，发展缓慢。

东莞模式

东莞模式是东莞历史上最为壮阔辉煌的发展时期。东莞人民全面贯彻党的改革开放政策，坚持党的基本路线不动摇，从实际出发，大胆探索，艰苦创业，使东莞发生了翻天覆地的变化。昔日的农村已经脱胎成为一座现代制造业名城，展现在世人面前。东莞模式呈现5个特征：台商高度集中；传统劳动密集型产业逐步被资讯科技产业所替代，高科技成分不断提升；台湾接单，大陆生产，产品全部出口的经营方式，提升了台湾在国际上的竞争力，也使东莞成为大陆的出口重镇；地方当局主动为台商排忧解难，而台商也积极回馈当地社会，形成台商与地方的良性互动；台商以东莞为家，把家眷也带到东莞来落户。其中，资源主导是东莞模式取得巨大成功的关键。"东莞模式"不仅是一种经济发展模式，而且是一种社会发展模式。一是人民生活质量较高。改革开放后，东莞城乡居民收入稳定增加，消费结构不断升级，从总体上看，已迈进殷实小康阶段。二是镇村经济实力雄厚。一直以来，政府放权让利，让各镇街竞相发展，形成组团式的发展格局，各镇街的发展实力雄厚，32个镇街都进入全国千强镇，其中，长安、虎门进入全国十强镇。同时，各村（居）通过发展工业园区，收取厂租、房租，发展壮大集体经济实力。三是区域协调发展。能否实现区域协调发展、共同富裕，是判断一种发展模式优秀与否的重要表现。为推动区域的协调发展，东莞加大财政倾斜力度，扶持落后镇村发展，欠发达地区的发展能

---

① 崔功豪、马润潮：《中国自下而上城市化的发展及其机制》，《地理学报》1999年第2期。

力明显增强。

二　外向型经济创新珠三角城镇工业化

1992 年 1 月 18 日—2 月 21 日，邓小平先后赴武昌、深圳、珠海和上海视察，沿途发表了重要谈话。1992 年 3 月 26 日，《深圳特区报》率先发表了《东方风来满眼春——邓小平同志在深圳纪实》的重大社论报道，并集中阐述了邓小平南方谈话的要点内容，重点是加快改革。南方谈话标志着中国改革进入新的阶段，进入一个以城市为重点的工业化。这一时期珠三角设立了较多的开发区，珠三角进入了城市工业化阶段，城市化率达 72%，城市间的距离缩短 9.8 公里①，珠三角城市之间联系紧密，开发重点偏向新城新区的建设。同时，珠三角专业镇崛起，迅速形成产业集群，体现出了很强的竞争力，如中山灯饰、顺德家电等，在全国产生了很大的影响力。此时，深圳快速发展，迈入了大城市的行列。

深圳模式

深圳模式是对深圳经济特区的经济结构、经济体制以及经济运行原则和运行方式的一种概括。主要特征有：（1）以中外合资、合作经营企业和外资企业为主体，社会主义国营经济、集体经济，个体经济与之并存的经济结构；（2）权力下放，一切企业在人、财、物，产、供、销等方面享有独立自主的决策权；（3）对经济管理与调控，政府以政策引导和法律手段为主，企业以现代管理理论与方法为主，最大限度地减少行政手段的使用；（4）实行党政合理分工，建立全新的行政体制，保证领导效率高效、灵活以及决策方式科学；实施以工业为重点、工贸并举、兼顾各业的多功能、外向型的发展目标模式。

---

① http：//news. 163. com/16/0822/06/BV26QRUV00014SEH. html.

三 人口迁移促使珠三角大都市区化

2000 年以后，随着大城市的发展，城市竞争力日益增强，尤其是城市创新竞争力很强，金融和交通等方面日益突出，珠三角发展随即进入了大都市区化阶段。而此时，珠三角大都市区化传统的"三来一补"企业受到冲击，腾笼换鸟和产业转型升级成为关键词，而且创新驱动成为发展战略，低端传统的产业需要进行转移和改变。此阶段珠三角城市人口进一步增长，城市化水平达到84%。珠三角大都市区化阶段更强调珠三角区域城市一体化，包括交通一体化、公共服务一体化、环境保护一体化等，这些一体化的要求贯穿在广佛肇一体化、深莞惠一体化等协商与合作中。在珠三角一体化的过程中，生产要素、产业布局等逐渐形成一体化。

广佛肇经济圈

"广佛肇经济圈"的概念，由前广东省委书记汪洋在肇庆首先提出后，随即引起省内关注。区域经济专家丁力认为，"广佛肇经济圈"由民间推动到政府主导，也许就是珠三角经济一体化的过渡。广州、佛山、肇庆是三个山水相连的城市，由"广佛同城化"催生的"广佛肇"一体化经济圈开创了广东经济发展的新实践。就"广佛同城 三市一体"的经济圈发展，三市聚首描绘"广佛肇"区域发展的新梦想。

2014 年 12 月 3 日，广州、佛山、肇庆三地党政一把手郑重签署了《广佛肇经济圈合作框架协议》。"广佛肇经济圈"合作框架囊括了八大重点：规划对接、产业协作、科技创新、环境保护、旅游合作、交通运输（降低广佛肇间交通出行成本，打造一小时经济圈）、社会事务、区域合作。广佛肇以互利共赢为基础，实现优势互补，做大优势产业链，形成区域优势、产业集群，整体提升广佛肇经济产业综合竞争力。

深莞惠一体化

深莞惠一体化即深圳、东莞、惠州三市在 2009 年先后三次召开三市党政主要领导联席会议上所提出的再次携手密切协作的提议，涉及基础设施、产业发展、城乡规划、环境保护、公共服务等方面。

按照《珠江三角洲地区改革发展规划纲要》关于"优化珠江口东岸地区功能布局"的要求和广东省政府《关于加快推进珠江三角洲区域经济一体化的指导意见》，深圳、东莞、惠州三市于 2009 年先后三次召开三市党政主要领导联席会议，签订《贯彻落实〈珠江三角洲地区改革发展规划纲要〉推进珠江口东岸地区紧密合作框架协议》《深圳、东莞、惠州规划一体化合作协议》等一系列合作协议。

2009 年 2 月 27 日、5 月 16 日、9 月 24 日三市最高党政领导分别聚首深圳、东莞和惠州，就如何推进深莞惠一体化进行探讨，签订一系列的框架协议，这体现了深莞惠三市已经携手应对国际金融危机的影响与冲击，同时也标志着深莞惠一体化战略实施的开始。根据三次联席会议的精神，深莞惠三市将从发展战略、城市规划、基础设施、区域创新、市场体系、产业结构、社会管理、环境保护、资源保障、城市文化十个方面进行对接，率先在珠三角地区实现经济一体化，打造成珠三角开放度最高、辐射力最强的经济合作区域，争当珠三角区域经济一体化的先行者。深莞惠一体化第三次联席会议正式就区域经济社会发展规划一体化达成共识并签署协议。按照协议，三市将制订和实施区域协调发展总体规划，充分利用整体条件，优化空间布局和资源配置，合理布局重大基础设施，统筹考虑生态环境保护、资源开发保护，引导产业集聚发展，推进珠江口东岸区域经济、社会和生态协调发展，提高深莞惠整体竞争力和辐射带动力。从深莞惠一体化第一次联席会议至今，深莞惠一体化进程取得了重大的进展，特别是在基础设施、产业发展、城乡规划、环境保护、公共服务五个方面。

第四节 城市群经济迈向国际化城市群经济

未来珠三角要由"世界工厂"转向国际化城市群，以服务全球经济为主，需要培育具有国际级影响力的高端服务产业功能，并且将其作为空间资源配置与基础设施建设的核心方向，同时强化创新、文化、消费、交通、体制机制改革等与高端服务功能的有效耦合与准确匹配，支撑珠三角城市群功能等级和运营效率的大幅度提升，推动珠三角发展成为国际化的经济引擎、服务中枢与交往中心。

一 打造穗莞深港科技创新走廊，营造更多元化和多层次的创新空间

在深圳和香港创新圈的基础上，结合《广深科技创新走廊规划》，加快建立广州、深圳和香港之间的科技创新合作机制与分工合作，协调三大城市发展的职能和定位。全面强化广州"首善之区"、国际商贸、岭南文化、综合门户等的城市综合功能，以及广州国际航运中心、物流中心、金融中心等优势，充分发挥深圳建设国家自主创新示范区、综合交通枢纽、边境口岸、电子信息、现代科技、金融、总部经济等国际创新城市枢纽功能，建设适宜于宜居创新创业的城市高品质环境，提升广州国家中心城市与深圳国际化城市的全球中枢职能，打造"穗深港科技创新走廊"。以广州南沙、深圳前海、珠海横琴为主要抓手，充分整合国际国内的创新资源，发展战略性新兴产业，打造多元化和多层次的创新载体，形成研发、转化、生产的完整功能体系，实现"穗深港"科技创新走廊向珠三角城市群乃至全国和全球的辐射，最终成为全球重要的经济引擎。

二 强化配置全球资本的控制力，发挥辐射世界和服务全球的世界级经济引擎作用

世界级城市群的核心在于全球资本要素流动、交易、配置的枢纽

型功能节点，也是全球政治、科技与文化交往的中心，同时具有金融商务、国际交往、国际会展等显著的国际服务功能，而且通过资金融通、资本交易、技术标准等方面的话语权，形成了对全球经济、贸易、航运、资源、能源等多领域的控制力和支配力。珠三角城市群经济要想迈向国际化城市群，也要从强化配置全球资本的控制力方面入手。

三　共建城际轨道交通网络，促进城市群内部要素的高效流动

在现有珠三角轨道交通网络的基础上，还应在珠三角城市群各城市内部之间共建运营运输能力强的城际轨道交通，与城市地铁相互衔接，构成珠三角城市群全面的轨道交通网络。珠三角城市群应以城际轨道交通网规划进行引领，统筹推进珠三角城市群和香港、澳门地区的城际轨道互联互通，将其与城镇空间布局、产业布局与发展等进行有效结合，适度超前进行规划与建设，以适应珠三角城市群的发展。探索引进 PPP 模式，促进政府与社会合作，鼓励民营机构参与城际轨道交通网络的建设、运营和管理。此外，逐步推进珠三角城际轨道交通客运票制体系改革，切实促进珠三角城际轨道交通客运的公交化运营。

四　重视文化和消费双轮驱动发展，强调"在岸发展"与城市功能的多重开发

如以纽约、芝加哥为代表的美国部分国际化大都市开始出现复苏，其根源在于纽约、芝加哥等城市均实现了由生产型城市向消费型城市的成功转型。而且中等收入水平以上的国家，服务消费占全部消费的比重在 50% 以上。文化创意产业和信息服务业成为城市服务业发展的新动能。同时，全球城市逐步重视"在岸发展"，以面向全球和服务国家双重发展为重点取向，关注和经营城市自身与腹地发展，以此谋求内生性的发展。那么，珠三角城市群想迈入国际化阵营，首先，重视文化与消费双轮驱动的现代服务业发展模式，随着服务和消费业占生产总值比重的不断提升，追求逐步居于主导地位。其次，珠三角城

市发展重心也应该逐渐转向经济、社会和文化等多重功能的开发，以此谨防社会经济的分化，进而促进经济和社会协调发展。

五 在全面深化改革中继续先行先试，健全珠三角城市群协调发展机制

在珠三角各城市政府、社会组织和市场（企业）三者之间开展协调发展的先行先试机制，为健全珠三角城市群协调发展机制奠定基础。在借鉴现有国际化城市群建设经验的基础上，在广东省政府层面应成立具有法定协调权力的珠三角城市群协调发展机构，行使对珠三角城市群城乡发展、基础设施建设、公共服务、产业布局和环境保护等相关规划和建设的审查与监督的权力；探索制定珠三角城市群内部发展与建设的政策与法律制度，逐渐形成可用于调解珠三角城市群内各城市矛盾和各部门利益冲突的制度依据；加强社会组织在珠三角城市群协调发展中的辅助性作用，鼓励社会组织积极参与珠三角城市群协调建设，将珠三角城市群作为各类信息汇聚和集散的媒介、平台，在此平台上各城市进行利益共享；发挥市场（企业）在珠三角城市群协调发展中的主体作用和资源配置作用，进一步推进和深化商事制度改革，打造优良的营商环境，促进资源要素在珠三角城市群内城市间与行业间高效流动。

第五节 城市群经济发展大事记

• 1987年11月28日，国务院批准广东省珠江三角洲经济开放区的范围从原来的17个县市的"小三角"扩大为28个县市的"大三角"。同时把沿海城市的汕头、湛江市，以及茂名市和惠阳地区的部分县市，也列入经济开放区的范围，享受优惠政策。

• 1992年6月10日，全面反映改革开放13年来珠江三角洲及广东所走过的道路和取得的伟大成就的电视教育系列片《伟大的实践——珠江三角洲巡礼》在全省发行。

● 1993 年 6 月 29 日—7 月 1 日，中共广东省委、广东省人民政府在深圳召开珠江三角洲地区发展高新技术产业座谈会。

● 1997 年 5 月 5 日，《广东省东西两翼区域发展规划纲要》经省政府批准正式出台，这是继制订珠江三角洲经济区现代化建设规划和山区"九五"发展计划后，贯彻省委、省政府"分类指导、层次推进、梯度发展、共同富裕"指导思想的又一重要举措。

● 1999 年 8 月 26—28 日，省委、省政府在深圳召开全省经济特区和珠江三角洲改革开放工作座谈会，研究和部署经济特区、珠江三角洲地区如何深化改革，提高开放水平，加快经济体制创新，增创新优势，率先基本实现现代化问题。

● 2000 年 11 月 23—24 日，广东省珠江三角洲地区与山区经济技术合作洽谈会在清远市举行。

● 2001 年 9 月 18—19 日，省政协八届第十六次会议在广州举行。会议听取了欧广源副省长做的关于珠江三角洲经济结构调整情况的通报。会议形成了《关于珠江三角洲经济结构调整的若干问题的建议》。

● 2002 年 12 月 20—22 日，省委、省政府在河源市举办第二届珠江三角洲地区与山区经济技术合作洽谈会。中共中央政治局委员、省委书记张德江出席开幕式，省长卢瑞华致辞。本届"山洽会"共签订各类经贸合作项目 665 项，签约总金额达到 498.9 亿元；签约劳务型项目 31 个，计划输出山区劳动力 15.8 万人。

● 2003 年 10 月 8 日，由国家建设部和广东省委、省政府联合组织开展的《珠江三角洲城镇群协调发展研究》阶段成果汇报会在广州召开。此外，全国区域创新体系交流会在佛山市南海区举行。

● 2004 年 2 月 21—22 日，粤港澳三地规划界首次大规模的盛会"大珠江三角洲城镇规划前景与规划管理研讨会"在广州召开。

● 2004 年 2 月 26 日，省委、省政府在广州召开珠三角环保规划编制汇报会。

● 2004 年 6 月 1—3 日，首届"泛珠三角区域合作与发展论坛"在香港、澳门、广州三地举行。1 日，"论坛"在香港会展中心隆重开幕，福建、江西、湖南、广东、广西、海南、四川、贵州、云南9省区政府省长、主席，香港、澳门特别行政区行政长官，中央政府有关部门负责人，以及部分企业界、学术界知名人士，以"合作发展，共创未来"为主题，共同探讨和推进泛珠三角区域合作与发展。2日，"论坛"移至濠江澳门观光塔会展中心。3日，"9+2"政府在穗签署《泛珠三角区域合作框架协议》。

● 2004年7月14—17日，首届泛珠三角区域经贸合作洽谈会（以下简称"9+2"洽谈会）在广州隆重举行。中共中央政治局委员、国务院副总理吴仪代表国务院发来贺电。此届"9+2"洽谈会的签约项目共847个，总金额2926亿元（仅限"9+2"省区内的项目，不包括"9+2"省区与区域外签订的项目）。

● 2004年9月17日，广州、福州、南昌、长沙、南宁、海口、成都、贵阳、昆明9个泛珠三角省会城市，经协商共同签署了《泛珠三角区域省会城市合作协议》。

● 2004年12月30日，铁道部和广东省政府在广州铁路枢纽新广州站站址（番禺区钟村镇石壁村）举行"新广州站开工暨珠江三角洲城际轨道交通建设动员大会"。中共中央政治局委员、省委书记张德江出席大会。

● 2005年1月17—19日，省十届人大常委会第十六次会议在广州举行。通过了关于批准《珠江三角洲城镇群协调发展规划（2004—2020年）》的决议。

● 2005年7月28日，第二届泛珠三角区域经贸合作洽谈会在成都举行。广东与各省区的签约项目达910个，占整个"泛珠洽谈会"项目总数的23%，合同总金额1157.83亿元，占整个"泛珠洽谈会"的26.58%。其中，参加开幕式集体签约项目131个，投资（合同）金额338亿元，占"9+2"签约总额的34.73%，居各省区首位。

● 2005年11月5日，首次有关泛珠三角区域合作的国际性学术会议——"泛珠三角面向东盟的合作与发展国际论坛"在广州举行。

● 2006年1月5—6日，由国土资源部中国地质调查局与省政府共同出资 4500 万元合作开展的《广东省与珠江三角洲经济区农业地质与生态地球化学调查》项目协议签字仪式在广州举行。

● 2006 年 6 月 5—10 日，第三届泛珠三角"9 + 2"区域合作与发展论坛暨经贸洽谈会在云南举行。此次经贸洽谈会共签订合作项目 1019 个，其中广东省以 458 个项目位居首位，占签约项目总数的 44.9%。

● 2006 年 7 月 7—9 日，省公安机关部署珠三角 8 市公安机关与港澳警方携手合作，开展为期一个月，以打击黑社会跨境犯罪、非法外围赌球犯罪为主要内容的专项行动——"雷霆"行动，此次行动共清查各类重点治安场所 205269 处，打掉各类犯罪团伙 687 个，破获各类刑事案件 6617 宗，抓获犯罪嫌疑人 10943 名，缴获毒品（海洛因、冰毒）61009.35 克及"麻古"千余粒、摇头丸 259 粒，破获非法外围赌球案件 50 宗，缴获赌资 12350.49 万元。

● 2006 年 7 月 28 日，省十届人大常委会第二十六次会议在广州举行。会议通过了《广东省珠江三角洲城镇群协调发展规划实施条例》。

● 2006 年 11 月 16—17 日，广东省第四届珠江三角洲地区与山区及东西两翼经济技术合作洽谈会在梅州举行。此次"山洽会"共签订 307 项合作项目，投资总额达 696.6 亿元。

● 2006 年 11 月 22 日，省委、省政府印发《中共广东省委　广东省人民政府关于促进粤东地区加快经济社会发展的若干意见》。

● 2008 年 12 月 18 日，国务院常务会议审议并原则通过《珠江三角洲地区改革发展规划纲要（2008—2020 年）》。

● 2009 年 1 月 5—7 日，省委十届四次全会在广州召开。会议审议《关于落实〈珠江三角洲地区改革发展规划纲要〉的工作意见》，审议通过《中国共产党广东省第十届委员会第四次全体会议决议》。

● 2009 年 1 月 8 日，《珠江三角洲地区改革发展规划纲要（2008—2020 年）》在北京正式发布。

● 2009 年 2 月 1—3 日，省委理论学习中心组《珠江三角洲地区改革发展规划纲要》专题学习论坛在广州举行。2日，省委理论学习中心组举行《广东学习论坛》第60期报告会，国家发展改革委副主任杜鹰做关于编制和实施《珠江三角洲地区改革发展规划纲要》的专题报告。

• 2009年2月19日，粤港澳共同推进实施《珠江三角洲地区改革发展规划纲要》联络协调会议在香港举行。

• 2009年3月3日，中共中央政治局委员、省委书记汪洋，省长黄华华在北京会见香港特别行政区行政长官曾荫权，就推动落实《珠江三角洲地区改革发展规划纲要》、深化粤港紧密合作达成重要共识。

• 2009年3月11日，省政府分别与卫生部、人力资源和社会保障部在北京签署相关协议，通过加强部省合作，增创珠三角体制机制新优势。

• 2009年3月11日，省委、省政府召开全省贯彻实施《珠江三角洲地区改革发展规划纲要》动员会。中共中央政治局委员、省委书记汪洋主持会议并做重要讲话，省长黄华华出席会议并讲话，省人大常委会主任欧广源出席会议。

• 2009年5月8日，珠江三角洲城际轨道交通东莞至惠州项目开工仪式在东莞市常平镇举行。中共中央政治局委员、省委书记汪洋宣布项目开工，省长黄华华致辞。莞惠城轨总长96.96公里，总投资253.45亿元，计划在2012年底建成通车。

• 2009年6月13—16日，省委、省政府分别在汕尾、汕头、潮州、揭阳召开粤东地区现场会，总结粤东四市贯彻落实《关于促进粤东地区加快经济社会发展的若干意见》精神，完成"三年打基础"目标的情况，进一步部署"五年大变化、十年大发展"和推进"三促进一保持"（促进提高自主创新能力、促进传统产业转型升级、促进建设现代产业体系、保持经济平稳较快增长）等工作。17日，省委、省政府在汕头召开粤东地区工作会议。

• 2009年7月10日，广东省政府与农业部共建珠江三角洲地区农业现代化示范区战略合作框架协议签字仪式在珠海举行。省长黄华华和农业部部长孙政才出席签字仪式。

● 2009 年 7 月 19 日，粤港合作联席会议第十二次会议在香港举行，签署《关于推进前海深港现代服务业合作的意向书》《粤港教育合作协议》《粤港共同落实 CEPA 及在广东先行先试政策措施的合作协议》《粤港研发生产药物（疫苗）合作安排》《粤港环保合作协议》《关于推进深港西部快速轨道合作安排》《粤港金融合作专责小组合作协议》《2009 年至 2010 年粤港知识产权合作协议》8 个合作协议。

● 2009 年 9 月 9 日，省政协十届八次常委会议闭幕，会议围绕"深化农村土地管理制度改革，促进珠三角持续健康发展"专题开展议政活动。

● 2009 年 10 月 22 日，省委、省政府印发《中共广东省委　广东省人民政府关于促进粤西地区振兴发展的指导意见》。

● 2009 年 10 月 28 日，粤港澳三地政府在澳门联合举行《大珠江三角洲城镇群协调发展规划研究》成果发布会。这是中国首个跨不同制度边界的空间协调研究成果。

● 2009 年 12 月 15 日，世界最长的跨海大桥——港珠澳大桥在珠海正式动工。

● 2010 年 1 月 28 日—2 月 1 日，省委、省政府印发《中共广东省委　广东省人民政府关于促进粤北山区跨越发展的指导意见》。

● 2010 年 3 月 25 日，省政府与国家环境保护部在广州签署《共同推进和落实〈珠江三角洲地区改革发展规划纲要（2008—2020 年）〉合作协议》。中共中央政治局委员、省委书记汪洋出席签字仪式，环境保护部部长周生贤和省长黄华华代表双方签字并分别致辞。

● 2010 年 4 月 7 日，省政府和香港特别行政区在北京人民大会堂正式签署《粤港合作框架协议》。

● 2010 年 4 月 18 日，省委、省政府与国家实施《珠江三角洲地区改革发展规划纲要（2008—2020 年）》督促检查组情况交流会在广州举行。

● 2010 年 6 月 2 日，粤澳合作联席会议在澳门举行。省长黄华华和澳门特别行政区行政长官崔世安分别率领双方代表团出席会议并做主题发言。双方代表签署《关于进一步做好粤澳合作框架协议起草工作的备忘录》《关于探讨粤澳双方共建中医药产业合作基地的备忘录》和《粤澳旅游合作协议》。

- 2010 年 10 月 13 日，广东省实施《珠江三角洲地区改革发展规划纲要（2008—2020 年）》实现"四年大发展"电视电话会议在广州召开。中共中央政治局委员、省委书记汪洋，省长黄华华出席会议并讲话。

- 2010 年 12 月 8—9 日，第六届珠江三角洲地区与山区及东西两翼经济技术合作洽谈会在汕头举行。8 日，中共中央政治局委员、省委书记汪洋出席开幕式并宣布第六届"山洽会"开幕。省长黄华华出席开幕式并致辞。该届"山洽会"的合作项目共 627 个，总金额达 1512.6 亿元，比上届总金额增长 20.9%。

- 2010 年 12 月 31 日，《珠江三角洲城市群年鉴》创刊号（2010 卷）首发式举行。这是珠三角 9 市首次合作组织编纂的年度资料性文献，重点反映珠三角城市群贯彻落实《珠江三角洲地区改革发展规划纲要（2008—2020 年）》的基本情况和一体化发展进程。

- 2011 年 3 月 11 日，商务部、省政府共同推进建设珠江三角洲地区"全国加工贸易转型升级示范区"合作协议签字仪式在北京举行。

- 2011 年 5 月 9—21 日，省委、省政府在珠海、中山、江门、深圳、东莞、惠州、广州、佛山、肇庆等市召开珠三角九市产业转型升级巡回检查讲评会。中共中央政治局委员、省委书记汪洋出席会议并讲话。此外，泛珠三角警务合作首届联席会议在深圳召开。广东、江西、云南、广西、海南、福建等九省（区）公安厅主要领导签订《泛珠三角警务合作框架协议》。

- 2011 年 6 月 8 日，《全国主体功能区规划》将珠三角列入国家优化开发区域，将汕头、潮州、揭阳、汕尾、湛江等市划入国家重点开发区域，将粤北 11 县市列入国家重点生态功能区。

● 2011 年 7 月 29 日，省十一届人大常委会第二十七次会议在广州召开。会议审议通过《广东省实施〈珠江三角洲地区改革发展规划纲要〉保障条例》。

● 2011 年 8 月 5 日，广东省实施珠三角规划纲要专家库成立大会在广州举行。省长黄华华出席会议并为 55 名首批省政府聘任专家颁发聘书。

● 2012 年 2 月 4 日，2012 中德经济论坛在广州举行。论坛以"珠三角经济圈向高科技基地转型过程中的中德合作"为主题。德国总理默克尔、朱小丹、德国亚太经济委员会主席暨西门子集团董事会主席彼得·罗旭德出席论坛开幕式并致辞。

● 2012 年 2 月 6 日，省政府公布粤东西北三个区域的"十二五"经济社会发展规划纲要，分别提出三地 2011—2015 年经济社会发展的战略定位和主要目标。这是广东省首次出台欠发达地区经济社会发展的总体规划。

● 2012 年 9 月 15 日，省政府印发《广东省主体功能区规划》。

● 2012 年 10 月 29 日，省委、省政府实施八个行动计划电视电话会议召开。对建设法治化国际化营商环境、改善创新环境、促进粤东西北地区地级市城区扩容提质、推动率先基本实现粤港澳服务贸易自由化、培育幸福导向型产业体系、创建幸福村居、从严治党和加强村级基层组织建设八项重点工作的实施做出安排部署。

● 2012 年 10 月 31 日，《国务院关于同意广东省"十二五"时期深化行政审批制度改革先行先试的批复》正式印发，批准 66 项行政审批事项在广东省区域内停止实施，下放 34 项行政审批事项的管理层级。

● 2012 年 11 月 1 日，国务院批复广东省海洋功能区划，明确广东为全国海洋经济发展试点地区。

● 2013 年 2 月 2 日，省政府举行新闻发布会，公布《广东省海洋功能区划（2011—2020 年）》。

● 2013 年 7 月 12 日，《中共广东省委 广东省人民政府关于进一步促进粤东西北地区振兴发展的决定》专题协商会召开。

● 2013 年 7 月 25 日，省委、省政府印发《关于进一步促进粤东西北地区振兴发展的决定》。

● 2013 年 8 月 29 日，中央人民政府和香港特别行政区政府在香港签署《内地与香港关于建立更紧密经贸关系的安排》（CEPA）补充协议十。协议包括 65 项服务贸易开放措施，以及 8 项加强两地金融合作和便利贸易投资的措施，其中 15 项在广东先行先试，主要集中在金融、法律、检测认证、通信等服务贸易领域。

● 2013 年 12 月 2 日，由科技部政策法规司策划和资助的《中国区域创新能力报告》发布。报告显示，广东省的创新能力位居全国第二，这是广东省连续 6 年保持第二名的成绩。

● 2014 年 2 月 27 日，省实施珠三角《规划纲要》领导小组会议召开。朱小丹讲话，强调"九年大跨越"的根本动力在深化改革。

● 2014 年 4 月 2 日，省促进粤东西北地区振兴发展协调领导小组会议召开。会议审议促进粤东西北地区振兴发展 2014 年重点工作方案、2013 年促进粤东西北振兴发展评估考核工作方案。全省大气污染防治工作会议暨珠江三角洲区域大气污染防治联席会议召开。朱小丹讲话，强调力争在较短时间内实现空气质量明显改善。

● 2014 年 7 月 2 日，省委、省政府印发《关于促进新型城镇化发展的意见》。

● 2014 年 7 月 28 日，全省进一步促进粤东西北地区振兴发展工作会议召开。胡春华讲话。朱小丹主持会议并做小结。黄龙云出席会议。会议强调，把加快发展落到实体经济和项目建设上，巩固和保持粤东西北地区加快发展好势头。

● 2014 年 8 月 1 日，国家发展改革委发出《珠江—西江经济带发展规划》，该规划是国内首个横跨东西部、以流域经济合作为发展模式的区域规划。

● 2014 年 8 月 8 日，广州—澳门直升机航线试运营成功，是大珠三角地区开辟的第一条跨境低空空域航线。

- 2014 年 8 月 14 日，工业和信息化部、省政府在珠海举行省部共同推进珠江西岸先进装备制造产业带发展暨项目签约活动。工业和信息化部部长苗圩、朱小丹分别代表工业和信息化部、广东省签订《工业和信息化部、广东省人民政府共同推进珠江西岸先进装备制造产业带发展合作协议》。

- 2014 年 10 月 12—13 日，第十届泛珠三角区域合作与发展论坛暨经贸洽谈会举行。12 日，胡春华出席开幕式并致辞。朱小丹主持开幕式。黄龙云出席开幕式。开幕式上举行"9 + 2"经贸合作项目签约仪式，"9 + 2"各方行政首长共同见证合作项目签约。此届洽谈会签约 50 个项目，金额达 875 亿元。

- 2014 年 10 月 13 日，粤桂两省（区）推进《珠江—西江经济带发展规划》实施联席会议第一次会议召开，朱小丹出席会议，并与广西签署有关合作协议。

- 2014 年 10 月 14 日，粤桂合作特别试验区联合启动仪式在封开县和广西梧州市万秀区交界处大园桥旁举行。

- 2014 年 10 月 15 日，全省加快先进装备制造业发展暨工业技术改造投资工作会议召开。胡春华讲话。朱小丹主持会议。会议强调，把珠江西岸装备制造产业带打造成结构调整新亮点，把技术改造作为产业转型主要抓手来抓。

- 2014 年 12 月 18 日，内地与香港、澳门《关于建立更紧密经贸关系的安排》在广东省对港澳基本实现服务贸易自由化的协议签署，成为内地首份以准入前国民待遇 + 负面清单的方式签署的协议，也是首次采用国际通行分类标准制定负面清单。

- 2014 年 12 月 26 日，粤桂黔三省区建设贵广、南广高铁经济带工作座谈会在贵阳召开。胡春华讲话，强调要进一步加强协作，务实推进三省区高铁经济带建设，共同推动泛珠区域合作进一步深化。朱小丹代表广东省签署共建贵广、南广高铁经济带合作框架协议。

- 2015 年 1 月 1 日，南澳大桥建成通车，为广东首座跨海大桥，也是国内第一座矮塔斜拉桥，总投资近 20 亿元。

● 2015 年 11 月 12 日，珠三角国家自主创新示范区建设启动会在广州举行。珠三角国家自主创新示范区揭牌。

● 2016 年 2 月 1 日，省全面深化改革加快实施创新驱动发展战略领导小组第四次会议召开。胡春华主持会议，朱小丹出席会议。会议审议广东省实施创新驱动发展战略工作总结、广东省实施创新驱动发展战略 2016 年工作要点、珠三角国家自主创新示范区建设实施方案（2016—2020 年）等重要改革文件稿。

● 2016 年 10 月 26 日，大数据应用及产业发展大会在广州召开，举行珠三角国家大数据综合试验区建设启动仪式。

● 2016 年 12 月 26 日，广东省 5 个高速公路项目开工，分别是河（源）惠（州）（东）莞高速公路河源紫金至惠州惠阳段项目，兴（宁）汕（尾）高速公路五华至陆河段项目，梅（州）大（埔）高速公路梅州东环支线项目，潮汕环线高速公路（含潮汕联络线）项目二期工程，罗（定）信（宜）高速公路项目。

● 2016 年 12 月 28 日，全省 4 条高速公路［江（门）罗（定）二期、潮（州）惠（州）二期、广佛肇高速（肇庆段）、广中江一期（荷塘至龙溪段）］等建成通车；4 条高速公路（深圳至中山跨江通道海中桥隧主体工程、广州新白云国际机场第二高速公路二期工程等）动工建设。深中通道主体工程开建。

● 2017 年 1 月 10—12 日，《香港商报》、亚洲电视、星岛新闻集团环球网、香港中文大学香港亚太研究所、珠三角西部六市及 16 个所属县（区）政府主办的"首届港澳与珠三角西部发展论坛"在广东省珠海市召开。主题是：珠三角西部崛起新机遇。来自香港、澳门以及珠三角西部地区的珠海、江门、湛江、阳江、茂名、云浮等市县区的有关领导、学者集思广益，探讨新一轮经济发展中珠三角西部城市面临的发展机遇及与港澳合作的商机。

● 2017 年 3 月 9 日，广东省人民政府办公厅印发《关于加强我省山区及东西两翼与珠江三角洲联手推进产业转移中环境保护工作的若干意见（试行）》。为进一步贯彻落实《关于我省山区及东西两翼与珠江三角洲联手推进产业转移的意见（试行）》（粤府〔2005〕22 号），推动《广东省环境保护规划纲要（2006—2020 年）》的有效实施，不断加强产业转移中的环境保护工作，促进山区及东西两翼经济、社会和环境的可持续发展，依据有关法律、法规和政策的规定，经省人民政府同意，提出以下意见。①充分认识加强产业转移中环境保护工作的重要意义。②切实加强产业转移中的环境保护工作。③加大产业转移园区环境保护监督管理和执法力度。

• 2017 年 3 月 31 日《南方日报》报道：广东美国商会组织调查编制的《广东和珠三角地区经济情况》调查报告日前完成。报告显示，90% 的美国公司看好珠三角地区营商环境，给予了"好/可以接受""很好""极好"的评价。与此前的调查相比，此次调查客观显示出广东尤其是珠三角地区的营商环境大为改善，该地区依然是美国公司投资选择的最佳地区。

第 八 章

泛珠三角经济圈：跨区域经济
协调发展大举措

　　自古以来，珠江三角洲就是对外贸易非常活跃的地区，经商的传统带给岭南开放的文化特征和海外关系发达的人文特征，也使得珠江三角洲成为政府对外开放改革的排头兵。

　　珠三角地区是我国最早产生近代民族资本主义的地区之一。封建时期，珠三角就作为南洋贸易的口岸，自鸦片战争后，自然经济逐步瓦解，广东、福建等沿海通商口岸出现外资企业；洋务运动时期，在政府扶持下出现一系列民族资本主义企业；在近代的炮火中，珠三角对外贸易的脚步从未停止。新中国成立后，珠三角曾经历过一段时间的计划经济时期，阻碍了对外贸易的发展。在改革开放时期，珠三角作为对外开放的先行试点进行改革，为珠三角经济注入了新的活力，珠三角经济得到跨越式发展，并进一步巩固了其对外开放的地位。

　　此时，小范围的区域合作已经不能满足国家战略需要。为了更好地发挥珠三角地区的辐射带动作用，2004 年，由广东省牵头倡导的泛珠三角"9 + 2"合作全面启动。此计划囊括了珠江流域的广东、福建、江西、广西、海南、湖南、四川、云南、贵州 9 个省（区），以及香港和澳门 2 个特别行政区，共计 11 个地区统筹区域合作。背靠中华大地，面向广袤的东南亚和太平洋，在原有珠江三角洲经济圈的基础上，吸纳更多东、中、西部省（区），打造格局更大、统筹区域更多、辐射能力更强的沿海经济圈。充分发挥广东的地区优势和比较优势，打造优势互补、共同发展的合作平台，营造泛珠三角区域的共赢格局。"9＋2"泛珠三角区域合作计划是应对经济全球化和区域经济一体化的重要战略行动，对广东及周边省区的经济社会发展产生历史性影响。

第一节 泛珠三角经济圈的前世今生

2003 年 7 月 24 日，中共中央政治局委员、广东省委书记张德江在一份请示报告批示上，第一次正式提出"泛珠三角"的构想。张德江称："珠三角地区是目前全国经济发展最具活力的地区之一，包括粤港澳在内的大珠三角地区则是目前世界上最具发展潜力的地区之一，我们正在谋划由广东、香港、澳门以及广东周边的 8 个省组成的'泛珠江三角洲'，我认为这是更具潜力的大事。"①

一 "泛珠三角"经济圈呼之欲出

广东省社会科学院院长梁桂全认为，泛珠三角经济圈的构想是"广东率先实现现代化"的战略决策。事实上，由广东省牵头的泛珠三角经济圈，不仅仅是基于广东省自身发展战略而提出的，其背后更是蕴含了时代和国家发展的需要，对于国家和地区都具有十分深远的战略意义。

（一）蓄势待发，打造泛珠三角国际化经济带

泛珠三角经济圈的诞生，有深刻的国际背景，是新时代下我国提升国际竞争力的重要举措。

首先，泛珠三角经济圈的构建，顺应了当今世界的发展趋势。如今，经济全球化和区域经济一体化的潮流日益明显。无论是发达国家还是欠发达国家，都积极寻求区域经济合作机会，为经济发展注入新的活力，我国也不例外。2001 年，我国成功加入了世界贸易组织，为

---

① 摘自张德江在2003年广东经济发展国际咨询会的发言。

世界经济全球化进程添砖加瓦；与此同时，我国还加入了 APEC、签署了《东南亚友好合作条约》以及积极推进与东盟自由贸易区的合作进程，意味着我国又积极参与到区域经济一体化潮流中去，大大提高了对外开放的程度。泛珠三角经济圈的建设，是我国和平崛起，进一步扩大对外开放，融入世界经济潮流的重要举措。

其次，泛珠三角区域有着卓越的区位优势和经济条件，具备打造具有国际竞争力世界经济带的潜力。从区域地理位置看，泛珠三角地区具有得天独厚的地缘优势。其紧邻东南亚，和东盟联系紧密，有充分的外贸合作条件，是中国对外开放的南大门。东南沿海地区拥有超过我国总长 1/3 的海岸线，港口众多、航运便利、路网密集，较为完善的基础设施为泛珠三角经济合作打下了坚实基础。同时，地缘亲近造成泛珠三角社会文化的接近性，借助珠三角地区侨乡的人文特征和经商的传统，可以有效盘活整个地区的经济活力。

从经济表现看，泛珠三角地区包含了我国东、中、西不同地区的发展特征，又有"一国两制"的特色，是我国经济社会的重要组分。泛珠三角区域占中国国土面积的 1/5，人口总量的 1/3，内地九省区国民生产总值占全国经济总量的 1/3（表 8—1），总量大、市场潜力可观。同时，香港是国际性的金融中心和物流中心，澳门是与欧盟、葡语系国家经贸合作的重要桥梁，在我国对外开放战略中都占据重要地位。可以说，泛珠三角区域是我国合作范围最广、影响最大的区域经济合作尝试，是我国经济发展的引擎和风向标。成功构建泛珠三角经济圈，有助于增强我国综合竞争力，提升我国国际地位。

表 8—1　　　　　　　2003 年泛珠三角地区主要经济指标

主要经济指标	绝对值	占全国比重（%）
土地面积（万平方公里）	200.6	20.9
人口总量（万人）	45698	34.8
国民生产总值（亿元）	52605.7	33.3
进出口（亿美元）	8003.7	39.9

主要经济指标	绝对值	占全国比重（%）
地方财政收入（亿元）	2962.9	30.1
外商直接投资（亿美元）	346.7	46.0

（二）统筹发展，建立南中国经济增长联动机制

泛珠三角经济圈建设，是落实党中央政府统筹发展方针，实现共同富裕目标的重要举措。21世纪以来，统筹发展成为我国政府工作的重点方向之一，在历任政府工作报告中都占有重要篇幅。党的十六届三中全会提出我国经济要实现"五个统筹发展"方针，其中之一就是跨行政区域的统筹区域发展。而泛珠三角经济圈囊括了以下两方面统筹发展的需要。

1. 互利互惠，东中西合作再上新台阶

中国领土面积广阔，经济发展不完善、不平衡，呈现明显的区域经济特征。东部沿海地区较为发达，中西部地区发展落后于东部沿海地区。因此中西部地区作为国家重点政策倾斜对象，通过西部大开发等战略，力争将东部剩余产能转移到中西部地区，以求赶上发达地区的发展速度。

从图8—1中可以看出，在内地9省区中，广东经济发展实力一马当先，占整个泛珠三角区生产总值的1/3，是泛珠三角区域发展的龙头。图8—2显示，在产业结构方面，广东省第二产业比重最大，第一产业比重最小，且二、三产业发展明显优于其他8个省区，第二产业总产值是海南省的50倍之多。而周边省区第一产业比重大，二、三产业产值总量小，产业结构仍待完善，具有承接广东省产业转移的空间。此外，周边省区有广东省无法比拟的资源优势，具体表现在水资源总量大，有色金属矿产丰富（图8—3），可以作为原材料和能源基地，为广东经济发展提供强有力的支撑。

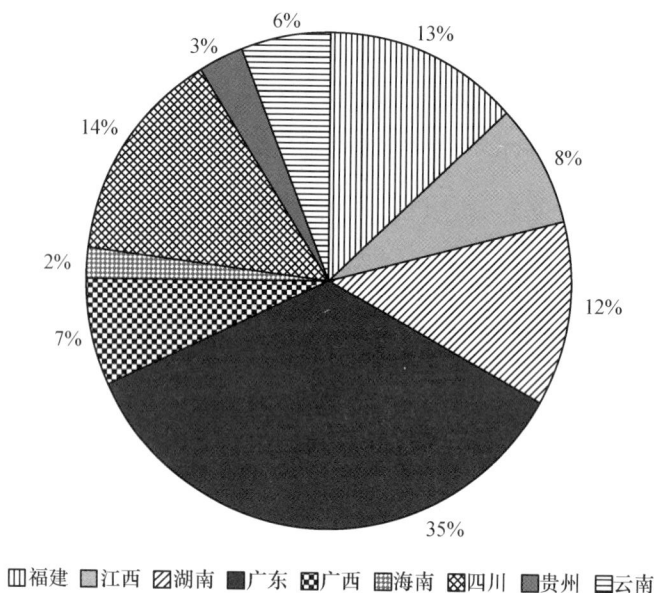

福建　江西　湖南　广东　广西　海南　四川　贵州　云南

图 8—1　2004 年泛珠各省区（内地）生产总值比例

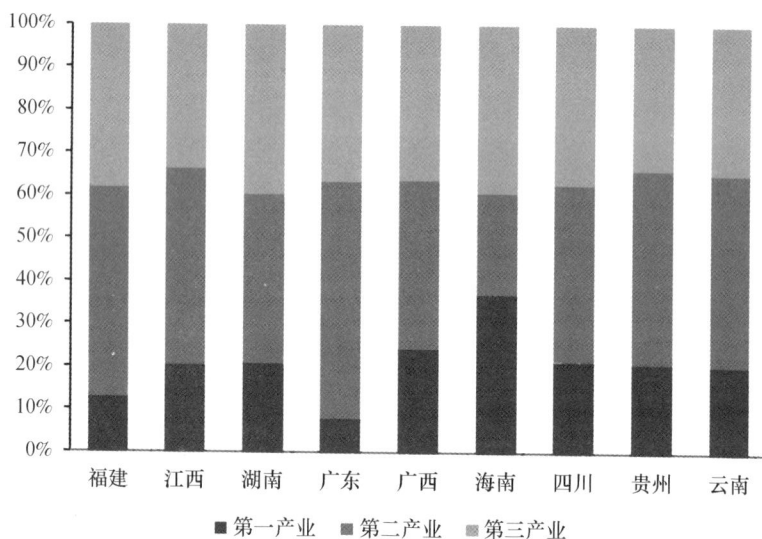

第一产业　第二产业　第三产业

图 8—2　2004 年泛珠各省区三次产业比重

（万吨）　　　　　　　　　　　　　　　　　　　　　　（亿立方米）

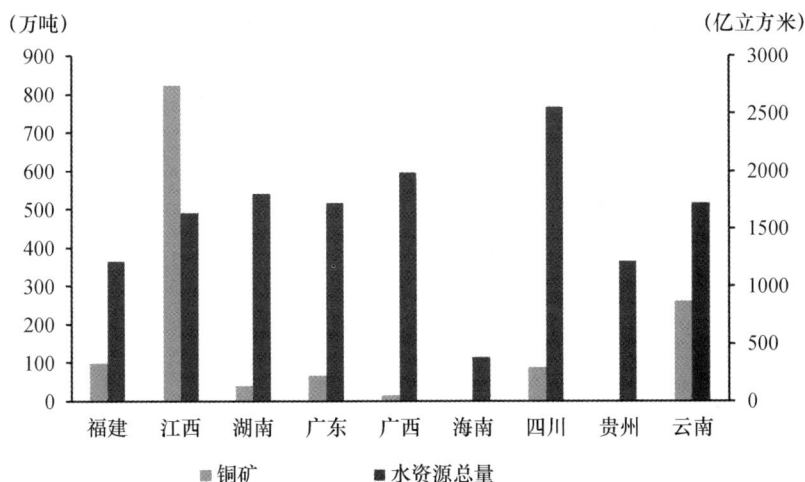

图8—3　2004年泛珠各省区资源情况

资料来源：中国国家统计年鉴。

　　泛珠三角区域囊括东、中、西不同发展梯度省区，内部存在优势互补、共同发展的条件。区域经济合作的原动力在于，发挥不同区域的比较优势，进行优势资源互补，促进不同地区共同发展。总体来看，在泛珠三角经济圈内，广东经济发展最快，和香港、澳门两个特别行政区一起，作为泛珠三角区域发展龙头，辐射带动周边八省区共同发展。而中西部地区的省区虽然经济动力不足，但胜在资源丰富、市场广阔，且有强烈的共同发展意愿。因此，推动泛珠三角区域经济合作，将提升整个泛珠三角区域的发展质量和效益。一方面，可以通过产业转移，建立产业园区，优化产业结构，提高资源配置效率，促进专业化分工；另一方面，可以通过搭建要素流动平台，构建统一市场，扩大原有优势，同时带动后发地区经济增长，实现共同富裕的社会目标。

黔粤合作，共建大三角

　　西部地区在历史上就与东部沿海地区有较大发展差距，一向是我国重点扶持省份，仍有较大的开发潜力。

　　贵州有着丰富的自然资源，是广东重要的能源基地。首先，贵州省水能资源、煤炭资源丰富，水能蕴藏量排名全国第6，含煤面积占全省总面积40%以上，"水火共济"的能源优势使得贵州省成为"西电东送"的重要基地。2003年，贵州省外送电量约为92亿千瓦时，其中送电广东省最高负荷达192万千瓦，有效缓解了广东省生产生活用电压力。其次，贵州省还拥有种类丰富的矿产资源，全省发现矿产110多种，其中76种探明储量，铝土矿、锰、磷及多种用途的石灰岩、白云岩开发在全国占有优势地位。基于丰富的资源条件，贵州成为我国重要的铝磷化工基地、锰合金基地和碳酸钡生产基地，为特色工业的发展提供了良好条件。

广东是贵州劳动力的重要输出地和项目资金渠道。2003年贵州输出劳动力226万人，其中输往广东114.29万人，占47%。随着交通基础设施的不断完善，两省经济合作交流不断加强。在贵州招商引资进程中，有相当部分的外来资金和项目来自广东。二者共同合作，共同发展。

2. 乘CEPA东风，粤港澳关系又迎一春

泛珠三角经济圈成立特点之一就是囊括了香港和澳门两个独立关税区。内地实行改革开放后，港澳与内地的经济联系不断加强。香港、澳门回归祖国后，实行"一国两制"的方针，和内地接壤的珠三角地区经济往来愈加密切。2003年，《内地与香港、澳门关于建立更紧密经贸关系的安排》（CEPA）签署，为进一步推动内地与港澳经济一体化的发展提供了制度保证，内地与港澳的经贸合作更是如火如荼地开展起来。自安排实施起仅3个月，广东受理的"港澳个体户"登记从40宗猛增至388宗，粤港澳之间进出口贸易总额上升11.7%。一方面，泛珠三角经济圈拓展了港澳经济腹地，提供了广阔的内地市场，为香港、澳门的经济发展持续繁荣提供有力支撑；另一方面，泛珠三角经济圈将港澳经济与内地经济融合在一起，用经济纽带增强港澳居民的国家意识和民族精神，是贯彻落实我国"一国两制"方针的有效措施。

二　"泛珠三角"经济圈破茧新生

（一）概念先行，八方关注

泛珠三角经济圈的概念是广东政府在调查研究和理论论证后提出的。早在1998年，广东省委政策研究室做"广东迈向21世纪的思路构想与对策建议"课题时，省委、省政府就已经意识到区域经济合作互惠互补、联动发展的优势。2000年，广东省社会科学院在关于广东如何率先实现现代化的课题中提出，广东实现现代化的关键是要有经济发展的腹地，并因此提出"泛珠江经济合作圈"的构想，希望借助其他省份在能源、劳动力等方面的要素优势进一步推动广东经济发展。2003年8月，广东、福建、江西、湖南、广西等9个省区计委主任相聚广州，初步达成共识，要建立一个资源共享、优势互补、共同发展的区域经济发展多赢格局。2003年9月，时任广东省委书记张德江给全省地厅级领导干部学习"三个代表"重要思想研讨班开班典礼的讲话中，首次明确提出了泛珠三角区域协作的概念，指出要"积极推动与周边省区和珠江流域各省区的经济合作，充分发挥广东作为华南地区经济中心、中南地区对外联系门户和大西南地区出海通道的作用，构建一个优势互补、资源共享、市场广阔、充满活力的区域经济体系"。在此后举行的广东经济发展国际咨询会上，黄华华省长再次重申泛珠三角区域合作概念，打造共赢格局。

在2004年3月召开的全国"两会"上，泛珠三角经济圈的概念得到进一步细化。两名广东省人大代表分别提出了西江产业带和环北部湾经济区的方案。其中，西江产业带即珠江西岸的广东、广西、云南、贵州及澳门的经济合作，环北部湾地区即海南、广东、广西以及越南东北部。至此，泛珠三角经济圈的设想初步形成。

（二）学术争论：百花齐放，百家争鸣

自提出以来，泛珠三角经济圈概念得到了政界、学界及民间的热议，争论之声不绝于耳。在"珠江区域经济合作"论坛、"广佛经济圈与泛珠三角"高层论坛、泛珠三角城市合作与发展峰会上，各位学

者各抒己见，其争议主要集中在经济圈的定义和经济圈范围的界定上。

1. 经济圈定义：地缘亲密还是市场统一？

一种观点认为，经济圈是由相邻的区域形成的地域经济共同体，分为核心区、紧密层和半紧密层经济圈。泛珠江三角区的核心区包括粤港澳大珠江三角洲。该区经济程度发达，工业化程度高，有资金、产业、信息优势，但是由于生产成本升高，土地、劳动力人口不足等情况，该区急需拓展腹地市场。紧密层包括闽、琼、湘、赣、桂五地，处于核心区和半紧密层经济圈的缓冲地带，在整个经济区中起到沟通桥梁的作用。半紧密层经济圈包括云贵和川渝，位于整个经济圈的外围，省市间差异较大，和紧密层经济圈的联系比核心区更密切。

另一种观点认为，区域经济合作要靠市场的力量而不是简单地域资源的叠加，以实现"1＋1＞2"的效果。区域合作的实质是发挥各地区的比较优势，使合作各方利益共享，是客观经济发展的结果。

2. 经济圈范围：静态还是动态？

广东省发改委在省人大提交的材料中显示，按照地理位置，在珠江沿岸，与广东相邻，且与广东省经济发展有密切关系的省区，共有广东、福建、江西、广西、云南、贵州、湖南、海南、四川9个，加上港澳2个特别行政区，构成了"9＋2"泛珠三角区域。

然而，一部分学者认为，区域经济是根据所在区域中心新城市的集聚和扩散规律所形成的，应该是一个动态发展的经济空间概念。泛珠三角经济圈囊括了大珠江三角洲及辐射地区在内的广阔经济地带，由于辐射是动态的，因此经济圈也没有固定边界。甚至，泛珠三角经济圈应该覆盖我国南部大部分地区。同时，还有一部分学者认为，泛珠三角经济圈应该和国际接轨，加入东南亚十国，营造辐射区域更大的国际区域合作机制。

（三）政策落地：千呼万唤始出来

2003年10月10日，首届"泛珠江三角洲经济圈"信息产业厅局长联会在广州举行，9省区及香港负责人承诺将在信息产业领域多个层面开展广泛合作，并设立信息化联席会议。11月11日，中国泛珠江经济圈科技创新合作第二次会议召开，来自9省区的科技厅厅长及港澳科技部门主管官员在广州达成初步协议："9+2"将建立泛珠江经济圈科技联席会议制度，联合开展区域科技发展战略研究，制定整个区域的中长期科技发展和创新体系的建设规划，并草签了《"泛珠三角"区域科技创新合作框架协议》，交通厅厅长联席会议也开始进行，共同完善泛珠三角区域的交通基础设施建设，为经济发展扫清障碍。同时，内地9省区在广东省牵头下设立了"泛珠三角经济协作区"秘书长制度，统筹泛珠三角地区的发展。

通过联席会议以及议定书等方式，"9+2"的信息、科技和交通三部门最先开始开展区域合作，成为泛珠三角区域合作进入实际操作层面的标志事件。至此，泛珠三角经济圈的发展开始走上正轨。2004年3月后，各省市高层官员接触越加频繁，省一级政府层面的合作推进越来越多，泛珠三角经济圈进入实质性发展阶段。目前，泛珠三角经济圈的区域合作机制包括：内地省长、自治区主席和港澳行政首长联席会议制度，政府秘书长协调制度，日常工作办公室和部门衔接落实制度，有力推动了泛珠三角区域合作工作的有序开展。

泛珠三角经济圈的牵头人：张德江

2004年6月1日，泛珠三角区域合作论坛上，时任广东省委书记张德江在开幕式上发表了题为《合作发展共创未来》的讲话，正式提出建设泛珠三角区域合作平台，坚持优势互补、互惠互利的原则和政府推动、市场运作的发展模式，为整个大珠三角地区带来新的机遇。

张德江格外强调，要坚持务实精神，抓好具体项目的落实工作。纵观张德江的执政经历，"务实精神"四个字贯穿了其执政思想的始终。从1995年起，张德江先后担任吉林、浙江、广东、重庆的省（市）委书记，在任期间，四省市都得到了极大发展。吉林省粮食产量连创新高，人均占有量居全国首位；浙江省民营经济活力旺盛，非公经济占比超七成；推进粤港澳及周边地区合作，在他的大力推动下，新中国成立以来规模最大、范围最广的一次区域大合作拉开序幕。在求实精神的引导下，张德江引领着一个又一个省份向前发展。

张德江开展工作经常深入基层，求真务实，在四省市都结下了深厚感情。离开吉林时，他说了三句话：吉林是个好地方，我没待够；吉林是个干事业的地方，我没干够；吉林的干部群众朴实，我没处够。在离开浙江时，他说，浙江人民勇于拼搏的精神永远值得学习。我工作了四年多，学习了四年多，只能算本科毕业，今后还要学习。当广东的全国人大代表希望老领导多去广东看看时，张德江说：珠江水，南国情，难以忘怀。在离开重庆时，他说："重庆在我心中，我祝福重庆！"

求真务实，是张德江对于工作的要求，也是其对于自身的期许与写照。

三 泛珠三角经济圈掀起多层次多领域合作热潮

2004 年，福建、江西、湖南、广东、广西、海南、四川、贵州、云南 9 个省区和香港、澳门 2 个特别行政区签署《泛珠三角区域合作框架协议》，标志着泛珠三角区域合作正式启动。根据该协议，泛珠三角区域合作将在基础设施、产业投资、商务贸易、旅游、农业、劳务、科教文化、信息化建设、环境保护和卫生防疫十大领域相继展开。

（一）"路通财通"，基础设施建设引领泛珠区域合作潮流

1. "四纵两横"，陆路交通打通泛珠任督二脉

泛珠合作以前，交通建设多由各地政府自行主导，区域规划不统一、重复建设等问题时常出现。由于行政管理分割、各方利益不一致、协调机制不完善等原因，各省区分别完成各自公路、轨道、港口、航空等专项交通规划，但省区之间的协调明显不够，突出表现为区域内各省交通、城际交通相互叠加，省区边界常见"断头路"和瓶颈路。2004 年，乘着《泛珠三角区域合作框架协议》签署的东风，泛珠区域内部加强合作的力度，交通建设摆脱以往各自为政的局面，逐步走向一体化时代。

2006 年，《泛珠三角区域综合交通运输体系合作专项规划纲要》出台，泛珠区域内便捷快速的一体化交通网络建设热潮正式掀起。根据该纲要，泛珠区域要构筑"一核、二扇、三圈、五轴线"的区域综合交通体系："一核"指泛珠区域核心经济圈内以穗、深、珠、港、澳为中心的地区，其既有经济规模和发展潜力，需要不断提高该地区的交通运输发展水平，以发挥辐射和服务的作用；"二扇"指协调好辐射国际和辐射内地两个交通运输扇面的发展；"三圈"指沿海交通圈、面向东盟的沿边交通圈和区域内城市群交通圈三大地区交通圈；"五轴线"则是沿大珠三角分别到泰国、四川、京广主轴线、京九主轴线和长三角主轴线的五条轴线。随后，各省区间更是根据各自情况签订省际公路规划与建设备忘录、道路运输一体化议定书等，泛珠区域一体化交通网络建设时代正式拉开序幕。

10 多年来，泛珠区域一系列重要基础设施项目完成或顺利推进，总体上成绩斐然。从交通网络布局来看，泛珠区域综合交通保障能力大大提升，已经完成了国家"五纵五横"[1] 综合运输大通道中的"四纵二横"（南北沿海、满洲里—港澳台、包头—广州、临江—防城、沿长江、上海—瑞丽），陆路交通网络俨然打通了泛珠区域的任督二脉。从数据上看，泛珠区域的陆路运力更是获得了飞跃般的进步。到 2016 年底，泛珠区域除港澳台外，陆路综合运输里程达到 166.3 万公里，占到全国的 34.5%。其中，公路通车里程 162.8 万公里，铁路营业里程 3.5 万公里，分别占到全国的 34.7% 和 28.4%。更值得一提的是，世界最长的 6 线行车海底沉管隧道、世界上最长的跨海大桥——港珠澳大桥于 2018 年初全线竣工，预计年中正式通车。自此，港澳及珠江两岸之间的交通联系更加紧密，珠江西岸迎来了新一轮的发展契机。

---

[1] "五纵五横"为《"十二五"综合交通运输体系规划》中国家综合交通运输网络建设的基本框架。

世界最大桥隧结合工程——港珠澳大桥

港珠澳大桥项目研究始于 2004 年，其工程方案已基本确定。《港珠澳大桥工程可行性报告》推荐路线东岸起点位于香港大屿山石散石湾，跨海到达分离设置的珠海及澳门口岸区，往珠海方向则通过隧道穿越拱北建成区域，与预规划的京港澳高速公路连接。大桥建设内容主要有：海中桥隧工程（包括海中桥隧主体工程、香港口岸与大桥的连接立交桥；澳门口岸与大桥的连接桥；珠海口岸与大桥的连接桥）、香港口岸人工岛填海及口岸设施、澳门口岸人工岛填海及口岸设施、珠海口岸人工岛填海及口岸设施、珠海侧接线。

大桥施工创造了多个世界之最：1. 最长——港珠澳大桥全长 5664 米的海底隧道，是世界上最长的海底沉管隧道；2. 最大——沉管隧道浮在水中的时候，每一节的排水量约 75000 吨；3. 最重——沉管预制由工厂化标准生产，使用钢筋量相当于埃菲尔铁塔；4. 最精心——工程方一年多前就与国家海洋局海洋环境预报中心合作，做精细化、小区域的海洋环境预报，每天坚持监测预报，只为每个沉管找两三天的作业时间；5. 最精细——在沉管隧道安装之前，要在 40 米深的海底，铺设一条 42 米宽、30 厘米厚平坦的"石褥子"，而这条"石褥子"的平整度误差要控制在 4 厘米以内；6. 最精准——沉管在海平面以下 13 米至 44 米的水深处无人对接，共需对接 33 次，耗时 3 年，对接误差控制在 2 厘米以内。

2. "龙困浅滩"，水运港口几家欢喜几家愁

泛珠区域位于我国南方沿海，加之珠江水系及其支流贯穿密布整个区域，因此拥有海港与内河水运两套水运系统。早在泛珠区域展开大规模合作之前，两套水运系统的建设已经有一定的基础。2004 年，水路客运量、旅客周转量、货运量和货物周转量分别达到 1.03 亿人、23.01 亿人公里、4.8 亿吨和 4464.3 亿吨公里。沿海港口（不含港澳）货物吞吐量则达到 7.2 亿吨，其中外贸货物吞吐量 2.9 亿吨，集装箱吞吐量 2451 万 TEU，承担了整个区域约 65% 的外贸集装箱运输、

100% 的外贸进口原油和绝大部分的进口铁矿石一程接卸。随着泛珠区域合作格局的形成，经济快速发展将产生大量的水运运输需求，水运系统整体运输能力亟待提高。

2006 年，《泛珠三角区域合作公路水路交通基础设施规划纲要》出台，对区域内水运建设做出了统一的规划。根据该纲要，在内河运输方面，形成以"一网一干三线"为核心，以珠江水系其他支流、国际和独立入海河流等其他航道为补充的格局，为泛珠江三角洲区域集装箱、大宗散货运输及西南地区物资出海提供服务。在沿海港口方面，形成以广州港等为主要港口，虎门港等为地区性重要港口，潮州港等一般港口为补充的沿海港口分层次布局，并使珠江三角洲港口与香港港口优势互补、共同发展，成为泛珠江三角洲区域沿海港口的核心和最活跃的部分。

10 多年过去，泛珠区域水运系统总体上有了长足的进步。截至 2016 年，水路客运量、旅客周转量、货运量和货物周转量分别达到 1.47 亿人、33.67 亿人公里、19.9 亿吨和 26447 亿吨公里，2013—2016 年的平均增速达到 3.0%、3.2%、12.6% 和 16.0%。[1] 其中，广西的内河水运建设最是出色。自 2008 年以来，按照"打造西江亿吨黄金水道，促进区域经济协调发展"的决策部署，广西累计完成投资 220 亿元。截至 2013 年底，广西西江航运干线主力船型吨位均超过 1000 吨，西江航运干线广西南宁牛湾以下全面升级为 2000 吨级航道，2000 吨级船舶可从南宁、贵港直航粤港澳，内河港口货物吞吐量和内河货运量分别达到 1.07 亿吨和 1.61 亿吨，彻底将西江打造成"黄金水道"。[2] 但是，珠江水运仍然存在着发展不平衡、不协调的问题：由于水运生产主要集中在中下游，珠江上游碍航闸坝严重制约水运发展。例如，受到龙滩大坝碍航影响，运往珠三角的贵州货物在龙滩前便必须靠岸，被迫采取翻坝运输的方式通行。这不仅严重影响了运输效率，

---

① 《中国统计年鉴》。
② 《南方日报》2014 年 5 月 27 日报道。

而且增加了企业的成本。

（二）招商引资，市场力量激发泛珠区域合作活力

1. 打破壁垒，统一市场互通有无

泛珠区域涵盖 11 个省区，行政分割带来的贸易壁垒难以避免，这不仅会阻碍市场要素的自由流动，造成资源的低效利用，更会制约当地市场的发展与壮大。2004 年，《泛珠三角区域合作框架协议》签署，泛珠区域合作正式起步，其目标和重点就是要建立一个统一的市场，形成宽领域、多形式的区域合作新局面。

自 2004 年第一届泛珠三角区域合作与发展论坛暨经贸洽谈会后，各种政策文件纷纷出台，对统一市场各方面细节制定了相应的合作方案。在开放市场方面，出台了《关于创造开放的市场环境的工作方案》，全面清理实行地方保护和市场封锁的地方性法规和政策，创造公平竞争的市场环境，对在区域内流通的其他成员方商品，实行同等待遇。在劳务合作方面，泛珠三角区域劳务合作第一次联席会议通过了《泛珠三角九省区劳务合作协议》和《泛珠三角区域劳务合作联席会议章程》，共同消除流动就业壁垒，组织跨省区劳务交流，统一职业技能鉴定和保障劳动者权益。在品牌建设合作方面，出台《关于商标行政保护合作的工作方案》，建立并落实泛珠区域省级名牌产品质量互认制度，共同维护区域内品牌产品信誉。在促进企业合作方面，出台《关于促进企业合作发展的工作方案》，改善市场主体准入环境，打破市场主体准入上的地区封锁，并鼓励区域内企业合作，支持区域内重点优势企业名称冠以本省（区）行政区划。在市场监管和行政执法方面，出台《关于加强市场监管和行政执法合作的工作方案》，共同研究制定企业信用分类监管办法，推进企业信用建设，并建立区域内案件协查机制，加强区域间行政执法的力度与合作。在质量检测方面，泛珠各省区质监局共同签署《泛珠三角区域质量技术监督合作框架协议》《泛珠三角区域质量技术监督合作方案》和《泛珠三角区域（9 + 1）省（区、直辖市）标准化技术机构合作项目备忘录》，建立联合打假协作机制与信息通报和工作协商制度，营造规范、有序、可持

续的市场环境。

泛珠经济圈除了大力消除内部省区间的贸易壁垒，还建立起一体化通关模式，高效对接海外市场。2004年，海关总署积极推动泛珠三角区域海关合作，授权广东分署全权协调泛珠三角区域海关合作，制定了《海关积极参与和推动泛珠三角区域合作的十项措施》，从提高通关效率、深化业务改革、认真落实CEPA和建立健全泛珠三角区域海关合作平台和联络机制四个方面促进泛珠区域与海外市场的对接，形成多元化的通关协作模式。

通过十几年的实践，泛珠区域合作已经取得了良好的合作效果。在统一市场方面，统一的法律规则基本建立，市场在资源配置和价格形成中的主导地位得以确定，商品在跨区域流通中也越来越自由，生产要素流通领域、劳动力市场正逐渐一体化，人员的自由流动不再受限，区域大统一市场基本形成。在通关合作方面，2015年，桂粤闽琼四省区海关一体化启动，福州、厦门、南宁、海口等泛珠地区海关将纳入广东地区海关区域通关一体化改革范围，区域内所有企业可按照实际物流需求，自由选择申报、纳税、查验放行地点，企业进出口效率得到了极大的提高。

商改探路，泛珠携手提升市场环境

在全国各地跑了一圈，环球石材集团有限公司最终还是决定将总投资数亿美元的一个重大项目落户在东莞常平。"这个项目第一期投资9000万美元，为此我们专门注册了一个新公司，没想到新公司从立项到拿照，耗时不到半个月。"环球石材集团有限公司总裁助理何友光告诉《南方日报》记者，"作为一家外资企业，这在以前简直不敢想象"。

一切始于2012年广东在全国率先进行的工商登记制度改革。作为四个试点地区之一，东莞同深圳、珠海、顺德在全省率先试点工商登记制度改革。改革后省去了验资环节，企业不仅拿照快了，资金也很快盘活了。这正是得益于营商环境的不断改善和提升，在土地、人力等先发优势逐渐丧失的情况下，广东经济仍保持着持续稳定增长。

广东在工商登记制度改革方面的探索，为泛珠三角区域其他省市提供了有益经验。2013 年 8 月，海南启动工商登记制度改革，积极推进"工商注册便利化"，市场主体呈现井喷式发展。2014 年 1 月，湖南在全省全面推行注册资本登记制度改革，促进了企业快速发展。数据显示，2014 年 1—7 月，湖南省新登记企业 5.77 万户，注册资本 2562.3 亿元，同比分别增长 105.36% 和 119.64%；同时在长沙、郴州开展工商登记前置审批制度改革试点，长沙市工商登记前置审批项目减少至 19 项，郴州市减少至 16 项。

四川省的市场主体数量则在泛珠 10 年合作中成倍增长。据了解，截至目前，四川省实有各类企业 72.18 万户，较 10 年前增加 31.89 万户，增长 79.15%，其中实有私营企业 58.90 万户，较 10 年前增加 41.03 万户，是 10 年前的 3.3 倍。实有个体工商户 262.12 万户，较 10 年前增加 109.02 万户，增长 71.21%。

2. 专项投资，资本巨力推动各产业发展

资本市场是现代市场体系的核心，缺乏资本的进入，跨区域合作就会缺乏活力。泛珠三角各省区领导深刻明白资金的重要性，并在《泛珠三角区域合作框架协议》签署之前就召开第一届泛珠三角区域合作与发展论坛暨经贸洽谈会，最终洽谈会签约项目共 847 个，签约总金额高达 2926 亿元。洽谈会的巨大成功，既展示了泛珠三角的整体实力，提高了区域整体形象，又为寻求合作的各方和若干重点领域提供了机会。

为了吸引资本，泛珠三角各省区通力合作，陆续签订各类合作协议和备忘录。2004 年，泛珠三角区域的城市投资促进机构共同发表《泛珠三角城市投资促进机构合作宣言》，旨在发挥各城市在吸引投资方面的优势，形成经济合力，推动整个区域投资与经济发展。2005年，9 个省区和 2 个特别行政区共同签署《泛珠三角区域房地产业合作备忘录》，约定定期举办泛珠三角区域房地产业交流促进博览会，

展示企业品牌，展示招商项目，输出服务，推广技术，介绍产品，开展商务洽谈。同年，粤港签订《穗港关于联合投资推广的合作协议》，双方根据国际投资形势和本地区产业特点，发挥各自的优势，加强重点行业和重点地区招商，共同推动双方招商引资的发展。

随着跨区域合作的深入推进，大量资本不断进入泛珠三角合作框架下的各个项目，各大项目均获得大量资金的支持。自2004年起，泛珠三角区域合作与发展论坛暨经贸洽谈会以每年一届的频率定期举行，每届洽谈会推出数千个项目，签订金额均高达数千亿元。随着网络技术的成熟，泛珠三角还搭建了《泛珠三角合作信息网》，该网页包含泛珠三角区域投资项目库和产业园区资讯，实时传递各种项目信息，既方便投资人查找项目，又方便项目进行融资。迄今为止，该网页已经促成签约项目数百个，签约金额数千亿元。

"9＋2" 洽谈会圆满结束　泛珠三角区域合作开新篇

847个签约项目，2926亿元签约金额，沉甸甸的数字有力地证明了泛珠三角区域经贸合作洽谈会的巨大成功。在今天（2004年7月17日）举行的洽谈会成果发布会上，泛珠三角区域经贸合作洽谈会组委会主任、广东省委常委、常务副省长钟阳胜指出，本届洽谈会掀开了泛珠三角区域合作与发展的新篇章。

四天的会期虽然很短，但成果显赫。据初步统计，本届洽谈会四天以来的签约项目共847个，总金额2926亿元：政府推动的铁路、水运、电力、科技、劳务、粮食6个专项，总金额1202亿元；企业间签约项目840个，金额1724亿元。

"9＋2" 洽谈会不仅取得了经贸合作的累累硕果，而且将会对推进泛珠三角区域合作与发展产生深远的影响：一是以泛珠三角区域合作的实践证明了中央关于区域协调发展战略的正确；二是 "9＋2" 各省区找到了合作的空间和共创未来的途径；三是进一步推动了 CEPA 的落实，切实加强了内地与港澳更紧密的经贸合作关系；四是增强了 "9＋2" 各省区按照《框架协议》要求务实推进合作发展的信心；五是展示了"9 + 2"各省区经济的发展优势和合作的前景；六是展示了泛珠三角区域合作发展的良好形象和巨大魅力。

（三）坚实后盾，社会事业为泛珠区域合作保驾护航

1. 沟通合作，劳务和社会保障促进人才跨区域流动

劳务合作是泛珠地区最早开展的合作之一。2004 年泛珠地区签订《泛珠三角九省区劳务合作协议》，通过了《泛珠三角区域劳务合作联席会议章程》，标志着泛珠三角区域劳务合作全面启动。从数据上看，2004 年在粤就业的跨省流动就业人员高达 1300 万人，其中来自泛珠区域的人员就超过 1000 万人。可以说，泛珠三角在劳务上的合作已基本形成。

随着劳务合作的深入，各项促进人才流动和保护流动人员合法权益的协议在泛珠范围内陆续签署。2004 年职业资格九省区开始互认。2005 年九省区首届网上人才交流会举办，同年签订《泛珠三角区域维护跨省区务工人员合法权益联动协议》和《泛珠三角区域九省区劳动力市场联网合作议定书》，取消跨省务工就业条件限制，共同建立政府公益性的"泛珠三角区域九省区劳务合作信息网"，实现区域内劳动力市场信息网络联网和信息共享。2008 年，香港人才交流中心及香港人才网激活，香港加入泛珠区域人才服务合作协议框架。2009 年，签署人力资源信息共享框架协议，约定在五大方面进行合作：建立健全泛珠三角区域就业失业检测信息平台、泛珠三角区域职业培训信息平台、区域内职业技能培训平台、人才科学评价认证体系和区域培训就业一体化服务平台。2015 年，泛珠举行人才服务合作第 17 次联席会议，签署《泛珠三角区域人才网络合作协议》。2015 年，泛珠各省区在粤纳入就业登记管理的务工人员数量达 1005 万人，占外省籍在粤务工人员总量 1614 万人的 62.3%。

随着泛珠区间内大力开展劳务交流合作，异地就医联网结算、公共服务和权益维护等也在深度对接。在跨省异地就医联网结算方面，2011 年广州市与海南、湖南、云南 3 个省级平台以及福州、南昌、南

宁、长沙、成都 5 个市级平台签订合作协议，建立了泛珠三角区域异地就医结算协作机制；2013 年粤川实现就医跨地区域机构结算，广州、南宁、长沙、南昌、成都、福州 6 市实现了医保异地就医即时结算；2014 年，粤 16 个地方 31 家医疗机构实现异地就医联网结算，2014 年 10 月起四川省实现异地就医人员住院医疗费用即时结算；2015 年，国家开展跨省就医费用核查和即时结报试点，湖南、海南成为试点；海南省还与全国 17 个省（区、市）的 89 个统筹区签订合作协议，实现异地就医结算；2015 年底，云南医疗保险异地就医联网即时结算工作在全国率先实现省内城镇职工、居民参保人群的省内异地就医购药持卡即时结算，并率先实现了辐射西南地区及泛珠三角等部分发达省市的跨省异地就医结算；广西也基本实现了全区异地就医购药直接结算。

为保障劳动者权益，2012 年广东联合各省（区、市）驻粤（劳务）办事机构，率先在全国成立在粤务工人员服务协会，并给予资金扶持。目前，已推动包括江西、湖南、广西、海南在内的九省区成立了在粤务工人员服务协会，在弥补政府服务上发挥了积极作用。此外，广东还着力加强劳动保障监察交流，严厉打击恶意欠薪逃匿和重大劳动保障违法行为。切实做好跨省区务工人员劳动保障维权工作，有效促进了在粤异地务工人员就业和融入城镇。

2. 生命至上，医疗合作保障泛珠区域人员安全

2004 年泛珠各省区签署《泛珠三角区域疾病预防控制和卫生监督合作框架协议》以来，各省区在医疗卫生应急、食品药品监管和人口计生等方面全面开展合作，取得显著成效。一是区域疾病联防网络体系初步建立，尤其是粤港澳大湾区已基本建立了网上的疾病防控一体化体系。十多年来泛珠各方不断加强卫生应急合作，多次开展了医疗救援跨境联合演习，不断加强传染病等突发公共卫生事件的交流合作。二是不断开展医疗合作，积极推进医疗卫生一体化建设，成立跨区域医疗联合体，逐步实现区域公共医疗卫生资源合作共享。三是加强食品药品监管合作，成立食品药品监督稽查协作区，实现药品、食品、

化妆品、医疗器械等检验测验体系资源共享，初步形成跨区域食品药品监管机制。2015年泛珠首届"食品安全链"产业发展创新论坛举行，发起成立"食品安全链"战略联盟，建立了"食品安全链"生态圈服务平台。四是开展人口计生合作，第六次全国人口普查显示，泛珠区域仍是人口流动迁移的重要区域，2010年，国家人口计生委发《关于加强泛珠三角地区人口和计划生育区域协作的意见》，提出在"十二五"期末，区域人口发展统筹协调机制要基本建立；区域全员人口信息资源共享要初步实现，流动人口信息协同管理要进一步完善；区域内计划生育基本项目免费技术服务要实现全覆盖，目前这些目标已基本实现。

粤港澳大湾区介入医学联盟正式签约，将推动三地紧急医疗救援联合！

由珠海市人民医院、澳门镜湖医院和香港部分医疗机构联合发起的粤港澳大湾区介入医学联盟在2018年1月9日召开的首届粤港澳大湾区卫生与健康合作大会上正式签约。据珠海市人民医院院长陆骊工介绍，大会中签约的粤港澳大湾区介入医学联盟是以珠海市介入诊疗中心、广东省放射介入质量控制中心、广东省医师协会介入医师分会、广东省医学会介入医学分会为基础，联合广东地区、港澳地区介入医学相关医疗机构、研究机构，以"平等、互助、共享、创新"为原则集结组成的联盟。

联盟成立后，将作为粤港澳介入医学合作交流的具体载体与平台，以介入诊疗为核心，将粤港澳大湾区的联盟单位和专家紧密连接起来，制定行业技术规范共识，加强人才交流培养，促进学术研讨合作和相关新技术研发，构建横跨粤港澳的医、教、研、产创新平台，推动泛珠三角区域介入医学合作向更高层次、更深领域、更广范围发展。

第二节　泛珠三角经济圈大放光华

"泛珠三角"经济圈的形成，联结了内陆 9 省区和 2 个特别行政区，无论是在制度创新方面还是在经济发展方面都具有无比重要的意义。从制度上看，"泛珠三角"既延续了党中央关于区域协调发展的战略，又在已有的区域发展战略模式上迸发出新的亮点。从经济上看，"泛珠三角"充分激发了各地经济发展的活力，各地资源互通有无，营造出区域经济多赢的局面。

一　"泛珠三角"经济圈中的制度创新

（一）"效率优先"与"兼顾公平"并存

从区域发展战略的角度看，"泛珠三角"经济圈既体现"效率优先"原则又体现"兼顾公平"原则。"效率优先"，是指"让一部分地区先富起来"的非均衡区域发展战略，这种战略基于经济规律，追求经济效益的最大化。"兼顾公平"，则是指"先富带后富并最终走向共富"思想下的均衡发展战略，体现的是社会和谐和社会公平。泛珠三角地区的合作发展同时贯彻或体现上述两种思想，因为"泛珠三角"经济圈联结了 11 个省区，既有利于香港和澳门特别行政区、沿海经济特区及沿海经济较发达地区的发展（体现了"效率优先"），又有利于处于中部地区和西部地区有关省份或地区的发展（体现了"兼顾公平"）。

从历史的角度看，广东从享受"效率优先"红利向承担"兼顾公平"责任转变。改革开放以来，广东先后经历了特区经济时期、专业镇经济时期、产业园区经济时期和城市群经济时期，20 多年间，政策红利一直伴随着广东经济的发展，广东也不负众望，一跃成为全国经济的排头兵。2003 年春，时任中共中央总书记、国家主席胡锦涛视察广东，深情寄望广东坚持全面的发展观，加快发展、率先发展、协调发展，在全面建设小康社会、加快推进社会主义现代化进程中更好地发挥排头兵作用。广东的当家人在振奋之余，陷入了深深的沉思：广东该如何肩负起如此重大的历史使命？同年7月，张德江在一份请示报告上批示，第一次正式提出了"泛珠三角"构想。随后，"泛珠三角"概念迅速推广，各省份间合作迅速推进，形成了联结11个地区的"泛珠三角"经济圈。在这个经济圈中，广东省通过不同形式与内陆各省进行合作，自我发展的同时也给内陆各省带来大量的商贸机会，促进内陆各省经济的发展，逐渐从"效率优先"红利的享受者转变为"兼顾公平"责任的承担者。

（二）"单向机制"与"双向机制"结合

与以往区域发展的"单向机制"不同，"泛珠三角"经济圈更注重各地共同发展的"双向机制"。在如何通过发达地区带动和帮助欠发达地区发展问题上，以往我们只是强调发达地区对欠发达地区的帮助和扶持，这就是所谓的"单向机制"。区域合作发展的"单向机制"是基于人道原则的、发达地区对欠发达地区的经常性甚至制度性帮扶机制，而区域合作发展的"双向机制"则是基于市场原则的、发达地区与欠发达地区的互惠互利机制。如果说"单向机制"是帮助欠发达地区克服暂时困难或渡过临时难关的速效机制，那么"双向机制"则是帮助欠发达地区彻底或最终脱贫致富的长效机制。从泛珠三角地区合作发展的具体内容看，既包含一些较发达地区帮助和扶持欠发达地区的项目，又有一些以政府为主导、市场为纽带、企业为主体的互惠互利项目，更多的是上述两者兼而有之的项目。换句话说，泛珠三角地区的合作发展既在形成区域合作发展的"单向机制"（速效机制），又在打造区域合作发展的"双向机制"（长效机制）。

二 "泛珠三角"经济圈激发各地经济发展活力

（一）广东——甩掉包袱，轻松前行

"泛珠三角"概念提出前夕，广东经济发展包袱沉重，发展劲头逐渐减弱。一方面，广东工业的竞争力在全国并不拔尖。2004年广东省政府发布的工业产业竞争力研究报告显示，广东工业的体量虽然仍领先全国，但竞争力仅排在全国平均水平，发展后劲不足，后发乏力。另一方面，广东对外依存度大，适逢国际上保护主义抬头，对外经贸的风险大大增加。2002 年，出口总额占广东经济 GDP 的比重接近80%，广东要继续保持经济长期高效发展，必须转向潜力更加巨大需求更加稳定的内陆市场。

在此背景下，泛珠三角经济圈的区域合作计划有助于广东省抓住机遇，拓宽国内市场，增强广东省的增长后劲。首先，泛珠三角经济圈有效解决了广东发展的能源瓶颈问题。广东省珠三角地区是世界重要的加工制造业基地之一，对原材料和能源需求大，供电形势严峻。按 2003 年的负荷增速估计，2004 年电源增长将低于电力负荷需求的增长，出现能源供给不足的情况。在用电高峰期，全省最高电力缺口将达到 200 多万千瓦，阻滞了广东省工业的发展。而周边省区，如贵州省，具有充足的电力资源，通过区域合作机制，进行西电东送，可以弥补广东省发展能源不足的缺口，使广东省工业化发展更有效率。其次，随着生产成本的上升，广东省加工制造业发展越加昂贵，产业结构调整势在必行。而周边省区拥有丰富的自然资源，劳动力、土地成本低廉，具有承接产业转移的优势条件。广东省将一部分产业转移到周边省区，一方面降低生产成本，转移低附加值制造业产业，大力发展研发、物流、金融等第三产业和高端制造业，优化产业结构；另一方面为周边省区的发展注入资金和项目，提供大量就业岗位，有效带动周边地区发展。

（二）港澳——携手广东，展翅高飞

1. 粤港携手，协议先行

香港作为国际金融中心，有着高度发达的金融服务业，而内地人口众多，潜在市场巨大，因此如何与香港金融服务业对接，充分发挥香港优势的辐射带动作用，成为泛珠三角经济圈中粤港发展需要解决的问题。在此背景下，多份合作协议相继签署，指引粤港关系健康有序，稳步向前。

2003 年，中央政府和香港政府签署了《内地与香港关于建立更紧密经贸关系安排》，并在此后7年间接连签署了7个补充协议，这是内地对外第一个真正意义上的自由贸易协定，旨在降低双方贸易、投资往来上的制度性障碍，最大限度地促进资本、劳动力等生产要素自由流动，实现内地和香港的优势互补。自CEPA实施后，香港的经济腹地得到进一步扩展，香港服务贸易出口额连续五年呈双位数增长①，而中国内地则成为香港最大的服务贸易出口市场。

2010年，由中央政府牵头，广东和香港签署了《粤港合作框架协议》，对粤港的合作有了更加细化的角色分工，遏制双方建设中重复投放和资源浪费的问题，以实现建设世界级城市群的目标。协议实施后，粤港合作在制度、基础设施建设、平台建设、科技合作、经贸合作、民生领域等各个方面都取得了显著成效。在制度层面，两地在政府层面建立了高层会晤、联席会议、专责小组等合作机制，不断拓展新的合作方式。在平台建设层面，建设了深圳前海片区、广东自贸区、深港通以及落马洲河套地区多个协同合作发展地区；在基础设施层面，珠港澳大桥建设、广深港客运专线、口岸建设和大通关等工程顺利推进，2016年粤港两地人员往来超过2亿人次，日均往来人员超过60万人次；科技层面，多个香港金融服务机构在广东设立分支，香港高校在广东设立分校区，支持香港和内地人才流通，支持联合科技创新项目；在民生层面，两地深入推进珠三角空气质量联防联控、东江水质保护等合作，区域环境质量稳步改善。同时，医疗、供水等民生服务合作成效明显，合作成果惠及两地群众。

2. 粤澳联姻，横琴岛做媒

21世纪初，澳门的优势产业（博彩业、会展业、旅游业）的发展依然受到土地面积的制约。澳门只有27.3平方公里，狭小的地域不仅限制了自然景观、人文景观和大型游乐设施的开发，也阻碍了其产业多元化的进一步发展，使澳门暴露在产业单一化的风险之下。与此同时，珠海也面临着土地面积狭小和产业集聚水平低、经济总量和辐射

---

① 香港政府统计处《香港服务贸易统计》。

能力不强的困境。如何进一步开发和规划澳门和珠海合作协同发展，政府将目光聚焦到了横琴岛上。

依托横琴岛，澳门、珠海两地充分整合资源，实现区域间的优势互补、互利共赢。澳门的旅游度假、商务会议、商业会展等服务业发展比较成熟，借助横琴开发的契机把澳门的服务业向珠三角及内地拓展，释放已有的经济能量，通过输出服务、扩大服务、辐射服务来提升其产业竞争力，弥补空间发展局促的弊端。同时，充分发挥澳门和葡语系国家经贸的密切联系，以珠海为跳板，给广东省带来更多的外资机会，同时集聚两方人才，形成规模效益，打造珠三角地区的国际竞争力。2014 年到 2017 年，横琴地区生产总值从 68.03 亿元增长到 183.6 亿元，年均增长 39.23%；固定资产投资从 246.81 亿元增长到 412 亿元，年均增长 18.66%；吸收利用外资从 2.56 亿美元增长到 6.7 亿美元，年均增长 37.77%。[①] 以横琴岛的共同开发为纽带，广东与澳门的经济联系进一步加强，从"紧密合作"上升到"深度合作"，珠澳一体化互利共赢的新局面正在形成。

横琴岛

横琴岛位于广东省珠海市南部、澳门西侧，为四面环海的岛屿，最近处与澳门只相隔 200 米，位于大珠三角一体化的接口，可供开发面积为 53 平方公里，为澳门面积的两倍大，经济价值非常高。同时，横琴岛通过莲花大桥、横琴大桥分别与澳门路环、珠海湾仔相连，并设立有国家一类口岸、环岛公路、供水管道及万伏变电站，基础设施建设基本完善，为承接珠澳产业进一步发展做好充分准备。2009 年，国务院正式批准《横琴总体发展规划》，将横琴岛纳入珠海经济特区范围内，作为"一国两制"下探索粤港澳合作新模式的示范区，重点发展商务服务、休闲旅游、科教研发和高新技术产业。规划形成各具特色、紧凑发展、紧密关联的"三片、十区"的功能布局。

---

① "中国横琴"官方网站披露。

（三）泛珠9省——兄弟同心，互惠互助共谋发展

泛珠三角经济圈囊括了中国内地东中西三大区域共9个省区，9省区之间存在不同的发展特征和独特的发展优势，广东作为内地发展的排头兵，有责任有义务发挥自身优势，辐射带动周边省区的发展。同时，广东省也通过和其他省区进行资源置换，弥补增长后劲不足的问题，使自身经济发展得到有力支撑。针对不同省区的特点，广东省采取了因地制宜的合作战略。以下，笔者分别选取广东和贵州、云南两省的合作为例，详细说明广东省和泛珠内地省份的合作情况。

1. 粤黔滇：能源合作，旅游发展

广东作为泛珠九省区中最发达的省份，对于能源的需求也是其他省份无法比拟的。据南方电网数据披露，2016年广东最大统调负荷突破1亿千瓦，同比增长7.1%，成为全国首个负荷过亿千瓦的省级电网。在这种情况下，广东省自身的能源供给能力远远跟不上发展的需要，必须借助"西电东送"从其他省份获取更多能源。

云南和贵州在能源输送上有着得天独厚的优势。贵州省水能资源、煤炭资源丰富，水能蕴藏量排名全国第6，含煤面积占全省总面积的40%以上，"水火共济"的能源优势使得贵州省成为"西电东送"的重要基地（图8—4）。据中国电力企业联合会统计，广东省用电约7%来自贵州，贵州已经成为广东最为重要的能源供给基地。自2000年至2013年6月，贵州已累计向广东送电2704亿千瓦时[1]。云南省同样具有丰富的水能和煤炭资源，水能资源理论蕴藏量为10437万千瓦，占全国总蕴藏量的15.3%，居全国第3位。煤炭资源主要分布在滇东北，煤种齐全，全省已探明储量240亿吨，居全国第9位[2]，2010年云电送粤累计送电量已经突破千亿度。

2010年，国家能源局组织签订了《"十二五"西电东送框架协

---

[1] 中国电力企业联合会。
[2] 云南省人民政府。

议》。广东、贵州、云南省人民政府及南方电网公司经过友好协商分别签署了《"十二五"黔电送粤框架协议》和《"十二五"云电送粤框架协议》，其中贵州增加 100 万千瓦时，云南增加 1070 万千瓦时。

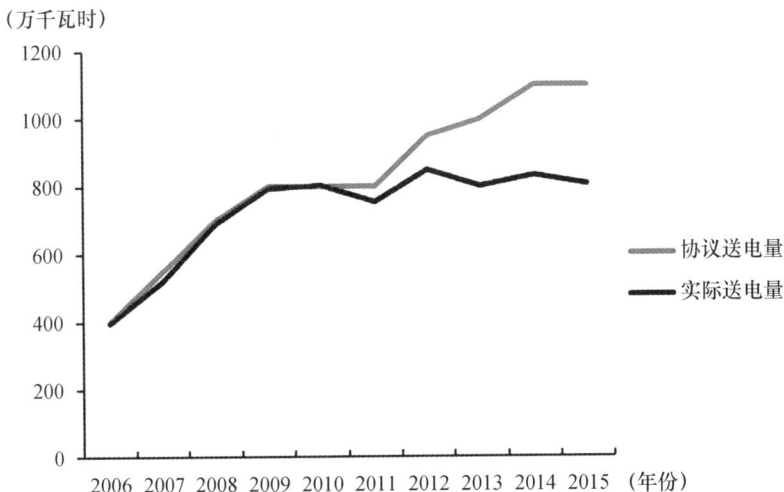

图 8—4　2006—2015 年黔电送粤送电量

　　旅游业的协同发展也是广东和云南、贵州合作的一大亮点。云南省是泛珠九省区中世界自然遗产和世界文化遗产数最多的省份，其核心旅游品牌形象为"七彩云南、旅游天堂"。贵州省有黄果树、百里杜鹃等著名旅游区，并有遵义等革命红色旅游区，其旅游品牌为"多彩贵州·山地公园"。在第三届泛珠三角洽谈会上，云南省与广东签订了旅游交流与合作协议，开展了互为旅游目的地的宣传促销活动。2014 年，广东—贵州旅游合作交流会在贵阳召开，粤黔两省旅游部门、部分旅游景区企业共建旅游合作新平台，共促旅游合作新发展，14 家贵州景区授牌成为"广东省国民旅游休闲示范单位"。广东省更是创造性地使用旅游扶贫协作这一方式对贵州经济发展进行支援，投资 1.1 亿元对口帮扶黔南毕节建设美丽村庄。2017 年，由黔南州政府、毕节市政府、广州市政府共同举办的"百企千团广东十万人次游贵州"旅游扶贫系列活动开始举行，把珠三角规模化的旅游客源与贵州省毕节市、黔南州最优质最丰富的旅游资源"两大市场"对接起来，发动更多的广东旅行社企业组织春季赏花团、夏季避暑团、秋季美食团和冬季养生团到贵州旅游，发动更多的市民参加以贵州为目的地的旅游团，以实际行动落实国家扶贫政策，造福贵州贫困山区的人民群众。在广州与当地政府协调下，多个旅游景区免费对广州市民免费开放，一条线路可以减少200多元的费用，贵广高铁的开通更是大大增加了广东游客的数量，目前广东游客已成为贵州省游客的主力军。

贵州向广东游客送出冬季度假旅游"大礼包"

2017年11月30日，贵州省在广州举办"山地公园省·多彩贵州风"2017冬季度假旅游主题推介会，向省外及境外游客送出"大礼包"。贵州省副省长卢雍政在推介会上邀请广东游客今年冬季到贵州饮美酒、品美食、赏美景、泡美汤，感受不一样的冬季旅游。

贵广高铁开通后，4小时的行程，朝饮广东茶，午食酸汤鱼，"千里黔粤一日还"成为现实，广东民众赴贵州旅游热情高涨，赴贵州旅游人数大幅增长。近年来，贵州先后向广东推出"看晚报游贵州""避暑游"等系列活动，目前广东已成为贵州省客源第一大省。

2. 川粤：产业承接，雁行发展

泛珠三角区域内部差异明显，经济梯度差异突出，是产业互补和承接转移的有利前提条件。其中，广东省位于内陆九省发展第一梯队。广东省经济总量大，经济发展水平高，三次产业呈现二三一结构，第二产业比重大于50%，而第一产业所占比重不到10%，工业化水平领先于其他省区，其核心区域——珠江三角洲经济区，已成为世界最重要的制造业基地之一。近年来珠三角产业转型和升级的步伐不断加快，产业转移是广东省的主要趋势。相比之下，四川省人口总量大，但第一产业占比过大（20%），产业结构不尽合理，需要外来投资引活现有产业活力。因此，在泛珠三角区域合作体系中，四川省发挥自身劳动力资源、农业和装备制造业优势，承担了劳动密集型产业和先进装备制造业、农产品加工业等产业承接转移任务。

四川省政府高度重视珠三角产业的承接转移工作，实施了很多优惠政策。根据2008年发布的《四川省人民政府关于加强与泛珠三角区域合作承接产业转移的意见》，四川省致力于改善投资环境，实行投资便利化措施和对符合要求的产业实行投资奖励政策，加快"四川泛珠三角合作示范园区"、四川临海产业园的建设和加大对承接产业的财政金融支持力度。在这样的环境中，与珠三角经济合作高潮迭起，承接珠三角地区产业转移成效显著。2007年是四川省引资增速最快的一年，全年引进国内省外资金由2002年的186亿元增至1972.75亿元，五年时间内增加了9倍多。其中，珠三角地区投资同比增长了107%。[①]

第三节　泛珠三角经济圈前进路上的挑战

过去10多年，"泛珠三角"经济圈形成的合作机制为区域合作提供了组织和制度保证。但随着区域合作程度的提高和深化，受地区政治、经济和文化等诸因素的影响，再加上一些历史制度变迁的原因，将影响到泛珠三角区域合作机制的进一步构建和提高。

一　行政区域障碍与目标多元化

泛珠三角区域合作仍受限于地方保护和市场分割，统一大市场的潜力还没有得到充分释放。由于战略目标不同，泛珠三角区域各方都有自己的考核标准，市场规则、信用体系和监管制度的不同，都会阻碍区域市场一体化的进程。与此同时，由于区域内各方经济基础、对外开放水平、市场成熟程度差异较大，各地建立统一开放市场体系的认识不同、积极性各异，亟待建立市场调节与政府引导相结合的跨界

---

① 四川省统计信息网。

协调机制，打破行政区域樊篱、市场分割、行业垄断和地区封锁，加快清除市场壁垒，促进商品和各种要素的自由流动和有序竞争。

二 各地产业同构性和同质化程度仍然较高

泛珠三角区域各方尚未建立起区域产业协同发展机制，各地区在资源、产业、市场等诸多方面的分工协作优势远未充分发挥出来。部分地方政府因盲目追求短期利益，盲目模仿，造成区域内产业同构性、同质化问题突出。产业同构性和同质化导致产业分工与协作难以形成，也不利于建立利益共享的区域价值链，加剧了恶性竞争。要实现区域内产业资源的有机整合，需要对产业分工协作进行整体规划、统筹协调，真正形成优势互补、错位发展、互利共赢的产业发展新格局。

三 制度约束力偏弱

泛珠三角区域合作主要以协议为主的制度建设，其协议的执行多以自愿性为原则，协议的有限强制性来源于相互间的信任、内部压力机制和评价机制。这种非国家强制力的协议对执行不到位或违反协议的行为有根据政府协议获得司法保护的权利。一方面，在当前以经济指标为主的考核方式下，由于地方政府存在着强烈的经济政绩冲动和地方财政收入最大化偏好，这种缺少必要的约束和强制性制裁的合作方式极易诱发各方行政主体"搭便车"的投机心理和"各行其是"的功利行为，导致各方在抢夺产业转移落地权过程中恶性竞争。另一方面，泛珠各方成员的协议行为只是行政机关内部行为，并非立法行为，其内容不具有普遍约束力，对其他主体不发生法律效力，尤其是在产业转移中对所涉及的市场主体行为作用十分有限。

四 利益机制的缺失

国内外研究经验表明，区域经济合作要求建立专门性的法律建设，并加强区域合作实施机制的建设，建立有序的区域经济竞争与合作秩序，而合作与竞争跟区域内各经济主体追求通过合作可能取得的潜在利益是分不开的。任何经济实体的发展必然经历利益、权力的转移，实施机制则是面对市场运行中存在的不确定性、风险以及市场竞争中区域间利益冲突等制定的激励惩罚机制。

泛珠三角区域经济合作从制度经济学的角度研究来看，本质上是一系列正式规则、非正式规则和实施机制的统一。但泛珠三角区域内最大的障碍是区域经济发展的不平衡，在制度创新中，利益、权力的转移必然产生许多矛盾，如何来协调各经济主体之间的矛盾，协调各方合作的利益共享和分配，泛珠三角的制度框架中虽然有提出建立利益协调机制，但具体到如何实施缺少制度的具体安排。如何解决利益机制制度上的缺陷成为泛珠三角区域合作的首要任务。

第四节　泛珠三角经济圈走向国家发展大战略

从 2004 年到 2016 年，短短 12 年泛珠区域发展就由区域协调机制上升为国家重要的区域发展战略，这是国家对泛珠区域合作成果的肯定，也是国家就泛珠区域合作未来发展提出的要求。回首过往，泛珠人民骄傲于已经取得的成绩；展望未来，泛珠人民将抓住机遇，继续推进泛珠区域的繁荣与发展。

一　泛珠三角经济圈发展成就

（一）总体经济高速增长，人民生活明显改善

泛珠三角区域经济合作十年，区域内经济总量飞速发展。从表8—2 可以发现，从经济总量上来看，泛珠三角区域在合作初期内陆 9 省区经济总量为 49119.11 亿元，2016 年区域内经济总量已达到 239329.63 亿元，实现了 14.11% 的年均增长率。从比例的角度看，泛珠三角区域内陆 9 省区经济总量在全国经济总量的比重从 2004 年的 30.35% 增加到 2016 年的 32.19%，所占比重不断增加。从增长率上来看，泛珠三角区域各个省区均实现了两位数的年均增长率，且除广东

以外 8 省区的 GDP 年均增长率均超过中国经济总量的增长率，其中贵州年均增长率均达到 17% 以上，经济快速增长。这些数据均说明泛珠三角区域在区域经济合作 10 年来，经济总量不断增加，经济总量差异有明显缩小趋势。

表 8—2　　　　泛珠 9 省区 2004 年、2016 年区域经济总量

地区	2004 年生产总值（亿元）	2016 年生产总值（亿元）	年平均增长率（%）	2016 年人口（万人）
中国	161840.2	743585.5	13.55	138271
泛珠 9 省区	49119.11	239329.63	14.11	48630
福建	5763.35	28519.15	14.25	3874
江西	3456.7	18364.4	14.93	4592
湖南	5641.94	31244.7	15.33	6822
广东	18864.62	79512.05	12.74	10999
广西	3433.5	18317.64	14.97	4838
海南	819.66	4044.51	14.23	917
四川	6379.63	32680.5	14.58	8262
贵州	1677.8	11776.73	17.63	3555
云南	3081.91	14869.95	14.01	4771

2003 年至今，我国总体上保持了持续增长，因此，单纯纵向分析泛珠三角的数据并不足以反映其经济增长的真实状况，有必要将泛珠三角的经济建设成果与国内其他片区做比较，以反映泛珠三角在全国的相对发展水平。图 8—5 描述了全国、泛珠 9 省区、长三角和环渤海的经济增长速度。可见，总体上泛珠内陆 9 省的发展速度较长三角地区和环渤海地区快，基本上超过全国平均增速，这与泛珠三角各省通力合作、建设统一大市场的努力是分不开的。

与国内其他区域相比，尽管泛珠区域实施区域间重大合作，但经济总量上仍有相当部分依赖于对外经济，受 2008 年国际金融危机和

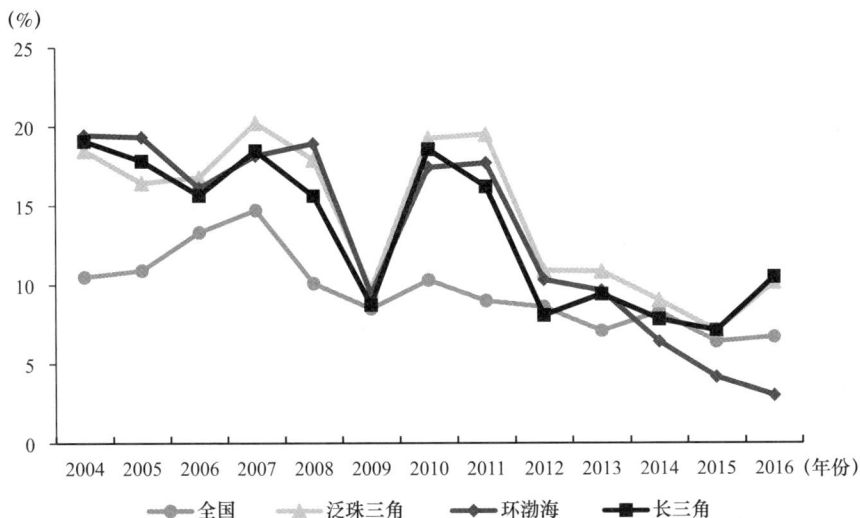

图8—5 泛珠9省区、长三角和环渤海2004—2016年经济增速

资料来源：国家统计局。

2010年欧债影响，泛珠三角经济增速一度放缓，尤其是日益受到崛起中的长三角区域和环渤海区域的挑战。在泛珠合作初期，泛珠三角并未充分释放其发展潜力，某些年份的发展速度甚至降至全国平均水平。这种情况在2012年后得到改变，其后泛珠三角经济发展速度总体上超越全国平均水平。

与此相应，泛珠三角经济总量占全国的比重在2006—2008年一度下降，进入2009年后才转趋上升。但泛珠三角作为全国重要的经济片区地位一直未变，即使在经济地位轻微下降的年代，泛珠三角经济总量占全国的比重仍然维持在30%以上。图8—6的曲线反映了泛珠三角合作以来泛珠地区生产总值占全国的比重。考虑到长三角和环渤海的蓬勃发展，尤其是上海近10年来经济总量的迅速增长，泛珠三角的经济总量占全国比重能一直保持在30%以上，相当难得。

（二）产业结构逐步优化、产业布局逐步完善

库兹涅茨认为，在工业化初期和中期阶段，产业结构变化的核心是农业和工业的"二元模式"。当第一产业比重下降到20%以下，并

(%)

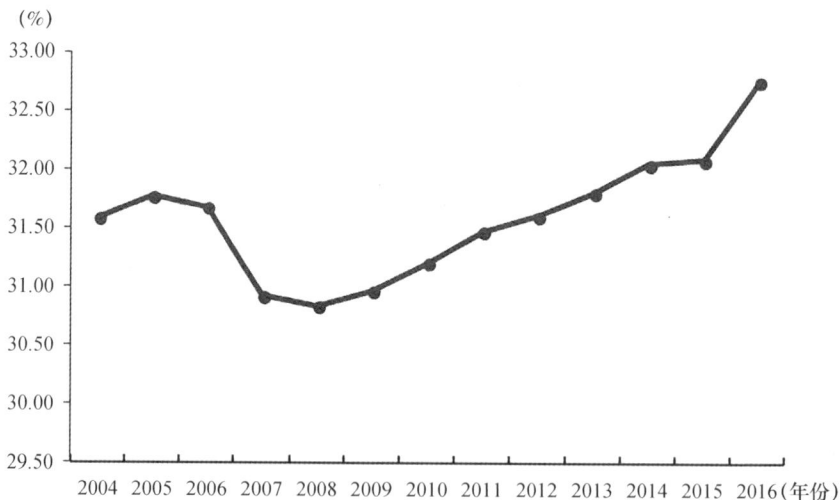

图8—6　泛珠三角占全国经济总量占比

资料来源：国家统计局。

且工业化比重高于服务业，这时进入工业化中期阶段。而当第一产业
比重低于3%，服务业比重接近或超过第二产业，这时将进入工业化
晚期或后工业化阶段①。而不同层次的产业结构对区域经济发展有着
重要影响。泛珠三角区域在区域经济合作十年间，产业结构不断优化。
根据表8—3，经过10多年的经济发展，9个省区的产业结构均逐渐优
化，第一产业所占比重降低，第二、第三产业所占比重增加，除海南
省外其他省区均进入工业化中期阶段。其中广东省的产业结构已处于
产业结构升级转型阶段，第一产业所占比重较低仅4.57%，即将进入
工业化晚期或后工业化阶段，第二产业和第三产业所占比重基本趋于
一致，分别为43.42%和52.01%。而海南省虽然第一产业所占比重仍
在20%以上，但其第二产业所占比重已基本与第一产业持平，这与近
年来海南省"大企业进入、大项目拉动"的战略有关，使其产业结构
不断优化发展。

---

①　王小刚、鲁荣东：《库兹涅茨产业结构理论的缺陷与工业化发展阶段的判断》，《经济体
制改革》2012年第3期。

表8—3　　　　　　2004年、2016年泛珠内陆9省区产业结构　　　　单位：%

地区	2004年占GDP比重			2016年占GDP比重		
	第一产业	第二产业	第三产业	第一产业	第二产业	第三产业
福建	13.65	48.07	38.28	8.20	48.92	42.88
江西	19.22	45.31	35.46	10.30	47.73	41.97
湖南	18.12	38.83	43.05	11.34	42.28	46.37
广东	6.62	49.20	44.18	4.57	43.42	52.01
广西壮族自治区	23.82	36.51	39.67	15.27	45.17	39.56
海南	34.01	25.08	40.91	23.40	22.35	54.25
四川	21.63	39.02	39.35	11.93	40.84	47.23
贵州	19.94	40.62	39.44	15.68	39.65	44.67
云南	19.72	41.59	38.69	14.84	38.48	46.68

（三）多种形式的区域合作协议不断签订

区域经济合作一般是地方政府间根据地区经济发展规划所推动的跨区域经济合作，泛珠三角区域首先是由广东省政府提出，并得到其他省政府的积极响应所建立的一种区域经济合作形式。为保持区域合作的持续性和有效性，政府则会建立区域合作平台解决区域合作中所面临的问题、规划区域合作的方向，并通过签订各种区域经济合作协议来实现对区域合作的影响。曾婧婧（2015）将泛珠三角区域的政府政策分为5个维度分析，研究表明政府政策的制定对区域经济合作具有重要的推动作用。而泛珠三角区域在合作初期便建立了"泛珠三角区域合作与发展论坛"及"泛珠三角区域经贸合作洽谈会"两个区域合作平台，为泛珠三角区域合作提供了合作交流平台。2004年6月1日，泛珠三角区域合作成员共同签订《泛珠三角区域合作框架协议》作为泛珠三角区域开展合作的合作协议，拉开了泛珠三角区域合作的序幕。2016年3月15日，国务院下发《关于深化泛珠三角区域合作的指导意见》，正式将泛珠三角区域合作上升为国家战略。泛珠三角区域合作十多年来，有关泛珠三角区域合作的协议不断签订，在区域合作的基础设施、产业与投资、商务与贸易、旅游、农业、劳务、科教文化、信息化建设、环境保护、卫生防疫等方面签订有关合作协议，并在泛珠三角区域内次区域、"1＋X"等不断开展内联外拓的经济合作，对加强区域内各地区间的经济联系、深化泛珠区域合作、促进区域经济协调发展具有重要推动作用。

（四）交通网络逐渐完善

我国的交通基础建设都由各地政府自行主导，会出现区域规划不统一、重复建设等问题，而泛珠三角区域在2004年合作以来，不断出行关于交通建设的规划纲要，逐渐推进交通基建一体化，建立了区域内便捷快速的一体化交通网络。在2006年制定并出台了关于泛珠三角区域交通规划建设的规划纲要，《泛珠三角区域综合交通运输体系合作专项规划纲要》和《泛珠三角区域合作公路水路交通基础设施规划纲要》，在2014年泛珠区域内的各机场共同签订了《泛珠三角机场战略合作行动纲领》。经过十年的发展，泛珠三角区域交通网络已粗具规模。2004年，泛珠三角区域公路的通车里程数63.6万公里，通过十多年的发展，在2016年底，已达到162.8万公里，较十多年前增加了1.56倍。其中，高速公路里程从2004年的1.14万公里增加到2016年底的3.89万公里，增加了2.41倍多。泛珠三角区域内"五纵七横"的高速公路主干线已全部完工，并投入使用，实现了区域内省际交通网中高速通道的连通。除此之外，区域内综合交通网络规模已逐渐成型，铁路营业里程数超过2.3万公里，比2004年初增加了25%。高铁作为综合交通网络中的一颗闪耀明珠，武广线、厦深线、沪昆线、湘赣线已相继开通投入使用，贵广、南广线也已经完工，即将全线运营。至此，泛珠三角区域将迈入高铁时代，形成以粤港澳为中心、辐射整个泛珠区域的3小时经济生活圈。

二　泛珠三角经济圈未来发展前景

（一）打破行政壁垒，建设统一市场体系

我国是按行政区划来划分地区，行政边界的划分，导致不同行政区域具有不同的管理办法和思维方式，这在很大程度上导致了市场的分割。在我国现行的行政体制下，许多地方的行政主体仍以地方利益和政绩为导向，以行政区为依托，建造贸易壁垒，阻碍市场上资源和要素的流动。这种行政模式会给区域在市场经济的空间扩展上设置障碍，导致政府行政成本和企业成本的上升，给区域经济合作带来负面影响。泛珠三角区域包括东、中、西9省区和香港、澳门2个特别行政区，只有打破区域内各省区的行政区划障碍，加强区域整合，进一步推进区域经济合作，才能将各地的经济发展潜力充分发挥出来。

（二）推动产业和创新一体化发展

区域融合发展的核心是区域产业分工体系的形成。泛珠地区今后需在产业转移与合作的基础上，根据区域间比较优势，深化产业间分工和产业内分工，形成关系密切的产业分工和价值链分工。同时，在纯净创新成为经济发展新动能的背景下，创新方面的合作比以往更为迫切，泛珠地区需要加强粤港澳创新圈等区域科技创新合作，加快构建以企业为主题、市场为导向、产学研相结合的区域协同创新体系。

（三）对接"一带一路"倡议，提升区域对外开放水平

在澜沧江—湄公河合作、大湄公河次区域经济合作、泛北部湾经济合作等现有合作机制的基础上，泛珠各省区应积极参与中国—东盟自贸区升级建设以及中国—中南半岛、孟中印缅经济走廊建设，充分发挥福建、广东在21世纪海上丝绸之路建设中的核心区和重要引擎作用，发挥云南面向东南亚辐射中心以及广西对接"一带一路"重要门户作用，带动泛珠其他省区参与和助力"一带一路"建设。

（四）加快粤港澳建设，强化大湾区的辐射作用和服务功能

加快粤港澳大湾区经济一体化进程，增强粤港澳大湾区承接国际产业转移的能力，使之成为国际产业循环和国内产业循环的转换点。泛珠三角经济圈形成与发展主要依靠粤港澳地区的带动力量，这种形势将会持续下去。粤港澳大湾区的建设将保证珠三角在未来一段时间内的高速经济增长，成为中国未来经济发动机之一。在此基础上，通过辐射华南五省和西南四省，泛珠三角就可以在日益复杂的竞争形势

下立于不败之地。

第五节　泛珠三角经济圈大事记

● 2003 年 12 月 1—3 日，首届珠江区域经济合作论坛在广州举行。参会专家学者包括 9 个省区的专家学者 200 余人，共同探讨发展泛珠三角区域经济合作，并酝酿推动中国最大区域经济合作组织——泛珠区域经济合作组织的建立。

● 2004 年 4 月 7—8 日，"泛珠三角城市合作与发展峰会暨《中国城市发展报告（2002—2003）》发布会"在佛山举行。会议旨在推动珠江区域经济合作与发展，深入探讨泛珠江经济圈及各城市如何立足区位优势，共谋区域经济社会协调发展。

● 2004 年 6 月 1—3 日，"泛珠三角区域合作与发展论坛"在香港、澳门、广州三地举行。论坛以"合作发展，共创未来"为主题，九省区省长（主席）、港澳特别行政区长官发表了演讲，共同签署了《泛珠三角区域合作框架协议》。

● 2004 年 6 月 18 日，第一届泛珠三角区域经贸合作洽谈会在广州举行，共签订合作项目 847 个，签约金额 2926 亿元。

● 2005 年 7 月，第二届泛珠三角区域合作与发展论坛暨经贸洽谈会于成都市举行。论坛通过了《泛珠三角区域合作发展规划纲要》和《泛珠三角区域合作经济工作意见》。洽谈会共签订合作项目 4473 个，签约金额 4535 亿元。

● 2006 年 6 月，第三届泛珠三角区域合作与发展论坛暨经贸洽谈会在昆明市举行。本届论坛通过了交通、能源、科技、信息化、环保五个合作专项规划。洽谈会共签订合作项目 1019 个，签约金额 1981.7 亿元。

● 2007 年 6 月，第四届泛珠三角区域合作与发展论坛暨经贸洽谈会在长沙市举行。本届论坛审议通过了专项规划实施和市场环境建设的两个工作意见，为消除贸易障碍、实现物畅其流、拓宽市场空间奠定了基础。洽谈会共签订合作项目 1254 个，签约金额 3376.2 亿元。

● 2009 年 6 月，第五届泛珠三角区域合作与发展论坛暨经贸洽谈会在南宁市举行。本届论坛审议通过了《关于进一步完善泛珠合作机制》和《泛珠三角区域合作行政首长联席会议议事规划》。洽谈会签订项目超过 600 个，签约金额 2261 亿元。

● 2010 年 8 月，第六届泛珠三角区域合作与发展论坛暨经贸洽谈会在福州市举行。本届论坛签署了《加强泛珠区域综合交通大通道建设合作备忘录》等 10 个合作框架协议或备忘录。洽谈会签约项目 1263 个，签约金额 2831 亿元。

● 2011 年 9 月，第七届泛珠三角区域合作与发展论坛暨经贸洽谈会在南昌市举行，签署了《泛珠三角地区跨省流动人口社会抚养协作协议》《第七届泛珠三角旅游深度合作协议》等一批合作协议。洽谈会签约项目累计 1544 个，签约金额 4512.83 亿元，签约项目涉及制造业、基础设施、旅游开发、交通运输、物流仓储、电子信息、节能环保、高新技术等领域。

● 2012 年 12 月，第八届泛珠三角区域合作与发展论坛暨经贸洽谈会在海口举行。大会在"合作共赢，共创未来"的永恒主题下更是突出"绿色发展，合作共赢"的特色，在以此为主旨的高层论坛中，各方行政首长畅谈泛珠的绿色发展之路达成了一致共识。

● 2013 年 9 月，第九届泛珠三角区域合作与发展论坛暨经贸洽谈会在贵阳举行。会议期间，"9+2"各方就经济、社会、文化等方面进行交流合作，并以《贵州共识》的形式，提出未来各方新的合作领域与内容。

● 2014 年 10 月，第十届泛珠三角区域合作与发展论坛暨经贸洽谈会在广州举行。本届论坛在"合作发展，共创未来"的主题下，突出"务实创新，扩大开放"。签订合作项目共 780 个，总金额达 5493 亿元，涵盖产业升级、工业投资、基础设施、园区开发、商贸物流等多个领域。

● 2015 年 3 月，国家发展改革委、外交部、商务部联合发布《推动共建丝绸之路经济带和 21 世纪海上丝绸之路的愿景与行动》，首次明确提出要充分发挥深圳前海、广州南沙、珠海横琴、福建平潭等开放合作区作用，深化与港澳台合作，打造粤港澳大湾区。大湾区建设将成为粤港澳合作最大的亮点，有力推动内地与港澳更紧密合作。

● 2016 年 8 月，第十一届泛珠三角区域合作与发展论坛暨经贸洽谈会在广州举行。泛珠各方挑选了 9 个具有代表性的项目进行现场签约，覆盖了基础设施、产业升级、绿色环保、科技创新、金融服务等各个领域，签约金额 1000 多亿元。

第 九 章

自贸区：对外贸易经济协调
发展的试验田

2014 年 12 月，国务院决定设立中国（广东）自由贸易试验区，广东自贸区涵盖三个片区：广州南沙新区片区（广州南沙自贸区）、深圳前海蛇口片区（深圳蛇口自贸区）、珠海横琴新区片区（珠海横琴自贸区），总面积 116.2 平方公里，广东自贸区立足面向港澳台深度融合。2015 年 3 月 24 日，中国共产党中央政治局审议通过广东自由贸易试验区总体方案。2015 年 4 月 21 日，中国（广东）自由贸易试验区在广州南沙区举行挂牌仪式。中国（广东）自由贸易试验区的设立，其核心是营造一个符合国际惯例的、对内外资的投资都要具有国际竞争力的国际商业环境。2018 年，国务院印发《进一步深化中国（广东）自由贸易试验区改革开放方案》，明确提出：到 2020 年，中国（广东）自由贸易试验区要率先对标国际投资和贸易通行规则，建立与国际航运枢纽、国际贸易中心和金融业对外开放试验示范窗口相适应的制度体系，打造开放型经济新体制先行区、高水平对外开放门户枢纽和粤港澳大湾区合作示范区，这是广东自贸区改革开放方案的 2.0 版。

第一节　广东进一步破解改革开放的困境

《中共中央关于全面深化改革若干重大问题的决定》明确提出，

建立中国（广东）自由贸易试验区，是党中央新形势下推进改革开放的重大举措，为全面深化改革和扩大开放探索新途径、积累新经验。2014 年 12 月，国务院批准设立中国（广东）自由贸易试验区，包括三个片区，即广州南沙新区片区、深圳前海蛇口片区和珠海横琴新区片区（图 9—1），面积 116.2 平方公里，中国（广东）自由贸易试验区目标定位是面向港澳台深度融合。

图 9—1 中国（广东）自由贸易试验区

一 自贸区设立，意义重大

（一）开创先局，试错先行

广东地处中国南大门，邻近港澳台。广东经济经过了 40 年的快速发展，会聚了大量优秀优质的加工制造业与生产服务型企业，其发展速度和效率位居全国前列。但随着国际环境的复杂变化以及进出口贸易需求的不断增多，现实倒逼顶层设计改革。面临经济结构、产业结构、需求结构、贸易结构等多方面的转型，广东需要进一步的试验突破，中国更加需要试验去突破与创新，这种突破和创新是经济发展与制度改革方式的试验，要从顶层设计——制度层面进行市场化的新改革，广东自贸区便是对外贸易经济协调发展很好的试验田。从广东自贸区的方案提出到原则通过，仅仅用了几个月的时间，可以看出国家以及广东从本质上进行改革和创新的决心与紧迫感。

从改革开放至今40年的历程来看中国经济的发展，可以说经历了三个大的阶段，即1984—1992年，所有的资源向城市与企业集中，生产要素被激活；1992—2002年，实体经济的发展逐步迈向成型，邓小平视察南方指示要加快改革开放的步伐；2002年至今，在探索中摸着石头过河，引入中国香港、新加坡、西方等发达国家或地区的先进体制机制与政府管理模式，东南沿海地区迅速崛起，中国成为世界第二大经济体。但面对复杂的国际国内环境，中国要继续保持稳定的经济发展，并且维持在7%左右的经济增长态势，必须敢于开创先局和创新，试错先行。因此，中国（广东）自由贸易试验区的设立成了明智之举。

总体来看，从国家层面出台政策引领、整合各种资源来完成中国（广东）自由贸易试验区的改革实验，中国（广东）自由贸易试验区进行的制度上的创新、体制上的完善、经济市场主导等一系列举措继续为中国甚至广东引入先进体制机制和政府管理经验等提供便利。

（二）立新旗帜，树改革信心

中国（广东）自由贸易试验区在当前的设立，在树立新旗帜和改革信心方面意义重大。

1. 树立改革新旗帜

在中国现阶段的改革过程中遇到最大的阻力是审批制度，而中国（广东）自由贸易试验区的设立重点在于突破行政审批制度的约束。当前中国经济增长出现结构性矛盾，要突破经济增长的结构性矛盾，必须从制度上进行改革，也亟须改革，中国（广东）自由贸易试验区先行树立改革新旗帜。

2. 树立外资对广东改革的信心

中国（广东）自由贸易试验区树立改革新旗帜后，基于经济安全与经济可持续发展的原则，向全世界宣告广东继续深化改革的勇气、坚持和决心，继续保持对外部优质资源，尤其是对海外资本的吸引力，这是现阶段经济发展的重点。

3. 加强港澳台与内地的深度联系

港澳台与内地在优势资源整合、经济贸易往来与优势互补上具有可操作性、可行性的合作潜力。"一国两制"在社会文化、思想领域、意识形态上虽然具有一定的出入性，但通过开展深度合作可更好地实现港澳台与内地的磨合，进一步发展和超越。

4. 促进中国经济转型升级的要求

自由贸易试验区是无海关监视、累加关税与无交易壁垒等快速化商品的交易平台。打造中国（广东）自由贸易试验区是中国经济转型升级版的必然要求之一，既符合市场化经济的发展趋势，也迎合了社会发展的基本化条件，这是中国政府决策者对中国经济社会发展的独到见解与超前的前瞻性。

二　国际试验，面向世界

从 2013 年至今，中国共设立了 11 个自由贸易试验区，形成"1 + 3 + 7"的自贸区格局（图 9—2）。1 即 2013 年 9 月 27 日由国务院批复成立的中国（上海）自由贸易试验区 1 个自贸区；3 即 2015 年 4 月 20 日由国务院批复成立的中国（广东）自由贸易试验区、中国（天津）自由贸易试验区、中国（福建）自由贸易试验区 3 个自贸区；7 即 2017 年 3 月 31 日由国务院批复成立的中国（辽宁）自由贸易试验区、中国（浙江）自由贸易试验区、中国（河南）自由贸易试验区、中国（湖北）自由贸易试验区、中国（重庆）自由贸易试验区、中国（四川）自由贸易试验区、中国（陕西）自由贸易试验区 7 个自贸区。在 11 个自贸区中，中国（广东）自由贸易试验区具有独特的代表性，它依托港澳、服务内地、面向世界，将自贸试验区建设成为粤港澳深度合作示范区、21 世纪海上丝绸之路重要枢纽和全国新一轮改革开放先行地。

中国（广东）自由贸易试验区涵盖了广州南沙新区片区、深圳前海蛇口片区、珠海横琴新区片区三个片区。这三个片区依据独特的区位优势，发展航运物流、先进制造、金融服务、健康旅游休闲、科技

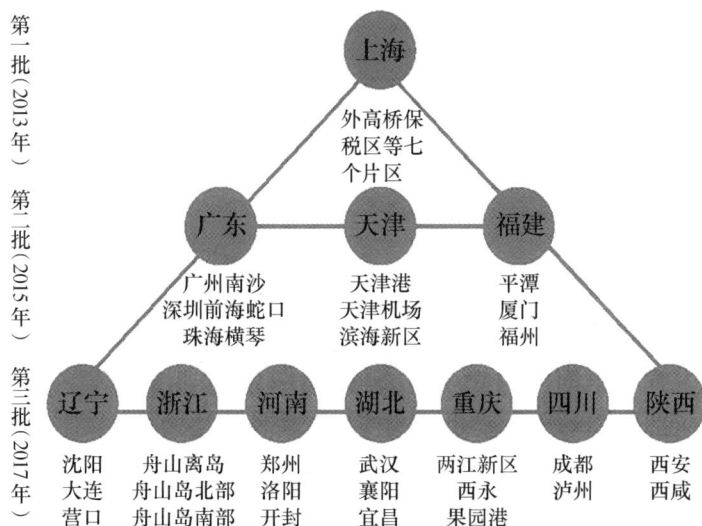

图9—2　中国"1+3+7"自由贸易试验区格局

信息服务业等产业，依靠港澳台、服务内地、面向世界，将三个片区作为广东深度合作示范区、21世纪海上丝绸之路等重要枢纽，以及全国新一轮改革开放先行地。三大片区以体制机制创新为核心，开展海上丝绸之路建设和其他国家级的开放型经济新体系战略，与香港、澳门探讨经济合作的新模式、法律与商业环境等方面的新规则，率先挖掘改革潜力，破解改革难题。可以把中国（广东）自由贸易试验区建设成为资本项目可兑换的"试验田"，使得人民币更加具有国际性。但中国（广东）自由贸易试验区最重要的任务是探索更加开放与方便的国际贸易规则。

中国（广东）自由贸易试验区是中国应对《跨太平洋战略经济伙伴关系协定》（TPP）和《跨大西洋贸易与投资伙伴协定》（TTIP）全球变局的高标准自由贸易区（FTA）试验区，也是广东、香港和澳门之间的合作深化示范区。通过中国（广东）自由贸易试验区的改革探索，让FTA的营商环境更加国际化、市场化和法治化，促进粤港澳和内地深化合作，增强自贸区内企业的国际竞争力。在此基础上，将中国（广东）自由贸易试验区建设成为符合国际高标准的法制环境规范、投资贸易便利、辐射带动作用强、监管高效的国际化园区。

三　三大片区，统筹规划

中国（广东）自由贸易试验区3个片区——广州南沙新区片区、深圳前海蛇口片区、珠海横琴新区片区定位不同，发展方向不同，但三大片区统筹规划，协同促进中国（广东）自由贸易试验区的发展。

（一）总体筹划，开放创新

2015年7月20日，广东省人民政府印发《中国（广东）自由贸易试验区建设实施方案》。该方案以制度创新为核心，以探索建立面向国际的高标准规则体系为重点，按照先行先试、协同推进、法治引领的原则，大力推广中国（上海）自由贸易试验区可复制改革试点经验，在加快政府职能转变、构建开放型经济新体制、探索粤港澳经济合作新模式和建设国际化、市场化、法治化营商环境等方面，率先挖掘改革潜力，破解改革难题，并发挥示范带动、服务全国的积极作用，切实当好改革开放排头兵、创新发展先行者，将广东自贸试验区建设成为粤港澳深度合作示范区、21世纪海上丝绸之路重要枢纽和全国新一轮改革开放先行地，为全面深化改革和扩大开放探索新途径、积累新经验。《中国（广东）自由贸易试验区建设实施方案》提出了加快构建与国际高标准对接的投资贸易规则体系、建设依法规范行政体系和公平竞争市场机制、建设与"一带一路"沿线国家和地区的高水平合作平台、打造粤港澳深度合作示范区、强化国际贸易功能集成、提升国际航运服务能级、深化金融领域开放创新、完善配套监管及税收环境等任务和措施，推动中国（广东）自由贸易试验区建设与发展。①

2018年5月4日，国务院印发《进一步深化中国（广东）自由贸易试验区改革开放方案》（国发〔2018〕13号），提出到2020年，率先对标国际投资和贸易通行规则，建立与国际航运枢纽、国际贸易中心和金融业对外开放试验示范窗口相适应的制度体系，打造开放型经

---

① 《广东省人民政府关于印发中国（广东）自由贸易试验区建设实施方案的通知》。

济新体制先行区、高水平对外开放门户枢纽和粤港澳大湾区合作示范区。强化自贸试验区同广东省改革的联动，各项改革试点任务具备条件的在珠江三角洲地区全面实施，或在广东省推广试验。①

（二）南沙片区，综合枢纽

南沙是"千年商都"广州通向海洋的唯一通道，地处粤港澳大湾区地理几何中心，方圆100公里范围内汇集了大湾区全部11座城市以及五大国际机场，是连接珠江口两岸城市群和港澳地区的重要枢纽性节点，区位优势得天独厚。全区面积803平方公里，总人口约80万人，下辖六镇三街。

南沙大开发始于2002年，2005年成为广州行政区，2012年获批国家新区。2014年，中国（广东）自由贸易试验区成立，南沙新区片区作为其中面积最大的片区，将打造成为粤港澳深度合作示范区、21世纪海上丝绸之路重要枢纽和全国新一轮改革开放先行地（图9—3）。2017年7月，《深化粤港澳合作推进大湾区建设框架协议》正式签署，明确提出要推进广州南沙等重大粤港澳合作平台开发建设。南沙在国家、省、市发展大局中的战略地位不断提升，形成了多重国家战略叠加的开放创新发展优势。

中国（广东）自由贸易试验区广州南沙新区片区面积60平方公里，由海港区块、明珠湾起步区区块、南沙枢纽区块、庆盛枢纽区块、南沙湾区块、蕉门河中心区区块、万顷沙保税港加工制造业区块组成，重点发展航运物流、特色金融、国际商贸、高端制造等产业，建设以生产性服务业为主导的现代产业新高地和具有世界先进水平的综合服务枢纽。

2015年8月，广州市政府发布《中国（广东）自由贸易试验区广州南沙新区片区建设实施方案》。南沙自贸片区将打造广州"三中心一体系"的核心区，迅速提升大珠三角对全国、全球资源的配置能

---

① 《国务院关于印发进一步深化中国（广东）自由贸易试验区改革开放方案》（国发〔2018〕13号）的通知。

力。此外，还将构建全方位高水平对外开放的规则体系和制度框架，支持广州形成国际航运中心、物流中心、贸易中心和金融服务体系融合发展格局，强化广州在建设"21世纪海上丝绸之路"战略中的主力军作用，营造国际化市场化法制化营商环境，推进金融领域开放创新，推动粤港澳深度合作，建设现代产业新高地，打造自贸区高品质空间载体，加强全球招商工作。[①]

图9—3　中国（广东）自由贸易试验区广州南沙新区片区

（三）横琴片区，多元发展

珠海横琴新区片区由临澳区块、休闲旅游区块、文创区块、科技研发区块、高新技术区块组成，重点发展旅游休闲健康、商务金融服务、文化科教和高新技术等产业，建设文化教育开放先导区和国际商务服务休闲旅游基地，打造促进澳门经济适度多元发展新载体（图9—4）。

2015年7月，珠海市政府发布《中国（广东）自由贸易试验区珠海横琴片区建设实施方案》和《2015年广东自贸试验区珠海横琴片区改革创新发展总体方案》，提出横琴自贸片区要以制度创新为核心，

———————

① 《中国（广东）自由贸易试验区广州南沙新区片区建设实施方案》。

营造兼具港澳特色与内地特点、对接高标准国际投资贸易规则的国际化、市场化、法治化营商环境，支持澳门建设"一中心一平台"（世界旅游休闲中心和中国与葡语系国家经贸合作服务平台），促进港澳地区长期繁荣发展，扩大对葡萄牙语系、西班牙语系国家开放合作，促进珠三角地区经济社会发展转型升级，为我国全面深化改革和扩大开放探索新途径、积累新经验。[①]

图9—4 中国（广东）自由贸易试验区珠海横琴新区片区

（四）前海片区，金融开放

深圳前海蛇口片区由前海区块和蛇口区块组成，划分为前海金融商务区、深圳西部港区、蛇口商务区三个功能区，重点发展金融、现代物流、信息服务、科技服务等战略性新兴服务业，建设我国金融业对外开放试验示范窗口、世界服务贸易重要基地和国际性枢纽港（图9—5）。

2015年7月，深圳市政府发布《中国（广东）自由贸易试验区深圳前海蛇口片区建设实施方案》。该方案围绕"建设中国特色社会主义法治示范区、建立高标准的投资贸易规则体系、推进深港服务贸易

---

① 《2015年广东自贸试验区珠海横琴片区改革创新发展总体方案》。

自由化、强化国际贸易功能集成、构建21世纪海上丝绸之路港口链原点、建设中国金融业对外开放试验示范窗口、增强区域辐射带动功能、创新监管服务模式、落实配套政策和完善保障机制"十个方面提出72项任务措施,这些任务措施以落实国家战略为引领、以制度创新为核心、以促进深港合作为基础、以构建开放型经济运行管理新模式为特色协同促进中国(广东)自由贸易试验区深圳前海蛇口片区的建设与发展。①

图9—5 中国(广东)自由贸易试验区深圳前海蛇口片区

第二节 自贸区在开放发展中的体制创新

一 体制创新,多头并进

中国(广东)自由贸易试验区自运行以来,建设取得阶段性成果。

---

① 《中国(广东)自由贸易试验区深圳前海蛇口片区建设实施方案》。

（一）金融改革，投资自由

中国（广东）自由贸易试验区围绕个人境外投资、人民币的跨境使用、税收优惠、利率市场化与金融市场准入等方面进行了一系列制度创新，取得了良好的效果。这些金融改革的制度创新，不仅给国内外大量资本提供了公开公平开放的投资环境和投资平台，而且优化配置了国内金融市场资源，也推动了中国（广东）自由贸易试验区内产业结构的转型升级。此外，金融改革的制度创新一定程度上推动了人民币的国际化进程，使得人民币在国际贸易与投资市场上更自由，使用更广泛。

金融改革案例一：前海"双15％"税收优惠新模式

深圳地税依托大数据筛选和事中事后管理，对符合前海特有税收优惠条件的纳税人实行"资格自主认定、优惠自动享受"，让符合产业准入目录和优惠目录的企业"足不出户"享受优惠，降低企业发展成本。一方面，推行"网上自行申报"模式。纳税人在前海办理日常网上申报的同时，即可享受税收优惠政策，率先实现减免税从"即报即享"改为"不报即享"、从"即来即办"改为"不来即办"。除此以外，在自贸片区还率先取消全部非行政许可审批事项，简化全部减免税事项，228 项税收优惠不报即享，占总数的81％。另一方面，加强对疑似不符合前海税收优惠的企业进行风险管理，推送风险任务，2017 年以来，累计生成风险 31 户次，合计补税 367 万元。[①]

金融改革案例二：前海全国首创跨境缴税

全国首创"跨境电子支票缴税"、V－Tax 远程可视自助办税系统等，为港澳纳税人提供导航式智能流程指引和税务人员远程服务，实现跨境办理涉地方税费业务。

港澳和异地纳税人实现涉税业务办理"零跑动"、跨境办税"同

---

① http：//qhsk. china－gdftz. gov. cn/zwgk/cxyzc/201708/t20170823_ 8432203. htm.

城同质"，以及能随时随地查询和打印税收票证。

金融改革案例三：CEPA 框架下率先放宽
金融机构外资持股比例上限

　　汇丰前海证券有限责任公司、东亚前海证券有限责任公司于 2017 年 12 月 7 日正式开业，港资合并持股比例分别为 51% 和 49%。

　　加上已开业的广证恒生证券投资咨询公司、前海招联消费金融公司、恒生前海基金管理公司、大西洋银行横琴分行，CEPA 框架下对港澳金融业开放政策在广东全面落地。

金融改革案例四：全国首创央地合作
私募基金信息监管服务平台

　　深圳证监局和前海管理局共建深圳私募基金信息服务平台探索"大数据＋人工智能"的"监管＋自律＋服务"模式，利用机器学习加入监管经验，破解私募基金"多、杂、乱"监管难题，实现风险及时预警。

　　2017 年 4 月上线以来，累计接收报送私募基金管理人 1974 家，私募基金产品 6660 个（管理规模 10962.99 亿元），累计报送投资者 67704 户次。共发现 103 家疑似异常机构，累计开展 80 多次核查工作，其中 5 家违法线索移交公安机关立案。

金融改革案例五：全国首创全线上、自助式、
小额循环贷款产品"微粒贷"

　　针对小微企业、大众客户贷不到、不及时、不方便的贷款痛点，微众银行开创性地将消费金融与社交大数据相结合，推出标准化手机移动端自助式、小额信用、循环使用贷款产品"微粒贷"。

　　2015 年 5 月推出以来，成功开通客户已达 1302 万，已借款客户达 357 万，覆盖 31 个省、自治区、直辖市的 567 座城市；累计发放 1423 亿元，贷款余额已达 422 亿元，贷款不良率仅为 0.28%；联贷平台上

线投产合作机构 25 家，已实现发放微粒贷 870 亿元，有效支持了 221 万大众客户的紧急融资需求。

金融改革案例六：全国唯一设在总行之外的
总行级 CIPS 清算中心

农业银行作为 CIPS 系统的架构设计参与者和直参行，将总行 CIPS 清算中心设立在前海分行。

落地运营以来，清算跨境人民币往来业务共计 6.5 万余笔，金额总计 7300 余亿元，日均清算 250 笔，金额 30 亿元。

金融改革案例七：打造地方金融风险防控"南沙模式"

广州商品清算中心（以下简称广清中心）设立于 2015 年 4 月，是自贸区南沙片区重点平台项目。该平台试点建设广东省地方金融风险监测防控平台（以下简称风险防控平台），以功能完备、持续有效、降低政府支出、辅助监管为基本原则，利用人工智能、云计算以及大数据开发了非法集资风险监测预警、网络舆情监测、非现场监管、第三方电子合同存证四套信息监管系统和统一的资金清算系统，形成"4＋1"的信息监测与资金监控的创新监管模式，从而辅助地方做好金融监管工作，防范区域金融风险。2017 年 6 月 23 日，在第六届（广州）国际金融交易·博览会启动仪式上，省政府党组成员陈云贤为广清中心进行"广东省地方金融风险监测防控平台"授牌，并在南沙率先试点，标志着地方金融风险防控的"广州模式""南沙模式"正式落地。

广东省地方金融风险监测防控平台是国内首个省级地方金融风险监测防控平台，依托该平台实现风险早识别、早预警、早发现、早处置的目的，健全风险监测预警和早期干预机制，有效防控区域性金融风险，为广东自贸区进行金融改革创新提供支撑。

截至 2018 年 1 月，风险防控平台已对省内 2 万家类金融及其他企业开展风险排查和监测预警，其中南沙区纳入监测的企业共 8515 家，发现异常企业 2 家、高危风险企业 6 家、高风险企业 60 家、重点检测企业 241 家、低关注企业 8206 家，并按排查企业行业分别提出风险防范建议。

（二）负面清单，有效管理

负面清单管理首先在上海自贸区先行先试，并取得了实质性的成效。中国（广东）自由贸易试验区在引进上海做法的同时，根据自己的实际情况创新了负面清单管理制度。负面清单管理主要是针对外商投资准入的标准，依据"法无禁止即可为"的基本原则，凡未被列入负面清单的产业类别，外商投资均可进入。负面清单管理制度的实施除了能更好地融入国际贸易体系中之外，还可以为各种合法产业提供公平合理的投资环境，也为国内同类企业在激烈的市场竞争中促进自身改革和促进产业转型升级与创新。

南沙对内外资项目全面实施负面清单管理制度

外商投资项目负面清单自 2015 年 5 月 8 日起，按照国务院印发的自贸试验区外商投资负面清单执行，内资投资项目负面清单根据广东省政府印发的《广东省企业投资项目实行清单管理的意见（试行）》中所确定的负面清单执行。对投资负面清单以内领域的项目，实施核准；对投资负面清单以外领域的项目，统一实施备案管理。在实行负面清单管理工作后，实现清单之外"法无禁止即可为"，体现更加开放、透明、公平的市场准入管理模式。

（三）加强监管，提升质量

金融制度与负面清单管理的制度化创新，促使中国经济体系更加开放。在此环境下，应对自由贸易试验区在金融、税收、产品等多方面进行监管，从源头上做到规范化与科学化，对新兴产业的发展提供有力的发展条件和环境，促进自由贸易试验区的全面发展与提升建设项目的质量。

自贸区南沙片区全球质量溯源体系

全球质量溯源体系通过采集商品从生产、贸易、流通直至消费者的全链条质量信息，以最低成本实现了商品价值的真实传递和贸易便利化。境内外企业将商品质量信息导入"智检口岸"平台，商品抵达口岸后，检验检疫机构通过溯源体系实施精准监管、快速验放；商品进入流通环节后，消费者、企业及监管部门通过溯源码或网页查询快速获取全链条溯源信息及特殊状态提醒，同时可进行咨询、举报或投诉，动员全社会质量相关方通过信息反馈参与大质量管理。

全球质量溯源体系改革亮点：全球质量溯源体系建设理念先进、管理制度完善、信息化系统成熟可靠，具有共建共享、真实安全、开放便利的特点。实施质量溯源，有利于营造价值贸易生态环境，推动市场化手段主导的供给侧结构性改革；有利于提高政府工作效能，实施更为科学精准的监管；有利于促进国际贸易融合发展，提升质量供给水平和保障能力，实现国际贸易便利化；有利于构建新型国际贸易规则，满足社会各方对商品质量的需求和关切，完善国际法律追溯手段，增进互信互认，为实现法治化、市场化、国际化的国际贸易环境奠定坚实基础。

实践成效：一是全链条质量溯源体系初步成型，已涵盖一般贸易、跨境电商、市场采购出口等全贸易方式和全商品品类，共发码 5331 万，溯源商品货值达 534.63 亿美元；二是知名企业高度认可和深度参与，京东、唯品会、美赞臣、四洲等 180 余家企业主动加入工厂级溯源；三是赢得消费者认可和信赖，目前已有 542.34 万人次进行溯源查询，遍布全国所有省市自治区、港澳台和亚、欧、北美、大洋四大洲；四是监管效能快速提升，市场采购出口商品验放周期由平均 2—3 天缩短为 16 分钟，跨境电商平均通检时间 105 秒；五是推动产业集聚发展，市场采购出口业务以每年超过 30% 的比例增长，直接推动南沙港区新增 39 条国际航线，南沙跨境电商保税网购进口业务量在全国占比达 20%；六是打击假冒伪劣成效显著，立案行政处罚 165 起，5 起案件移送公安机关刑事立案，其中 1 起案件被公安部确定为年度网络违法犯罪典型案例。

全球质量溯源体系得到了多国政府管理部门的认可，美国、澳大利亚、西班牙、意大利、泰国等多个国家相关机构、行业协会和企业积极响应，同时也引起了国家瞭望智库、中山大学自贸区综合研究院、《经济日报》等的高度关注。全球质量溯源体系目前已在广东等多地逐步推广应用，APMEN 已将全球质量溯源体系作为 APEC 成员国第二批复制推广项目，东盟中小企业经济贸易发展委员会主动接洽检验检疫部门，双方共同签署《共建全球质量溯源体系合作备忘录》，为推进我国质量溯源体系建设提供了前沿范本，形成了自贸制度向国际规则的转变。

自贸区前海片区原产地证智慧审签

运用大数据技术，整合基于签证数据搭建的智能审单数据库和基于风险评估制定的审单规则，建立原产地证智慧签证系统，对判定无风险的证书实行系统自动审核及电子签名。智慧签证系统审核证书的准确率可达 99% 以上。2017 年，前海蛇口片区完成 7 种证书的智慧审签 9041 份，减免关税约 1339 万美元，相关证书审签效能提升 80%；南沙片区共签发各类优惠原产地证书 4819 份，减免关税近 1000 万美元。

（四）创新机制，提升效率

港澳大湾区正受到国家层面高度战略重视。按 2017 年 7 月国家发改委和粤港澳三地政府共同签订的相关协议定调，它的目标是打造国际一流湾区和世界级城市群。加快构建要素自由流动、市场深度合作、开放包容和高度国际化的新体制。创建广东创新中心，并与香港创新中心、澳门创新中心组建粤港澳创新产业联盟。协同制定粤港澳三地科技创新政策，建立科技合作的常态化机制。完善促进投资和服务便利化的相关政策，对港澳赴粤投资的创新服务机构和个人视同内资享受同种待遇。加强知识产权保护合作，完善知识产权公共服务体系，建设知识产权预警系统。探索设备折旧方法、科研设备的进出口补贴、科研经费的跨境使用管理，进一步加大粤港科技项目的联合招标工作。

自贸区南沙片区实行"一颗公章管审批"

按照相对集中许可的原则，自贸区南沙片区成立行政审批局，首批将发展改革局、国土资源和规划局、工业科技和信息化局等7个部门的主体审批业务共76大项143子项率先划转至行政审批局统一实施，率先在企业登记注册和投资项目备案等领域实施"一颗公章管审批"，企业申报从"多个时间、多个地点、多个部门"转变为"一个时间、一个地点、一个部门"，大幅提升企业投资便利化水平。

"一颗公章管审批"改革亮点：一是创新审批模式，让企业享受"一站式"服务。审批局实行"阳光审批"模式，与区内相关部门协同建立"前台综合窗口管收发、后台一颗公章管审批、事中事后协同监管"的受理、审批、监管相对分离运行机制。二是细化审批要件、审批流程、审查标准、审批时限进行规范，完善事项要件准备、形式审查、实质审查、现场踏勘等各项环节的要点。三是创新审批方式，试行"即审即办"。充分发挥一个部门集中审批的优势，通过实行"即审即办"，初步实现16项审批（备案）事项现场迅速办结。经统计，截至2018年2月8日，即审即办407件，占审批总量的4.6%。

自贸区南沙片区创新"证照分离"自下而上改革样本

南沙的"证照分离"改革在借鉴上海浦东新区经验的基础上，根据南沙本地实际，把区级审批事权事项改革作为突破口，走出了一条自下而上推动、倒逼政府加快职能转变、以效率促效果和以实干促实效的改革之路。2016年下半年，按照广东省政府工作部署，中国（广东）自由贸易试验区广州南沙新区片区在广东省内率先开展"证照分离"改革试点，对132项涉企行政许可事项实施分类改革。率先对60项区级事项进行改革，事项涉及食品经营、餐饮服务、住宿服务、人力资源管理、财务会计等领域，其中取消审批7项、审批改备案10

项、实行告知承诺 27 项、优化准营管理 16 项，有效减少了行政权力对微观经济事务的干预，促进了市场在资源配置中的决定性作用。南沙区各行业主管部门对区级取消审批、审批改备案、实行告知承诺制的事项，从诚信管理、分类监管、风险监管、联合惩戒和社会监督等方面，逐项制定事中事后监管方案和实施细则，加强对企业的行政指导和监督检查，强化信用监管，确保"放而不乱"。

自贸区南沙片区"证照分离"的改革亮点：一是以减证带动简政，让企业发挥更大经营自主权，促进市场在资源配置中的决定性作用。在审批改备案、实行告知承诺的两类 37 项事项中，有 36 项压减了办理时间，占 97%，34 项从之前按法定需要 3—20 个工作日办理改为当场办结，时间累计可减少 384 个工作日；有 31 项共计减少申请材料 96 种，占 84%；原来有 6 项要在准环节到现场核查，改革优化流程后仅保留 1 项，其余一律改为领证后加强监督检查，优化率达 83%。二是推行信用审批，增强市场主体责任意识，推动从审批式监管向行为监管转变。三是实行"容缺登记"，为企业提供最大便利。四是创新监管方式，构建信用依托、企业自治、行业自律、社会监督、政府监管的多元共治事中事后监管体系。五是全面落实"双告知""双公示"制度。截至 2018 年 2 月底，南沙各部门办理"证照分离"事项相关业务 1980 宗，涉及食品、药品经营、旅馆特种行业、代理记账等 15 类事项，按与原来法定时限、办理要求折算对比，累计可为企业节省 20408 个工作日，减少申请材料 6470 份，少跑 1092 趟，有效降低了企业办事和制度性交易成本。

自贸区前海片区社会投资类项目全流程审批改革新模式

通过施工许可分阶段发放降低工程建设成本，以搭建跨部门一站式审批平台，大幅压缩获得施工许可证审批时限。企业办理施工许可证与政府对接部门由 20 多个缩减至 1 个，施工许可办理手续个数从 35 个缩减为 16 个，缩减比例超过 50%；政府审批时间由原来的 30 天缩短至 13 天，缩短超过 50%；投资方 110 天便能开展地下基础施工，压缩超过30%；审批类费用降幅超过20%。

二 模式创新，捷足先登

中国（广东）自由贸易试验区发展模式创新主要体现在跨境电商监管新模式创新，包括"物流畅顺、通关便捷、监管有效"的跨境电商通关模式、"单一窗口""互联网＋易通关""智检口岸"和"智慧海事"等创新成果。在跨境电商新模式的实施下，马士基、中远海运、地中海航运等国际集装箱班轮巨头公司在中国（广东）自由贸易试验区开展业务。当前，中国（广东）自由贸易试验区已建立30个"无水港"业务点，开通200条以上的国际班轮航线，国际航运中心、贸易中心功能进一步凸显。

自贸区南沙片区"互联网＋易通关"改革

将原来需要企业到海关现场办理的通关事项逐步迁到"线上"，使企业和个人通过互联网平台就能轻松、便捷地办理相关业务。目前已建设形成"易通关"平台、"关邮e通"、"穗关在线"移动端，覆盖货物通关、邮件通关、物品通关、加工贸易、政务服务五个领域227项业务。

自贸区南沙片区"互联网＋易通关"改革亮点：一是聚焦"提效率"，着力推进通关流程"去繁就简"、压缩货物通关时间。摸清货物通关存在的堵点、痛点，打造"货物通关"样板间，实现系统间信息互联互通，优化作业流程，提高通关效率。二是力争"优服务"，搭建关企互动平台，全面优化企业和群众通关体验。创建"互联网＋易通关""互联网＋关邮e通"平台，为企业免费提供"一点接入"的单一互联网入口，所有涉及海关通关业务都可以在一个平台上实现。三是彻底"零收费"，逐步免除各项通关收费，降低企业通关成本。率先开放报关软件，免除报关软件系统安装费、数据传输处理费和系统运行维护费等综合费用，惠及进出口贸易的全链条企业。四是确保"管得住"，完善内控机制建设，着力构建"阳光海关"。海关执法行为全程、实时在互联网平台进行并记录，有利于对海关关员执法情况进行分析、制约和监督。通过"互联网＋易通关"改革，2017年，广州关区进出口货物通关时间分别较2016年全国海关进出口通关时间压缩49%、62%。"互联网＋自主报关"报关单数约136万票，进口货物通关成本降幅最高为六成，出口货物通关成本降幅最高为八成。此外，改革后实现了任意时间、任意地点自助报关，企业货物调度更灵活，物流运作顺畅，成本降低，倍增市场效应，自贸试验区内海关企业注册数量已突破2000家，比挂牌前增长了7倍。

自贸区前海片区货物通关"线上海关"样板间

深圳海关以"零障碍、零阻隔、零距离"为目标，推进信息化建设，打造"互联网＋"新平台，建立"一口受理、分类办理、后台协助、统一回复"工作模式；南沙海关通过互联网将通关业务事项迁至线上办理，已建成"易通关"平台、"关邮e通"、"穗关在线"移动端，覆盖五个领域227项业务。深圳海关依托网上办事大厅、客协平台，及时发布海关政策、企管业务指引和温馨提示。2017年，通过客协企业服务平台收集并为企业提供340个诉求解决方案，向企业推送政策法规、通知提示60余项；通过改革，关区查验效率提高27%，通关验估作业时间缩减60%以上，80%的案件由系统快办，平均办理时间压缩2/3，8大类92项海关业务实现在线办理。

三　管理创新，井喷增长

随着世界政治经济形势的变化，中国（广东）自由贸易试验区等自贸区除了进行体制创新和模式创新之外，还应在管理方面进行改革创新，如自贸区深圳前海片区致力于法治创新，打造法治化和国际化的营商环境；自贸区珠海横琴片区坚持商事制度改革和违法行为提示清单"两大法宝"同步进行，既方便企业办事，也让企业避开"雷区"；自贸区广州南沙片区实现一口受理、二十证六章联办，促进市场主体井喷式增长。

自贸区前海片区建立具有国际、区际公信力的
涉外、涉港澳台案件审判机制

前海在坚持社会主义法制方向的基础上，探索更加符合涉外、涉港澳台案件，尤其是涉港案件的新的审理机制，加强区际司法交流合作，充分学习借鉴香港的诉讼制度，探索成文法与判例法的有机结合，强化案例指导和案例援引，落实审判精品战略，着力提升涉外、涉港澳台案件审判的司法公信力。2016 年前海法院受理涉外、涉港澳台商事案件 1582 件，比去年同期上升 159%，占受理民商事案件总数的 61.15%，其中涉港案件 1211 件，占受理民商事案件总数的 46.81%。受理涉外、涉港澳台民商事案件呈现快速增长的势头，同时保理合同、股票配资、互联网金融等新类型案件不断涌现，案件审理难度进一步加大。前海法院采取了多项措施打造国际化、专业化的涉外、涉港澳台案件审判机制，推进涉外、涉港澳台商事案件依法公正高效审理，不断提升国际、区际司法公信力。

自贸区南沙片区一口受理、二十证六章联办

自贸区南沙片区对"一口受理"系统进行升级，进一步扩展了联办业务范围，从原来的十三证三章增加为二十证六章。同时，以企业为单位建立事项库、材料库、证照库、法人库等档案数据库，充分运用大数据分析技术"一键导航"企业需要办理的全部审批事项，引导企业注册信息"一表登记"，全过程实行"一号管理"和电子申请材料"一件共享"，引导企业轻松办理多证联办业务，"一口受理"各部门业务联动和数据共享，实现"一网联通"。

自贸区南沙片区一口受理、二十证六章联办改革亮点在于实现一键导航、一表登记、一号管理、一件共享和一网联通。自从实施一口受理、二十证六章联办后，企业设立登记办理体验大幅提升，升级后的"一口受理"共简化了约 51 份申请材料，节省了约 78 个工作日，减少办事往返 36 多次，通过不断的改革探索，"一口受理"形成一套可行性高、群众体验好的服务模式。

四 环境创新，开放包容

中国（广东）自由贸易试验区发挥港澳台"超级联络人"角色，引进国际化人才，建立人员往来的自由通道，并帮助其享受当地居民的待遇。支持在中国（广东）自由贸易试验区的创意产业园区与孵化器内设立港澳台创客空间，并给予一定的优惠政策。此外，通过行业协会推进特定行业的专业技术资格资质的互认，以及在相关院校、培训机构等方面的学分互认和共同开发课程体系等。

率先发布"前海特色"企业文化建设体系

作为前海规划落地的执行单位和开发建设的主力军，深圳市前海开发投资控股有限公司于 2016 年率先启动企业文化建设项目，并于 2017 年举办发布会，全面发布"圆梦文化"体系，发布了包括战略使命、发展愿景、核心价值观、企业精神等在内的一整套企业文化理念体系。全面展现了前海建设者的风貌，为凝聚力量、打造品牌、传递发展坚定信心，为让广大员工以更积极饱满的状态投入前海的开发建设中提供了强有力的精神保障。

第三节　自贸区的协同创新和发展

一　中国（广东）自由贸易试验区携手珠三角自创区联动发展

根据《珠三角国家自主创新示范区建设实施方案（2016—2020年）》（粤府〔2016〕31 号）和《中国（广东）自由贸易试验区总体方案》（国发〔2015〕18 号）的相关要求，2016 年 12 月，广东省自创办与广东省自贸办共同起草《关于推动珠三角国家自主创新示范区与中国（广东）自由贸易试验区联动发展的实施方案》（粤自创办字〔2016〕5 号），实现优惠政策的深度叠加和改革创新功能的有机融合，形成"1＋1＞2"的放大效应。该方案的发展目标是充分发挥自创区和自贸区各自优势，促进制度创新、开放创新、金融创新和科技创新的多维度融合，努力打造体制创新最深入、要素流动最便捷、科技创新最前沿、高端产业最集聚的先行区和示范区。到 2020 年，基本建成具有全球影响力的创新资源配置中心、创新产业集聚中心、科技创新中心，打造全球创新网络重要枢纽。[①]

（一）自贸区改革动能与自创区创新动能互动

广东省自贸区和自创区在增强政府服务创新发展、提升金融服务科技创新、打造面向全球的人才发展环境、建立与国际接轨的知识产权运营保护机制四大方面提出了十项改革措施。立足于充分释放自贸区的改革动能与自创区的创新动能，促进自贸区制度创新、金融创新、开放创新、人才环境、知识产权保护与自创区科技创新等的多维度深度融合，从根本上推动自贸区改革与自创区创新两个齿轮的深度咬合。自贸区与自创区双区动能互动改革，在全国范围内来说是具有引领性和示范性的重要尝试与探索，不仅为全省全面深化改革大局和创新驱动发展战略服务，也为全国提供可复制可推广的经验。

（二）自创区溢出创新动能和红利，全面提升自贸区创新发展水平

为推动广东自创区溢出创新动能和创新红利，全面提升自贸区创新发展水平，《关于推动珠三角国家自主创新示范区与中国（广东）自由贸易试验区联动发展的实施方案》从构建国际化高端科技服务体系、推动创新资源集聚共享、大力发展战略性新兴产业、加强粤港澳和国际科技合作四大方面提出了九项改革措施，这些措施有利于自贸区充分借助自创区的科技创新优势，进而推动高新技术产业在自贸区内的集聚，从而推动自贸区高端产业集聚发展。

二　广东自贸区携手粤港澳深度合作

自中国（广东）自由贸易试验区成立以来，深化粤港澳合作是中

[①]　《关于推动珠三角国家自主创新示范区与中国（广东）自由贸易试验区联动发展的实施方案》（粤自创办字〔2016〕5 号）。

国（广东）自由贸易试验区的主要定位之一。

（一）聚焦粤港澳贸易便利化，创新海关多项制度

中国（广东）自由贸易试验区三大片区自设立以来一直聚焦粤港澳贸易便利化，在海关方面进行了多项制度创新。深圳前海片区创新"深港陆空联运改革"和"跨境一锁"等贸易便利化制度，将香港机场空运打板理货服务前置到前海湾保税港区，使深港跨境贸易的时间和成本分别节约 1/4 和 1/3；广州南沙片区创新"粤港跨境货栈"项目，实现香港机场与南沙保税港区物流园区之间一站式的"空陆联运"，使穗港间物流运输时间压缩 1/2 以上；珠海横琴片区实施澳门单牌车便利进出横琴，一次备案、综合管理、信息监管、免交担保，车辆通关时间平均节省 20 分钟；对经横琴口岸进境的澳门中转货物实行《中转确认书》提交"无纸化"，货物中转耗时减少 0.5—2 天。

（二）创新人才发展，中国（广东）自由贸易试验区融合粤港澳

为深入融合粤港澳发展，中国（广东）自由贸易试验区三大片区致力于创新人才发展。深圳前海蛇口片区率先取消了港澳居民就业证制度，允许拥有香港执业资格的专业人士自由执业；对港澳人才实行公租房优先配租，港澳居民可在前海缴纳住房公积金；针对港澳人才最顾虑的"个税"问题，前海在全国首创对境外高端和紧缺人才个税超过 15% 的部分给予补贴。广州南沙片区打造"百企千人"等项目，吸引港澳人才创业实习。珠海横琴片区出台"港澳人才发展支持计划"，在此工作的港澳籍人士免办就业证，并享受"港人港税、澳人澳税"政策；推动具有港澳执业资格的金融、医疗等专业人才在自贸区便利执业。①

（三）突破不同法律体系障碍

截至 2017 年底，广州南沙片区累计落户港澳企业 1357 家；截至 2018 年 3 月，深圳前海蛇口片区累计注册港资企业 8031 家，珠海横琴

---

① http：//www.cutv.com/guonei/2018－5－25/152720867390.shtml.

片区累计注册港澳企业2218家。① 为突破港澳和内地目前适用不同法律体系的障碍，南沙片区设立了广州海事法院自贸区巡回法庭，组建国际航运、金融、知识产权等专业仲裁机构，在南沙国际仲裁中心同步运行粤港澳三大庭审模式，实行法官中英文双语审判，按照三大法系国际仲裁模式进行仲裁。深圳前海片区发布《适用香港法裁判的制度探索与实践》，成立前海香港商会商事调解中心，并率先试点开展内地律师事务所与港澳律师事务所合伙联营试点工作。②

第四节　广东自贸易区未来发展路径

一　向国际先进规则看齐，建设开放创新型经济新体制的先行区

（一）进一步推进"放管服"改革

下放政府管理权限，依法将下放至地级及以上城市的省级管理权限下放至自贸试验区；继续深化商事制度改革，减少企业交易成本；健全全过程监管体系，完善国家企业信用信息公示系统和公共信用信息平台，建立中央与地方信息共享机制；进一步推进"互联网＋政务服务"，推动企业的专属网页与各级政府部门的系统对接，优化信息互联共享的政府服务体系。

（二）建立和完善开放透明的市场化准入制度和提升贸易便利化水平

建立和完善开放透明的市场化准入管理模式。进一步完善外商投资的负面清单管理制度，大幅放宽市场准入，以及与之相对应的监管制度；除了特殊领域之外，对于符合条件的外商等投资企业探索实施管理新模式。

继续提升贸易便利化水平。在现有中国（广东）国际贸易"单一窗口"实施的基础上，逐渐实现与国家层面"单一窗口"标准规范的

---

① https://shantou.focus.cn/zixun/f2a8a5153e6b075e.html.

② Ibid.

融合、对接与拓展，如技术贸易、服务外包和维修服务等服务贸易领域；自贸区南沙片区已推出产品质量溯源体系，自贸区前海片区和横琴片区应向南沙片区学习的基础上，推进产品质量溯源体系建设，并拓展可追溯商品种类；扩大进口产品第三方检验结果采信商品与机构范围；拓展货物暂准进口单证册制度适用范围、延长单证册的有效期和创新出口货物专利纠纷担保放行方式等。

（三）创新国际贸易综合性监管模式及金融监管体制

创新国际贸易综合性监管模式。深入实施货物状态分类监管，并在自贸试验区内进行试点；试点开展高新技术含量、附加值高的项目境内外检测维修与再制造业务；在风险可控前提下，创新数控机床、工程设备和通信设备等进口再制造的维修监管模式；取消平行进口汽车保税仓储业务时限，完善平行进口汽车审价机制；在符合相关监管政策的前提下，支持跨境电子商务保税备货业务商品进入海关特殊监管区域时先理货后报关等。

创新金融监管机制。推动建立与广东自由贸易试验区改革开放相适应的账户管理体系；构建金融业综合统计体系，加强金融信用信息基础设施建设；基于依法依规的原则，试图探索在深圳前海蛇口片区开展金融综合监管试点，实施以合作监管与协调监管为支撑的综合监管；健全和加强金融监管体系，防范金融风险和强化属地金融风险处置责任等。

（四）持续完善知识产权保护体系

大力推进自贸试验区知识产权综合执法，建立包含行政执法、仲裁和调解等在内的多元化知识产权争端解决及维权援助机制，探索建立自贸试验区重点产业知识产权快速维权机制；探索互联网、电子商务和大数据等领域的知识产权保护规则；建立专利导航产业发展相关的工作机制；不断深化和完善有利于激励创新的知识产权归属制度。

（五）继续推动人才改革

当前，人才是第一资源。在自贸试验区中应开展外国高层次高科技人才服务"一卡通"试点，建立安居保障、子女入学与医疗保健服务通道；创新人力资本入股办法，大力鼓励企业实施股权分红激励机制；鼓励在自贸试验区中设立高层次人才创新创业引导基金和申请科技型科研项目，并享受财政科研资金支持；营造有利于不同类型人才集聚的制度、人文与生活环境，促进创新驱动发展。

二　增强国际经济合作的竞争新优势，打造高水平的对外开放门户枢纽

（一）建设国际航运中心和国际贸易中心

促进与21世纪海上丝绸之路沿线国家与地区之间港口的合作对接，扩大对完善广州南沙港公路、铁路、海运和内河航运多式联运网络；加强与香港之间的物流大通道，创新与香港港口的通关模式、产业链条及物流信息互通共享等机制；深化和创新高端航运服务相关的中转制度、国际船舶登记制度、专业化第三方船舶管理市场、国际航行船舶保税油供应业务、邮轮旅游发展、海洋产业基金、航运保险领域社会组织等制度与模式等；推动建立统筹国内市场与国际市场、空海港资源、在岸与离岸业务、货物和服务贸易等的全球供应链核心枢纽；推动跨国公司总部或金融、科技研发、信息、物流、商品与要素交易等国际业务总部及机构落户自贸试验区；进一步支持转口和离岸贸易、维修检测与研发设计等国际业务规范快速发展；制定并完善跨境电商、汽车平行进口和融资租赁等业态的配套监管制度；探索适应商业保理发展的外汇管理模式和积极发展中医药服务贸易等。

（二）建设金融业对外开放型试验示范窗口

积极吸引各类国内外总部机构和大型企业集团在广东自贸试验区设立结算中心；支持深交所加强同其他金砖国家交易所的合作；依托广东自贸试验区现有金融资产交易平台，依法依规开展相关业务，逐渐提高外商投资者参与境内要素平台交易的便利化水平；大力发展海外投资、出口信用、货物运输、工程建设等保险业务；在有效防范风险的前提下，探索建立与香港和澳门地区资金互通与市场互联机制；

根据国务院统一部署,支持广东自由贸易试验区积极争取纳入投贷联动试点,促进大众创新创业;在依法合规的基础上,大力发展金融科技,加快区块链、大数据技术的研究与运用。

三 开拓协调发展型新领域,打造粤港澳大湾区合作示范区

（一）促进粤港澳经济深度化合作与服务贸易的自由化

充分发挥自贸试验区与香港、澳门深度合作的引领带动作用,基于粤港澳大湾区建设、粤港澳深度合作、泛珠三角合作加快建设粤港澳大湾区国际航运、金融、科技创新等的重要承载区,打造与港澳营商环境对接及经济发展协同的合作体系;在条件成熟时,在珠澳口岸及时实行"合作查验、一次放行"与"入境查验、出境监控"的查验通关模式;积极推进广州南沙粤港深度合作区先行区、粤澳产业园、粤澳信息港、广东海洋经济综合示范区和横琴国际休闲旅游岛等重大项目建设;积极引进港澳高端服务业和高层次人才,以及在内地工作的港澳金融人士在内地通过培训测试的方式申请获得内地从业资格,在内地的从业经历得到认同;推动内地对港澳在金融、法律、航运、建筑等领域的进一步开放和适用,在促进粤港澳经济深度合作的同时,推动粤港澳服务贸易的自由化。

（二）创新粤港澳科技合作机制

加强自贸试验区与珠三角国家自主创新示范区联动发展;积极推动港澳在科技金融、科技研发与转化、知识产权保护、人才引进与培养、科技园区建设和运营等方面的交流与合作;推动成立促进粤港澳产学研创新的社会组织;建设粤港澳产业发展信息、技术路线图、创新主体信息与高端人才信息等多个数据库,整合和发布粤港澳创新资源与科技合作供需信息;支持粤港澳共建国家级科技成果孵化基地与科技企业孵化器,促进港澳及国际研究机构的先进技术成果向内地转移转化。

（三）积极携手港澳参与"一带一路"建设

与港澳共同完善企业参与"一带一路"建设的服务和促进体系;

完善境外投资项目和境外投资开办企业的管理模式；建设企业"走出去"综合服务平台，为企业对外投资提供投资备案、金融、会计、法律、安全预警等服务；支持粤港澳机构（银行机构除外）合作设立人民币海外投贷基金，为企业"走出去"开展投资、并购提供投融资服务；推动成立服务"一带一路"建设的法律类社会组织，加快推进"一带一路"法治地图建设；充分利用国际商事法庭等"一带一路"争端解决机制和机构，公正高效化解纠纷，营造良好营商环境；主动对接与"一带一路"沿线国家和地区的合作项目，完善"前港、中园、后城"的合作模式；与"一带一路"沿线国家和地区自由贸易园区在投资、贸易、金融等方面开展功能对接；探索与"一带一路"沿线国家和地区自由贸易园区口岸在认证认可、标准计量、检验检测等方面开展多双边合作交流。

第五节　广东自贸区发展大事记

• 2015 年 1 月 5 日，李克强寄望广东自贸区争创审批"特区速度"。审批时间从 799 天缩短为 145 天、各类证件从 103 种精简为 10 种——这是李克强 5 日在广东自贸区南沙片区考察时见到的成果。总理说，"时间就是金钱"最早就是从广东喊出来的，自贸区要做的就是简化审批流程、激发市场活力、加强事中事后监管，争创审批"特区速度"。

• 2015 年 2 月 17 日，《中国（广东）自由贸易试验区管理试行办法》在广东省人民政府第十二届第四十二次常务会议上通过。

• 2015 年 4 月 20 日，国务院印发《中国（广东）自由贸易试验区总体方案》。

• 2015 年 4 月 21 日，中国（广东）自由贸易试验区挂牌仪式在广州南沙举行。随着广东自贸试验区挂牌，世界各地和中国国内的企业对在自贸区投资充满兴趣。对此，朱小丹表示，非常欢迎各国尤其是港澳投资者在这里投资兴业。广东自贸试验区将进行一揽子改革，加快建设与国际高标准规则直接对接的营商环境，为投资者提供国际化法制化营商环境。

- 2015 年 5 月，广东省政府公布《关于成立中国（广东）自由贸易试验区工作领导小组的通知》（以下简称《通知》），省长朱小丹亲任组长，成员单位囊括省各相关厅局，海关、检验检疫部门和三大片区等。《通知》指出，为加强对中国（广东）自由贸易试验区工作的组织领导，省人民政府同意成立中国（广东）自由贸易试验区工作领导小组。省长朱小丹任组长。省委常委、常务副省长徐少华，副省长招玉芳以及南沙、前海、横琴三片区所属市市长担纲副组长。成员单位囊括省各相关厅局，海关、检验检疫部门和三大片区等。领导小组日常工作由广东自贸试验区工作办公室承担。

- 2015 年 6 月，自贸区开启粤港合作 3.0 时代。

- 2015 年 6 月 8 日，财政部正式下发《关于中国（广东）自由贸易试验区有关进口税收政策的通知》，对中国（广东）自由贸易试验区关于进口税收的政策做明确规定。一是明确了上海自由贸易试验区已经试点的进口税收政策原则上可在广东自贸试验区进行试点。二是将选择性征收关税政策在自贸试验区内的海关特殊监管区域进行试点，即对设在自贸试验区海关特殊监管区域内的企业生产、加工并经"二线"销往内地的货物照章征收进口环节增值税、消费税，根据企业申请，试行对该内销货物按其对应进口料件或按实际报验状态征收关税的政策。三是在严格执行货物进出口税收政策前提下，允许在自贸试验区海关特殊监管区域内设立保税展示交易平台。四是广东自贸试验区内的海关特殊监管区域实施范围和税收政策适用范围将维持不变。其中，深圳前海深港现代服务业合作区、珠海横琴税收优惠政策不适用于自贸试验区内其他区域。

- 2015 年 11 月，广东自贸试验区推介暨高端服务业和先进装备制造业招商会相继在英国伦敦、德国慕尼黑、法国巴黎举办。

- 2015 年 11 月 29 日—12 月 1 日，中共中央政治局常委、国务院副总理张高丽在广东调研"一带一路"建设、自由贸易试验区建设、创新驱动发展等工作。

- 2015 年 12 月 9 日，中国人民银行出台《关于金融支持中国（广东）自由贸易试验区建设的指导意见》（以下简称《指导意见》）。人行广州分行联合省自贸办于 12 月 15 日在广州珠岛宾馆举行"金融支持广东自贸试验区建设推进会"。陈云贤副省长出席会议并讲话。他强调，全省各相关部门、单位及金融系统要进一步增强工作的紧迫感和责任感，大胆实践、积极探索、加强协调，在推动《指导意见》落实、形成可复制可推广经验、营造良好配套环境、防范金融风险等方面下功夫，切实做好各项任务和措施的落实工作。

- 2015 年 12 月 30 日，广东自由贸易区南沙片区人民法院挂牌成立，省委常委、广州市委书记任学锋，最高人民法院党组成员、副院长李少平出席揭牌仪式并致辞。任学锋代表广州市委、市政府对广东自由贸易区南沙片区人民法院的成立表示祝贺。他说，法院的成立，将为南沙片区把制度创新经验上升到法律层面提供新平台，为南沙新区增创发展新优势增添新动能，为广州建设市场化国际化法治化营商环境发挥重要支撑作用。希望法院不负重托，平等保护各类市场主体的合法权益，创造更多可复制推广的经验。广东自由贸易区南沙片区人民法院是全国第一家自贸区法院，希望为推动自贸试验区的改革探索与创新发展提供优质高效的司法保障。

- 2016 年 1 月 7 日，招玉芳副省长率省政府代表团一行在日本贸易振兴机构总部（东京）举办了"中国广东—日本经贸合作交流会暨广东自由贸易试验区推介会"。

- 2016 年 2 月 26 日，横琴粤澳合作产业园重点项目开工仪式在横琴·澳门青年创业谷举行，佳景美食广场等 12 个项目正式动工，中葡商贸中心等 4 个项目获得用地。这 16 个项目总投资额逾 600 亿元，将加速两地经济进一步深度融合发展。

- 2016 年 3 月 2 日，朱小丹在广东自贸试验区工作领导小组第三次会议上强调，全力推动自贸试验区创新发展。

- 2016 年 4 月 21 日，省委书记胡春华主持召开自贸区挂牌成立一周年建设进展情况汇报会，总结一年来广东自贸区建设进展情况，研究部署下一步工作，强调要认真学习贯彻习近平总书记关于自贸区建设的重要指示精神，进一步增强使命感和紧迫感，加快推进自贸区建设，为全国发展大局做出更大贡献。

• 2016年4月27日，任学锋到南沙自贸试验区调研时强调，继续深化南沙自贸试验区各项改革，把建设南沙自贸试验区与建设南沙国家新区、国家自主创新示范区以及"一带一路"枢纽结合起来，着力在制度创新、科技创新、管理创新和集聚高端资源、发挥辐射带动作用等方面下功夫，以高水平的开放促进全面深化改革，进一步创造更多可复制可推广的经验，提高投资贸易便利化水平，放大自贸试验区的综合效应，为全省乃至全国发展大局做贡献。

• 2016年5月10日，广东省副省长许瑞来深圳调研深化商事登记制度改革、实施商标品牌战略以及"两建"等工作，推进自贸片区"证照分离"改革。

• 2016年5月25日，《中国（广东）自由贸易试验区条例》由广东省第十二届人民代表大会常务委员会第二十六次会议通过。

• 2016年6月16日，全球最大散货运输公司中远海运散货运输有限公司总部落户广州，胡春华、许立荣等出席成立大会并揭牌。

• 2016年7月1日，省自贸办会同省财政厅、省国税局、海关广东分署、省旅游局5部门在广州南沙港客运口岸联合举行"广东省境外旅客购物离境退税政策实施启动仪式"，这标志着备受关注的境外旅客购物离境退税政策在广东省正式落地实施。与南沙港客运口岸同步实施离境退税政策的省内口岸还有广州白云国际机场口岸和珠海九洲港客运口岸。

• 2016年7月22日，中国人民银行广州分行和香港金融管理局在广州联合召开"粤港电子支票联合结算业务"发布会，宣布广东自贸区在全国率先实现香港电子支票的跨境托收，这是2016年广东自贸区金融改革创新的又一创新举措。

• 2016年8月25日，泛珠与自贸试验区论坛（广东、福建）在穗隆重召开。旨在通过论坛让社会各界对自贸试验区建设有较为全面的了解，共同探讨与谋划泛珠合作与自贸试验区创新发展。

●　2016 年 9 月 14 日，粤港合作联席会议第十九次会议在广州举行。

●　2016 年 10 月 25 日，自贸试验区前海蛇口片区召开《中国（广东）自由贸易试验区深圳前海蛇口片区"证照分离"改革实施方案》发布会。

●　2016 年 12 月 26 日，广东省复制推广新一批自由贸易试验区改革试点经验政策通报会在广州召开，广东自贸区在投资、贸易、金融、事中事后监管等方面大胆探索，形成一批有实效、有条件可复制的改革创新成果。

●　2017 年 2 月 27 日，省委书记胡春华、省长马兴瑞赴广州南沙调研检查广东自贸区建设情况，强调要贯彻落实习近平总书记重要指示精神，加快推进自贸区建设，把自贸区打造成为广东高水平对外开放的门户枢纽。

●　2017 年 4 月 1 日，广东自贸试验区工作领导小组召开第五次会议，贯彻落实党中央、国务院和省委、省政府对自贸试验区工作的新部署、新要求，研究解决重大项目、制度创新和政策落实方面存在的问题，部署推进下一阶段重点工作。省长、领导小组组长马兴瑞出席会议并讲话。马兴瑞强调，各地、各部门要拿出更加过硬的措施、更加扎实的作风，努力推动广东自贸试验区建设取得更大实质性突破。

●　2017 年 6 月 19 日，省人大常委会副主任徐少华带队前往广东自贸试验区南沙片区开展自贸试验区条例实施情况专题调研，现场考察南沙明珠湾开发建设、企业专属网页、商事登记改革等情况，并召开座谈会听取广州南沙、深圳前海蛇口、珠海横琴三大片区对《中国（广东）自由贸易试验区条例》的意见建议。座谈会上，徐少华指出，《中国（广东）自由贸易试验区条例》近一年来的实施情况表明，该条例对自贸试验区运行十分重要。他强调，条例发挥了规范运行、促进创新、优化服务和法制保障的作用，为下一步实施工作增强了信心。

同时，也要注意发现问题，及时对条例进行充实完善。要继续探索创新，在广东省为全国构建开放型经济新体制提供支撑的重大决策部署中做出贡献。同时，要执行好条例，为打造国际高标准的投资贸易规则体系、国际化市场化法治化营商环境提供法制保障。此外，要继续推进电子政务，为企业、市民群众提供领先优质的政务服务。

● 2017 年 8 月 1 日，陈如桂调研前海蛇口片区：举全市之力推进前海规划建设发展。

● 2017 年 8 月 31 日，香港特别行政区行政长官林郑月娥首次率队考察前海。她指出，希望香港与深圳牢牢抓住国家"一带一路"倡议和粤港澳大湾区建设的重大历史机遇，优势互补，资源共享，互利共赢，进一步深化双方在人流、物流、资金流、信息流等方面互联互通，加快推进科技创新、文化创意、医疗产业、交通设施、港口口岸等领域的务实合作，携手实现两地共同繁荣发展。

● 2018 年 1 月 23 日，广东省委常委、宣传部部长慎海雄到珠海调研中国自贸区信息港建设情况，强调要以习近平新时代中国特色社会主义思想为指引，按照省委、省政府部署要求，将中国自贸区信息港打造成全球自贸区信息产业高地。

第 十 章

粤港澳大湾区：国家级区域
发展大战略

　　2009 年完成的《大珠三角城镇群协调发展规划研究》把"湾区发展计划"列为空间总体布局协调计划的一环，并提出跨界交通合作、跨界地区合作、生态环境保护合作和协调机制建设四项跟进工作。2015 年 9 月，国家发改委发布《关于在部分区域系统推进全面创新改革试验的总体方案》，其中广东被列入省级行政区，着眼于深化粤港澳创新合作。该次广东改革试验区提出的粤港澳合作，明确加入"创新"两字，表明"创新"将是这次广东改革试验区最核心的命题。广东省 2016 年政府工作报告，提出"开展珠三角城市升级行动，联手港澳打造粤港澳大湾区"等内容。2017 年 7 月，国家发改委和粤港澳三地政府共同签订的相关协议，定调粤港澳大湾区发展上升为国家战略，它的目标是打造国际一流湾区和世界级城市群。

　　粤港澳大湾区发展酝酿已逾 10 年，2015 年该概念在"一带一路"倡议中被正式提出，2016 年被写入国家"十三五"规划，2017 年 3 月首次被写入国务院政府工作报告。粤港澳大湾区是由广州、佛山、肇庆、深圳、东莞、惠州、珠海、中山、江门 9 市和香港、澳门 2 个特别行政区形成的城市群，是继美国纽约湾区、美国旧金山湾区、日本东京湾区之后的世界第四大湾区，是国家建设世界级城市群和参与全球竞争的重要空间载体。粤港澳大湾区建设以泛珠三角洲地区合作为重要基础，拥有 5.65 万平方公里国土面积、6765 万人口和 13% 全国经济总量。粤港澳大湾区将推动"9+2"泛珠三角区域合作向更高层次、更深领域、更广范围发展，以深化港澳与内地融合促进港澳长期繁荣稳定，其辐射半径将延伸至东南亚国家，助力"一带一路"倡议，建设高水平参与国际经济合作的新平台，探索建立高标准贸易规则，引领对外开放。到 2020 年，国际一流湾区基本形成，世界级城市群框架基本确立；到 2030 年，大湾区城市群经济实力显著跃升，建立国际金融中心、国际航运中心、国际贸易中心、国际科技产业创新中心、全球先进制造业基地，跻身世界知名城市群之列。

第一节　粤港澳大湾区建设的重要意义

粤港澳大湾区是包括港澳在内的珠三角城市融合发展的升级版，从改革开放初期前店后厂的经贸格局升级成为先进制造业和现代服务业有机融合的示范区。从区域经济合作上升到全方位对外开放的国家战略，成为国家建设世界级城市群和参与全球竞争的重要空间载体，这是粤港澳大湾区所面临的新机遇和国家赋予其的新使命。

一　建设高水平参与国际经济合作的新平台

从国家战略来看，粤港澳大湾区被公认为世界第四大湾区经济体，包含两个自由贸易港、两个自由贸易区、两个特区、两个特别行政区，集中国内高端开发要素，成为带动全球经济发展的重要增长极与引领技术变革的领头羊。借助于打造国际一流湾区经济体和世界级城市群的契机，粤港澳大湾区也将成为国家高水平参与国际经济合作的新平台，对外开放的"桥头堡"。助力"一带一路"倡议，建设高水平参与国际经济合作的新平台，探索建立高标准国际贸易规则，引领对外开放。同时，粤港澳大湾区将凭借"一国两制"的制度优势，寻求制度上的创新，制定通用的适应国际的新规则，率先在粤港澳大湾区经济体内部试用，再推广至全球，进而影响国际贸易规则制定。

在全球范围内，粤港澳大湾区以其"拥海抱湾"的区位优势和成本优势，产生巨大的经济社会"向心力"，成为城市群、产业集聚和人口集聚的载体，湾区的外向型特征将在全球经济社会中发挥引领作用，实现从中国经济和全球经济体系的参与者到全球经济体系引领者的转变。

二 构筑"一带一路"建设的战略重要支撑区

粤港澳大湾区是历史海上丝绸之路的起点之一，其位于珠江通往南海的重要出海口，地处亚太主航道，港口等区位优势显著，具有侨乡、英语和葡语三大文化纽带，是连接21世纪海上丝绸之路沿线国家的重要桥梁。围绕广东省"世界工厂"转型升级的长远目标，推进服务贸易自由化成为粤港澳大湾区的建设重点。此外，令世界瞩目的是粤港澳大湾区对全球资本投资的强大吸引力与辐射力，而且粤港澳大湾区的建设有利于整合发挥其港口、金融、信息、科技、贸易和制造业等优势，并促使粤港澳大湾区积极和"一带一路"建设对接，将成为"一带一路"建设的巨型门户枢纽。

粤港澳大湾区是国家区域经济发展到一定阶段后的必然选择，其战略的实施不仅能够结合"一带一路"沿线国家和区域各个城市的所需所长，带动港澳与内地经济协同发展，提高各城市在"一带一路"沿线国家和区域发展中的功能与定位，而且可以帮助"一带一路"沿线国家和区域更好地融入中国发展。当然，中国的发展也可以推动"一带一路"沿线国家和区域发展的长期稳定繁荣。

第二节 粤港澳大湾区发展设想

一 思路清晰，定位明确

粤港澳大湾区发展未来将从加强基础设施互联互通、打造全球创新高地、携手构建"一带一路"开放新格局、培育利益共享的产业价值链、共建金融核心圈、共建大湾区优质生活圈六个方面重点谋划，呈现出了五位一体的发展定位。

（一）世界经济增长重要引擎

粤港澳大湾区将建成世界级金融、产业、航运和贸易中心，全球重要的先进制造业和现代服务业基地，具有国际竞争力的现代产业先导区。

（二）国际科技产业创新中心

粤港澳大湾区将是全球科技创新中心、全球产业创新中心、国际高新科技产业重要策源地、现代化国际化创新城市群。

（三）世界著名优质生活圈

粤港澳大湾区将成为国家绿色发展示范区、中国优质生活圈先行先试区、"21世纪海上丝绸之路"生态文明样板。

（四）全球最具活力经济区

粤港澳大湾区将是国际大都会经济区、世界级交通枢纽区、开放型经济新体制引领区、内地与港澳合作示范区。

（五）世界文明交流互鉴高地

粤港澳大湾区将是中华文明输出重要窗口、传统文化勃兴发展基地、亚太国际交往中心。

马兴瑞

粤港澳大湾区就是要和纽约湾区、旧金山湾区、东京湾区比。我相信经过不断的发展，粤港澳大湾区就能和这些国际知名的湾区竞争，并发挥强大的竞争优势。

何宁卡

广东将对标国际一流湾区和世界级城市群，把粤港澳大湾区建设成为全球创新发展高地，全球经济最具活力、世界著名优质生活区，世界文明交流高地和国家深化改革先行示范区。

马化腾

建议国家把打造粤港澳世界级科技湾区作为促进香港、澳门长期繁荣稳定发展、深化"一带一路"倡议、建设世界科技强国的重要战略决策，使粤港澳地区成为我国"科技创新的发动机"。

二　空间布局："一环两带、两屏六轴"

（一）强化"一环两带"（图10—1），打造世界级中枢

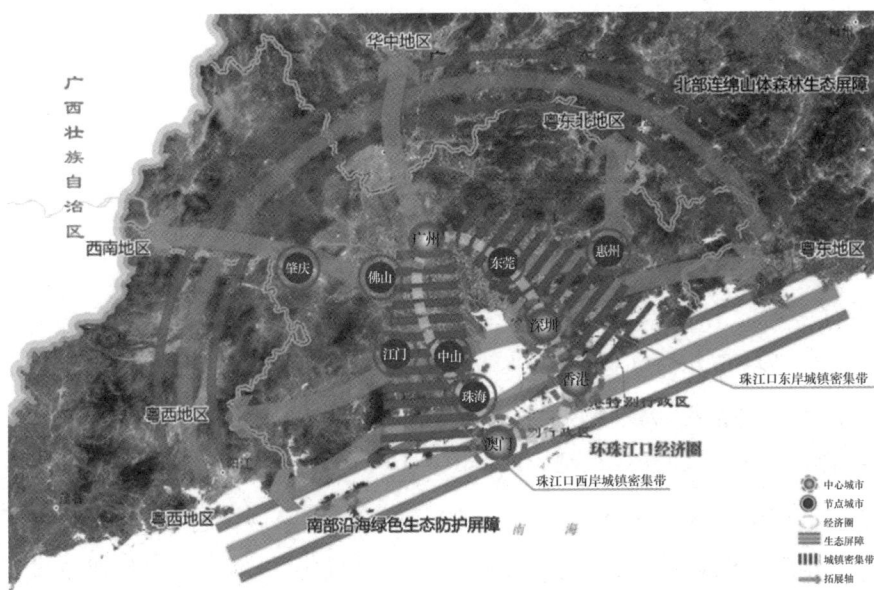

图10—1　粤港澳大湾区"一环两带"的空间格局

一环指5＋2环珠江口经济圈。依托沿珠江口的主要城市广州、深圳、珠海、东莞、中山5市和香港、澳门，形成区域交通快速连接、产业发展分工协作、科技创新协同推进、社会交往密切便捷的环珠江口经济圈。其中，香港、澳门、广州、深圳是粤港澳大湾区发展的四极（表10—1），不断强化区域辐射带动作用，引领城市群整体深度参与国际竞争，提升大湾区在国际经济板块中的地位。

表10—1 粤港澳大湾区"四极"

四极	发展规划
香港特别行政区	支持香港巩固国际金融、航运、贸易三大中心地位,强化全球离岸人民币业务枢纽地位和国际资产管理中心功能,打造可持续健康发展的亚洲国际都会。
澳门特别行政区	支持澳门围绕建设世界旅游休闲中心和中国与葡语系国家商贸合作服务平台两大功能定位,建设国际文化交流中心、世界知名城市。
广州市	打造国际航运枢纽、国际航空枢纽、国际科技创新枢纽,建设综合性门户城市、区域文化教育中心、国际商务旅游名城、国际会展旅游名城和国际性综合交通枢纽。
深圳市	建设成为全国中心城市和中国"硅谷",建设全球性科技和产业创新中心、国际教育示范区、国际时尚之都和民生幸福城市。

两带指珠江口两岸是粤港澳大湾区发展的核心,形成东西两带。(1)珠江口东岸城镇带:以广州东部地区、东莞水乡经济区、松山湖高新区、惠州潼湖生态智慧区、环大亚湾新区等功能板块为支点,加快推动东岸地区产业转型升级。(2)珠江口西岸城镇带:在保留自然生态空间的前提下,统筹重大项目、平台和基础设施布局,打造机场、港口、轨道等多种交通方式协同联运的综合枢纽,引导人口、产业进一步向西岸集聚,打造西岸先进装备制造业带。

除"四极"外,粤港澳大湾区的其他7个节点城市(珠海、佛山、惠州、东莞、中山、江门、肇庆)是建设世界级城市群的重要支撑(表10—2),是两带中的"节点",要明确战略定位,实行错位发展。

表10—2 粤港澳大湾区"多点"

多点	发展规划
珠海	建成珠江西岸核心城市和国际化创新型城市、国家生态文明示范市、国际宜居城市,与澳门紧密合作共建世界旅游休闲中心。

续表

多点	发展规划
佛山	建设国家级先进装备制造业城市、珠江西岸先进装备制造业龙头城市、创新驱动发展先锋城市、传统产业转型升级典范城市。
惠州	打造世界级石化产业基地、国家级电子信息产业基地、粤港澳地区旅游休闲度假基地与珠三角滨海旅游中心城市、珠三角创新型城市、建成绿色现代化山水城市。
东莞	建设国际制造名城、现代生态都市、珠三角创业创新基地、区域枢纽城市、岭南山水文化名城。
中山	建设珠江两岸一体化发展先行区、大湾区重要综合交通枢纽、世界级现代装备制造业基地、国家健康产业创新示范区、区域创新研发中心和科技成果转化基地、孙中山文化国际交流中心、和美宜居的湾区西翼门户城市。
江门	建设粤港澳大湾区连接粤西的枢纽门户城市，打造大湾区西翼重要综合交通枢纽、广东海洋经济发展新引擎、世界级轨道交通装备产业基地、全国小微双创示范市、中国国际特色旅游目的地、深化粤港澳合作重大创新平台。
肇庆	建设粤港澳大湾区连接大西南枢纽门户城市、珠江—西江经济带先进制造业重要基地、粤桂黔高铁经济带重要经济增长极、国家生态文明示范市。

（二）完善"两屏六轴"，强化区域整体竞争力

两屏包括北部连绵山体森林生态屏障和南部沿海绿色生态防护屏障，蓝绿交织；六轴即加强湾区与外围地区的空间衔接，构建六大城镇产业拓展轴，四通八达，分别是香港—珠海—高栏港—大广海港—阳江—粤西地区；深圳—中山—江门—阳江—粤西地区；广州—佛山—肇庆—云浮—西南地区；广州—清远—韶关—华中地区；东莞—惠州—河源—粤东北地区；深圳—环大亚湾—汕尾—粤东地区。

三　发展重点

（一）加强基础设施互联互通

《广东省综合交通运输"十三五"规划》要求，到 2020 年，交通

基础设施总体达到国内领先、世界先进水平，基本建成覆盖全省、辐射泛珠、服务全国、连通世界的现代化综合交通运输体系，国际综合交通门户地位基本确立，实现"12312"交通圈，即广州与珠三角各市1小时可达、珠三角与粤东西北各市陆路2小时可达、与周边省会城市陆路3小时可达、广东与全球主要城市12小时可达。至2030年，珠江口东西两岸将建设12条公路和铁路跨江通道。加快高速出省通道和粤东西北地区连通珠江三角洲的高速公路建设。规划33条出省高速公路，其中通香港4条、通澳门2条。① 为了促进粤港澳大湾区的建设，加强基础设施互联互通，重点共建"一中心、三网"，形成辐射国内外的综合交通体系。其中，"一中心"指世界级国际航运物流中心（表10—3、表10—4），"三网"指连通内陆的多向通道网（六条综合运输大通道，即粤福通道、粤海通道、京九通道、京广通道、粤桂黔通道、粤桂昆通道）、联系海外的海空航线网、大湾区快速公交网。未来，粤港澳大湾区港口、机场、公路、铁路等交通运输资源进行全方位整合，促成合力，促进粤港澳大湾区内外人流、物流等的畅通，成为"21世纪海上丝绸之路"国家门户。

表10—3　粤港澳大湾区共建世界级国际航运物流中心——港口群

名称	定位	功能
香港港	国际航运中心	向高端服务型国际航运中心和国际供应链管理中心转型，并抓住中国—东盟经济一体化的有利时机，积极开辟东南亚市场，大力拓展国际集装箱中转业务。
广州港	国际航运物流枢纽	广州港在巩固华南地区重要的综合性港口和内贸集装箱第一大港地位的同时，大力发展国际集装箱航线，强化与香港国际航运高端服务的融合发展，建设国际航运物流枢纽。

① 《广东省综合交通运输"十三五"规划》。

续表

名称	定位	功能
深圳港	集装箱枢纽港	在扩大远洋集装箱干线优势的基础上，积极发展集装箱内贸航线，提升港口国际服务功能，适度发展国际航运高端服务，建设世界级集装箱枢纽强港。
其他港口	支线港（喂给港）	完善港口网络布局，推进珠海高栏港区、惠州大亚湾港区等深水航道和深水集装箱码头建设，加强东莞港、中山港等支线港口和肇庆港等内河港口建设，有效承担喂给功能。

表10—4 **粤港澳大湾区共建世界级国际航运物流**
中心——"5＋2"机场群

名称	定位	发展重点
香港机场	国际航空枢纽内地国际门户	以国际客运和货运为核心发展国际中转业务，拓展珠三角地区客货集散网络，做国内外要素流动的中转站，并积极落实机场三跑道系统计划。
广州机场	全国门户复合型航空枢纽	加快广州白云机场第四跑道建设，建立以白云机场为核心的综合运输体系，提升白云机场的通达能力和辐射能力。
深圳机场	大型骨干机场	在重点发展国内航班的同时，强化深圳机场国际枢纽功能，推进与香港机场的全面合作，提升机场国际化程度。
珠海机场	华南地区重要的航空产业发展基地	推进升级改造和第二跑道建设。
澳门机场	多功能中小型国际机场	以服务澳门市场为主，积极开拓珠三角客源，成为沟通域内外具有鲜明特点的多功能中小型国际机场。
佛山机场	珠三角新干线机场	疏解广州白云机场压力，打造广州第二机场。
惠州机场	珠三角新干线机场	疏解深圳机场压力，支持发展通用航空产业，研究开展港澳跨界直升机服务的可行性。

重大交通项目——深中通道

深中通道项目是国务院批复的《珠江三角洲地区改革发展规划纲要（2008—2020年）》确定的建设开放的现代综合运输体系中的重大基础设施项目，其中深中通道被编为G2518国家高速公路。深中通道是连接广东省深圳市和中山市的大桥，是世界级超大的"桥、岛、隧、地下互通"集群工程，路线起于广深沿江高速机场互通立交，与深圳侧连接线对接，向西跨越珠江口，在中山市翠亨新区马鞍岛上岸，终于横门互通。全长24公里。深中通道通车后，将成为连接珠江东西岸的重要通道，从中山快速直达深圳，通勤时间由以往的2小时缩减为30分钟。除了大大减轻虎门大桥的交通压力外，更彻底改变粤西方向湛江、茂名、阳江民众出入深圳必经虎门的交通瓶颈。2017年11月3日，深中通道桥梁工程施工图设计已通过专家审查，桥梁工程在2017年底实质开工，项目建设将全面转入实质性的施工阶段，预计2024年建成通车。①

（二）培育利益共享的产业价值链

粤港澳大湾区的产业发展将紧紧围绕研发及科技成果转化、国际教育培训、金融服务、专业服务、商贸服务、休闲旅游及健康服务、航运物流服务、资讯科技八大产业。根据粤港澳大湾区各城市产业发展的情况，粤港澳大湾区产业布局主要包括四个方面，分别是珠江西岸产业带、珠江东岸产业带、沿海产业带、港澳产业带。

珠江西岸产业带。属于技术密集型产业带，主要包括广州北部和南部、佛山、中山、珠海等西岸地区。

珠江东岸产业带。属于知识密集型产业带，主要包括广州东部和中部、东莞、深圳等东岸地区。

珠江西岸产业带和珠江东岸产业带融合发展，聚焦于现代服务业，包括物流、教育、金融、旅游业等。

---

① https：//baike. so. com/doc/3854295 – 4046699. html.

沿海产业带。属于生态环保型重化产业带，主要包括惠州、深圳、珠海、江门等地区。这些地区的主要产业包括先进制造业和现代服务业，现代制造业以石油化工、油气开采、医疗设备等为主，现代服务业以商务休闲、文化创新和教育培训为主。其中，珠江东岸产业带和沿海产业带进行新兴产业和高科技的融合，如金融服务、电子通信、科技创新、人工智能、互联网等；珠江西岸产业带和沿海产业带进行装备制造业和农业的有机融合，如制造外包、电子加工、生物医药、农业产品、新能源、新材料等。

港澳产业带。香港是国际金融中心、对外开放渠道、贸易中心和航运中心；澳门是葡语国家交流平台中心、旅游休闲服务业和博彩旅游中心。港澳在产业方面，一方面是促进向外发展，另一方面是加强对内融合。

（三）打造全球创新高地，共建金融核心圈

粤港澳大湾区拥有完备的先进制造业体系，创新资源丰富且创新能力突出，一直以来对外开放度高，国际化水平领先，创新经济发展比较优势非常明显，已成为全球生产体系上的重要一环。创新升级将有助于粤港澳大湾区建成中国最具国际化、市场化的科创中心和全球产业创新中心。因此，在粤港澳大湾区内，合作打造全球科技创新平台，构建开放型创新体系和创新机制，提升跨境协同创新效率，构建粤港澳大湾区创新共同体和创新生态体系，逐步发展成为全球重要科技产业创新中心；加快构建资源要素自由流动、市场化深度合作、开放包容与国际化的新体制，打造广东创新中心，创新广东、香港、澳门三大创新产业联盟；协同制定广东、香港、澳门三地科技创新政策，完善促进投资与配套服务相关政策；积极成立粤港澳科技、研发等创新平台，设立粤港澳大湾区创新产业发展基金，支持源头创新、示范项目、人才引进与培养和大数据建设等。

粤港澳大湾区建设的核心是创新金融，广东与香港、澳门共建金融服务平台，扩大内地与香港、澳门金融市场要素互开互联，共创金融合作新格局，培育金融合作新平台，探索人民币国际化新通道，提升金融合作新水平，共建"一带一路"金融新枢纽，未来打造以香港为龙头，广州南沙、深圳前海、珠海横琴为重要节点的金融服务互联互通的全球粤港澳大湾区金融核心圈。

（四）携手构建"一带一路"开放新格局

粤港澳大湾区战略与"一带一路"倡议在未来携手引领粤港澳深度融合发展、参与全球竞争，深化与"一带一路"沿线国家基础设施互联互通和经贸合作，深入推进粤港澳服务贸易自由化，打造《关于建立更紧密经贸关系的安排》升级版，构建开放新格局，为中国改革开放开创新局面。

粤港澳大湾区要构建以"一带一路"为重点的对外开放新格局，深化粤港澳合作，把合作重点拓展到共同走向世界和开拓国际市场上，携手构建"一带一路"开放新格局，共同建设更多国际合作平台，一起迈向高端的国际分工体系。

（五）共建大湾区优质生活圈

2017 年 7 月 1 日在香港签署的《深化粤港澳合作，推进大湾区建设框架协议》把"努力将粤港澳大湾区建设成为宜居宜业宜游的优质生活圈"作为粤港澳的合作目标之一。[①] 在粤港澳大湾区内共建优质生活圈意义重大。在"一个国家、两种制度、三个关税区、四个核心城市"的粤港澳大湾区多层次、全方位进行制度协调和革新以建设优质生活圈，以改善社会民生为重点，打造国际化教育高地，完善就业创业服务体系，促进文化繁荣发展，共建健康大湾区，推进社会协同治理，把粤港澳大湾区建成绿色、宜居、宜业、宜游的世界级城市群。

第三节　综合优势凸显的世界级湾区

粤港澳大湾区人口数量、土地面积和港口集装箱吞吐量居在四大

---

① http://www.dzwww.com/xinwen/guojixinwen/201801/t20180115_16916094.htm.

湾区首位，GDP 总量达到 1.38 万亿美元，超越旧金山湾区且仅次于纽约湾区。粤港澳湾区第三产业占比仍处于较低水平，仅占 62%，纽约湾区占比高达 89.5%。同时，粤港澳大湾区地均 GDP 相对劣势，与其他湾区仍有一段距离。随国家粤港澳大湾区发展规划政策落地，进一步加强粤、港、澳三地区经济、金融、贸易融合，充分发挥三地对外开放平台优势，粤港澳湾区有望成为世界级经济区和世界级经济增长引擎。目前，粤港澳湾区在第三产业占比上仍需加大，粤港澳三地在科技创新和金融服务产业上需进一步加强合作。

一 人口优势，居于首位

粤港澳湾区人口数量居四大湾区首位，2016 年人口总量达到 6765 万人，东京湾区、纽约湾区、旧金山湾区分别为 4347 万人、2340 万人、715 万人，粤港澳大湾区人口是旧金山湾区人口的 9.5 倍（图 10—2）。粤港澳大湾区庞大的人口基数和众多国内外人才聚集，使其具有巨大的"人口红利"与"人才红利"。

（万人）

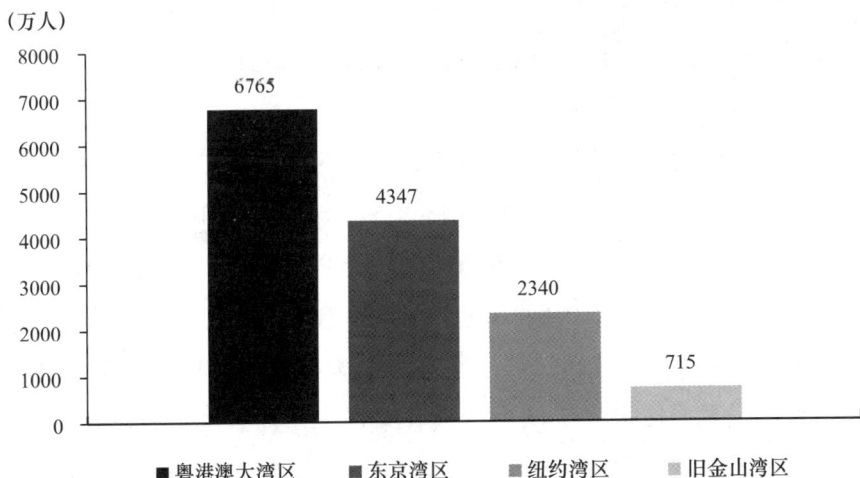

图 10—2 粤港澳大湾区与其他湾区人口对比

二　土地辽阔，腹地充足

粤港澳湾区土地面积也位居四大湾区之首，其土地面积为 5.65 万平方公里，东京湾区、纽约湾区、旧金山湾区分别为 3.67 万平方公里、2.14 万平方公里、1.8 万平方公里，粤港澳大湾区土地面积分别是东京湾区、纽约湾区、旧金山湾区的 1.54 倍、2.64 倍、3.14 倍（图 10—3）。

（万平方公里）

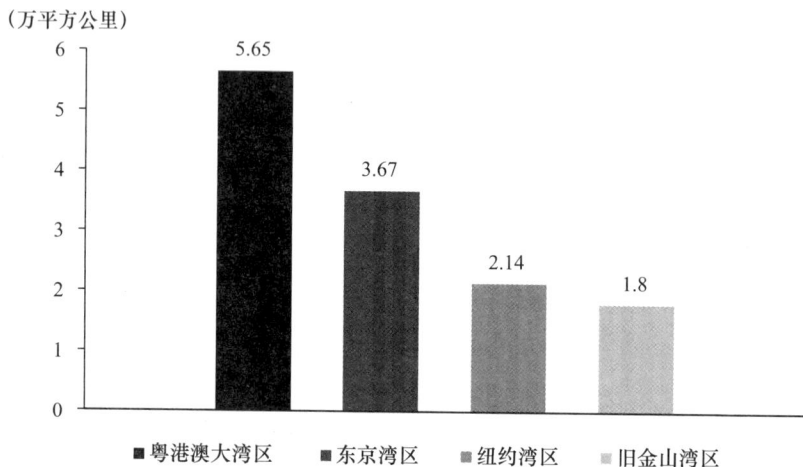

图 10—3　粤港澳大湾区与其他湾区土地面积对比

三　经济总量，位居前三

粤港澳大湾区经济总量位居四大湾区第三位，2016 年经济总量为 1.38 万亿美元，东京湾区、纽约湾区、旧金山湾区分别为 1.86 万亿美元、1.45 万亿美元、0.82 万亿美元，粤港澳大湾区经济总量是旧金山湾区的 1.68 倍（图 10—4）。在粤港澳大湾区中，广州、深圳和香港是粤港澳大湾区世界级城市群的脊梁，广州拥有厚重的岭南文化，香港是世界金融中心之一，深圳是中国金融科创中心，民营企业创新能力突出，邻近周边东莞、惠州、中山和江门湾区制造业等基地。此外，广佛同城、深莞惠一体化、深汕特别合作区、港珠澳连通等均围绕其展开，与广深港等一起助推粤港澳大湾区硅谷起飞。

（万亿美元）

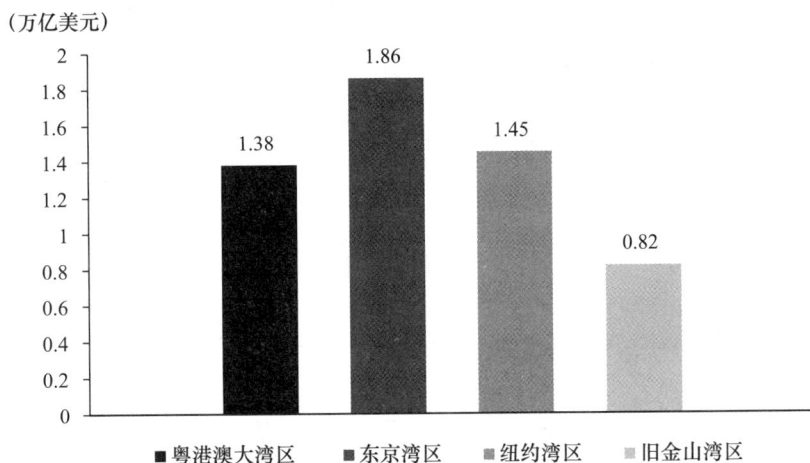

图10—4　粤港澳大湾区与其他湾区经济总量对比

在第三产业占 GDP 比重对比方面，2016 年纽约湾区第三产业占
GDP 比重最大，为 89.5%，粤港澳大湾区第三产业占 GDP 比重最小，
为 62%，相比其他三个湾区，第三产业发展有待加强（图10—5）。

（%）

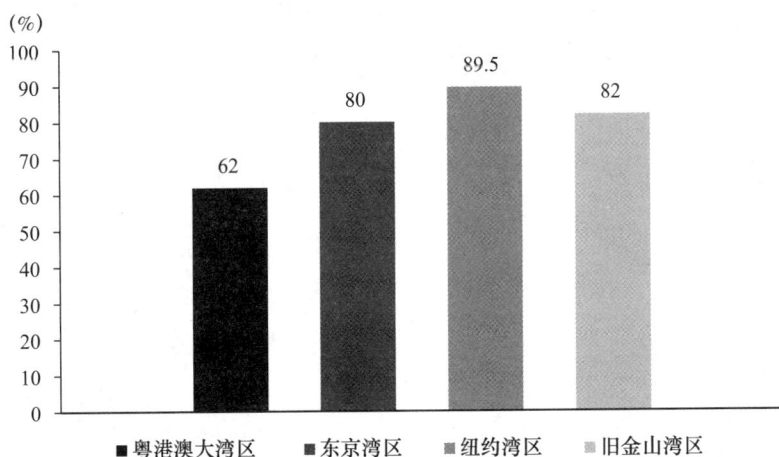

图10—5　粤港澳大湾区与其他湾区第三产业占 GDP 总量对比

四 地均产出，效率待提

粤港澳湾区地均 GDP 最低，2016 年 1.65 亿元/平方公里，东京湾区、纽约湾区、旧金山湾区分别为 3.44 亿元/平方公里、4.6 亿元/平方公里、3.09 亿元/平方公里，粤港澳大湾区地均 GDP 为纽约湾区的 1/2，土地利用效率亟待提升（图 10—6）。

（亿元/平方公里）

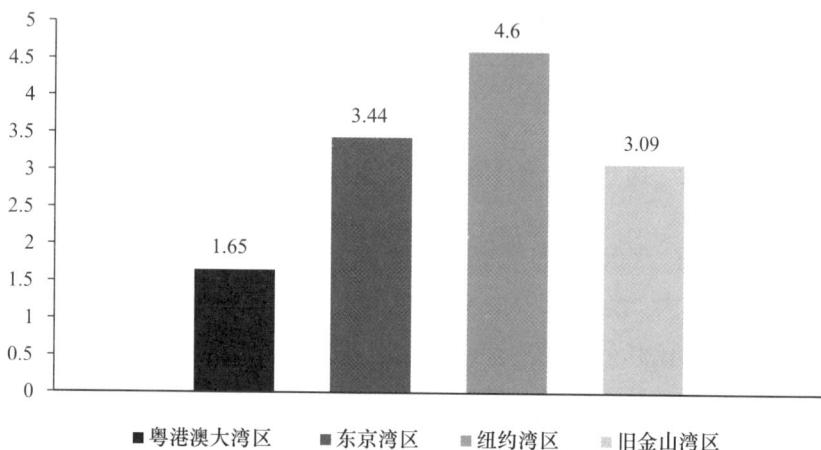

图 10—6 粤港澳大湾区与其他湾区地均 GDP 对比

五 交通完备，潜力无限

截至 2016 年底，广东省公路通车总里程 21.8 万公里，高速通车里程 7673 公里，位居全国第一；港口码头泊位 2811 个，其中万吨级及以上泊位 304 个；广东省港口货物年通过能力达 16.7 亿吨，位居全国第二，其中集装箱年通过能力 5948.1 万 TEU，位居全国第一。从四大湾区集装箱吞吐量来看，粤港澳湾区港口集装箱吞吐量位居四大湾区之首，2016 年为 6520 万 TEU，东京湾区、纽约湾区、旧金山湾区分别为 766 万 TEU、465 万 TEU、227 万 TEU，粤港澳大湾区港口集装箱吞吐量分别是东京湾区、纽约湾区、旧金山湾区的 8.51 倍、14.02

倍、28.72 倍（图 10—7）。

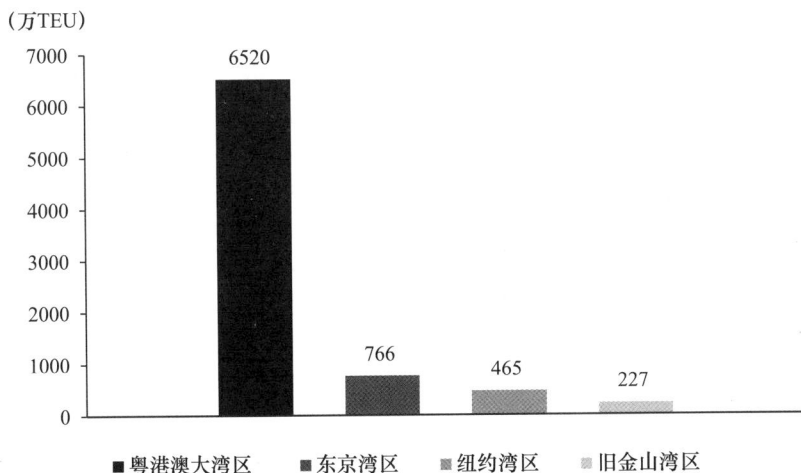

图 10—7　粤港澳大湾区与其他湾区集装箱吞吐量对比

六　主导产业，科技创新

综合分析四大湾区的主要产业，粤港澳大湾区以科技创新、金融服务业、制造业为主，东京湾区以先进制造业、批发零售业为主，纽约湾区以金融服务业、房地产业、医疗保健业为主，旧金山湾区以科技创新、专业服务为主。

七　经济预测，成为第一

2016 年，粤港澳大湾区的经济总量已达到 9.35 万亿元，较 2015年增长 7.9%（图 10—8）。预测未来 6 年经济总量仍保持稳定增长，2022 年粤港澳经济总量达到 14.76 万亿元。当前粤港澳大湾区的经济总量已接近纽约湾区，以目前的增长速度，有望在 5 年内超越东京湾区，成为世界经济总量第一的湾区。

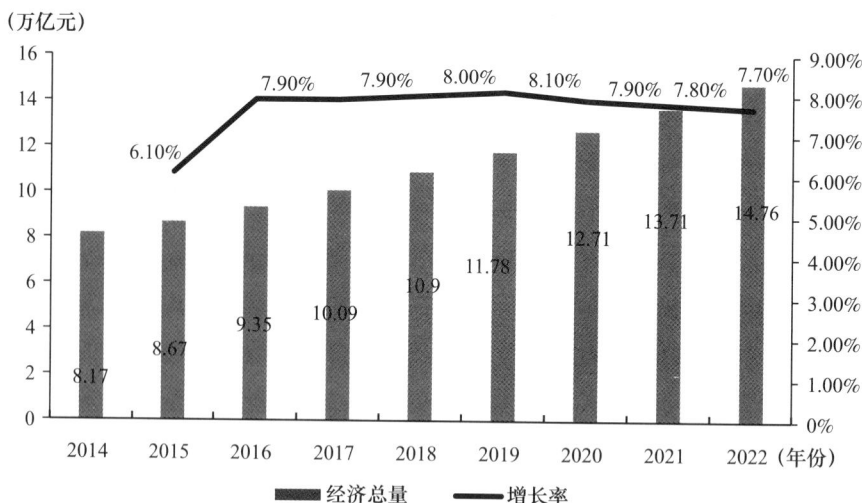

（万亿元）

图10—8 粤港澳大湾区经济总量及增长率预测

第四节 粤港澳大湾区发展前景与路径

当前的中国急需孵化全新的引领和带动中国新经济快速健康发展且在全球化发展中代表中国在国际上起到重大引领作用和新型的核心区域经济发动机，这是粤港澳大湾区未来的发展前景。

一 特别政策推动，成全球顶级湾区

粤港澳大湾区建设中最重要的是体制机制的创新，而体制机制的革新重点在于创新政策的制定。

（一）打破市场壁垒推动要素有序流动

打破市场壁垒推动要素有序流动，推动 CEPA 升级，加大服务业开放的广度和深度，推动粤港澳服务贸易自由化不断深化；推动统一市场建设，支持清理阻碍要素合理流动的各种规定和做法；实施货物和人员通关"两检"变"一检"。

（二）支持重大合作平台发展

赋予重大合作平台更多先行先试政策、支持自由贸易试验区拓展合作区、支持创设面向国际的合作平台、支持推进在教育领域的深度开放和完善人员流动便利化机制。

（三）完善人员流动便利化机制

便利港澳居民到内地生活就业。提高港澳居民来往内地通行证便利化使用水平，逐步实现与内地居民身份证同条件使用。研究给予部分港澳居民"国民待遇"，使在大湾区内地工作的港澳居民在保险、就医、子女入学等方面享受和本地人相同的待遇。探索向港澳居民开放教育、服务、制造等更多内地就业领域，扩大港澳中低层居民在内地就业范围。

放宽外国高层次人才签证和居留许可政策。出台粤港澳大湾区外籍人才积分评估制度，试点整合外国专家来华工作许可证和外国人入境就业许可。实行外国人才分类管理，提供不同层次的管理和服务。在大湾区率先推进外国技术移民制度改革试点。

（四）支持行政区划管理模式创新

鼓励港澳在大湾区发展"飞地"经济。由内地提供特定区域作为"飞地"，供港澳作为产业园区、城市片区使用，拓展港澳居住、就业空间，推动各方融合发展。具体模式可以是"租借"园区自我管理、"合建"园区分别管理、"共建"园区共同管理。在利益分配上由合作方自由磋商。在管理上允许采用港澳的社会治理模式，由港澳方直接管理，内地做好配合工作。支持配套建设港澳标准的国际化社区，提供与港澳相衔接的教育、医疗、交通等服务，吸引港澳青年在此就业、生活，拓展港澳居民生活新空间。

鼓励港澳主导开发珠江口部分岛屿。可从万山列岛中选择部分岛屿，由中央政府授权港澳特区政府代为管理，由国际资本主导开发，采用国际通行的模式进行海岛管理，将大湾区打造成蜚声海外的海岛旅游目的地、世界旅游休闲中心。

支持港澳租借大湾区其他城市的港口、货场等基础设施，打造具有国际竞争力的高附加值产业。比如，澳门可以借此发展游艇设计制造、金融服务、分销维修等全产业链条，推动形成与博彩业并立的产业格局。

（五）粤港澳三方共同出台的政策

粤港澳三方共同出台的政策，如完善省区层面的支持平台、设立湾区日常工作机构、借鉴港澳经验打造国际化营商环境、完善减轻企业负担的体制机制、湾区内联合打造多种平台、争取更多国际合作平台落户大湾区、支持港澳青年人和中小微企业发展、携手建立信用联动机制、搭建粤港澳民间交流合作平台、加大对科技研发活动支持力度等，协同促进粤港澳大湾区的建设。

二 融合探索，全新共生共荣模式

在粤港澳大湾区建设中需特别发挥香港国际市场、法律体制、管理运作和金融产能等的深层优势，发挥香港"超级联络人"的角色，将香港与澳门、广州、深圳、珠海、佛山、中山、东莞、肇庆、江门、惠州等城市实施全方位和无人为障碍的大融合，联合中国（广东）自由贸易试验区成立粤港澳大湾区"自由创新服务区"，在融合与创新中探求粤港澳大湾区城市之间全新的共生共荣模式，实质性地推进深化广东、香港和澳门的创新合作，探索区域一体化治理机制与新的创新服务体制机制，整合集聚世界级优质创新资源要素。此外，制定粤港澳大湾区的国际化人才引进政策和实施创新文化战略，形成"共创、共享、共荣"的粤港澳大湾区创新文化，在探索全新共生共荣模式中塑造尊重创新、激励创新、追求变革和崇尚创新的文化氛围。

三 深港融合，共建湾区国际都会区

随着深圳经济的快速发展，其与邻近的香港之间的差距越来越小。在粤港澳大湾区发展战略下，香港和深圳需回顾和总结改革开放以来的深港关系，按照粤港澳大湾区发展的要求，在两地空间布局、产业集聚、科技创新、城际关系和国际价值等方面高效推进深港融合发展，成为粤港澳大湾区的中央都会区，为粤港澳大湾区的健康快速发展奠定核心基础。

四　产业创新驱动，深圳引领大湾区

加快粤港澳大湾区内产业链迈向全球高端价值链，打造具有国际竞争力的现代产业先导区；加快推动制造业转型升级，重点培育发展新一代信息技术、生物技术、高端装备制造、新材料、节能环保和新能源汽车等战略性新兴产业。充分发挥粤港澳大湾区各地产业优势，推进产业错位发展、合作发展。基于深圳改革开放经济特区、产业结构全面升级、营造优良的市场环境、创新潜力无限等优势，深圳以产业创新驱动、引领大湾区发展的核心城市和作为中国新经济发动机为契机，联合香港和广州两大中心城市，为粤港澳大湾区成长为全球最重要的经济体做出巨大贡献。

此外，由广州、深圳、香港三大中心引领带动区域发展，构筑产业空间协同发展格局，即发展珠江东岸文化创意产业带、珠江西岸先进装备制造产业带、打造先进制造业基地、构建现代服务业体系和培育战略新兴产业集群等。同时，建立粤港澳大湾区知识产权运营监管中心、创业投资服务中心、投资担保中心，大力发展金融保险银行业务；依托中国（广东）自由贸易试验区，大力推动粤港澳大湾区与日本东京湾区、美国旧金山湾区、美国纽约湾区等加强在高端科技创新和顶级国际金融服务等领域的开放合作，通过税收减免等优惠政策，吸引国际优秀企业与人才入驻，建立创新总部基地，打造与国际接轨的多元、高效的创新服务体系。

五　粤港澳大湾区：中国最活跃经济区

结合粤港澳大湾区横跨"一国两制、三关税区"的制度多样性、产业结构偏重制造业、基础设施有序完善、城市分工细化、创新潜力无限等特征，以及当前粤港澳大湾区内的人口、技术、资金等情况，其必将持续保持人口与资金的净流入状态，推动产业全面转型升级，从而成为中国最活跃的经济区以及最强有力的经济引领区。未来，粤港澳大湾区将是中国经济增长的新动能和接轨世界经济的新支点，其

发展进一步明确中国以城市群发展协调区域经济的大方向。

第五节 粤港澳大湾区发展大事记

• 2009 年，《大珠三角城镇群协调发展规划研究》发布，把"湾区发展计划"列为空间总体布局协调计划的一环，并提出四项跟进工作，即跨界交通合作、跨界地区合作、生态环境保护合作和协调机制建设。本研究是经国务院港澳办和粤港澳三地政府同意，由广东省住房建设厅、香港发展局和澳门运输工务司联合开展的策略性区域规划研究。

• 2010 年，粤港澳三地政府联合制定《环珠三角宜居湾区建设重点行动计划》，以落实跨界地区合作。

• 2012 年，广东省政府公布全国首部海洋经济地图《广东海洋经济地图》，首次明确提出，广东海洋经济的发展将划定"六湾区一半岛"，打破行政界限，以湾区为单位进行发展，辐射内陆经济。湾区将串联湾区周边城市，形成湾区经济发展新格局。

• 2013 年 9 月 6 日，深圳湾超级总部基地规划公示，深圳湾超级总部基地是发展湾区经济重要的一环。规划秉持"深圳湾云城市"这一核心理念，打造基于智慧城市和立体城市，虚拟空间与实体空间高度合一的未来城市典范，完型深圳湾，构建世界级滨海城市天际线。

• 2013 年 12 月 26 日，深圳市委五届十八次全会，市长许勤在谋划 2013 年经济工作时，首次提出发展"湾区经济"。其中，前海开发开放是湾区经济发展的战略重点。

• 2014 年，湾区经济首次被纳入深圳市政府工作报告，报告提出，深圳将依托毗邻香港、背靠珠三角、地处亚太主航道优势，重点打造前海湾、深圳湾、大鹏湾、大亚湾等湾区产业集群，构建"湾区经济"

• 2015 年 3 月，国务院发布的《推动共建丝绸之路经济带和 21 世纪海上丝绸之路的愿景与行动》，提出了要充分发挥深圳前海、广州南沙、珠海横琴、福建平潭等开放合作区作用，深化与港澳台合作，打造粤港澳大湾区。

• 2015 年，国家"十三五"规划纲要中提出支持港澳在泛珠三角区域合作中发挥重要作用，推动粤港澳大湾区和跨省区重大合作平台建设。

• 2016 年，广东省在省政府工作报告中指出"开展珠三角城市升级行动，联手港澳打造粤港澳大湾区"。

• 2016 年 3 月 15 日，国务院印发《关于深化泛珠三角区域合作的指导意见》，围绕深化泛珠三角区域合作，提出了八项重点任务。

• 2016 年底，国家发展改革委印发《加快城市群规划编制工作的通知》提及，2017 年拟启动珠三角湾区城市群等规划编制。

• 2017 年 3 月 5 日，政府工作报告正式把"粤港澳大湾区"纳入其中。报告提出，要推动内地与港澳深化合作，研究制定粤港澳大湾区城市群发展规划，发挥港澳独特优势，提升在国家经济发展和对外开放中的地位与功能。

• 2017 年 3 月，国家发展改革委牵头研究编制《粤港澳大湾区城市群发展规划》。

• 2017 年 6 月 29 日，由广东省发展改革委、广东省港澳办、广东省社科院和南方财经全媒体集团共同发起组建粤港澳大湾区研究院在广州成立，粤港澳大湾区研究院将通过"政府＋媒体＋金融＋智库"的方式深化粤港澳合作，为大湾区经济发展提供智力支持，助推广东省构建开放型经济新体制。

• 2017 年 7 月 1 日，国家主席习近平在香港出席了《深化粤港澳合作推进大湾区建设框架协议》签署仪式。协议是由国家发展和改革委员会、广东省人民政府、香港特别行政区政府、澳门特别行政区政府四方协商一致制定，努力将粤港澳大湾区建设成为更具活力的经济区、宜居宜业宜游的优质生活圈和内地与港澳深度合作的示范区，携手打造国际一流湾区和世界级城市群。

• 2017 年 7 月 7 日，港珠澳大桥主体工程全线贯通，粤港澳半小时超级城市群经济圈加快形成，世界级大湾区加速起航。

下　篇

展望篇

第十一章

面向全国：提升广东的 辐射带动作用

1978 年是广东万物开泰之年，作为改革开放的"窗口"和"试验田"，40 年来，广东"摸着石头过河"，以改革为魂，以开放为基，从农村到城市，从试点到推广，从经济体制改革到全面深化改革，不仅使广东自身始终挺立在时代发展的潮头，也为全国提供了无数宝贵的探索经验。

2018 年，广东迎来了改革开放四十不惑之年，站在新的起点，广东将开启新的征程。广东不仅将坚持全省一盘棋，勇闯改革深水区，推进珠三角优化和粤东西北振兴同步发展；还将面向全国，充分发挥广东对泛珠三角区域乃至全国的辐射带动作用，续写改革开放的史诗新篇。

第一节　广东四大区域：协调均衡 发展的未来之路

一　"最穷最富都在广东"的坊间戏言

广东省按地理位置和经济特点可以划分为珠三角与东翼、西翼和山区四个经济区，而东翼、西翼和山区又可统一划入非珠三角地区（图11—1）。珠江三角洲包括广州市、深圳市、珠海市、佛山市、江门市、东莞市、中山市、惠州市和肇庆市共九个城市，总面积 54754

平方公里，占全省面积的 30.5%，属经济发达地区。东翼四市包括汕头市、汕尾市、潮州市和揭阳市，总面积 15462 平方公里，占全省面积的 8.6%。西翼三市包括湛江市、茂名市和阳江市，总面积 32644 平方公里，占全省面积的 18.2%。山区五市包括韶关市、河源市、梅州市、清远市和云浮市，总面积 76751 平方公里，占全省面积的 42.7%。

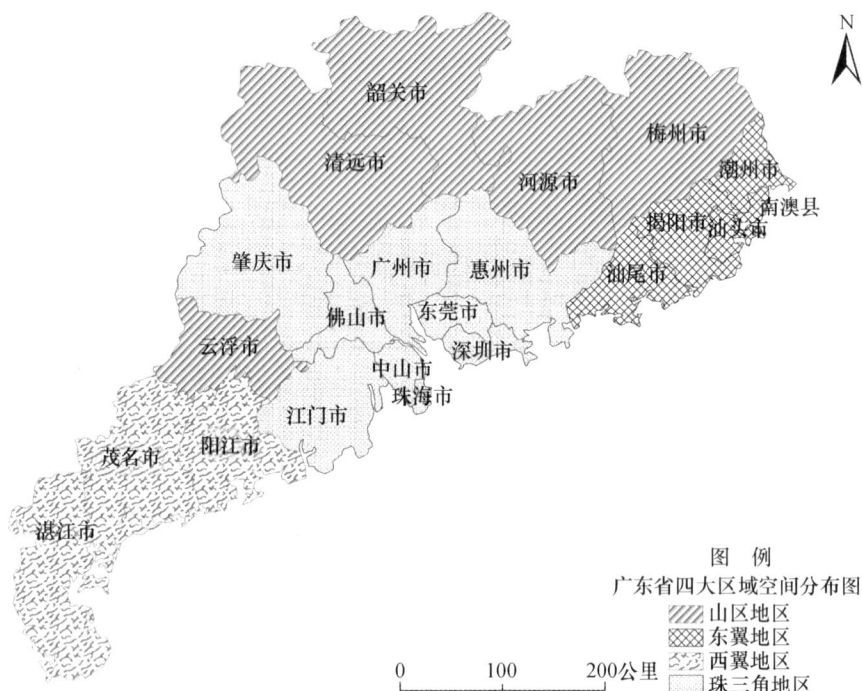

图 11—1　广东四大经济区域

从省内区域差异来看，广东发达区域仅集中在珠三角地区。根据统计数据，在占全省 69.5% 的东翼、西翼和山区，整体经济实力较为薄弱，2017 年 GDP 总值为 19345.36 亿元，在全省所占份额为 21.5%。粤东西北的 GDP 总和仅为珠三角的 1/4。三个地区 12 个城市的 GDP 总值比广州或深圳单独一个城市都低。其中，东翼和西翼的资源、生产力发展水平处于中游，而北部山区的自然环境、资源状况、社会科技、基础设施等方面都比较落后，也是广东贫困人口较为集中的地区。

（一）率先改革开放和一线城市辐射带动成就的珠三角经济奇迹

1. 经济总量（GDP）

改革开放以来，广东省珠三角、东翼、西翼和山区的 GDP 都大幅度增长，特别是珠三角的 GDP 总量远高于东翼、西翼和山区。1980 年，珠三角、东翼、西翼和山区的 GDP 总量分别为 120.34 亿元、15.57 亿元、31.24 亿元和 22.34 亿元，占全省 GDP 比重分别为 64%、8%、16% 和 12%；到 2000 年，四大区域的 GDP 总量分别增长为 8422.25 亿元、1067.61 亿元、951.37 亿元和 756.06 亿元，占全省 GDP 比重分别为 75%、10%、8% 和 7%；2000 年之后，珠三角 GDP 占全省 GDP 比重基本稳定在 80% 左右，东翼、西翼和山区分别为 8%、7% 和 6% 左右。到 2017 年，珠三角九市 GDP 总量为 75809.74 亿元，分别是东翼、西翼和山区的 11.79 倍、10.59 倍和 13.17 倍，是三者之和的 3.92 倍。珠三角地区 GDP 总量占全省比重达 84.35%，东翼、西翼和山区分别占 7.16%、7.96% 和 6.41%（图 11—2）。从数据可见，非珠三角地区中，东翼地区比重总体下降，从 2000 年的 10% 下降到 7% 左右，被原来三者排名第二的西翼超过，山区仍然排在第三，但其与东翼的差距在逐年缩小。

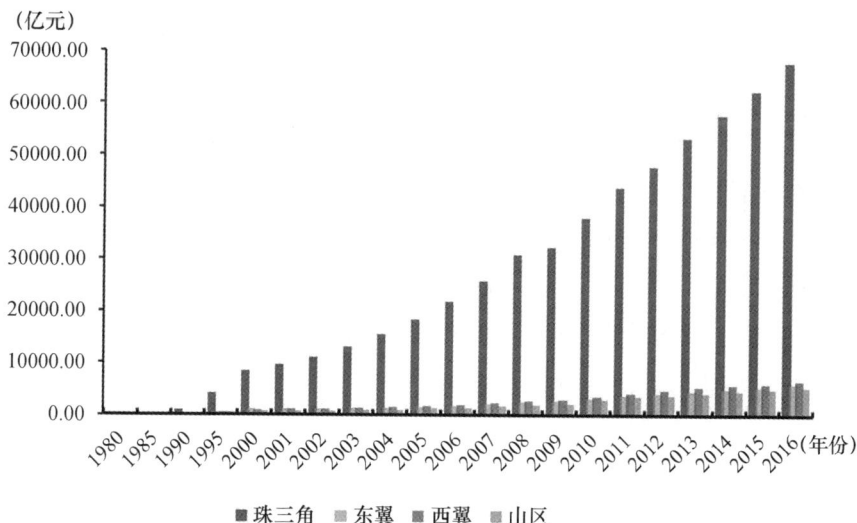

图 11—2　广东四大区域 GDP 总量对比

珠三角与其他区域人均 GDP 差距先升后降。2000 年以来，广东省最富的珠三角地区与其他区域的人均 GDP 之比形成一个先升后降的过程，现在处于下降趋势。2000—2005 年，珠三角地区与山区的人均 GDP 比一直在扩大，至 2005 年这一比值达到最大，为 4.5。近年来，随着产业双转移的实施以及地方帮扶政策的推动，山区经济发展较快，使得这一比值一直处于下降状态。珠三角地区的人均 GDP 与东、西两翼地区的比例，也经历了先升后降的过程，最高值均出现于 2007 年，分别为 4.17 和 3.55。2016 年，珠三角人均 GDP 达 114281 元，高于长三角 16 市平均水平（11.12 万元），按当年汇率计算达 17205 美元，按照世卫组织 2016 年最新划分标准，跨越 17000 美元，已经进入高收入国家地区水平；而其他三个区域人均 GDP 相对较低，东翼、西翼、粤北山区分别为 5124 美元、6155 美元、4809 美元，仅为珠三角的 1/3 左右，且低于全国平均水平，区域差异明显。

2017 年，广东省 21 个地级市中，GDP 超过 5000 亿元的有广州、深圳、佛山、东莞四个，全部为珠三角城市。GDP 超过 2000 亿元的城市有 13 个，珠三角九市全部入围，非珠三角地区有四个城市入围，而且排名都较靠后。西翼入围城市为茂名、湛江，排名分别为第七、第八位，东翼入围城市汕头、揭阳，排名分别为第十一、第十三位。山区五市 GDP 总量没有超过 2000 亿元的，最高的是清远市 1500.9 亿元，排名第十五位。排名第一的深圳 GDP 总量 22438.39 亿元，是排名最末位云浮 840.03 亿元的 26.71 倍。

通过 2017 年全省 21 个地级市人均 GDP 总排名，珠三角地区九个城市均排在前列（西翼的阳江超过肇庆），广州、深圳、珠海、佛山、中山五市人均 GDP 都超过了 10 万元，东翼、西翼及山区城市排名较靠后，尤其是山区的梅州市排在最后，人均 GDP 只有 2.58 万元，是排名第一位深圳（18.31 万元）的 14.09%。

通过对四大区域内部城市之间 GDP 和人均 GDP 的比较，我们也可以看出区域中心城市辐射带动作用的强弱。在珠三角地区，广深两个一线城市的带动作用明显。而对于东翼地区，中心城市的汕头带动能力较弱，GDP 总量 2013—2015 年被揭阳超越；2016 年和 2017 年，虽然汕头的 GDP 总量超过了揭阳，但两市之间的差距并不大。类似的现象也存在于西翼和山区。西翼的中心城市茂名与湛江的经济总量接近，山区的中心城市韶关与清远的经济总量接近，中心城市地位不突出，区域内部没有形成增长极。

广东区域内部发展的不平衡现象与不同地区的经济增长模式是密切相关的。多年来广东的外向经济联系基本上发生在珠三角地区。由于率先实行改革开放，引进以香港资本为主体的各类外资，珠三角经济区的各市县在 20 世纪 80 年代至 90 年代初期不同程度地开始了经济起飞。经济的快速发展促成了珠三角城市群的形成，而非珠三角地区外向经济联系非常有限，加上珠三角地区的经济辐射能力并不强劲，粤东西北地区的中心城市带动作用也不突出，导致非珠三角地区在改革开放启动后一段相当长的时期内，发展都相对缓慢。现在珠三角已呈现典型的工业化成熟期的产业结构特征，非珠三角地区第一产业比重仍较高，还处于工业化起步或中期阶段。

2. 固定资产投资

改革开放以来，广东四大区域的固定资产投资总额都快速增加，珠三角的固定资产投资总额最高，远高于东西两翼和山区，东翼固定资产投资总额次之。1980 年珠三角、东翼、西翼和山区的固定资产投资总额分别为 16.09 亿元、15.57 亿元、4.24 亿元和 1.40 亿元；到 2016 年，分别达到 22321.24 亿元、5893.19 亿元、3298.27 亿元和 3217.21 亿元，分别占全省固定资产投资额的 64%、17%、9% 和 9%，珠三角的固定资产投资总额占全省总额的一半以上（图 11—3）。珠三角地区的固定资产投资规模与其他地区的差异要小于 GDP 方面的差异。固定资产投资历来被认为是拉动当前经济增长和长远经济发展的关键要素，这也是近年来山区五市发展势头见好的重要推动力。

3. 社会消费品零售总额

改革开放以来，广东四大区域的社会消费品零售总额都快速增加，珠三角的社会消费品零售总额最高，远高于东西两翼和山区，东翼社

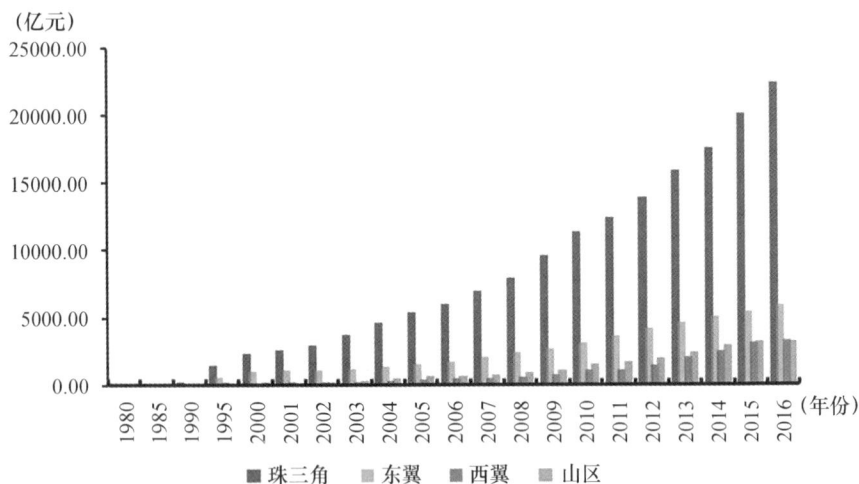

(亿元)

图11—3　广东四大区域固定资产投资总额对比

会消费品零售总额次之，其次是西翼，山区最少。1980年，珠三角、东翼、西翼和山区的社会消费品零售总额分别为56.46亿元、15.57亿元、11.76亿元和5.89亿元；到2016年，分别达到25048.68亿元、5893.19亿元、3407.67亿元和2767.44亿元，分别占全省社会消费品零售总额的67%、16%、9%和7%，珠三角的社会消费品零售总额超过全省总额的一半以上（图11—4）。

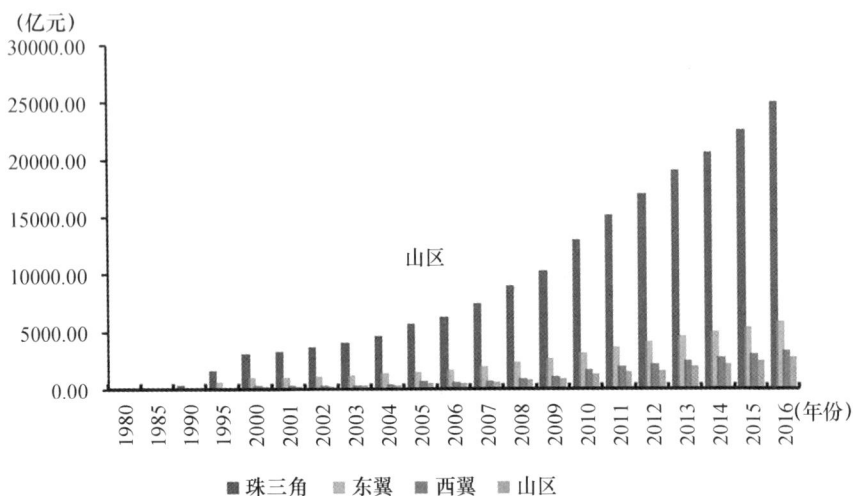

(亿元)

图11—4　广东四大区域社会消费品零售总额对比

4. 地方公共财政预算收支

改革开放以来，地方公共财政预算收入和支出都大幅增加，这与改革开放之后经济飞速发展相关。1980年，珠三角、东翼、西翼和山区的地方公共财政预算收入分别为24.35亿元、15.57亿元、4.17亿元和1.67亿元，支出分别为9.29亿元、15.57亿元、1.98亿元和1.21亿元；2016年，珠三角、东翼、西翼和山区的地方公共财政预算收入分别为7748.78亿元、285.91亿元、471.20亿元和412.46亿元，支出分别为10186.34亿元、916.26亿元、990.60亿元和1418.26亿元，珠三角的财政收支远高于东翼、西翼和山区（图11—5、图11—6）。

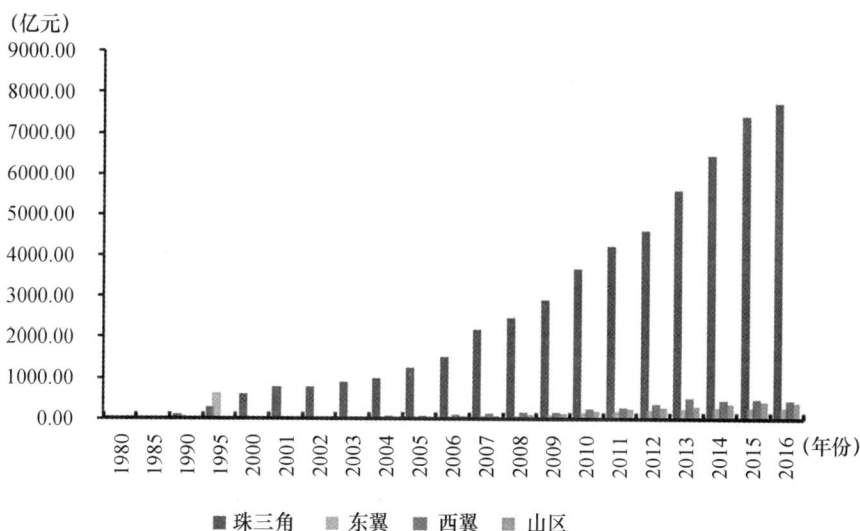

图11—5　广东四大区域地方公共财政预算收入对比

5. 交通运输情况

改革开放以来，随着公路、铁路网的完善，特别是高铁的发展，广东省四大区域的客运量（图11—7）、旅客周转量（图11—8）、货运量（图11—9）以及货运周转量（图11—10）都快速增加。其中，珠三角的客运量和货运量最多，远超过其他地区，这与珠三角经济活

（亿元）

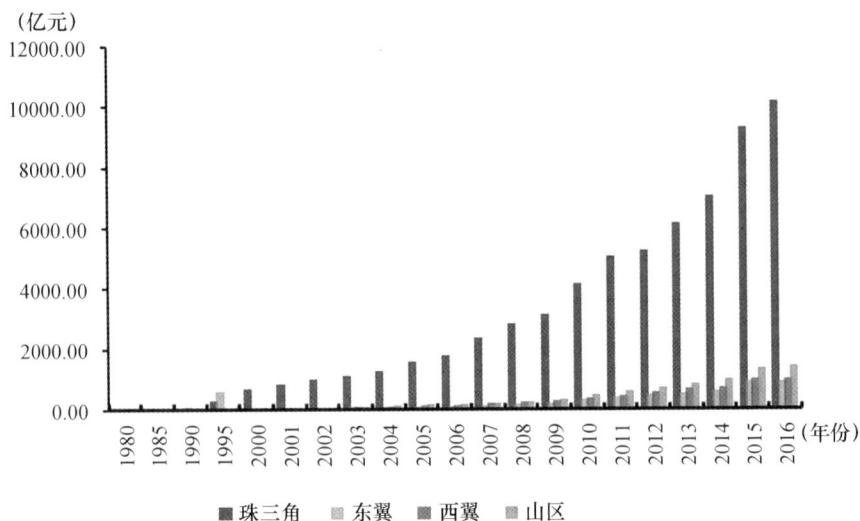

图11—6　广东四大区域地方公共财政预算支出对比

力最强、物流业和旅游业比较发达等因素密切相关。2016 年，珠三角的客运量和货运量分别达到 150710.79 万人、233094.67 万吨，而东翼、西翼和山区的客运量和货运量分别为 7948.00 万人和 17470.00 万吨、16661.19 万人和 45385.09 万吨、17895.00 万人和 54599.00 万吨。

（万人）

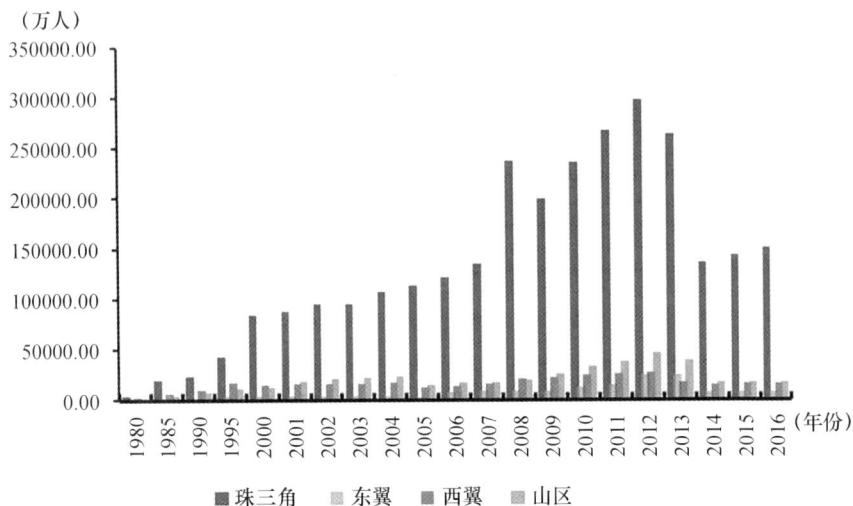

图11—7　广东四大区域客运量对比

(亿人公里)

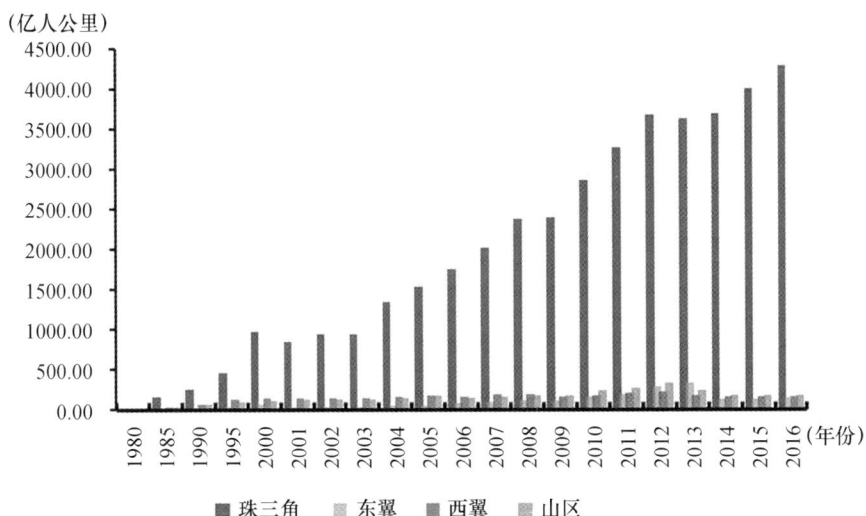

■珠三角　东翼　■西翼　山区

图 11—8　广东四大区域旅客周转量对比

(万吨)

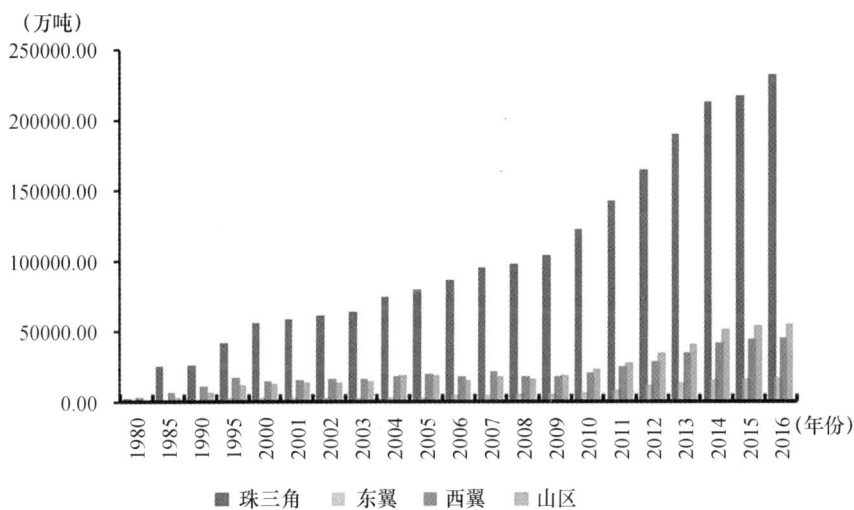

■珠三角　东翼　■西翼　山区

图 11—9　广东四大区域货运量对比

6. 邮电业务总量

改革开放以来，邮电业务发展迅速，其中珠三角的邮电业务总量远高于东翼、西翼和山区；1980 年，四大区域的邮电业务总量仅为几千万元；到 2016 年，珠三角、东翼、西翼和山区邮电业务总量分别达到 4492.94 亿元、567.99 亿元、369.60 亿元和 342.60 亿元（图 11—11）。

（亿吨公里）

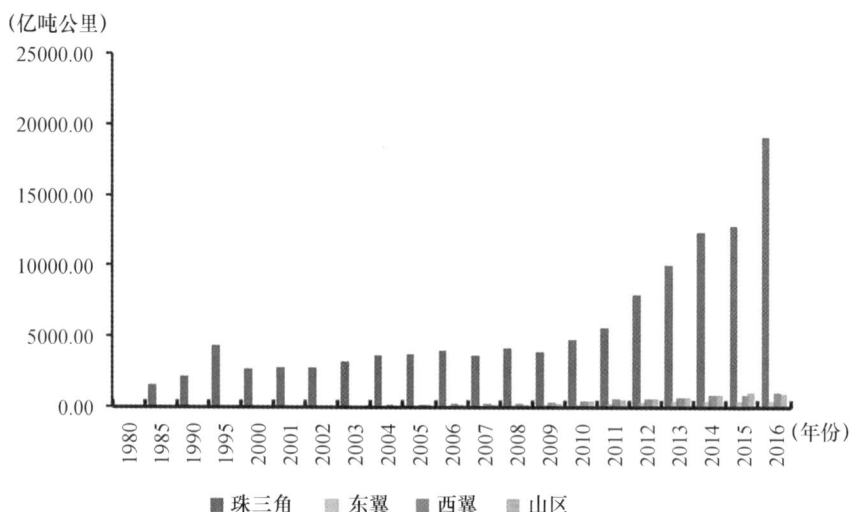

图 11—10 广东四大区域货物周转量对比

（亿元）

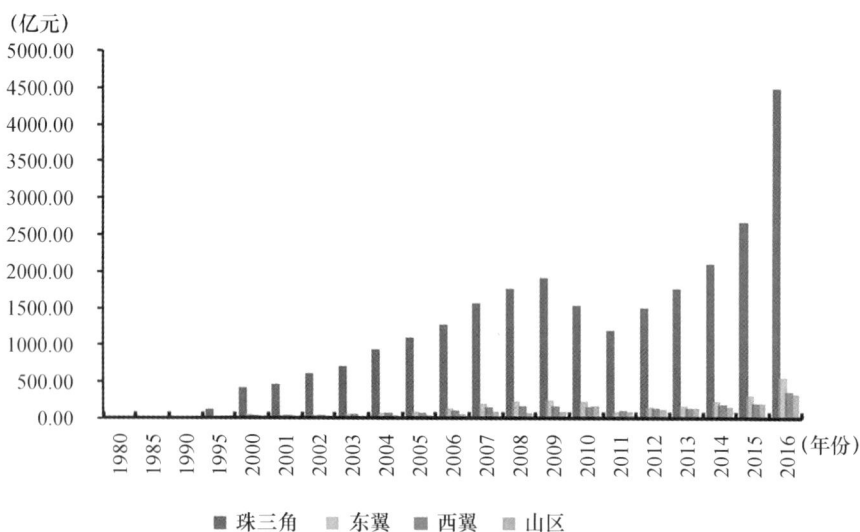

图 11—11 广东四大区域邮电业务总量对比

7. 旅游情况

改革开放以来，随着经济的快速发展，旅游业也发展迅速，旅游外汇收入和国内旅游收入快速增加，其中珠三角远高于东翼、西翼和山区；1980 年旅游外汇收入仅为几百万美元，到 2016 年，珠三角、东翼、

西翼和山区的旅游外汇收入分别达到279.37亿美元、6.27亿美元、1.42
亿美元和13.28亿美元（图11—12），国内旅游收入分别达到4316.90亿
元、639.82亿元、797.84亿元和834.53亿元（图11—13）。

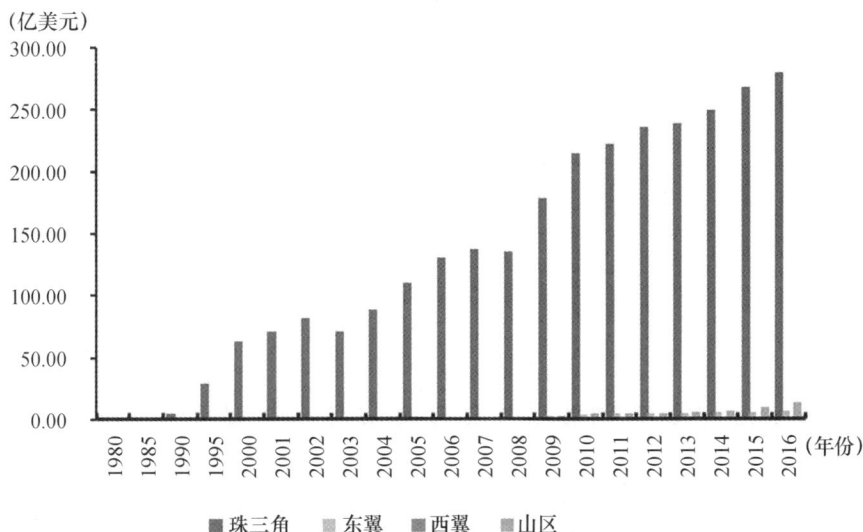

图11—12　广东四大区域旅游外汇收入对比

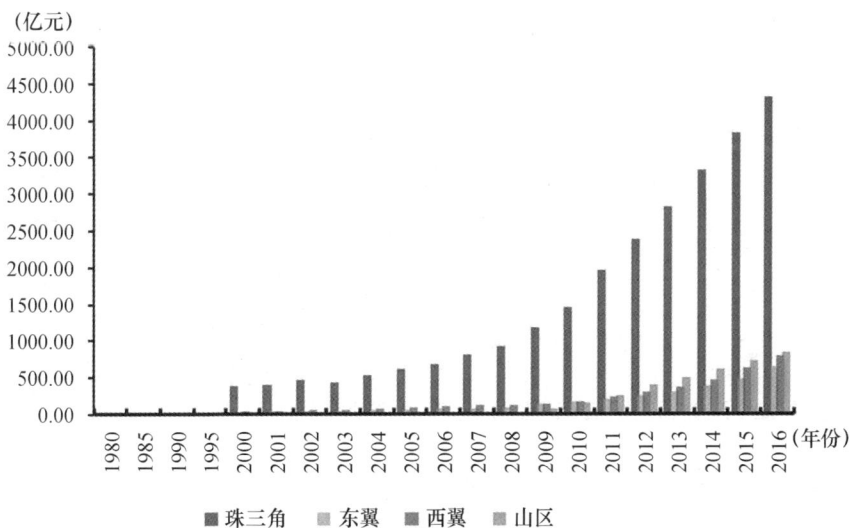

图11—13　广东四大区域国内旅游收入对比

（二）珠三角工业化进程遥遥领先于非珠三角地区

改革开放以来，四大区域的第一产业占 GDP 比重逐年下降，二、三产业占 GDP 比重逐年上升。

1980 年，珠三角、东翼、西翼和山区第一产业占 GDP 比重分别为 31.09%、35.43%、51.45% 和 38.73%；2000 年，这一比重降低为 9.97%、21.04%、32.52% 和 33.15%；到 2016 年，降低为 3.93%、9.36%、17.69% 和 16.07%，珠三角第一产业比重最低，西翼和山区第一产业比重相对较高（图 11—14）。

1980 年，珠三角、东翼、西翼和山区第二产业占 GDP 比重分别为 41.08%、28.81%、30.09% 和 38.26%，到 2016 年这一比重变为 47.30%、50.55%、39.75% 和 38.70%，东翼第二产业比重最高。其中，四大区域的工业增加值占 GDP 比重逐年上升，由 1980 年的 30.76%、21.57%、28.69% 和 33.58% 增长到 2016 年的 44.56%、46.88%、35.85% 和 33.87%，东翼工业增加值比重最高（图 11—15）。可见，非珠三角地区经济增长仍主要依靠第二产业拉动，第二产业发展领先第三产业，工业化进程在不断加快，2016 年非珠三角地区第二产业贡献率达到 38.5%。

1980 年，珠三角、东翼、西翼和山区第三产业占 GDP 比重分别为 27.83%、35.76%、18.46% 和 23.01%。进入"十二五"以来，珠三角第三产业保持了较快发展，在经济增长中的主导作用不断增强。珠三角第三产业增加值占 GDP 比重稳步上升，自 2010 年以来持续高于第二产业。到 2016 年，广东四大区域第三产业的比重增加到 48.76%、40.09%、42.56% 和 45.23%，珠三角第三产业比重最高，将近达到 50%，第三产业贡献率达到 61.9%（图 11—16）。

总体而言，目前珠三角地区整体处于工业化后期，产业发展较为充分，并向现代产业体系迈进。非珠三角地区工业化进程大体处于工业化中期阶段，明显落后于珠三角地区（图 11—17），有些指标甚至低于全国平均水平，发展还不够充分，工业化进程仍需加快。

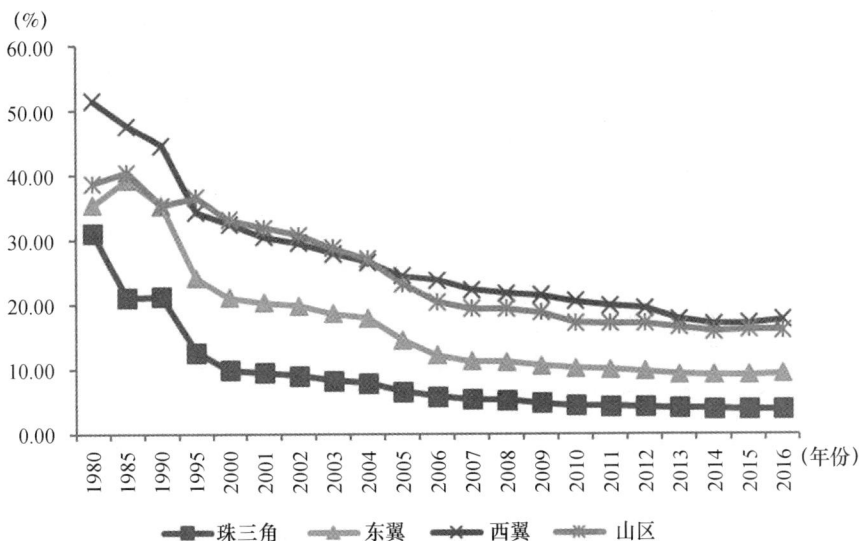

图11—14　广东四大区域第一产业产值占 GDP 比重对比

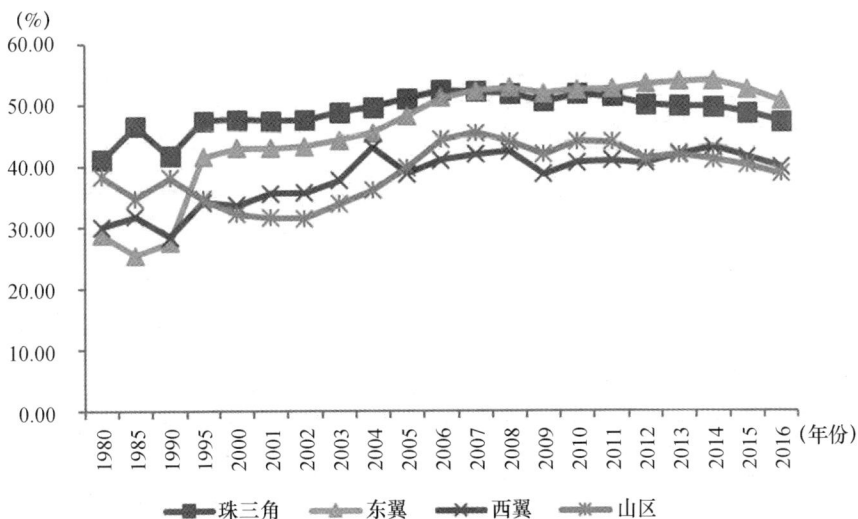

图11—15　广东四大区域第二产业产值占 GDP 比重对比

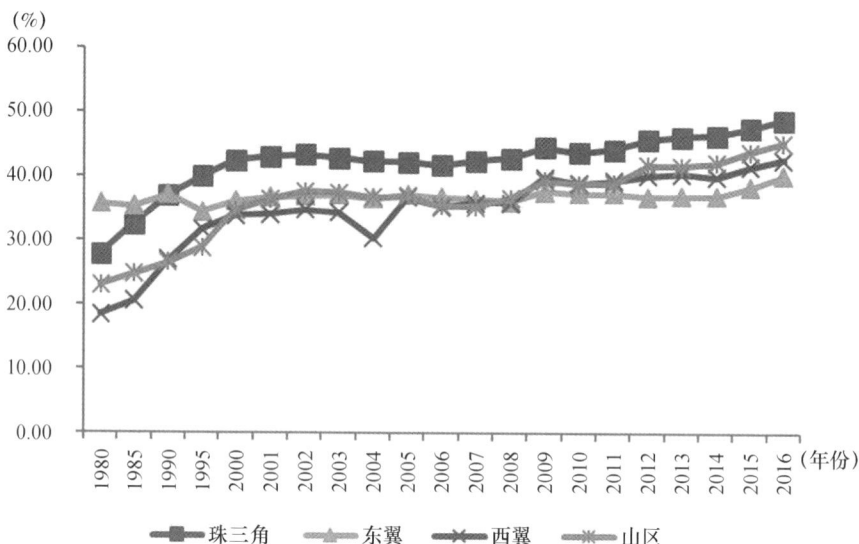

图 11—16　广东四大区域第三产业产值占 GDP 比重对比

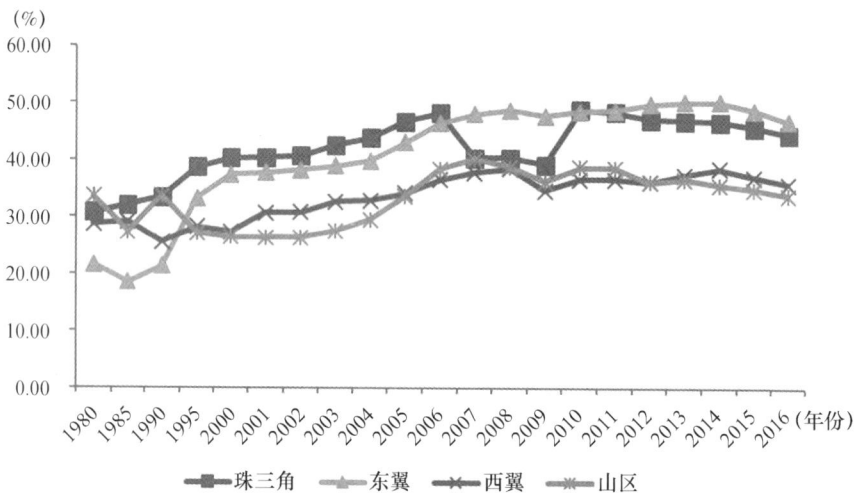

图 11—17　广东四大区域工业生产总值占 GDP 比重对比

（三）外商投资和进出口贸易高度集中于珠三角

从对外开放的程度来看，珠江三角洲与东西两翼和粤北山区的差距更加明显。由于过去 40 年的外商投资活动和进出口贸易活动主要集中在第二产业特别是工业上，而珠三角地区的工业化程度明显高于其他地区，因此全省的外商投资活动和进出口贸易活动高度集中于珠三角地区，并且不平衡的程度远高于经济产出总量和工业化的不平衡程度。

1. 进出口额

改革开放以来，特别是2000年以来，四大区域进出口总额都快速增加，其中珠三角和东翼的进出口总额增速快、总量大，西翼和山区的进出口总额相对较小。2000年珠三角、东翼、西翼和山区的进口总额为705.10亿美元、1067.62亿美元、10.46亿美元和3.90亿美元，出口总额为840.12亿美元、1067.61亿美元、19.25亿美元和9.68亿美元；到2016年，珠三角、东翼、西翼和山区的进口总额为3623.59亿美元、5893.19亿美元、139.02亿美元和32.19亿美元，出口总额为6337.11亿美元、5893.19亿美元、287.05亿美元和102.95亿美元，出口总额高于进口总额，处于贸易顺差（图11—18、图11—19）。

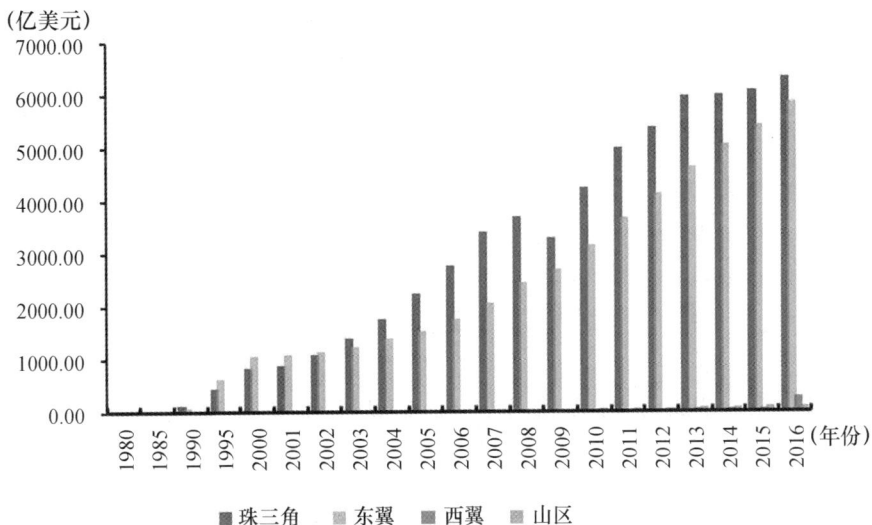

图11—18　广东四大区域出口总额对比

(亿美元)

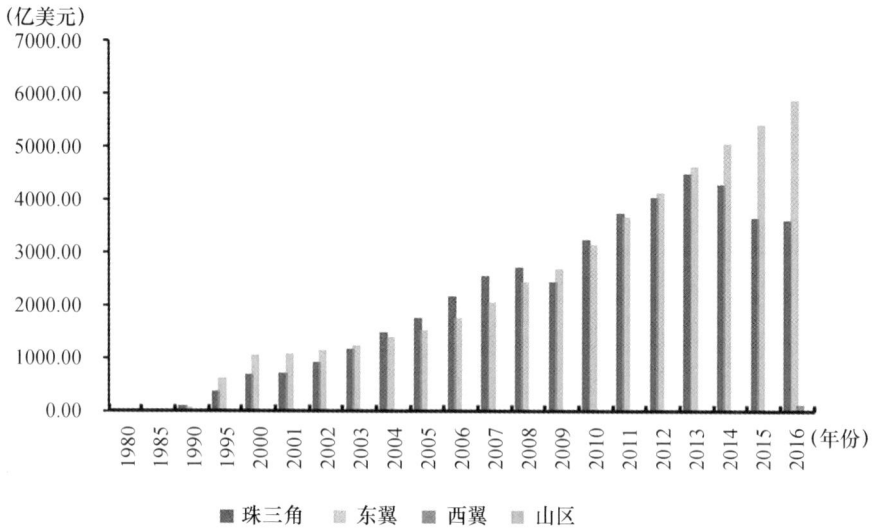

图 11—19　广东四大区域进口总额对比

2017 年，广东省出口总额为 42186.8 亿元，珠三角九市的出口总额达到 41255 亿元，占全省的比重高达 97.79%，而实际外商直接投资占全省比重也超过 90%，非珠三角地区仅占少量比重。排名第一的深圳出口总额为 16533.57 亿元，是广东唯一一个出口总额超过 1 万亿元的城市，占全省的比重达到 39.19%，是排名最末位山区城市韶关 76.3 亿元的 217 倍。这种外向程度上的差距，一方面强化了珠三角地区的对外联系程度，另一方面也弱化了珠三角和非珠三角地区的经济联动。

2. 外商直接投资和实际利用外资额

改革开放以来，特别是 2000 年以来，四大区域外商直接投资和实际利用外资额都快速增加，其中珠三角外商直接投资和实际利用外资额最高，东翼、西翼和山区的进出口总额相对较小。2000 年，珠三角、东翼、西翼和山区的外商直接投资为 75.53 亿美元、3.24 亿美元、0.98 亿美元和 2.05 亿美元，实际利用外资额分别为 115.68 亿美元、3.15 亿美元、2.13 亿美元和 6.62 亿美元；2016 年，珠三角、东翼、西翼和山区的外商直接投资为 772.50 亿美元、1.88 亿美元、3.59 亿美元和 8.78 亿美元，实际利用外资额分别为 129.62 亿美元、1.56

亿美元、4.32亿美元和3.53亿美元（图11—20、图11—21）。

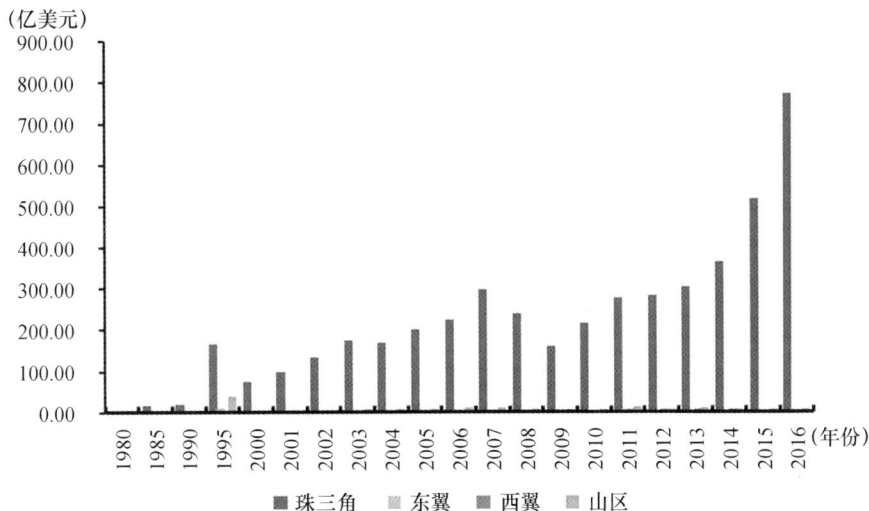

（亿美元）

图11—20 广东四大区域外商直接投资对比

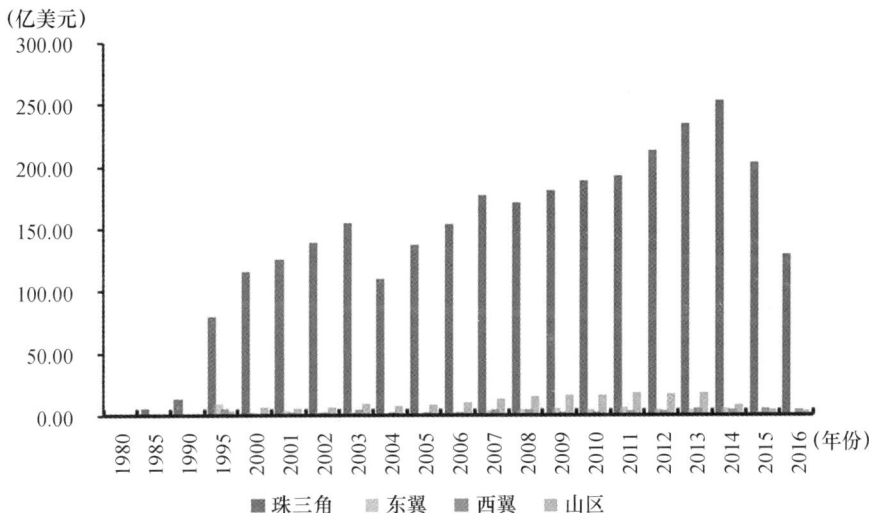

（亿美元）

图11—21 广东四大区域实际利用外资额对比

二 发达城市与羸弱乡村并存促成二元分化

（一）珠三角经济发展与外来人口集聚的相互推动

广东人口总量从改革开放开始快速增长，总体规模不断扩大。

2017 年，广东省常住人口达到了 1.12 亿人。1978 年中央实施改革开放政策，广东得改革开放之先，实行特殊政策和灵活措施，经济率先发展。广东大量引进外向型加工式企业，劳动力需求量大，吸引较多外省人到广东务工经商。人口增长分为自然增长和迁移增长两种形式，人口净迁入对广东人口增长起到了重要推动作用。

广东省人口地域分布差异较大，呈较明显的二元性，即珠三角地区与非珠三角地区。珠三角地区面积为 24437 平方公里，不到广东省面积的 14%，2017 年常住人口却达到了 6141.7 万人，占广东省人口的 55.0%。21 个城市中，广州和深圳人口位列头两位，分别为 1449.84 万人和 1252.83 万人。根据 2018 年广东省人民政府门户网站正式公布的《广东省人口发展规划（2017—2030 年）》，到 2020 年，全省超大城市、特大城市各有两座。其中超大城市为广州、深圳，而特大城市为佛山、东莞，规模等级为 500 万—1000 万人。

广东省人口分布地域差异受经济发展影响显著，改革开放以来广东经济发展提速，吸引大量外来人口来广东务工经商。珠三角地区为全省经济发展龙头，经济总量占全省比重不断上升，外来人口不断向珠三角地区集聚。不仅如此，在广东省内部也经历了人口由东翼、西翼、山区往珠三角地区迁移集聚的过程。1990—2000 年珠三角地区人口由 2369.93 万人，增长至 2000 年的 4289.78 万人，几乎增长了一倍，平均每年增长约 192 万人。2000 年至今人口增长相对放缓。广东省不同区域人口活跃程度也不同，珠三角地区人口活跃程度明显强于省内其他地区。通过对广东省各区域人口迁移情况分析发现，珠三角地区人口迁入和迁出数量都比其他地区大，珠三角地区是吸纳流动人口的主要地区，而东翼、西翼和山区都是人口输出地，净迁移为负值，表明有大量人口迁出。在珠三角一些地区，由于产业结构调整，净迁入率下降，导致非户籍人口减少。其中深圳市、东莞市近年来大量劳动密集型企业陆续外迁，外来务工人员减少，导致非户籍人口数量相应减少。

（二）产业转移加速非珠三角地区城镇化进程

改革开放 40 年来，广东省人口城镇化进程迅猛，城镇化水平居全国前列。广东改革开放前，严格限制农村人口进入城市，城市化发展缓慢，1978 年全省非农人口 823.23 万人，城市化率 16.3%。改革开放后，城市化进程加速发展，到 2017 年，广东城镇化水平达到了 69.85%。

广东省人口城镇化水平区域差异大，珠三角与非珠三角地区二元性特征明显。珠三角地区人口城镇化水平明显高于周边东翼、西翼和山区这三个区域。

1978 年以前，广东省整体城镇化水平较低，区域差异不大。改革开放以来，经济社会飞速发展，城镇化区域格局被打破，珠三角地区集聚越来越多的城镇人口。1978 年，广东省市辖区城镇人口超过 100 万人的特大城市只有广州一个，珠三角九个地级及地级以上市中，也只有广州市的城镇人口比重超过 50%，为 63.25%。随着改革开放深入发展，经济特区及珠江三角洲经济开放区设立，广东城镇建制改革逐步深化，城镇数量不断增加，非农人口不断增长，珠江三角洲的外资企业、乡镇企业和民营企业蓬勃发展，大量本省的农村劳动力和省外的劳动力向珠江三角洲城镇转移，使全省城镇化水平有了较大的提高，其中珠江三角洲地区的发展尤为突出。1990 年，珠三角城市城镇化率超过 50% 的有城市有广州、深圳、珠海三个，分别为 69.4%、64.87%、60.41%，同期东翼、西翼及山区地区城镇化水平最高的城市为湛江市，城镇化率为 31.65%。2000 年，珠三角九个城市有七个城镇化率超过 50%，广州、深圳和珠海均超过 80%，深圳市高达 92.46%；东翼地区城镇化率超过 50% 的有汕尾和汕头，分别为 52.58% 和 67%；山区韶关市为 51.13%。2010 年，珠三角城市城镇化率超过 60% 的有八个，其中超过 80% 的城市有六个；同期东翼城镇化率超过 50% 的城市有三个，汕头最高为 68.46%；山区韶关市城镇化率为 52.53%。

从近几年珠三角、东翼、西翼和山区的人口城镇化率来看，2010—2014 年，珠三角、东翼、西翼的人口城镇化率均高于山区。珠三角人口城镇化率最高，均在 80% 以上。东翼城市人口城镇化率在 57%—67%，2016 年区域城镇化率为 60.02%。西翼城市人口城镇化率在 42%—47%，2016 年区域城镇化率为 42.68%。山区人口城镇化率在 36%—48%，其中 2015—2016 年，山区人口城镇化率高于西翼 5% 左右（图 11—22）。近些年珠三角地区产业不断往省内其他地区转移，促进了东翼、西翼及山区的城镇化进程，西翼和山区的城镇化程度明显加快。2017 年，珠三角地区的城镇化水平达到了 84.59%，深圳的城镇化水平达到了 100%，佛山的城镇化水平达到了 94.96%。城镇化水平最低的城市是西翼的茂名，只有 41.9%。

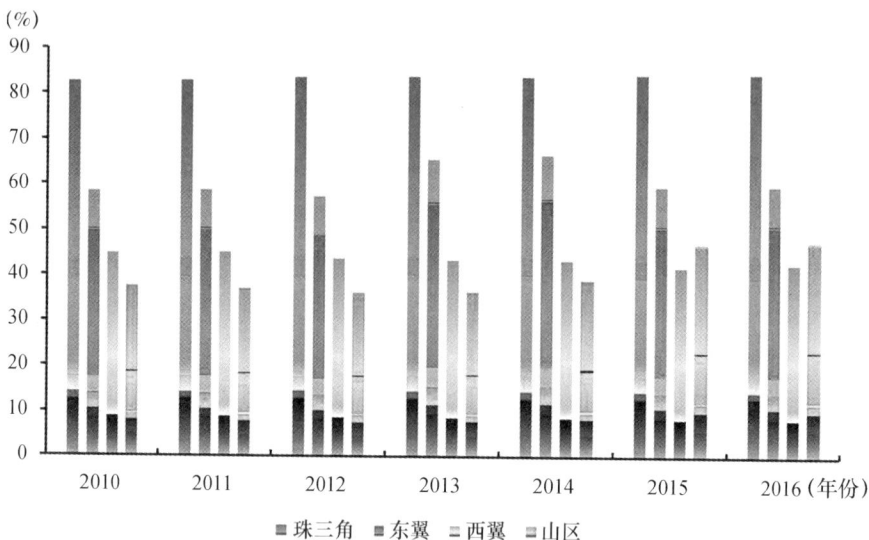

图 11—22　广东四大区域人口城镇化率对比

三　珠三角核心六市相互成就，群龙起舞

从前面对广东省内部四大区域经济发展水平、人口和城市化水平的比较，我们可以深切地体会到珠三角地区对广东改革开放 40 年来以及未来相当长时间内的经济引领和带头的重要功能和地位。我们将选取珠三角地区广州、深圳、珠海、东莞、佛山和中山六个经济发展水平最高和最具有特色的城市，回顾改革开放 40 年来各个城市发展的关键节点和事件，基于管理学经典的 SWOT 模型分析框架，从优势、劣势、机遇和挑战四个角度总结其发展的经验和战略，为新时期广东的城市和区域发展创造新的高度提供必要的理论指导。

（一）相辅相成，求同存异的城市发展道路

广东六大城市发展的优势之间是相辅相成、层层递进的。除了省会广州外，相对毗邻港澳的深圳市和珠海市由于优越的地理位置成为中国最早设立的经济特区，不仅享受到各种优惠政策对经济和城市发展的重要助力，也是最早引进外资的进入国际市场的地区。这些优势之间密切相连，共同推进了城市的迅速发展，也导致不同城市之间的发展模式具有显著的差别。

从区位优势上看，广州、深圳、珠海、东莞、佛山和中山这六个城市虽然都处于珠三角地区，具有毗邻港澳和国际市场，交通便利的特点，但是深圳由于最接近香港，改革开放起步最早，最充分地把本身的土地和劳动力优势和香港的资金和技术通过各种创新的经济特区优惠政策结合起来，先行先试，从而实现经济社会发展翻天覆地的变化。深圳通信设备转型升级，互联网服务迅速壮大，专利数量连年居全国首位，成为产品创新转化中心。目前深圳已经成为国际化的大都市，经济运行在高位上实现稳中向好，GDP 从 2010 年的 9510.91 亿元一下跃升至 2017 年的 2.24 万亿元，同比增长约 8.8%，位列全国大中城市第三位，超过了广州和香港。2017 年，深圳的人均可支配收入达到 52938 元，占据了广东省人均收入的榜首，成为当之无愧的改革开放领头羊。在 2018 年第一财经发布的《中国城市商业魅力排行榜》中，深圳的商业魅力指数超越了广州，在北上广深四大一线城市中位列第三。深圳的城市包容度和开放度以及所培育出的创新土壤，吸引了大量的高校学生和专业技术人员，使得它持久向上的生长力在全国一线城市梯队中更加凸显出来。

珠海距离澳门最近，也是最早设立的经济特区之一，与深圳类似，都是通过引进"三来一补"外资企业奠定发展基础。不同的是，珠海从创建经济特区之初就确立了发展经济不以牺牲环境为代价的指导思想，始终坚持践行生态文明，成为珠三角地区环境质量最好、土地开发强度最小、人口密度最合适、低端产业布局最少及社会最和谐、最平安的城市之一，通过良好的生态宜居环境和营商环境发展旅游业和相关产业，走出了一条不同于深圳的经济特区发展之路，2017 年正式荣升为中国二线城市。

广州虽然不是经济特区，但是作为广东的省会城市，自建城以来一直是珠江三角洲地区的政治、文化和外交中心，商贸基础雄厚，是海上丝绸之路的重要发祥地。第一次鸦片战争之后，香港成为西方技术、商品输入中国内地的桥头堡，同时也进一步强化了广州面向内陆港口的地位。近代，穗港双核，广州成为香港向内地的一个转运枢纽。目前，广州已经成为全球创新资源集聚地和创新产业的发展地，同时也是全球贸易体系中的重要枢纽中心，区域中心城市的地位也不断得到加强，2017 年人均可支配收入达到 50727.03 元，位列广东省第二位。

从城市联动上看，作为珠三角三个城市圈"广佛肇""深莞惠"和"珠中江"的中心城市，深圳、广州和珠海对周边的城市具有重要的辐射带动作用，广东区域一体化的程度也在不断提高。东莞、佛山和中山就是把中心城市的辐射和本身实际情况结合起来，促进制造业发展，从而通过不同的经济发展模式实现城市经济增长的典型案例（表 11—1）。

表 11—1 广东核心六市的优势和劣势比较

城市	广州	深圳	珠海	东莞	佛山	中山
定位	全球创新资源集聚地和创新产业发展地	改革开放的领头羊	生态文明新特区和科学发展示范市	吸引外资的核心者	乡镇企业的引领者	现代装备制造业基地和区域产业集群模范城市
优势（S）	广州自古是中国对外贸易的重要港口城市，拥有发达的对外商贸基础，海上丝绸之路的重要发祥地	深圳作为经济特区，享受税收优惠、扩大经营范围等政策优势，先行先试	珠海作为经济特区，享受税收优惠、扩大经营范围等政策优势，成为改革开放的"试验田"和"示范窗口"	东莞拥有重商、亲商、惠商、富商的优良传统和地域文化	佛山充分接受广州的辐射和带动，加快区域经济一体化和城市化进程	中山是全国重点侨乡，华侨港澳台同胞较多且往来密切，因而中山人民经济意识浓厚、商贸活动活跃、民营经济发达

城市	广州	深圳	珠海	东莞	佛山	中山
优势（S）	广州拥有毗邻港澳的区位优势，开放程度高，承接港澳和国外的资金和技术的转移	深圳毗邻香港，采取多形式、多渠道大规模引进资金、引进技术、引进人才	珠海毗邻港澳，拥有自贸试验区、港口、港珠澳大桥等优势	东莞是国际性对外加工基地，地处沿海、毗邻香港，深度参与国际产业分工	国家历史文化名城，中国古代四大名镇之一，国内闻名的"武术之乡"	中山毗邻港澳，在全球产业分工的背景下形成"前店后厂"和"内外联动"的布局
	广州通过开放城市优惠的招商引资及贸易政策，大量吸引外资并借以促进产业结构升级	深圳敢于突破体制障碍进行制度改革，在社会管理体制、国有企业改革、金融体制、医疗卫生体制等方面都积极进行改革探索	珠海拥有丰富的旅游资源，且成功由过境游城市转变成为目的地城市，旅游产品从单一化向多元化、品牌化转变	广东四小虎之首，被称为世界工厂，国际花园城市，全国文明城市		中山拥有具有亲商意识的服务型政府，配套服务完善，打造优质的营商环境
	广州通过早期丰富的土地和廉价的劳动力，并经过改革开放以来的发展，积累了雄厚的以化工制造业、汽车制造业和电子信息制造业为支柱的工业基础	深圳新兴产业发展迅速，新兴产业（七大战略性新兴产业和四大未来产业）实现增加值9183.55亿元，占GDP比重达到40.9%	珠海横琴设立自贸区，重点发展旅游休闲健康、商务金融服务、文化科教和高新技术等产业	东莞拥有产业集群和产业中心，涵盖电子、纺织、食品、服装、鞋业等领域	佛山形成家电、纺织服装、陶瓷及建材、金属加工及制品等传统支柱产业	中山拥有一批实力强劲的专业镇，涵盖灯饰、五金制品、家电等制造行业

城市	广州	深圳	珠海	东莞	佛山	中山
优势（S）	广州与周边区域存在良性联动，对珠三角的佛山、东莞、中山、惠州等城市存在强大的辐射效应	深圳拥有强大的创新实力，科技创新成果斐然，创新载体数量加速增长，良性循环的创新创业环境正在形成	珠海拥有丰富的港口资源发展海洋经济，共有国家一类口岸8个、国家二类口岸6个	东莞交通发达，广九铁路、广深准高速铁路、京九铁路、广梅汕铁路在境内交会，拥有广深、莞深等多条高速公路，拥有国家一类口岸虎门港	佛山形成涵盖电子信息、新材料、光机电一体化、环保产业的高新技术产业集群	中山在高端装备制造业拥有较强的创新实力，全市拥有国家级创新平台8家，打造中山智造的品牌
劣势（W）	广州在互联网、金融等新兴行业上相较于其他一线城市起步较晚、发展较慢	深圳面临产业空心化的威胁。2017年深圳政协调研组指出，深圳制造业逐渐外迁，且外迁主体不再是低端落后的制造型企业，而是先进制造业，包括一些大中型企业	珠海民营经济基础比较薄弱，主要分布在传统行业，新兴行业的民营企业呈现"小散弱"特征；珠海大型龙头国有企业与民营经济之间，协同互动还不够，没有形成"以大带小、开枝散叶"的企业生态	东莞原有产业结构中存在企业规模小、产品档次低、技术含量低、经营粗放的问题	佛山大量低端制造业高科技含量偏低、面临转型压力，在经济规模总量、产业结构、发展效益、发展动力、创新人才数量等六组指标上与经济总量相近的宁波、无锡、东莞存在较大差距，亟须提高创新驱动程度	中山的专业镇处于低水平的产业集聚形态，出现了产业层次低下、重复建设、内耗式的同质化竞争严重等问题；中山以镇区为主导的发展模式对高端要素的吸引力和承载力不足，难以继续落实创新驱动发展

东莞深度参与国际产业分工，成为吸引外资的核心者和中国嵌入型专业镇发展模式的典型代表。2017 年，东莞的人均可支配收入达到 45464 元，位列广东省第四位。在 2018 年发布的《中国城市商业魅力排行榜》中，东莞作为广东唯一一个跻身 15 个"新一线城市"之列的城市，显示出了比较强的经济效益和社会产出潜力。

佛山充分接受广州的辐射和带动，成为乡镇企业的引领者，传统支柱产业和高新技术产业集群都得到了迅速的发展，大力建构珠江西岸地区装备产业发展高地。2017 年，佛山的人均可支配收入达到了 45800 元，位列广东省第三位，仅次于广州和深圳。中山充分利用侨乡优势和本地的廉价劳动力资源，参与全球产业分工，发展民营经济。作为广东省专业镇比例最高的城市和中国内生型专业镇发展模式的典型代表，中山已经成为珠江西岸现代装备制造业基地和区域产业集群模范城市。

从城市劣势上看，在改革开放 40 年的发展历程中，广东六大城市的劣势，存在很多的共性。这些劣势有一些通过地方政府的努力得到了一定程度的缓解，但也有一些是改革开放和经济发展带来的副产品，如产业结构的固化、自主创新驱动力的缺乏、第三产业发展水平不高和工业发展带来的环境污染和营商环境水平较低等。在广东未来的发展中，我们必须通过经济模式和产业结构的优化升级去逐步地解决这些存在的问题，实现广东区域的新发展。

（二）大浪淘沙，新时代赋予核心六市黄金机遇

经过改革开放的激荡 40 年，广东已经进入了粤港澳大湾区和自贸区的新时代，每一块区域都不可避免地融入时代向前的滚滚洪流中，广东的核心六市也将各尽所能，充分地利用好时代赋予的黄金机遇，不断促进城市的经济发展，创造新的辉煌。

在新的时代，可以预见，广州、深圳和珠海将继续走在利用国家政策发展区域经济的最前端。一方面，广州、深圳和珠海将依托于 2014 年设立的中国（广东）自由贸易试验区中广州南沙自由贸易试验

区新区、深圳蛇口片区和珠海横琴新片区三块区域，依靠港澳台、服务内地、面向世界，成为广东深度合作示范区、21 世纪海上丝绸之路等重要枢纽，以及全国新一轮改革开放先行地。国家启动的大前海金融试验区及其他重大的国家改革试验任务也足以表明，未来的粤港澳大湾区融合中，深圳将成为以产业创新驱动的、引领大湾区发展的核心城市以及中国新经济发动机。

另一方面，横琴国家级新区的成立虽然只有不到十年的时间，但是近几年来，自贸区和港珠澳大桥机遇的叠加，使得珠海的改革发展和港珠澳的合作深度得到了极大的拓展，这是作为未来唯一与港澳陆桥相连的陆上城市所享有的独一无二的优势。新的制度和措施不断地在横琴出台和落实，并以横琴为引擎，带动整个珠海市的经济发展。2009 年 6 月，中央批准澳门大学建立珠海横琴校区，并授权澳门特区政府在新校区内实施澳门法律和行政体系。这开创了珠澳合作的一种新的模式，揭开了"一国两制"的新篇章。

广东核心六市发展的另一个重要的机遇就是 2008 年底上升为国家战略的珠三角一体化。2009 年，深莞惠、珠中江及广佛肇 9 个城市分别签署了三大区域紧密合作框架协议。自此"珠三角"城市细分成三个经济圈："广佛肇""深莞惠"和"珠中江"。经济圈内城市的紧密合作和经济一体化，有利于资源的共享和优势互补，缓解珠三角城市一直存在的同质化竞争和资源浪费的问题，促进产业的错位融合发展。从城市空间上看，广佛同城化已经成为现实，形成"广佛都市圈"，港深莞三城也基本连成一片，而位于珠江西岸的珠中江三市虽然一体化程度还不高，还远未形成都市连绵区，但是随着"珠中江阳经济圈"建设部署的逐步落实，经济一体化的程度也将持续提高（表 11—2）。

表11—2 　　　　　　　　广东核心六市的机遇和挑战比较

城市	广州	深圳	珠海	东莞	佛山	中山
机遇(O)	粤港澳大湾区的战略下，广州市作为核心城市，有机会向全球城市跃进	粤港澳大湾区的战略下，深圳市作为核心城市，有机会向全球城市跃进	粤港澳大湾区的战略下，珠海市是重要的节点城市，承担连接港澳的桥头堡作用	深莞惠一体化将形成产业与资源的整合，深圳的金融、科技、人才资源向莞惠辐射，莞惠两市在土地资源、制造业、重化工企业等领域与深圳互补互利	佛山所处的"广佛都市圈""广佛肇经济圈""珠江—西江经济带"将带来辐射效应和协同效应	粤港澳大湾区的建设将加强基础设施互联互通、打造全球创新高地、培育利益共享的产业价值链，中山市是重要的节点城市
	新能源汽车与生物科技等广州优势产业成为国家重点布局的《中国制造2025》涵盖的重点领域	互联网与IT产业发展前景广阔		莞港澳将在产业升级、服务业及城市建设管理上持续合作，东莞大力推动莞港两地的科技与经贸合作		珠江西岸先进装备制造产业带和珠中江阳区域的建设，扩大了各市在产业协作、交通设施、医疗互通、环境共治等领域的前景
				粤港澳大湾区的建设将加强基础设施互联互通、打造全球创新高地、培育利益共享的产业价值链，东莞市是其中的重要城市		毗邻中山的珠海横琴挂牌自由贸易试验区

续表

城市	广州	深圳	珠海	东莞	佛山	中山
挑战（T）	广州中心城市的地位受到深圳的威胁，在人才、资金等资源上相互竞争；实体经济和传统行业的不景气给广州的经济发展带来挑战	所处的珠三角地区属于多核结构，广州、香港等城市和深圳存在发展方向重叠、相互竞争的情况	珠江西岸发展水平相近，建设方向重叠，珠海市核心城市和交通枢纽的地位时刻受到冲击	加工贸易企业利润较薄，易受国外市场影响，且面临来自东南亚企业的竞争	珠江西岸发展水平相近，建设方向重叠，一体化水平较低，存在竞争	珠江西岸发展水平相近，建设方向重叠，一体化水平较低，存在竞争

广东改革开放的40年，是区域发展的40年，也是城市腾飞的40年，"深圳速度""东莞奇迹"，这一个个的辉煌背后，都是一代代广东人的探索和努力。每一个城市，每一个群体，都在广东区域发展的历程中写下了浓墨重彩的一笔。在笔者总结的广东核心六市发展大事记中，可以清晰地窥见一个个改变历史发展轨迹的转折点，城市新定位的确立，新政策的出台，新成绩的创造。在这些重要事件中，我们也可以总结出一些共性，经济特区、新区、自贸区等的设立，还有各个城市的行政改制和城市扩容、空间优化、定位调整等。

虽然不同的城市发展过程和速度不同，但是改革开放、创新自强的主旋律贯穿了这跌宕起伏的40年。未来，广东还将继续利用机遇，继往开来，一直作为中国改革开放的"试验田"和"示范窗口"，迎来区域发展新的高度。

第二节　珠三角：引领中国经济快速发展的核心经济区

地处广东省的珠三角地区是引领中国经济快速发展的三大核心经济

区之一，与长三角和京津冀经济区相比，拥有独特的区位优势和政策优势，其形成与发展过程中也具有其鲜明的特点。素有"南海明珠"之称的珠三角自改革开放以来取得了辉煌的成就，但其发展过程中也存在诸多问题。"以人为镜，可以明得失"，城市与区域的发展亦如此。本节将通过与长三角和京津冀的比较来分析珠三角区域发展的特点、优势和存在的问题，以此来探索未来珠三角经济区进一步发展的方向。

一　中国三大核心经济区及其优劣势比较

（一）珠三角：中国最先快速发展起来的地区

珠江三角洲经济区（以下简称珠三角）是指由广东省珠江流域的包括广州、深圳、佛山、东莞、惠州、中山、珠海、江门和肇庆9个城市组成（图11—23）。1980年，国家正式设立深圳、珠海、汕头和厦门4个经济特区，在经济特区的带动下，珠三角成为中国最先快速发展起来的地区。数万港澳客商陆续到毗邻珠三角地区投资办厂，使之发展成为全球重要的制造业基地。珠三角的发展模式是建立在与中国港澳以及东南亚地区紧密联系的外向型经济模式基础上，直接参与国际产业链的循环；以低端劳动密集型制造业发家，依赖大量的廉价劳动力。随着多年来经济的高速增长，现在珠三角许多城市逐渐受到能源不足、环境压力、劳动力成本上升的困扰，成本优势、政策优势

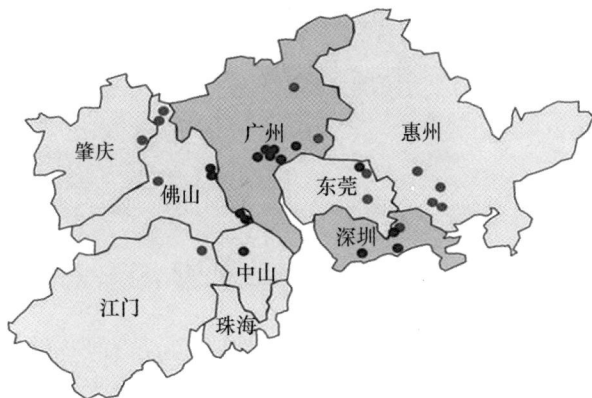

图11—23　珠三角城市群

和地理优势都开始有所弱化。

（二）长三角：引进外资和消化吸收并重的发展模式

长江三角洲经济区（以下简称长三角），由上海，江苏省的南京、无锡、常州、苏州、南通、盐城、扬州、镇江、泰州，浙江省的杭州、宁波、嘉兴、湖州、绍兴、金华、舟山、台州，安徽省的合肥、芜湖、马鞍山、铜陵、安庆、滁州、池州、宣城 26 个城市组成（图 11—24）。长三角的崛起是在珠三角之后，20 世纪 90 年代初，以浦东开发为龙头，以集体经济和私营经济为主的"苏南模式"和"温州模式"相伴随，带动整个长三角地区上了一个新的台阶。上海作为长三角的核心城市，成为国内外投资者关注的"热土"，特别是跨国资本正大举向长三角地区转移，作为长三角经济中心的上海市日益发展成为大公司、大银行总部和研发中心的所在地，并加快朝着国际经济、金融、贸易和航运四大中心迈进，对周边的城市起了较强的辐射和拉动作用。

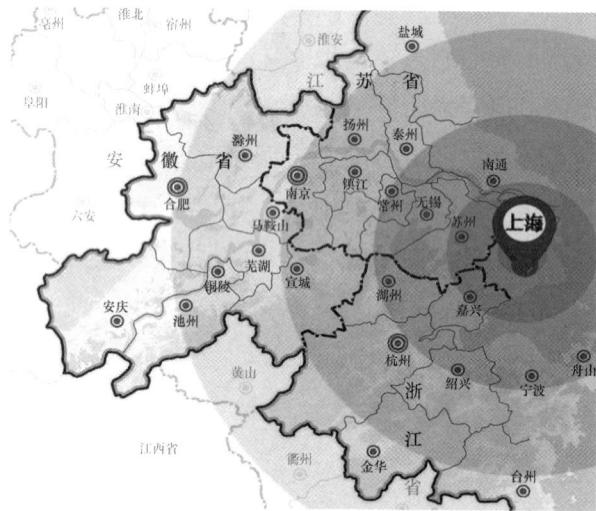

图 11—24　长三角城市群

长三角与珠三角相比，发展起点更高。在引进外资的同时，更注重消化吸收，不再是处于价值链的最低端，低技术含量、低产品附加值、高能耗、高污染的粗放增长模式也有所改变。长三角经济圈适时将"先

进制造业"作为区域产业发展的重点目标；上海提出要优先发展先进制
造业和现代物流业，浙江要建设先进制造业基地，江苏则要打造国际制
造业基地。这些战略有效地促进了长三角经济圈的产业结构升级。

（三）京津冀：中国的政治、文化、国际交流中心所在

京津冀经济区包括北京、天津和河北省的 11 个城市（图 11—
25）。京津冀经济圈的一体化发展启动较晚，经济联系较为松散。京津
冀都市圈是中国北方现代化程度较高的城市群和工业密集区，存在传统
产业比重较大、城乡二元结构突出、市场分割、资源环境压力大等问
题，与珠三角、长三角两大经济圈相比较为落后。但是，北京作为中国
的政治、文化、国际交流中心，赋予京津冀经济圈独特的优势。北京、
天津作为两个核心城市，拥有中国较强的科技创新能力，发展现代服务
业的潜力也十分巨大。京津冀经济圈需要进一步加强区域间合作，把科
技创新与一、二、三产业有效结合，以形成有特色的核心竞争力。

图 11—25　京津冀城市群

二　金融危机导致珠三角经济向"质量效益型"转变

（一）经济增长模式转变促使珠三角竞争力提升

与其他两大经济区相比，珠三角是改革开放之"先河"，一批新城市随之而兴；港澳回归，"一国两制"的制度，推进了城市化进程。长三角区位竞争力最高。以上海为核心，城市化水平整体较高。通过高新技术，打造世界性的新型制造业基地。京津冀聚集竞争力最高，这得益于现有体制下全国资源向都城的集中，以首都特有的政治文化为背景。

从国内生产总值同比增长速度来看，2008—2009 年，三大经济区的 GDP 增速出现了较大幅度的下降；2009—2010 年，出现了较大幅度的上升。这得益于国家刺激经济的政策出台。整体上，珠三角的 GDP 增速在 2008 年到 2012 年要低于长三角（图 11—26），这主要是因为珠三角外资企业和制造业出口企业较多，受金融危机的影响较大。2012 年后，珠三角的经济增速有所回升，且在 2013 年中增速达到最高。经济新常态背景下，珠三角地区率先转型升级，新旧动能转换效果明显，2016 全年 GDP 增长率为 8.3%，2015—2016 年，其 GDP 增速呈现稳中趋升态势。2013—2016 年，珠三角地区生产总值年均增速达 8.5%，对全省经济增长的贡献率达 78.9%。在经历了 GDP 整体增长趋势下降后，在 2015 年后珠三角地区经济显现回暖迹象，但在 2016 年，其增长速度均低于长三角和京津冀地区。在经济大环境不景气、外贸经济下滑以及转变经济增长方式和调整结构的背景下，珠三角经济增长逐渐由"速度扩张型"向"质量效益型"转变。

京津冀地区的增速一直较为落后，在 2016 年，京津冀的经济增速有了较大的回升，甚至超越了珠三角，这得益于"京津冀一体化"政策的推动。长三角自 20 世纪 90 年代，受浦东开发战略的影响而迅速崛起，虽然起步较晚，但由于产业门类齐全，轻重工业比例协调，因此长三角的后发优势明显。珠三角经济增长速度在 2008 年之后被长三角和京津冀超过，这标志着珠三角"技术在外、资本在外、市场在

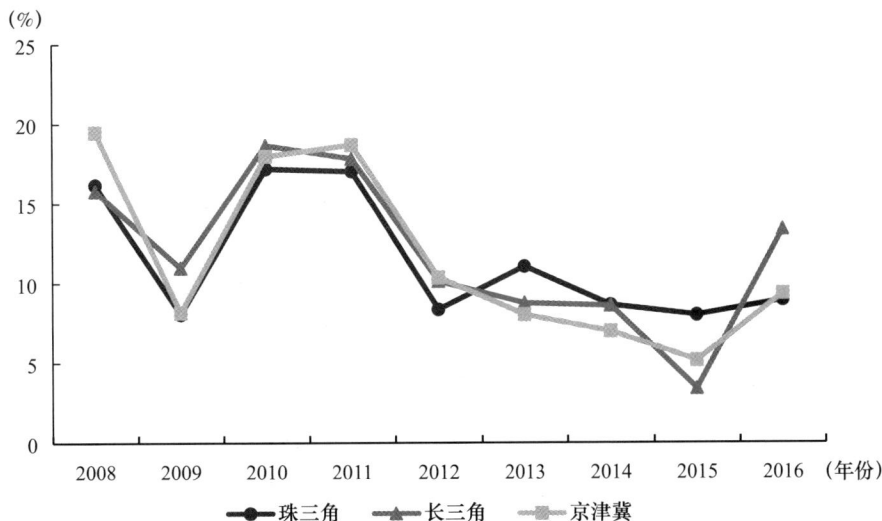

图11—26　2008—2016年三大经济区GDP同比增速

外、生产在内"的这种缺乏核心竞争力的工业发展模式已不适应经济
形势的发展，需要进一步转变发展理念。

　　在人均GDP方面，三大经济区人均GDP水平都呈现出逐年增加
的趋势，而珠三角人均GDP水平始终处于领先位置，且与另外两个区
域的差距较大（图11—27）。2016年珠三角GDP总量达6.78万亿元，
占全省合计的79.3%。人均GDP达到20.35万元。长三角地区人均
GDP为11.52万元，京津冀地区人均GDP为7.64万元。珠三角的人
均GDP要明显高于长三角和京津冀地区，是长三角地区的近2倍，京
津冀的2.66倍。珠三角人均GDP水平最高，长三角与京津冀相差不
大。长三角地区虽然在GDP总量上超过了珠三角和京津冀地区，但其
所在区域面积更广，人口更多，相应拉低了人均GDP水平。珠三角人
均GDP水平最高，长三角与京津冀相差不大。京津冀地区，虽然2016
年北京和天津人均GDP水平远高于全国的平均水平，但由于河北人口
基数比较大，平均下来，京津冀地区人均GDP水平则比较低。

（万元/人）

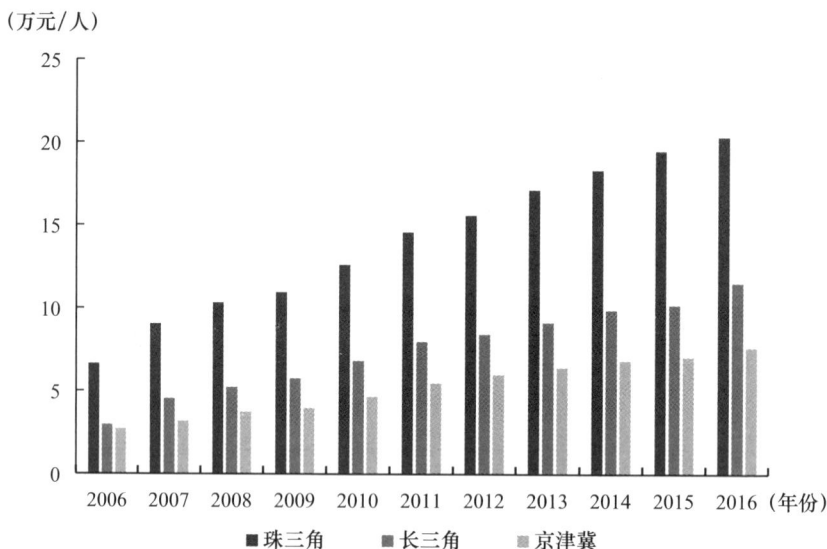

图11—27　2006—2016年三大经济区人均GDP水平

综上所述，珠三角在人均GDP总量方面占有绝对优势，然而GDP的增速目前被长三角和京津冀地区超过，这在一定程度上与其不断调整经济结构、改善增长质量有关。珠三角依靠外向型经济的发展模式可以在短时间内促成经济的快速发展。但在当前全球经济依然疲弱、外需复苏乏力的新常态下，珠三角经济增长速度有所放缓。除了继续保持经济运行在合理区间外，珠三角还需在国家供给侧结构性改革的背景下，深入推进"三去一降一补"，力促制造业转型升级，寻找新的经济增长点，才能保持经济持续、快速和健康地发展。

（二）珠三角特色产业逐步向先进制造业转变

中国改革开放以来，珠三角、长三角和京津冀区域经济实现了飞速的发展，是中国经济发展最快、科技最发达、产业结构最成熟、经济扩散能力最强大的区域。这三大经济圈对中国其他区域的科技经济发展有巨大的带动和促进效应。通过与长三角和京津冀这两大经济圈产业发展现状和结构进行对比，分析珠三角产业发展的优势和劣势，对于其借鉴其他地区产业发展的经验，进一步推动产业发展和转型升级具有重要的意义。

1. 珠三角产业发展现状

整体上，珠三角的第一产业历年所占 GDP 的比重均低于 3%，且呈现出稳步下降的趋势。2008 年以前，第二产业所占比重要高于第三产业，但在 2008 年后，第三产业的比重开始超过第二产业所占比重，且第三产业所占的比重稳步增加（图 11—28）。2008 年国际金融危机冲击引发海外市场严重萎缩，这些困境迫使广东省政府反思珠三角增长方式，提出从投资和外需带动转变为创新和内需带动的产业转型升级方向。这改变了珠三角过度依赖传统制造业的发展模式，调整产业结构和大力发展第三产业等措施使得第三产业取得了稳步的发展。

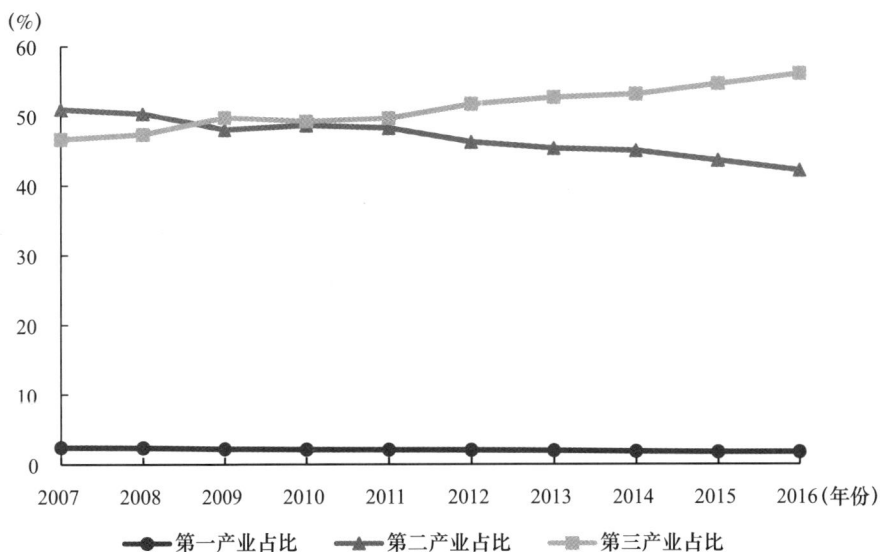

图 11—28 2007—2016 年珠三角三次产业占比

珠三角力促服务业和消费加快发展，推动研发设计、科技服务等生产性服务业发展，服务业对经济增长贡献明显。第三产业增加值占国内生产总值的比重在 2012 年突破 50%，2016 年达到 56.1%，比 2012 年提高 4.3 个百分点，比第二产业高 14.0 个百分点。珠三角地区主要以加工贸易导引，多以服装、玩具、家电等劳动密集型产业为主。近些年高新技术产品增速快，已成为全球最大的电子和日用消费品生产和出口基地之一，服务业发展迅速，第三产业在国民经济中的地位日益上升。商贸、房地产、物流、金融、互联网服务等行业发展较快，对经济的支撑作用有所增强。

2. 长三角产业发展现状

长三角地区第二产业尤其是工业强力引领长三角经济快速增长。2007 年到 2013 年，长三角地区产业结构均呈现出明显的"二、三、一"特征，但在 2013 年后，开始出现了第三产业所占比重高于第二产业的局面。至 2016 年，长三角地区出现了第三产业占主导地位的格局。长三角地区的第一产业所占比重要略高于珠三角地区，但同样呈现出稳步下降的趋势。第二产业所占的比重以及变化趋势与珠三角比较接近（图 11—29）。

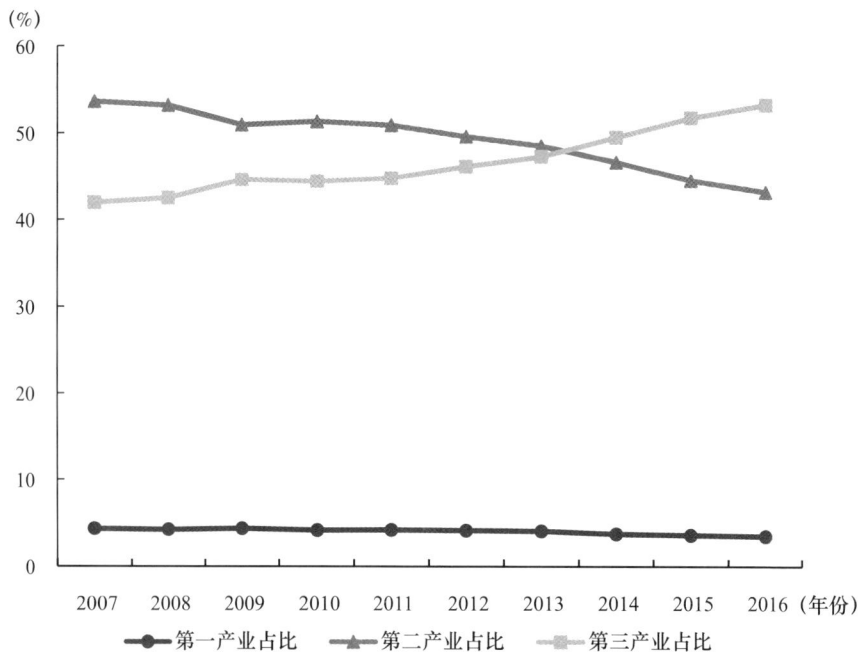

图 11—29　2007—2016 年长三角三次产业占比

长三角地区的产业集聚与外资的关联程度很高。2015 年，长三角地区实际利用外资占全国的 47.3％，珠三角地区实际利用外资占全国的 20.3%，京津冀地区实际利用外资占全国的 32.9%，长三角地区的产业发展与外资的相关程度最高。[①] 长三角地区第一产业集聚程度很弱，第二产业集聚程度比第三产业集聚程度高，重要的支柱性和优势产业依然是第二产业。但近年来，第三产业发展迅速。

在二、三产业所占比重的调整速度上，珠三角要明显快于长三角。相比长三角，珠三角的主要产业受到金融危机的冲击程度要更大，特别是传统制造业出口企业受到的影响最大，这迫使广东政府出台政策加快转变产业结构转变和升级。

3. 京津冀产业发展现状

京津冀的第一产业所占比重均高于珠三角和长三角，所占比重也同样大体呈现出逐步下降的趋势。京津冀一体化起步较晚，第二产业所占比重整体上要明显低于珠三角和长三角地区，但第三产业发展起点较其他两个地区要高。从 2012 年到 2014 年，京津冀服务业发展较快，且在 2014 年至 2016 年，其比重超过了珠三角和长三角地区。从 2007 年到 2012 年，京津冀地区第二产业占比呈现先上升后下降，之后又缓慢上升的局面，而在 2012 年后开始出现较大幅度的下降（图 11—30）。这主要是由于"雾霾"的影响倒逼该地区转变过度依赖传统高污染行业发展的模式，加快产业转型升级。北京已率先进入服务经济时代，天津正向后工业化时代迈进，河北则仍处于工业化时期。虽同处于工业化时期，但天津高新技术产业的比重高于河北。在北京高端生产性服务业支撑下，京津冀地区形成了以龙头企业为引擎、以利润最大化为导向，以总部经济模式驱动的区域产业整合以及产业组织变革。

珠三角主要是面向外来的轻加工，与长三角一样，多属劳动密集型产业；长三角最大的优势，即高新技术产业集群潜力巨大；京津冀区域则主要依赖石油天然气开采和加工、煤电开发以及尖端科技研发，新兴高新产业等相对欠缺。京津冀经济圈的特色产业主要是传统重工业，而珠三角和长三角地区的特色产业已经开始向先进制造业方向转

[①] 《中国区域经济发展报告（2016—2017 年）》。

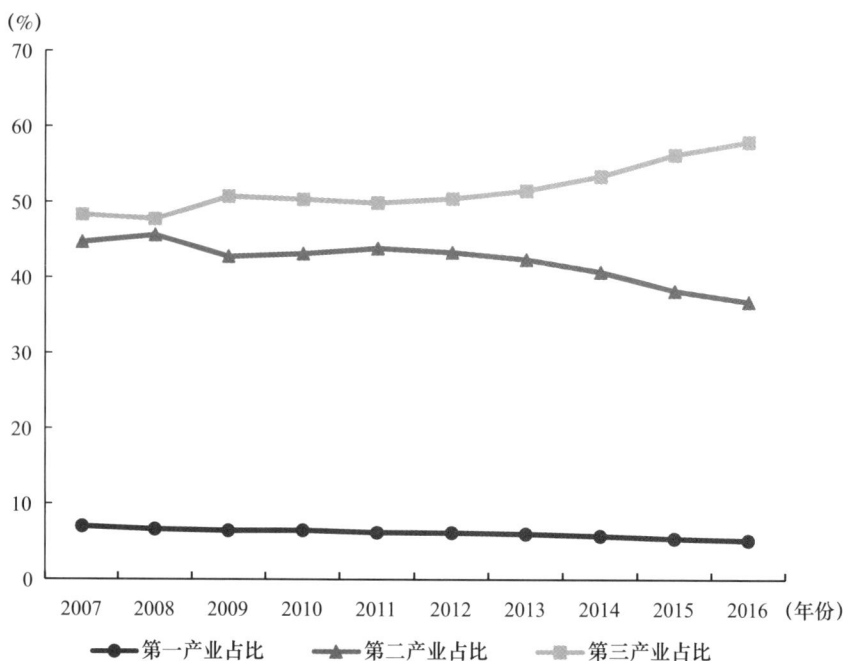

图11—30　2007—2016年京津冀三次产业占比

变。但京津冀地区第三产业所占比重较高，特别是北京，作为全国的经济、政治和文化中心，服务业的发展水平居全国首位。珠三角和长三角近年来通过调整产业结构，第三产业发展迅速，且比重现在均超过50%，二者在产业结构变化上存在趋同的趋势。

总体而言，珠三角地区产业升级取得了一定的进展，但依然有许多不足，传统的劳动密集型产业仍然占据较大比重，服务业发展相对滞后，制造业处于产业链低端，缺乏自主创新能力。在当前广东省"双转移"的战略背景下，珠三角经济圈今后要加强特色产业的建设，不断创新，促进地区高新技术产业的发展和传统制造业的优化和升级，并大力发展现代服务业，进一步提高珠三角综合经济实力。

三　珠三角"民工潮"与淡化的城乡区别

珠三角和长三角的形成主要得益于工商业的发展，先行对外开放所导致的外资进入及自主型城市化。珠三角地区拥有深圳经济特区和广州、珠海等沿海开放城市，毗邻港澳，是随着中国市场经济的发展而逐步形成的，其形成机制主要靠市场推动。长三角则发端于经济转型期，在地区政府间的合作日益加强、市场联系进一步紧密的情况下发展起来的，它是政府与市场密切结合的结果。与前两者不同，京津冀地区的形成主要是传统上的文化和地域联系，得益于现有体制下全国资源向都城的集中。这些特点影响着三大经济圈人口、就业和城镇化的发展水平及空间分布。

（一）珠三角领先的人口吸引力保证人口持续增长

三大经济区人口总数占全国总数的 35%，从 2005 年到 2016 年，珠三角的人口增长速度大体上呈现出稳步上升的趋势。整体上人口自然增长率低于长三角，但在 2015 年，珠三角的人口增长速度超过了长三角，跃居三大区域之首。近十年来，京津冀人口自然增长率不足 4%，截至 2015 年，其人口自然增长率低于全国平均水平（5.21%）（图 11—31）。

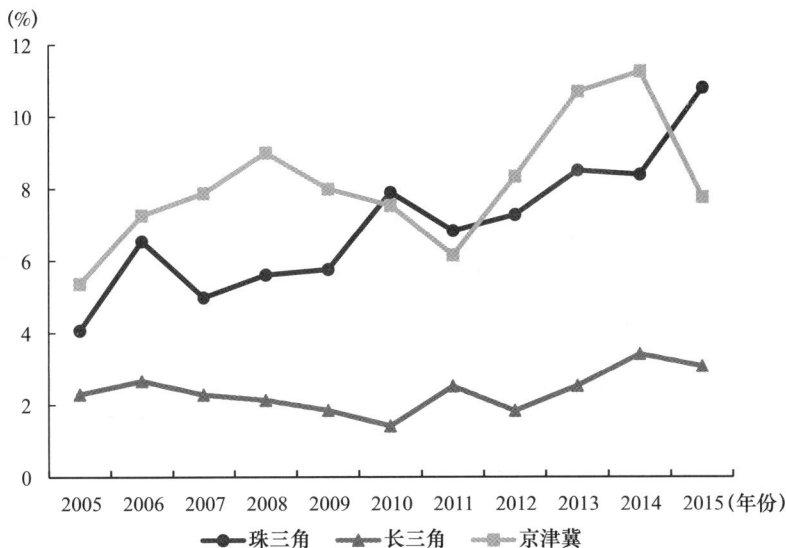

图 11—31　2005—2015 年三大经济区人口自然增长率

　　京津冀经济圈2010—2015年的常住人口增加近700万，增长率达到6.7%，人口凝聚力居首；珠三角五年人口增量259万，增长率4.6%，人口吸引力比较突出；长三角五年人口增量358万，增幅为2.4%。近两年来，长三角和京津冀的人口自然增长率均有所下降，而珠三角的人口自然增长率出现了明显的上升。最新数据显示，珠三角外来人口占比在下降，而户籍人口占比则在上升。2010年，珠三角常住人口中非户籍人口占比为46.15%，到2014年则为44.34%，下降了1.81个百分点。这一方面与外来常住人口增长率下降有关，另一方面则与珠三角地区着力调整人口结构，增加户籍人口有关。这些措施使得珠三角地区人口自然增长率有了较大的提升。长三角地区在三大经济圈中人口自然增长率最低，这缘于其常住人口总数要明显多于其他两个经济圈。京津冀地区的常住人口数量也要多于珠三角地区，特别是近年来北京和天津地区迁入常住人口规模增加使得京津冀地区的人口自然增长率出现了明显的下降（图11—32）。

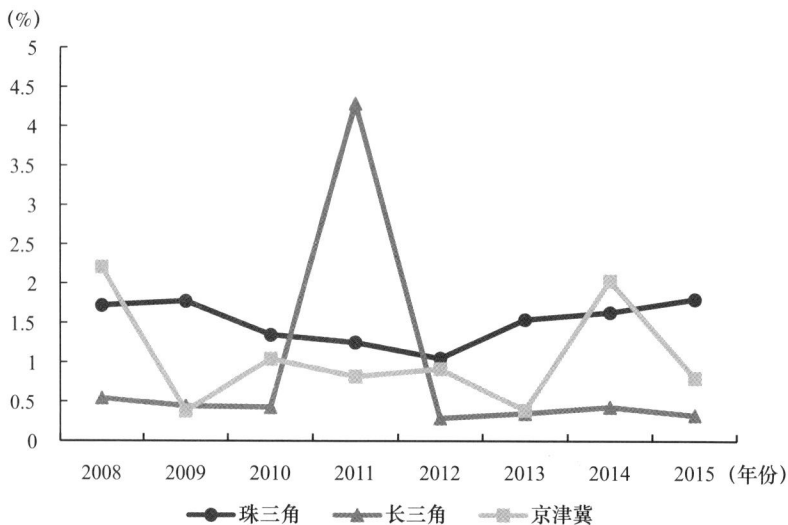

图11—32　2008—2015年三大经济区年末总人口同比增长率

　　整体上，珠三角地区的年末总人口同比增长率要高于长三角和京津冀地区，且变动的幅度较小。长三角年末人口同比增长率在 2011 年出现了较大幅度的上涨，达到 4.3%，主要原因是非户籍迁移流动人口的增加。其中，上海在 2011 年全市常住人口达 2347.46 万人，外来常住人口达到 935.36 万，占全市常住人口总量的 39.8%。

　　总体而言，珠三角对人口的吸引力要大于其他两个经济区。近年来，"人口红利"越来越受关注。相比其他两大经济区，珠三角地区的人才落户等政策要更加宽松，特别是深圳，其人口吸引力一直在全国处于领先水平。近年来，珠三角人口增长率稳步增加，而长三角和京津冀集群的人口增长率有所减缓，新的城市集群正在孕育与发展之中，多中心城市集群格局进一步显现。

　　（二）珠三角独特的"自下而上"城市化发展路径

　　在经济快速发展的同时，珠三角的新型城镇化也稳步推进，在三大区域中的城市化水平最高（图 11—33）。珠三角城镇化率从 2012 年的 83.84% 提高到 2016 年的 84.85%，比全省高 15.65 个百分点。与世界银行 2016 年高收入国家城镇化率（81.41%）相比，珠三角城市化率比其高 3.44 个百分点。这一切得益于珠三角 9 市区位集中，一体化程度高。

　　到 20 世纪 80 年代末，随着中国改革开放重点从农村转向城市，由农村剩余劳动力和区域外城市科技人员组成的"民工潮"涌入珠三角，珠三角城镇人口和城镇数量迅速增加，以工业小区、产业街等产业集聚带来专业镇的发展，在区域空间形态上出现了小城镇集中化，由此形成了珠三角有别于西方和长三角、京津冀区域的城镇化特征——城乡一体化现象，高强度、高频率的城乡间的相互作用，混合的农业和非农活动以及淡化的城乡差别，以及典型的"自下而上"的城市化发展路径：区域内小城市的人口增长速度远远快于大城市的人口增长速度，城市数量在短期内急剧增加；以小城镇和中等城市为主导，没有出现大规模的农村剩余劳动力向大城市转移和大规模的城市郊区化过程。

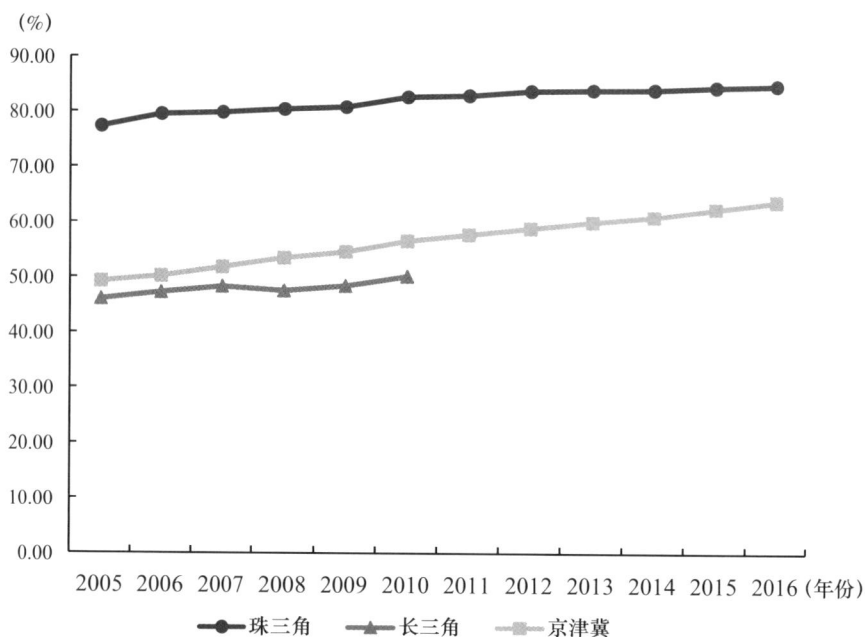

图11—33　2005—2016年三大经济区城市化率

与之相比，长三角和京津冀的人口城镇化率水平则比较低。经济发展是城镇化的核心动力，河北省经济发展的滞后是京津冀地区城镇化水平偏低的主要原因。京津冀城镇人口主要集中在北京市、天津市两个人口超千万的大都市及人口超 500 万的石家庄市。北京市的区域面积为 1.6 万平方公里，比上海市、广州市和深圳市的区域面积分别大 1.5 倍、1.3 倍和 7 倍，天津市的国土面积也达到了 1.1 万平方公里。这两个城市在历史上人口城市化率的水平就比较高，从 2005 年到 2010 年，京津冀地区城镇人口的聚集程度大大高于长三角地区。

与国内大部分地区的城镇化不同，以外源型经济为主导的珠三角中小城镇在区域城镇群里有着相对自主的独立性，对大城市的依附性不强，相比长三角、京津冀区域，珠三角地区大城市的辐射影响能力有限。如中山市小榄镇的对外联系在政治、通信方面借助中山市中心城区，而经济和交通方面则可直接与广州、深圳、珠海，甚至香港、澳门等大城市联系，产业发展则直接与港澳、欧美市场对接。其次是凭借区域发达的交通网、通信网，连绵的、规模相似的城镇群正逐步联合发展成为适应信息时代的网络型大都市区。珠三角达到了发达国家的城市化水平。快速、浓缩的城镇化模式，其经验和问题一样突出，辉煌成就的背后隐含着不少的问题，面临艰巨的经济、社会双转型和城市转型发展压力。以新型城镇化为契机，打造城镇化"升级版"，建设世界级城市群成为珠三角未来一段时期的不二选择。

珠三角城镇化率虽然达到了发达国家公认的城镇化率的极限，但这并不意味着珠三角的城镇化质量同时达到了发达国家水平。凭借区位和政策优势推进的城镇化，长期以来过度依赖廉价劳动力、土地、环境等要素和外需市场，其带出的问题与获得的成就一样多。

四　珠三角：中国经济外向化程度最高的地区

我国对外贸易不断创出新高，伴随着 21 世纪以来全球化进程的加快，我国与世界的联系更加紧密，尤其是沿海开放地区。珠三角、长三角和京津冀城市群进出口总额总体而言稳步上升。其中，长三角和珠三角城市群的进出口总额高于京津冀地区（图 11—34）。进出口总额对于全球经济形势的变化较为敏感，长三角地区进出口总额对于全球经济形势变化最为敏感。可以看出 2008 年金融危机后，进出口总额略有下降，2014 年随着我国经济发展进入新常态，进出口总额略有回落。

2014 年前，长三角城市群外商直接投资实际使用金额高于京津冀城市群和珠三角城市群，2014 年京津冀城市群的外商直接投资实际使用金额超过了长三角城市群（图 11—35）。相对来说，2002 年以后，珠三角地区的外商直接投资低于长三角和京津冀地区，主要由于珠三角地区经历了 20 世纪 90 年代的持续增长后，产业集聚度不断提高，土地、劳动力、资源、能源等生产要素成本不断攀升，要素成本优势逐渐丧失，对外资吸引力相对减弱；而随着我国改革不断深化，开放政策全面普及，长三角和京津冀地区外商直接投资增长迅速。总体而言，长三角城市群对外资的吸引程度高于京津冀城市群和珠三角城市

群，但随着京津冀一体化的大力推动，京津冀地区的外商直接投资上
升迅速。

（亿美元）

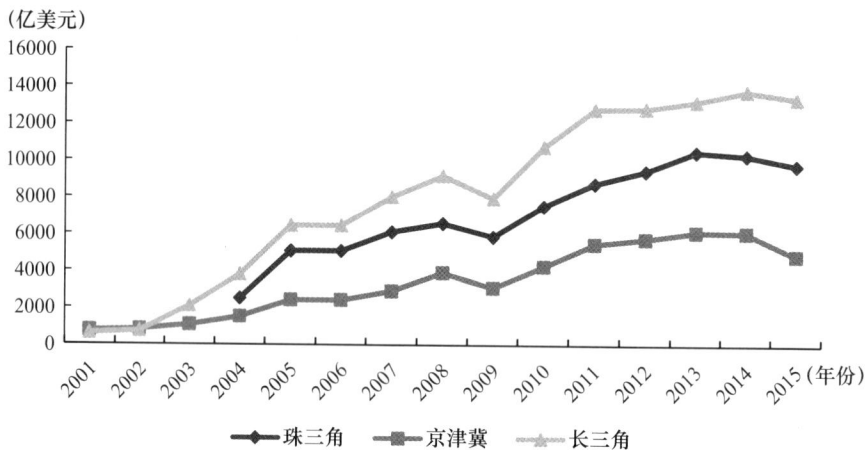

图11—34　珠三角、长三角和京津冀进出口总额对比

（亿美元）

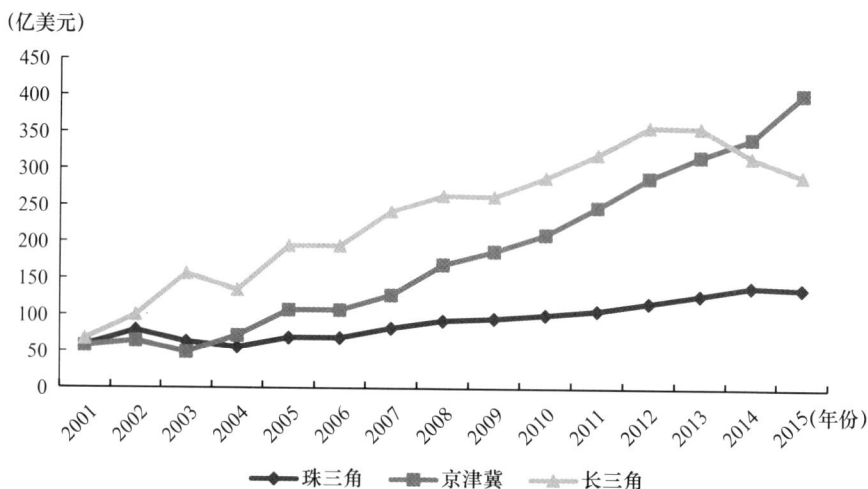

图11—35　珠三角、长三角和京津冀外商直接投资
实际使用金额对比

从对外贸易依存度来看，珠三角城市群对外贸易的依存度最高。
随着我国不断进行经济改革，调整产业结构，大力推动国内投资和消

费，整体而言，三大城市群的对外贸易依存度不断降低（图11—36）。

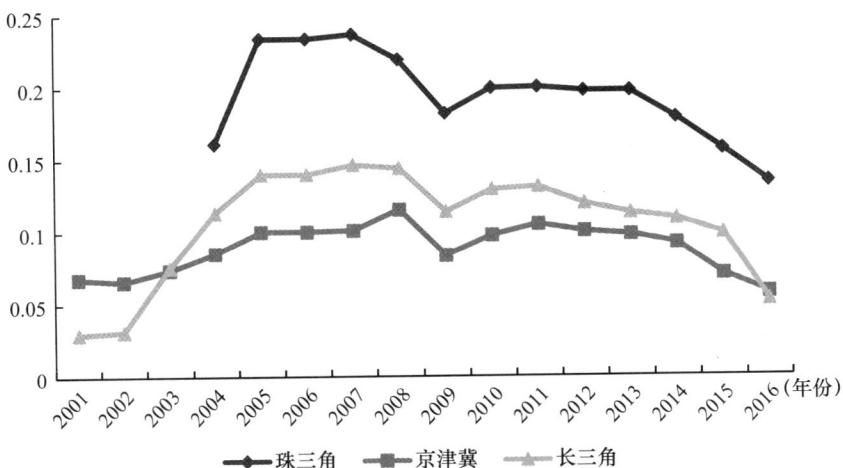

图11—36　珠三角、长三角和京津冀对外贸易依存度对比

总体来看，珠三角城市群的增长源于出口拉动型。大量吸引境外投资，迅速成为中国经济国际化或外向化程度最高的地区，外资主要来自中国香港、东南亚以及海外的华资。长三角城市群增长源于投资拉动型。跨国资本正大举向长三角地区转移，朝着国际经济、金融、贸易和航运四大中心迈进。京津冀城市群增长源于内需拉动型。已发展成为我国规模较大、较为发达和成熟的现代物流中心和消费市场区之一。外向化程度不如珠三角和长三角，但该地区对外开放呈现加快势头。

从吸引外资的角度来看，珠三角城市群的优势在于毗邻港澳，具有吸引东南亚、港澳投资的天然优势，并且拥有优惠的特区政策。从产业覆盖面来看，制造业和加工服务业集群优势明显。长三角地区的优势在于发达的交通，以上海为核心，密集的铁路和公路连接上海周边城市，长江运输可直达中国腹地，生产要素的流通迅速增强了对外资的吸引力。同时，长三角地区具备较高层次的产业结构，拥有丰富的人力资本。京津冀地区吸引外资优势在于以首都为核心，资源集中，在一体化战略的驱动下，发展迅速，外资吸引力不断加强。

综上所述，珠三角城市群的制度竞争力最高。广东开改革开放之"先河"，一批新城市随之而兴；港澳回归，"一国两制"的制度，推进了城市化进程。长三角城市群区位竞争力最高。以上海为核心，城市化水平整体较高。通过高新技术，打造世界性的新型制造业基地。京津冀城市群聚集竞争力最高，得益于现有体制下全国资源向都城的集中，以首都特有的政治文化为背景。这一地区传统的重化矿冶工业与水资源短缺和环境保护的矛盾日渐突出。表11—3显示了三大经济区各自发展面临的优势和劣势。

表11—3　　　　　　　三大经济区经济发展的优势和劣势

	优势	劣势
珠三角	1. 改革开放的制度优势 2. 外资和人才 3. 信息产业比重高	1. 政策优势减弱 2. 传统制造业受冲击 3. 经济增速放缓
长三角	1. 民企和乡镇企业较发达 2. 高新技术产业发达 3. 区位优势更明显	1. 行政分割、各自为政 2. 地区间协调难度大 3. 劳动力成本较高
京津冀	1. 政府干预 2. 产业集聚程度高 3. 第三产业发展程度高	1. 经济联系与协作程度低 2. 高能耗高污染企业较多 3. 民营经济不发达

珠三角毗邻港澳，是众多侨乡的集中地。改革开放政策的实施为港澳台等地劳动密集型产业向内地转移提供了契机，众多侨胞在故乡积极踊跃地投资，带给珠三角大量资金，同时带来了先进的技术和管理经验。珠三角很快成为香港及澳门经济发展的腹地，城市功能上的互补促成了互利双赢的局面。在整个形成和发展过程中，珠三角受到外资尤其是港资的影响非常大，属于典型的外向型经济，和亚洲"四小龙"的加工出口发展模式较为接近。然而，随着珠三角改革能量的

充分发挥，其政策优势逐渐消失，出现外资转移、经济增长速度相对放缓的不利局面。

第三节 提升广东对泛珠三角乃至全国的辐射作用

改革开放 40 年间，广东的 GDP 增长了 482.6 倍，人均 GDP 超过 1.2 万美元，经济增速持续高于全国和世界水平，经济综合实力连续 29 年居全国第一，进出口贸易连续 30 年占全国的 1/4，排名全国第一。站在新的起点，广东要承担经济发展领头羊的责任，开启新的历史征程，充分发挥对泛珠三角区域乃至全国的辐射带动作用，就必须做到两点。首先，必须充分发挥珠三角地区，尤其是广州和深圳两大核心城市的辐射作用，缩小珠三角地区与非珠三角地区存在的巨大发展差距，实现广东省四大区域的共同富裕。其次，抓住珠三角城市群升级为粤港澳大湾区和国家大力推进"一带一路"的历史机遇，深化泛珠三角区域合作，作为泛珠三角区域发展龙头辐射带动全国。

一 拨云见日，展望广东省内共同富裕

珠三角与非珠三角地区经济和社会发展的巨大差距，一直是阻碍广东进一步发展最突出的短板。近年来，广东各市地区发展差异系数仍居高不下，经测算，2016 年广东地区发展差异系数高达 0.6529，而江苏、山东和浙江地区发展差异系数分别只有 0.3468、0.4545 和 0.2834。"最穷最富都在广东"，这句坊间戏言，揭示了广东在全面建成小康社会过程中必须啃下的"硬骨头"。

广东四大区域未来的均衡协调发展之路，一言以蔽之，任重而道远，但是，前景日趋明朗。近年来广东社会工作、基础设施建设等各个方面向非珠三角地区倾斜，促进区域协调发展已经取得一些成效。随着区域发展定位的进一步明晰和区域协调发展工作举措的完善推动，非珠三角地区跨越式发展、广东区域协调发展的前景势必越来越明朗。

（一）推进对口帮扶和产业转移

根据对广东四大区域经济和社会发展情况的比较分析，不难看出，广东存在严重的区域发展不平衡的问题，珠三角的经济产出总量、工业化程度明显高于其他地区，外商投资活动和进出口贸易活动也高度集中在珠三角地区。明显的区域差距将会削弱全省经济持续快速发展的后劲。为了缓解不平衡发展的问题，广东省近年来出台了很多区域协调发展政策，实施粤东西北振兴发展战略，以交通基础设施建设、产业园区扩能增效、中心城区扩容提质为"三大抓手"，其中最具有特色和成效的就是产业和劳动力的"双转移"战略和地级市对口帮扶政策。笔者将对这些政策进行剖析，并分析它们在促进广东四大区域产业转移和区域协调发展中的作用。

2000年以来，广东省政府开始实施区域协调发展政策。产业转移成为推动区域协调发展的重要手段，引导珠三角发达地区的部分加工贸易项目和产业往东翼、西翼和山区转移，并且通过制定相关政策来保障。

2005年3月，广东省委、省政府发布了《关于我省山区及东西两翼与珠江三角洲联手推进产业转移的意见（试行）》，标志着广东省通过大规模产业转移为主要形式协调区域发展拉开序幕，广东成立了省推进珠江三角洲产业向山区和东西两翼转移联席会议，提出由山区、东西两翼与珠三角合作共建产业转移工业园的战略举措，并确定了合作模式和扶持政策，由此奠定了广东省产业转移政策的框架。后续广东又陆续出台有关产业转移及产业园建设相关细则规定。2008年5月，继续出台《关于推进产业转移和劳动力转移的决定》进一步促进广东区域协调发展，即"双转移"战略。以此为契机，一系列配套文件相继制定实施，省推进产业转移和劳动力转移工作领导小组和"省产业转移扶优扶强工作联席会议"制度相继建立，"双转移"由此全面铺开，大力推进。2011年，广东出台《关于优先扶持产业转移重点区域重点园区重点产业发展的意见》，遴选出广州（湛江）、广州（梅州）、汕头、广州（阳江）、东莞（韶关）、佛山顺德（英德）、深圳

（汕尾）、中山（肇庆大旺）、江门、中山（河源）十大重点产业转移工业园。

对于珠三角地区来说，随着经济的转型升级，20世纪90年代大量出现的加工贸易企业已经产生了后劲不足的问题，比如劳动力成本上升甚至招不到足够的用工，市场资源短缺等。因此，广东省的"双转移"与珠三角"腾笼换鸟"正是一枚硬币的两面，在双转移推进进程中，珠三角地区产业结构不断优化升级，传统劳动密集型产业工业增加值比重逐年下降，先进制造业、高技术制造业、现代服务业等现代产业增加值比重不断上升。工业重型化、高级化趋势明显，先进制造业和现代服务业比重逐年提升。在低端生产企业转移之后，产业移出地装备制造、研发、商贸会展、总部基地、文化创意等立足于移出产业的新兴产业蓬勃兴起，实现了产业升级，消除了产业空心化之虞，产业移出地居民收入增长，生活质量大大改善。而转移的企业也在新天地觅得更广阔的发展空间，不仅降低了成本，而且摆脱了土地等方面的瓶颈约束。

广东省政府还通过地级市对口帮助政策推动协调发展。通过珠三角的广州、深圳、珠海、东莞、佛山、中山六市对粤东西北清远、河源、韶关、阳江、潮州、云浮、汕尾、梅州八市的对口帮扶，不仅可以为东翼、西翼和山区的振兴发展提供强大助力，而且也为珠三角地区的产业结构转型升级拓展了发展的空间，这也是广东在改革开放40年中探索出来的切合实际的区域协调发展新路子。

2002年10月29日出台的《关于珠江三角洲经济发达市与山区市县对口帮扶的实施意见》，促进全省不同类型地区优势互补、协调发展，帮扶政策于2003年正式开始实施。对口帮扶工作的主要任务有：帮扶农村贫困人口脱贫奔康；组织教育、卫生、科技等部门开展结对帮扶；开展劳务输出合作和社会帮扶；开展经贸合作。根据前期对口帮扶情况，2013年11月7日，广东省出台《关于调整珠三角地区与粤东西北地区对口帮扶关系的通知》等文件，将对口帮扶关系进行相应调整。2016年3月22日，广东省扶贫开发工作会议召开，对对口帮扶关系进行新的调整。根据工作部署，由珠三角 6 市对口帮扶粤东西北 12 个市，建立精准扶贫对口帮扶关系，其中广州市对口帮扶梅州、清远市，深圳市对口帮扶河源、汕尾市，珠海市对口帮扶阳江、茂名市，佛山市对口帮扶湛江、云浮市，东莞市对口帮扶韶关、揭阳市，中山市对口帮扶肇庆、潮州市。汕头市、惠州市、江门市自行组织实施本市精准扶贫对口帮扶。2016 年成为广东省脱贫攻坚和 "6 + 12" 精准扶贫模式的开局之年。

在对口帮扶的过程中，各地级市制定了各种针对性的政策和措施，以帮扶产业发展为重点。例如，珠海市帮扶阳江、茂名两市，主要是通过在珠海建立扶贫地区特优农产品流通平台，在批发市场、农贸市场和大型超市设立 5 个扶贫地区特优农产品销售专区和 1 个对口帮扶地区特优农产品专业市场，扶持贫困地区特优农产品进入珠海等珠三角市场和港澳市场，带动贫困村、户脱贫致富。

2016 年底，广东省政府对珠三角地区与粤东西北地区对口帮扶第一轮的成效进行了通报。根据评估的结果，2014—2016 年，8 组结对帮扶市均被评为优秀等次，证明了这个制度的有效性。帮扶效果最好的是广州对清远和深圳对河源的帮扶，这是以广深两市较强的经济实力为支撑的结果。这两个城市还分别帮扶了梅州和汕尾，也都取得了比较好的效果。实践表明，除政府财政资金扶持外，经贸合作是珠三角地区经济发达市对口帮扶山区市实现双赢的最有效形式之一。

广东省实施的产业和劳动力 "双转移" 及对口帮扶等促进区域经济协调发展的战略取得了明显成效。一方面，政府制定各种优惠政策，通过 "有形之手" 的宏观调控来引导企业投资；另一方面，政府又尊重 "无形之手" 的作用，鼓励企业在竞争和合作中发挥自身优势，提高生产效率。这两个政策本身也是互相配合的，"双转移" 的过程也就是对口帮扶的过程。2016 年，广东省全省加工贸易 "双转移" 项目对接大会上，37 个 "双转移" 项目签约，珠三角地区将有 29.8 亿元的加工贸易项目转移到粤东西北地区。另外，有 19 个地市签订了 12 个对口帮扶协议，确立珠三角与粤东西北加工贸易 "双转移" 的结对帮扶关系。

政策的双管齐下使东翼、西翼和山区经济社会发展明显提速，其中工业增长表现尤其突出。2008—2013年，东翼、西翼和山区的工业增加值年均增长速度分别为19.7%、13.1%和18.0%，都高于全省11.8%的平均水平。目前，粤东西北三地已经拥有一定的工业基础并形成初具规模的支柱产业。在39个工业大类行业中，工业增加值排前十位的行业已经成为拉动东翼、西翼和山区工业快速增长的重要力量。这说明了，广东省政府通过推行十余年的协调发展战略，区域经济发展水平差异有缩小的趋势，区域GDP总量占全省比重差距开始缩小。

广东省促进区域协调发展的主要节点和文件见表11—4。

表11—4　　　　　广东省促进区域协调发展的主要政策文件

年份	重要文件	主要内容
2002	《关于加快山区发展的决定》	以全面实现脱贫奔康为总目标总任务，在充分发挥内因作用的基础上，加大外部扶持力度
2002	《关于珠江三角洲经济发达市与山区市县对口帮扶的实施意见》	珠三角地区要以帮扶山区加快经济发展为己任；山区市县要依靠自身的努力，发挥内因的作用，加快发展进程
2005	《关于我省山区及东西两翼与珠江三角洲联手推进产业转移的意见（试行）》	鼓励珠江三角洲产业向山区及东西两翼转移
2008	《关于推进产业转移和劳动力转移的决定》	通过"双转移"进一步促进广东区域协调发展
2011	《关于优先扶持产业转移重点区域重点园区重点产业发展的意见》	集中资源优先扶持重点园区重点产业，加快推进"双转移"重大战略部署
2013	《关于进一步促进粤东西北地区振兴发展的决定》	在2020年前，各市人均生产总值都要达到或超过全国平均水平，与全国同步全面建成小康社会

续表

年份	重要文件	主要内容
2013	《关于调整珠三角地区与粤东西北地区对口帮扶关系的通知》	将对口帮扶关系进行相应调整

（二）将区域发展格局明确为"一核一带一区"

广东省政府 2018 年 1 月提出，初步考虑将区域发展格局明确为"一核一带一区"，推动珠三角核心区优化发展，把粤东、粤西打造成新增长极，与珠三角城市穿珠成链形成沿海经济带，把粤北山区建设成为生态发展区，以生态优先和绿色发展为引领，在高水平保护中实现高质量发展。这意味着，未来，广东将通过有效的政策体系和制度机制，充分发挥珠三角辐射带动作用，在更高水平上推动区域协调发展取得新突破。携手并进，群策群力，让广东共同富裕的梦想照进现实，真正地击破"最穷最富都在广东"的坊间戏言。

对于珠三角地区而言，未来，生产成本日益增加将促使劳动密集型与资源密集型等低端制造业逐步转移到省内欠发达地区，完成自身产业结构的升级，重点发展高附加值与高技术含量的先进制造业，以及金融、物流、会战、创新等现代服务业。渣打银行发布的《珠三角制造商第 8 期年度调研报告》显示，工资上涨、用工荒是中国制造业面临的几个重要挑战。为面对不断上涨的成本，珠三角制造业正在经历明显分化，高端制造商正专注于追加投资以提高生产效率，而低端制造商则倾向于通过迁厂以应对成本上涨。在渣打银行调查的 200 多家珠三角制造业企业中，68% 的受访企业计划增加 2017 年的资本支出。要保持竞争力，未来珠三角制造业肯定是要往高端化、智能化方向发展，助力珠三角地区建成粤港澳大湾区世界级城市群。

对于非珠三角地区而言，目前的发展水平与当地民众的期望值相比，仍然还有一定差距。统计显示，非珠三角地区人均 GDP 低于全国平均水平，人才储备和技术支撑缺口较大，新动能培育较慢。要使非珠三角地区与全省、全国同步建成小康社会，就必须正视现存的差距，逐步消除发展中存在的各种短板。例如，必须加快非珠三角地区现代化基础设施体系的建设，加速推进广东东西两翼高铁项目的建设，优化全省高速公路骨干网络，进一步缩短粤东西北与珠三角的时空距离，使欠发达地区通过便捷的交通网络融入发达经济圈中。只有如此，才能发掘出欠发达地区资源等方面的比较优势和后发优势。例如，东翼四市地缘相近相通，自然资源丰富，海洋产业、侨乡侨资等具有得天独厚的优势；西翼三市具有东接珠三角、西临环北部湾经济区的区位优势；粤北山区的土地、林业、矿产和旅游资源丰富，生态环境得天独厚，土地、劳动力、水、电等要素相对充裕，发展成本相对较低。此外，非珠三角地区还必须塑造良好的投资环境和营商环境，完善政府服务，吸引珠三角企业到此投资，把先进的生产力引进来。非珠三角地区在接受外部"输血"，承接珠三角地区产业梯度转移的同时，也必须寻找本地传统优势产业转型升级的路径，通过改革创新找到新业态新产能，实现内生发展。

（三）以主体功能区配套制度为抓手，完善城乡区域协调发展体制机制

根据2018年4月8日召开的广东全省全面深化改革工作会议，广东要想实现协调均衡发展，就必须以主体功能区配套制度为抓手，完善城乡区域协调发展体制机制。

具体而言，需要做到四个方面。第一，加快改善农村面貌。必须以村庄人居环境综合整治为重点，加快推进新农村建设；加快补齐农村基础设施建设短板，突出抓好垃圾污水处理设施建设；加大对传统村落民居和历史文化名镇名村的保护力度，支持有条件的地区发展乡村旅游。第二，深入推进农业供给侧结构性改革。要加快培育壮大新型经营主体，重点打造一批行业领军龙头企业；促进一二三产业融合发展，加快发展农产品精深加工，积极发展农产品电商、田园综合体等新业态；重点抓好高标准基本农田、农机装备设施等建设。第三，深化农村改革。突出抓好农村土地承包经营权确权登记颁证工作，2018年确保100%完成确权任务；完善落实农村土地"三权分置"办

法；开展水田复垦和占补平衡；探索农村集体经营性建设用地入市、利用集体建设用地建设租赁住房等改革试点，进一步盘活农村存量建设用地。第四，加快推进脱贫攻坚，确保 2020 年如期完成脱贫攻坚任务。坚持精准扶贫、精准脱贫，建立健全贫困户稳定增收脱贫长效机制，突出抓好产业扶贫、就业扶贫等帮扶工程；严格落实教育、医疗、住房等保障措施，促进低保政策与扶贫政策有效衔接，确保脱真贫、真脱贫。

二 未来可期，珠三角辐射带动作用不断提升

（一）促进珠三角产业集群转型与升级

整体上，珠三角目前还是以传统制造业为主，产业集群处于价值链的低端，且创新能力不足。伴随着全球化进程加快，以及资源紧缺、环境污染和国际市场竞争等多方面压力的加大，珠三角产业结构已处于调整和转型升级的关键阶段。完善产业集群生态网络和生态系统，提升产业集群的自主创新能力，实现产业集群升级。珠三角产业调整和升级要立足于构建和完善与产业集群相关的绿色生态系统，以科技创新推动先进制造业的发展，努力向国际产业链的高端模式——创新型、生态型和集约型转换。具体而言，产业集群转型与升级的措施如下。

1. 统筹珠三角东西两岸产业集群整体升级

加强创新能力开放合作，充分发挥广州、深圳的辐射带动作用，建好广深科技创新走廊，把广州科研资源优势、深圳技术创新优势、广深沿线产业优势盘活起来、融合发展，整体提升区域创新水平，用创新驱动着力推进经济动能转换、高质发展。针对珠三角东西两岸的产业集群发展模式差异较大的特点，以传统产业集群为主的佛山、中山、江门等西岸城市应着力提升技术创新能力，促进传统产业向高附加值产业转变；以外向型产业集群为主的东莞、惠州等东岸城市要继续提升其承接国际高端产业转移的能力。东西两岸的城市还要不断依托珠三角科技创新实力较强的广州和深圳来助推新兴产业的发展。

2. 构建完善的公共服务体系

珠三角地区各级政府要根据当地产业集群的特点，推动建立多层次和有重点的公共服务体系建设。首先，要重点支持各类校企研发和实验中心、信息中心等科研和服务机构的建设。其次，要鼓励发展为区域产业转型升级服务的各类人才培训、教育、科技、融资担保以及法律和会计事务等中介服务机构，特别是为产业集群内的中小企业提供帮助。最后，要加强行业自律，积极推进和完善行业协会的建设。各级政府要积极吸引各类企业，特别是行业内龙头企业进入协会，充分发挥行业协会的技术交流和职业培训，并制定严格的行业准则，强化行业自律，引导行业内企业有序和规范的竞争。

3. 以专业镇合作助推产业集群的进一步升级

珠三角地区许多专业镇的产业集群间具有较大关联性，因此，要积极引导不同专业镇之间的跨区域合作，优化特色产业生态，建设特色产业集聚区。比如，佛山市的顺德区伦教木工机械、容桂涂料、均安小五金、龙江家具制造和乐从家具营销等专业镇，形成了闻名世界的家具制造基地；中山市小榄、古镇、东凤、南头四镇合力建设五金制品和家电产业区。这些专业镇的跨区联合和拓展，有助于进一步提高珠三角地区特色产业的市场竞争力。

4. 促进会展经济的升级，做强产业集群品牌建设

会展经济是连接企业与市场的高端性服务经济，对产业集群的发展与转型有巨大的推动作用。珠三角会展经济已经有了较高程度的发展，其中，"广交会"对拉动珠三角会展经济的蓬勃发展起到了相当大的作用。珠三角今后要依托现有的特色优势产业，不断增强其对广东周边地区产业的辐射和带动作用。政府和行业协会等搭建好会展经济的平台，做好规划、协调、指导和管理等工作。此外，政府要不断开拓创新，采用"大数据""云计算"等高科技手段完善会展平台的建设，将实物展览会与网络虚拟展览会相结合，打造更高水平的行业电子商务平台，最终做强产业集群品牌的建设。

5. 完善产业发展所需的各种要素的优化配置

珠三角地区经济发展起步较早，土地紧缺是近年来珠三角产业集群进一步发展的一大障碍，其中，珠三角各地的工业用地始终非常紧张。人力资本分布不均的现象也较为明显。人才更愿意留在广州、深圳等大城市而不愿意去珠三角其他城市（包括专业城镇）的现象也较多。不断完善土地和人才等要素资源的供给和合理配置是确保珠三角产业集群顺利转型升级的关键。

珠三角各地政府要结合本地资源禀赋和经济发展程度，充分认识和把握本地产业集群发展阶段的特征来推动产业集群转型升级。依照广东省的"双转移"战略，珠三角地区首先要加快推动劳动密集型产业向欠发达地区转移，为发达地区产业结构升级腾出一定的空间，并做好转移后的规划和部署，充分利用有限的土地资源发展营造先进的技术平台，推动节能、环保等龙头企业的建立和发展，充分发挥其科技带动作用。

产业集群升级离不开充足的人才资源做保障。珠三角各地政府应根据当地产业发展状况，大力培养和引进优秀人才，加强"校企联合"，进一步完善人才的住房、医疗和子女教育等保障措施，使得高层次人才无后顾之忧，有足够的热情在相应的平台上发挥其才能。政府还要不断加强对产业集群内部科技人员、管理人员的培训，提高现有人才的素养，不断构建和完善适应产业集群升级的人才培训网络。此外，还要不断完善专利保险等制度的服务范围，降低企业创新研发风险，保障集群创新企业的技术创新成果转化率，激励各类企业开展技术创新活动。

（二）塑造参与和引领国际经济合作竞争新优势

珠三角应立足当下，着眼未来，适应全球经济发展的深度调整，并把握国家"一带一路""南沙自贸区"和"海南自贸区"建设等重大战略机遇期，利用40年改革开放积累的优势，并不断开拓进取，探索开放合作的新格局，拓宽发展空间，不断优化高端要素和创新资源的配置，在新一轮改革条件下，塑造新优势。

1. 继续加快外经贸结构的调整和转型升级

珠三角要推动建立新的外贸格局，努力实现由以"外资企业＋加工贸易"为主向以"民营企业＋一般贸易"为主转变。在维持一般贸易良好势头的基础上，加快推进加工贸易的梯度转移和转型升级，支持出口企业在海外建立研发基地，提升技术创新能力，建立特色品牌和商业模式，提升传统制造业的技术含量，扩大高质量、高附加值产品的出口规模和市场份额。政府还应出台相应的政策支持民营企业开拓海外市场、扩大出口，开展跨境电商，拓宽服务贸易领域。今后工作的重点依然是要加快推进广州、深圳等贸易创新发展试点工作，特别是服务贸易创新领域，力争把服务贸易打造成珠三角外贸发展的新优势。

2. 深化与"一带一路"沿线国家的经贸合作

在国家"一带一路"发展战略的背景下，珠三角依然要坚持贸易先行，支持珠三角企业在"一带一路"沿线重点国家的市场上投资设厂，建立广东特色商品展销中心，推动面向沿线国家的各类会展经济，加快在沿线国家构建自主品牌。珠三角企业在"一带一路"沿线国家的建立和发展离不开当地华人华侨、华商组织以及对口商会等对企业的帮助，珠三角政府要积极构建国内企业与"一带一路"国家华人华侨组织合作的国际经贸平台、贸易网络服务体系。政府今后要聚焦重点地区、重点国别和重点项目，加强与"一带一路"国家在贸易、能源和基础设施等领域的合作。

3. 推动粤港澳大湾区快速发展

在粤港澳大湾区的建设中，珠三角要深入同港澳地区的合作，推动粤港澳服务贸易自由化、跨境人民币流动以及粤港澳资本市场的深入合作，力推并打造粤港澳现代服务业集聚区、产业和创业园区等一系列合作平台的建设，重点加强高端生产性服务业之间的合作。在人才培养、科技创新、资格互认等领域方面，珠三角要大力引进港澳地区优秀的管理人才，并鼓励珠三角高校与港澳高校学术和科研领域的交流，以及港澳创新团队和创业人才到广东创业，共建优质的"大珠三角"经济圈。

4. 高标准建设好自贸区

在新一轮国内和国际竞争中，珠三角要努力挖掘新的优势，依托南沙自贸区，以高标准深化投资、贸易和金融领域的改革，深化事中事后监管和政府服务等领域的制度创新，要重点完善贸易口岸执法部门的综合监管和推进项目综合审批模式等改革，以便为其他地区提供加快形成可参考和借鉴的制度样本和经验模式。加快推进南沙片区与粤港澳的深度合作区，强化"大前海区域"联动发展和深港跨境金融创新，此外，今后还要积极开展同海南自贸区的合作，推动经贸合作产业园区等建设，促进高端产业集聚和快速发展，把南沙自贸区打造成与海南自贸区联动，共同发挥中国连通世界的门户枢纽的作用。

5. 打造营商环境新高地

广东省今后要进一步强化市场化意识、法治意识和创新意识，牢固树立国际化理念，大力推动基础性和关键性领域的改革，并进一步理顺政府与市场的关系，激发市场主体的创造和创新能力。在继续加快推进"放、管、服"改革和深化行政审批制度改革的背景下，政府部门要进一步推进与行政审批相关办事流程规范化和标准化，并加强商事制度改革的力度，在加快推进"证照分离"改革的基础上，力争在放宽"准入""准营"上实现新的突破，还要大力加强事中事后的监管，不断提升营商环境市场化、法治化、国际化水平，打造全国乃至世界范围内的营商环境新高地。

（三）作为泛珠三角区域发展龙头辐射带动全国

2016 年，由广东倡导发起的泛珠三角区域合作上升为国家战略。国务院印发《关于深化泛珠三角区域合作的指导意见》，赋予泛珠三角区域合作五大战略定位。意见指出，深化泛珠三角区域合作，有利于统筹东中西协调联动发展；有利于更好融入"一带一路"建设、长江经济带发展；有利于深化内地与港澳更紧密合作。至此，粤港澳、粤闽、粤桂琼等海洋经济合作圈基本建成；以粤港澳大湾区为龙头，以珠江—西江经济带为腹地，带动中南、西南地区发展，辐射东南亚、南亚的经济发展格局基本形成。

广东积极抓住机遇，深化与其他沿海开放地区和周边省区的交流和合作。2018年4月，海南迎来建省办特区30周年，中共中央决定支持海南全岛建设自由贸易试验区，支持海南逐步探索、稳步推进中国特色自由贸易港建设。湛江作为和海南一衣带水的邻居，下一步将借力海南自由贸易试验区，与海南实现"错位发展、优势互补"，打造广东对接海南的"桥头堡"。2018年5月，广东、广西、海南三省（区）政府在海口签署《2018—2019年推进〈北部湾城市群发展规划〉实施合作重点工作协议》。协议提出，2018—2019年三省（区）将重点推进五个方面的工作，其中特别提出，加强沟通对接，积极推进北部湾城市群对接粤港澳大湾区。

广东积极参与东西部扶贫协作探索，向西部地区提供人才、经验、物资等各种支持和援助。2018年5月，首届全国东西部扶贫协作贫困村创业致富带头人示范培训班在佛山南海开班，来自四川、云南、西藏、甘肃、青海、新疆、贵州、江西8省（区）的59名创业致富带头人来到广东学习创业经验。截至2017年10月，广东已选派149人组成6个扶贫协作工作组派驻被帮扶地区，与广西、贵州、云南、四川4省（区）14个市（州）的93个县结对开展携手奔小康行动。

如今，以广州、深圳为核心，东连海峡西岸、沟通长三角地区，西通桂黔、辐射大西南地区，北达湘赣、连接中原地区，南接港澳的高快速铁路网络骨架已经基本形成，广东对泛珠三角地区乃至全国的辐射和带动作用不断凸显，经济活力加速释放。拨云见日，广东省内四大区域之间存在的巨大发展差距将不断缩小。未来可期，新的历史时期，以珠三角为核心，广东对泛珠三角乃至全国的辐射作用必将不断提升，成就更大的辉煌。

第十二章

展望世界：打造广东全面
开放新格局

　　位于改革开放前沿地，素有祖国"南大门"之称的广东省，改革开放 40 年来，秉承开拓创新、锐意进取、务实担当的精神和理念，其经济保持快速增长，总量实现跨越式发展；对外贸易稳定增长，贸易结构明显改善；利用外资数量不断增加，外资质量显著提升，在经济发展和对外开放等方面取得了举世瞩目的成就。对外开放是广东生生不息的主要基因，是经济保持高速增长的重要引擎。受惠于新时期国家对外开放政策的支持，广东"一带一路"建设的作用不断显现，南沙自贸区战略深入推进，粤港澳大湾区国际地位和影响力持续提升，营商环境改革的步伐不断加大，对外开放区域布局进一步完善。作为中国改革开放的试验区，广东高举改革开放的伟大旗帜，不断创新思路和凝聚力量、突出特色并增创优势，在对外贸易、利用外资和科技创新等方面始终走在全国的前列。

　　历史从不眷顾因循守旧和安于现状者，机遇垂青于进取创新和永不自满者。在全球经济复杂多变和"供给侧"改革的背景下，广东未来外贸依存度和外资依存度将不断下降，引进和利用外资的过程中将更加注重外资的质量，产业将加速转型和创新，并逐步迈向全球价值链高端。因此，在新时期对外开放的过程中，广东大胆闯、大胆试、自主改，努力寻找"提质增效"的转型升级方向，探索建立"统一高效"的开放型经济新体制，推动形成全面开放的新格局。在全球科技创新中转变开放发展方式，在国际经济形势变化中改善开放发展环境，在区域协调发展中理顺开放发展体制，将是广东未来构建全面开放新格局的主要任务。

站在新的历史起点上，如何在国际贸易新格局中探索新空间，在区域开放布局调整中挖掘新潜力，在积极参与国际事务和国际竞争中寻找新优势，继续发挥广东在全国开放型经济新体制的支撑、引领和示范作用，当好中国改革开放的排头兵，在加快建设社会主义现代化新征程中继续走在前列，不仅是广东的责任担当和历史使命，也是全中国乃至全世界的殷切期望。

第一节　以全面开放新格局成就新辉煌

党的十九大报告指出"推动形成全面开放新格局"，强调"开放带来进步，封闭必然落后"，"中国开放的大门不会关闭，只会越开越大"。"中国坚持对外开放的基本国策，坚持打开国门搞建设"，"发展更高层次的开放型经济"。"一带一路"、自由贸易试验区、"粤港澳大湾区"等倡议或战略均表明中国通过开放促改革、促发展和促创新的决心。在开放的过程中，中国必须审时度势，努力在当今时代的发展和变革中抢占先机、赢得主动，加快推进更高水平和更高质量的全面开放新格局的形成。

一　内涵诠释——树立高水平、高质量的开放理念

党的十九大提出的全面开放内涵既包括开放范围扩大、领域拓宽、层次加深，也包括开放方式创新、布局优化、质量提升，这是习近平新时代中国特色社会主义思想和基本方略的重要内容。

对全面开放新格局内涵的理解可概括为以下五个方面：一是开放模式上，培育贸易新业态和新模式，坚持"引进来"和"走出去"并重，创新对外投资方式，促进国际产能合作和探索自贸区建设；二是开放区位上，以"一带一路"建设为重点，形成陆海内外联动、东西

双向互济的开放格局；三是开放领域上，除扩大制造业等实物贸易外，还要不断放宽金融、保险、医疗、教育和咨询等服务业的市场准入；四是开放层次上，坚持向发展中国家开放和发达国家开放并重，为本国经济发展营造多元化的市场和更好的外部环境，主动对接国际高端要素，发展更高层次的开放型经济；五是开放体制上，要以自贸区改革为突破口，实行高水平的贸易和投资自由化便利化政策，全面实行准入前国民待遇加负面清单管理制度，强化对外商投资合法权益的保护，维护多边贸易体制，不断提高中国对外资的吸引力。

构建更全面、更深入、更多元的开放新格局，发展开放型经济，需要在原有经济特区开放的基础上，开展沿江与沿海、内陆与海洋、东部与西部等城市的联动和互济，并逐步加快制造业和基础设施的开放步伐，逐步开放金融、保险、电信等服务贸易领域。此外，打造全面开放新格局还需更好地实施以质取胜。要坚持引资与引智并举，提升利用外资的技术溢出效应、产业升级效应，提高利用外资的质量，加强在创新领域的合作，进一步落实科技兴贸战略。总之，在构建全面开放格局的过程中，要牢固树立高水平和高质量的开放理念。

二 时代使然——开启全面开放的新征程

世界正处于大发展大变革大调整时期，中国经济正处在转变发展方式、优化经济结构、转换增长动力的公关时期，对外开放面临的国内外形势正在发生深刻复杂变化，机遇前所未有，挑战前所未有，机遇大于挑战。全面开放新格局是顺应新时代形势发展的需要。一方面，中国社会主要矛盾发生变化，要全面开放来满足经济高质量发展的要求；另一方面，中国在市场准入、营商环境等方面对标国际依然存在差距，需要通过全面开放来提升中国国际竞争力。

三 南粤使命——勇做新时代全面开放的弄潮儿

开放发源于南粤，探索起始于岭南。40 年来，广东敢为天下先，砥砺奋进，披荆斩棘，创造了举世瞩目的"广东奇迹"，不断书写改革开放事业的新篇章。举开放之大旗，走创新之道路，是广东现代化建设不断取得新成就的重要法宝。作为改革开放的排头兵、先行地和示范区，广东在推动形成全面开放新格局的时代背景下迎来了新发展的机遇。

步入新时代，全球经济更加复杂多变，发展道路更加漫长曲折。广东要敢于担当，勇挑重担，以改革创新精神锐意进取，以对外开放理论为指引，坚持自主开放和内外联动，准确把握开放发展定位，从世界经济新格局中重构广东开放发展的模式和体制，是未来广东进一步开放和发展的关键所在。

新时代要有新气象，更要有新作为。广东要在形成全面开放新格局上走在全国前列，必须加快发展更高层次的开放型经济，加快培育贸易新业态新模式，积极参与"一带一路"建设，加强创新能力开放合作；必须抓住建设粤港澳大湾区重大机遇，携手港澳，加快推进相关工作，打造国际一流湾区和世界级城市群。广东要勇做新时代的弄潮儿，用今天的奋斗续写明天的辉煌，才能不负重托、不辱使命、不愧时代。

第二节　打造广东全面开放新格局
三大核心思路

一　以动能转换和高质发展深入推进创新驱动发展战略

（一）打造自主创新示范平台

1. 构建"1+1+7"区域创新格局

通过建立自主创新示范区，推进自主创新和高技术产业发展先行先试、探索经验，是以创新引领广东产业转型升级，推动产业向价值链高端迈进的重要举措。2015年9月，珠三角8个国家高新区（广州、珠海、佛山、惠州仲恺、东莞松山湖、中山火炬、江门和肇庆）正式获批建立国家自主创新示范区，成为全国第二个以城市群为单位的国家自主创新示范区，与2014年获批的深圳市国家自主创新示范区一起共同形成了"1+1+7"的国家自主创新示范区建设格局。

建设珠三角自主创新示范区，是广东省推动创新驱动发展的重大机遇和重要任务，珠三角自主创新示范区"1+1+7"的空间布局是一个有机融合、优势互补的区域创新整体。这在很大程度上能够解决部分区域创新驱动发展的资源、人才短缺等问题，充分调动创新主体的积极性，将创新资源优势转化为经济优势和产业优势，从而为广东经济增长和产业转型升级注入新的活力。

2. 建设广深科技创新走廊

广深科技创新走廊在创新驱动发展战略中发挥着重要作用，它肩负着由人口红利向科技红利转变，由制造为主向创造为主转变，同时，也发挥着打破区域行政壁垒，开展协同创新的重要作用。广深科技创新走廊基础产业链较为完备、市场孵化能力较强、创新环境较好，可以集中广、深、莞三地的创新资源，形成一个空间相关、产业联动和功能互补的创新经济带，实现城市间较好的分工协作。

要充分发挥广、深、莞三市各自的优势。广州市具有高校和科研院所较多与集中的优势。众多的高等院校、人才资源以及雄厚的科研实力，使广州有能力为广深科技创新走廊提供良好的智力支持，承担"创新大脑"的角色。深圳要发挥高新技术企业集聚、市场化程度高，资本化能力强的优势，充当"创新引擎"的动力。东莞可依托扎实的制造业基础，探索"创新基地"的模式。

重视东莞在三市产业空间上的对接作用。东莞紧邻广深两大城市，是连接广深的重要通道。通过对沿线经济带的连接，东莞可从空间上将广深科创走廊连接成为一个整体。尤其是在产业关联方面，东莞可以发挥在广深两大城市之间的产业链及服务能力的对接作用。东莞的城市内涵不断提升、层次不断不高，加之广深两地资源流经东莞，为东莞产业发展和科技创新提供了良好的机遇。这迫切要求东莞提升城市竞争力和创新服务平台，使流经的优势资源转换为产业发展和经济增长的动力。因此，对标广州和深圳的发展，东莞不断出台有关相关政策，完善创新产业园区、新型科研机构、大数据、孵化器等创新服务平台，这将在未来实现与广深的高水平创新平台联动发展。东莞要力争补足短板，并增强作为广深科技走廊成果转化落脚点的优势和能力。

要依托广、深、莞三市，逐步形成创新协同区域（表12—1）。具体而言，可构建北中南三个区域带来服务广深科技走廊创新。"北带"将依托重大科研平台，在技术创新方面发挥重要支撑作用。"中带"将凭借良好的制造业基础，发挥其创新成果转化的重要作用。"南带"将依托三市的创新重点平台，集聚科研机构、资金、人才等高端创新要素，紧密对接市场，成为国际性技术创新和专业创新高地。

表12—1　　　　"一廊、三核、三带"的区域协同创新格局

创新区域	说明	具体定位
一廊	广深科技创新走廊	依托广深高速、广深沿江高速、珠三环高速东段、穗莞深城际、佛莞城际等复合型的交通通道，集中穗莞深创新资源，三市连成一个产业联动、空间联结、功能贯穿的创新经济带，成为珠三角国家自主创新示范区核心区，全程约180公里
三核	广深莞三市	广州发挥高校、科研院所密集优势，扮演"创新大脑"的角色；深圳市场活跃，资本化能力强，充当"创新引擎"的动力；东莞依托良好的制造业基础，探索"创新基地"的模式
三带	北中南三个地带	一是以深圳大沙河、深圳光明新区、东莞大朗中子科学城、松山湖（生态园）、广州中新知识城等为主要节点，由珠三角环线高速串联形成的"北带"。二是以广深高速沿线地区为载体，从深圳福田延伸至东莞城区和广州主城区的"中带"。三是由广州琶洲、大学城、国际创新城、广州南沙，延伸至东莞滨海湾新区、深圳大空港和前海的"南带"

广深科技走廊在未来应形成"一廊、三核、三带"的区域协同创新格局，如表12—1所示。广深科技创新走廊将是一个共享和开放的创新经济带，未来将致力于建设国际一流创新生态，加快形成以创新为主要驱动力的经济发展模式，使其吸引和辐射带动能力不断增强，

创新平台更加完善，力争打造成为中国的"硅谷"。

　　3. 加快形成国家级实验室和科技产业创新中心

　　大力推动多层次粤港澳合作创新，以前海、南沙、横琴三个平台为基础，加强粤港澳基础设施的互联互通，选择互补效应明显的领域进行重点支持与合作，共建一批国家级实验室、研究中心，重点推进粤港科技创新走廊、深港创新圈建设，实现科技资源的融合共享。鼓励转移企业在粤东西北成立工程技术研发中心或设立研发分支机构，与位于珠三角的母公司或研发基地形成产业链上下游开展协作创新。

　　（二）以科技进步推动产业创新

　　1. 大力培育新一代战略新兴产业

　　与技术领先的国家和地区相比，追赶型经济体往往难以在传统领域实现技术超越。对广东而言，原始性发明创新面临着创新资源不足、技术转移壁垒高、知识产权保护薄弱、市场体系尤其是金融市场体系不发达等造成的"创新短板"。因为这类创新短板短期内难以补齐，相反，在新能源、节能环保低碳、信息技术、生物与新医药、航空航天、新材料等高新技术领域，追赶者和领先者之间的技术差距相对较小，追赶者实现技术赶超的成功率较高。因此，可适当对传统创新项目投入实行收缩，加大对战略性新兴产业，特别是绿色产业的投入，快速形成部分新兴产业的技术优势。

　　2. 以人工智能、信息产业和新能源汽车为突破口

　　新时代，人工智能作为颠覆性技术引领着第四次工业革命，是战略性新兴产业的重要领域。自 2016 年起，人工智能迎来了快速发展的新浪潮，这主要归功于机器学习算法、大规模计算、大数据以及大应用。人工智能凭借初始大数据和机器学习算法提出解决方案并推出应用。通过大量的数据积累和机器学习迭代，用户在应用平台过程中不断产生新的数据，利用新的数据，并进行快速迭代使算法不断优化，进而吸引更多的用户使用。依靠更实用和更强的计算能力，人工智能在研究深度和应用广度方面不断进步（图 12—1）。广东未来在人工智能领域要着眼于其在重要领域的应用，提高大数据计算能力，扩展学

习视野。

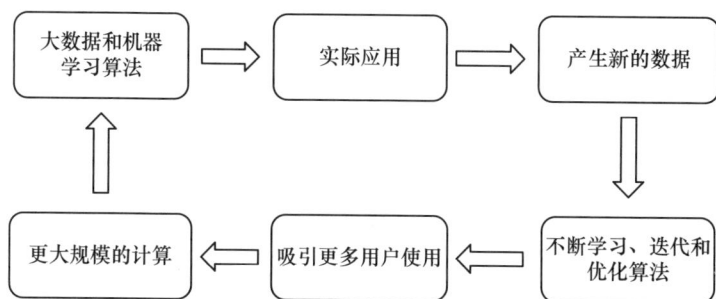

图12—1 人工智能计算的主要环节

发挥人工智能在重要领域的应用。人工智能基础理论和基础技术的突破高度依赖于应用本身和应用产生的数据，因此，推动人工智能更大的进步，必须着眼于人工智能在人们日常生活、工作等方面的重要应用。广东应大力推动人工智能在重点领域的创新应用，加强对人工智能行业的观念引导、数据开放和专项政策等的支持，促进人工智能先进技术在先进制造业、交通、医疗、教育和政府服务等领域应用。

要以全球化的视角加快布局广东人工智能产业。推动全面开放新格局的政策将为广东人工智能的发展带来新的机遇，它有助于人工智能行业与国外开展技术与交流，并参与人工智能领域的国际竞争。广东要充分利用全面开放新格局带来的平台，凭借技术突破、用户数据、国内外市场需求等优势来抢占全球人工智能发展的制高点。因此，政府必须要以全球化的视角加快布局广东省的人工智能产业，加大对人工智能相关的教育、培训和研发等项目的财政支持力度，注重对本土人工智能人才的培养以及引进人工智能领域的海外高端人才。

大力发展云计算技术和服务行业。步入新时代，云计算和GPU等的出现为人工智能的进一步发展提供了更广阔的空间。广东云计算应用已达到世界先进水平，今后要加大对非结构化数据处理技术、非关系型数据库管理技术、可视化技术等的研发，推动与云计算、物联网和移动互联网的融合，提高大数据处理和云计算的能力，以便更好地促进人工智能的发展。

除人工智能外，信息产业也是广东转换动能的重要产业。目前，在平板显示技术、无线网络、移动互联网、高性能计算等领域，广东已达到世界先进水平。特别是广东的光纤、4G 网络、无线网络覆盖等具有较高的水平，但还需要加大对 5G 网络的进一步开发，使移动通信产业提高到一个新的高度。广东要将 5G 网络发展纳入本省重点战略布局规划中，积极构建产业环境，应从如下方面大力推动 5G 发展。

一是创新管理方式。在 5G 行业开始阶段就要注意加强国际合作，推动形成全球统一的 5G 标准，避免 5G 和市场要求分割开来。在 5G 研发中要考虑到用户的需求和实地应用条件等因素。开发 5G 网络要充分考虑到传输以及个人信息等的安全问题，如虚拟化网络安全、大数据保护、智能终端安全等关键问题，这需要相应的技术和法律制度等做保障。

二是加大对 5G 研发关键环节的支持力度。5G 硬件需要同时得到云端、网络侧、终端侧等核心器件的支撑。需要不断提升 5G 研究标准来完善测试环境，并提高核心器件和芯片的能力，以及车联网和工业互联网行业的推动能力。在 "一带一路" "区块链" "中国制造2025" "互联网 +" 和 "宽带中国" 等国家战略实施的背景下，结合各个行业的特征和需求来加大对研发关键环节的支持。

除此之外，新能源汽车领域也是广东极具优势的战略性新兴产业。加快培育和发展新能源汽车产业，是广东省应对能源紧缺和环境污染、推动传统汽车产业转型升级的重要举措，也是广东省未来抢占新能源产业制高点、加快转变经济发展方式的关键所在。广东应重点研发新型洁净能源的纯电动汽车、插电式混合动力汽车（包括乙醇、天然气、生物柴油等代用燃料），加快各种燃料电池汽车的研发和产业化发展（表12—2）。

表 12—2　　　　　　　　　新能源汽车发展的重点

方向	重点内容
整车制造	①重点推进纯电动汽车、插电式混合动力汽车、增程式电动汽车的研发及产业化 ②鼓励发展特种用途电动汽车、短途纯电动汽车 ③研究探索燃料电池汽车等
关键零部件制造	①动力电池及管理系统 ②驱动电机及控制器 ③电动汽车整车控制器 ④先进传动技术 ⑤电动化附件 ⑥转量化技术与产品 ⑦LNG 汽车关键零部件
配套技术与设备	①充电技术与设备 ②车网融合技术

广东要立足新能源插电式电动汽车、燃料电池汽车等的整车制造，并实现无线充电等前沿技术的突破以及新能源汽车关键零部件（电池、电机、电控系统等）独立生产，普及和完善大功率快速充电桩等配套设备，并加大对氢燃料电池技术、氢能源电池汽车、智能驾驶汽车、冷藏运输等新能源专用车等的研发。

（三）加快研发机构和重点工程的建设

1. 建设一批新兴研发机构、科技企业孵化器

随着创新驱动发展战略以及全面开放新格局战略的实施，广东对新兴研发机构的投入以及高新技术企业的培育力度不断加大。截至 2016 年，广东高新技术企业数量达到 19857 家，增速达 78.81%。2017 年出台的《"十三五"广东省科技创新规划（2016—2020 年）》提出，国家高新技术企业力争在 2020 年达到 28 万家以上，并建成 800 家以上省级科技企业孵化器，孵企业争取达到 5 万家以上。

高新技术企业数量大幅增长有助于提升广东企业的创新能力。《"十三五"广东省科技创新规划（2016—2020年)》提出，广东大中型工业企业力争在2020年总共建成的研发机构比例达30%，年主营业务收入超过5亿元，实现研发机构在工业骨干企业的全覆盖。广东要力争在2030年，规模以上工业企业建设研发机构比例达到35%，企业创新能力得到大幅度的提升。

2. 抓好12项军民繁荣和重点工程实施

重点加强新兴领域的军民深度融合。随着航天、航空和电子信息等军民融合产业相关政策的出台，卫星应用、通用航空和商业航空、网络安全和信息化等新兴领域军民融合发展呈现加速态势。在相关政策密集扶持和社会需求日益扩大的共同影响下，广东可着眼于新兴领域的军民融合，使战略性新兴产业得到更快速的发展。

充分发挥社会组织的作用。社会组织作为连接军队、政府、企业及社会力量的重要桥梁，是推进军民融合发展的重要力量。国内已有省份在军民融合社会组织作用的发挥方面做得较好，值得广东借鉴。例如，江苏镇江新区成立的以军民融合为特色的产业联盟、福建省厦门市军民融合相关企业自发成立的"军民融合产业协会"。广东可充分发挥行业协会、商会在服务军民融合方面的作用，为此，广东也在深圳成立了深圳市军民融合发展协会。政府要出台相应的政策促使行业协会开展行业自律，维护会员以及社会公众的利益，不断提高行业协会的社会公信力。离部队较近的社会组织可在医疗、救灾、拥军优属和军民互惠等方面推进军民融合。

（四）集聚创新人才和完善创新环境

1. 实施"珠江人才计划"和建设"双一流大学"

广东要注重通过实施"珠江人才计划"对本土人才的培养和发展，推进博士和博士后人才的进一步发展，研究推出更加有效的创新人才政策，加大力度培养和引进一批高水平的科技领军人才和创新团队，为创新驱动储备足够的人才资源。另外，还要持续加大对高水平大学特别是"双一流"的建设投入，鼓励全球高水平大学与广东开展联合办学，通过交流合作也有助于提高本土人才的能力，完善本土重点实验室、工程研究中心等创新平台的建设，吸引世界著名实验室或研究机构来广东进行合作研发。

2. 发展壮大风险投资和创业投资，打造国际风投创投中心

广东应加快推进构建多主体多层次的创新风险分担体系，为投资者提供更具流动性和多样化的资产组合，有效化解企业创新风险。首先，要进一步加大技术改造等事后奖补政策，探索完善创新券等普惠式创新扶持政策，有效缓解中小企业创新的财务负担。其次，要设立重大项目攻关专项资金，扶持企业在关键技术领域开展专项攻关。再次，要大力发展科技金融，通过政府引导、社会参与的方式，搭建高水平公共金融服务平台和创新平台、技术产权交易平台，加快民间风险投资和创业投资公司发展。最后，要大力发展科技融资担保业，开展科技保险创新，扩大知识产权质押融资、中小企业集合信托计划等规模，拓宽科技型中小企业融资渠道，加快发展多层次资本市场，并拓宽风投资金退出渠道。

3. 加快引领型知识产权强省建设

实行知识产权司法保护和行政保护"强强联手"。随着电子商务和网络新技术的发展，创新型企业维权中的"举证难，赔偿低，效果差"问题已越来越突出。为此，知识产权司法保护必须有行政执法和多元纠纷解决机制的配合和支撑，特别是要充分发挥专利行政执法的作用。在完善专利审查和管理制度的同时，还要加大对知识产权侵权行为的打击力度，将专项打击逐步纳入日常执法程序，并完善部门之间的沟通与协作，加强异地合作执法和纠纷快速解决机制，缩短侵权认定和处理周期，构建网络化的维权援助体系，实现知识产权保护"司法"和"行政"双轮驱动。此外，还要加强国家层面和地方层面的知识产权保护联动，探索行政和司法优势互补、有机衔接的保护模式，深化知识产权保护的区域协作和国际合作。

构建与完善知识产权在战略性新兴产业中引导和服务的作用。战略性新兴产业对知识产权保护的要求更高，其创新产品具有较高价值

和更广阔的应用前景。促进战略性新兴产业科技成果转化，加快构建在关键技术领域的专利组合和专利储备，有利于促进产业发展和提高企业竞争力。积极培育知识产权服务品牌机构，建设知识产权服务业集聚发展试验区和知识产权密集型产业集聚区，进行知识产权集群式管理，推行申请、受理、信息咨询和知识培训等"一站式"服务模式，有利于创新企业更好地了解和运用知识产权，保证创新成果商业化价值的快速实现。此外，还要着力加强科技与金融合作，完善研发与孵化、专利与应用等方面的平台，探索专利质押融资模式，引导银行与投资机构开展投贷联动，拓宽创新企业的融资渠道，深入开展"知识产权走基层、服务经济万里行"和"知识产权服务品牌机构牵手区域经济发展"等活动。

应完善高校和科研院所的知识产权工作机制。推动高校、科研院所建立以市场为导向的知识产权创新机制，加大对委托开发、技术协作、共同研发等协同创新的鼓励力度。完善科研人员创新激励政策，鼓励高校、科研机构和企业之间开展互动交流，推动科研成果市场化。加强重点实验室、工程技术研究中心、企业技术中心等创新平台的知识产权考评。

二　深化营商环境综合改革，加快转变政府职能

世界银行公布的《2018 年营商环境报告》显示，中国营商环境在全球 190 个经济体中位列第 78 位，中国与领先者还存在一定的差距。表 12—3 显示了中国、中国广东与部分国家开办企业的程序、时间和成本的对比。

表 12—3　　　　广东与部分国家开办企业便利度的比较

经济体	营商环境总排名	开办企业便利度排名	开办企业程序（个）	开办企业耗时（天）	开办企业成本（人均收入百分比%）
新西兰	1	1	1	0.5	0.3

经济体	营商环境 总排名	开办企业 便利度排名	开办企业程序 （个）	开办企业耗时 （天）	开办企业成本 （人均收入百分比%）
加拿大	18	2	2	1.5	0.4
中国香港	5	3	2	1.5	0.1
新加坡	2	6	3	2.5	0.5
韩国	4	9	2	4	14.6
英国	7	14	4	4.5	0
法国	31	25	5	3.5	0.7
美国	6	49	6	5.6	1.1
中国广东	—	82	5	15.7	0.9
中国	78	93	7	22.9	0.6
日本	34	106	9	12.2	7.5
德国	20	103	9	10.5	1.9

资料来源：世界银行和《粤港澳大湾区建设报告（2018）》。

广东开办企业需 5 个程序，耗时 15.7 天，成本占人均国民收入的 0.9%，开办企业便利度在全球排第 82 名，优于日本和德国，但低于新西兰、加拿大、新加坡、韩国、英国、法国和美国等国的水平。与全球发达水平相比，广东开办企业的便利度仍有较大的提升空间。

中国正不断改革，努力步入全球营商环境较发达的行列。实现这一目标需要发挥广东的引领作用。广东在对外开放中走在全国前列，营商便利度、政策法律保障和执行力、硬件建设等也在探索中不断改进，但创新创业时代的营商环境对广东提出了新的要求。深化营商环境和加快转变政府工作职能是全面深化改革的重要内容。发挥营商环境的作用，需要持续简政放权、加快监管制度和服务模式的创新，重点做到为市场准入降门槛，提高开办企业的便利度并扩大有效投资的空间，创造公平的营商环境。

（一）持续推进简政放权

简政放权是全面深化改革的"先手棋"和转变政府职能的"当头

炮", 其目的是通过降低企业交易成本, 激发市场主体活力。这要求推动政府管理由事前审批向事中事后监管转变, 减少创立企业的制度性成本, 推动开办企业便利化, 积极开展收费清理改革和监督检查, 通过清理和规范各项收费, 推动企业减轻负担, 服务实体经济。简政放权仍须在为企业注册登记创造更多便利上重点发力。

1. 加快推广"多证合一"和"证照分离"

政府加强对企业后置审批事项的督促和指导, 保证开办企业的事项按时受理和及时落地, 才能提升投资企业对所在地的"认同感"和"归属感"。要将社会保险登记证和统计登记证等整合, 将涉及信息采集、备案和查询管理类的各种证照统一整合到营业执照上, 实现"多证合一、一照一码"等。广东要认真学习上海自贸区"证照分离"的先进方法, 加快推进"证照分离"改革, 努力减少不必要的后置审批和许可, 避免出现企业领照后依然需要各种"证""准入不准营"的问题, 加快准入准营的同步实现。

2. 多措并举, 推动商标注册提效降费

企业产品的商标注册耗时较长, 费用也较高。广东政府今后还需进一步推进和创新"互联网＋商标注册"的模式, 准许企业自主申报其名称, 放开企业名录库, 使企业注册登记更加便利化。同时, 还要积极完善互联网申请系统, 适当放开中介准入, 降低企业申请费用, 缩短申请时间。要适当放开对企业经营范围的核准, 实行"非禁即入"的措施, 激发企业创业和创新的热情。

3. 完善放宽企业住所登记等有关制度

随着广东城镇化的发展, 广州和深圳面临着城市功能转型升级、商业用地越来越紧张的局面。在对珠三角整体布局优化调整方面, 可探索"一址多照""一照多址"和"集群注册"等改革, 充分利用同一地区闲置楼宇, 以及在商业空间较大的其他地区设置分厂等, 将释放更多场地资源, 为投资创业提供更便捷的条件。当前, 特别是针对现代服务业、高技术产业、新型业态等行业, 应不断放宽企业住所登记制度, 减少经营场所对创业创新的限制。

4. 推广简易注销程序

企业有出生就有消亡，市场主体注册进入要方便，注销退出也应力求程序的简化，只有这样才会便利企业优胜劣汰，保持市场经济健康有序的发展。目前，相对于市场准入，企业的退出仍然面临审查环节过多、效率低下的问题。广东可适当参照上海等地已试点推行的"简易注销程序"，促进个体工商户、未开业企业以及无债权债务企业工商登记注销的程序进一步简捷和便利化。

(二) 加快监管制度和服务模式的创新

1. 全面推行"双随机、一公开"的监管方式

深化营商环境改革，依法加强事中事后监管是关键。政府要以科学有效的"管"促进更大力度的"放"，即实行放管结合，要大力推行随机抽取检查对象、随机选派执法检查人员、严格落实公开机制的监管模式。这种"双随机、一公开"的模式有助于避免腐败和寻租行为，减轻企业的负担，并更好地对接社会信用体系。探索开展跨部门、跨区域联合执法和抽查，提升监管的公平性，是今后广东营造公平竞争的营商环境所要努力的方向。

2. 采用大数据方法实施智能监管

在数字化、智能化的时代，大数据方法是政府进行市场监管以及分析和预测经济形势的强有力的手段，它有助于促进监管的精准化和高效化。广东要参照全国企业信用信息公示系统，努力实现本省系统的"一网归集和双向服务"，将市场和行政干预手段结合，打破数据分割，积极借助大数据方法采集相关企业的数据信息，并做到省级政府和市级政府之间、市级政府之间信息资源的开放共享和互通有无。

3. 进一步强化信用监管

广东要深入贯彻落实《企业信息公示暂行条例》，推进企业信用信息公示"全国一张网"的建设，建立和健全经营异常企业的名录，充分发挥"黑名单"制度的威力，加强对违规失信企业的处罚力度。各区域政府要将企业的信用信息和信用情况嵌入行政管理和公共服务的各领域，做好信息公示工作，为金融市场了解企业提供重要的参考

依据。通过信用信息的交换与共享，政府可建立跨部门和跨区域信用奖惩联动机制。

4. 大力推行"互联网＋政务服务"

广东网上办事大厅采用云计算与大数据技术相结合，搭建起了现代化的电子政务系统和一体化的电子综合平台。今后，要继续推进实体政务大厅向网上办事大厅的转变和延伸，打造"一张网"和"一门式"政务服务模式，实现网上统一申办，让办事人只在一个部门以及只须登录一次，就可办理诸多事项，力争让企业和居民少跑腿、好办事。同时，广东还要积极建立公共资源交易信息化平台，构建统一的公共资源和信息交易平台，努力实现公共资源交易全过程的网络化和电子化，使公共资源更好地服务企业和市民，政务服务工作更加规范、透明和高效。

三 促进粤港澳大湾区建设合作体制机制创新

建设粤港澳大湾区是推动全面开放、创新驱动、区域融合和宜居宜业的重要举措，也是不断优化营商环境、缩小区域内与区域间发展差距的重要平台。粤港澳大湾区的建设离不开广东同港澳地区的合作。特别是在高端生产性服务业、人才培养、科技创新和资格互认等领域，广东需要大力引进港澳地区优秀的管理人才，并鼓励珠三角高校与港澳高校的学术和科研领域的交流，以及港澳创新团队和创业人才到广东创业。这些都离不开良好的合作体制机制的创新做保障。

（一）建立国家层面的协调保障机制

1. 成立粤港澳大湾区工作领导小组

粤港澳大湾区的合作需要成立一个由中央有关部门、港澳特别行政区、广东省政府以及珠三角各市一级的相关部门组成的新型工作领导小组。该小组组长可由国务院领导担任，成员由国家相关部委和粤港澳各方组成，统筹研究解决粤港澳大湾区合作发展重大问题，工作领导小组办公室可设在国家发展改革委。该工作小组可在适当的时候代替区域政府制定规划和履行某些职能，保证人才、资金和信息的畅通无阻，降低市场交易成本，实现资源的高效配置。

具体而言，要组织建立粤港澳大湾区城市群层面的规划机构，明确各城市的功能及地位，开展各城市间的分工协作。规划领导小组可定期举行会议，商讨湾区重大合作事项，做出科学和民主的决策。同时，要在各城市设立湾区协调办事机构，负责进一步落实由领导小组讨论通过的联席会议决定，并定期对外商投资企业和本地民营企业进行民意调查，了解合作项目的参与者遇到的困难和有待协调的事项。

2. 参照三峡开发的 PPP 模式

建设粤港澳大湾区离不开社会资本和海外资本的参与，可按 PPP 模式组建股份制的大湾区开发集团公司。大湾区所在城市的各级政府要加大对民营企业投资的支持力度。引导和加快民营企业进入金融、电信、电力、石油等重要行业领域，准许民间资本在这类行业中参股和控股；鼓励民间资本设立创业、股权和产业等投资基金，拓宽民间投资渠道。广东政府要加大专项建设基金对民间投资的支持力度，在珠三角区域进行担保机构试点，保障民间投资项目符合国家专项建设基金投放的标准和要求，并保证国家对民企优惠政策的落实。在顶层设计上还要进一步明确各区域部门的职责分工，使 PPP 操作规程更加规范，可行性更强；使民间资本对投资 PPP 长期项目保持较高的收益预期，刺激其进一步加大投资规模。

（二）打破市场壁垒和推动要素有序流动

1. 进一步落实和推动 CEPA 政策安排

加大粤港澳大湾区服务业开放的广度和深度，推动湾区服务贸易自由化，需要进一步落实内地与港澳《关于建立更紧密经贸关系的安排》及其相关的协议，统一市场建设，清理阻碍要素合理流动的不合理规定。通过实施货物和人员通关"两检"变"一检"，可以加快粤港澳之间的要素流动，提升粤港澳货物通关和科研资金、人员跨境往来的便利化。广东政府要完善相关政策，扩大内地与港澳企业相互投资，特别是鼓励港澳人员赴粤投资和创业，并为港澳居民赴粤就业和发展提供良好的机遇和更加便利的条件。

2. 强化基础设施的互联互通功能

强化内地与港澳交通联系，构建高效便捷的现代综合交通运输体系，也是促进要素流动畅通的关键所在。香港作为国际航运中心，对带动大湾区其他城市共建世界级城市群和港口群具有重要的作用。优化高速公路、铁路、城市轨道交通网络布局，推动各种运输方式一体化和有效衔接必将成为推动粤港澳大湾区发展的着力点。今后，要强化各城市的基础设施，特别是交通基础设施的建设，推动城际交通便捷高效，加快推进港珠澳大桥、广深港高铁、粤澳新通道等区域重点项目建设，构建区域内便捷的交通网络。此外，还要建设稳定安全的能源和水供应体系，进一步完善通信网络等基础设施并扩大网络容量。

（三）支持重大合作平台发展

1. 赋予重大合作平台更多先行先试的政策

针对推进深圳前海、广州南沙、珠海横琴等粤港澳重大合作平台的建设，政府要出台更多优惠政策，充分发挥其在进一步构建全面开放新格局中的作用。粤港澳大湾区的发展离不开人才和科技的保障，推进港澳青年就业和创业基地建设，实现港深创新及科技园区的落地等政策势在必行。除落实有关广深港地区的优惠政策外，珠三角其他城市的发展也迫切需要政府出台相应的支持政策，如江门大广海湾经济区、中山粤澳全面合作示范区等合作平台建设也具有示范和引领作用。对于重大合作平台的建设，政府需要出台更多政策鼓励其先行先试，并推广成功的经验。

2. 支持自贸区试验区拓展合作区域

重点推动南沙自贸区拓展合作平台。在广东自由贸易试验区的三个片区中，南沙自贸区能够承担一定区域功能的高水平开放平台，建成广州高水平的自由贸易港。南沙与港澳比邻，经过两年来对相应制度的探索和创新，南沙自由贸易试验区货物进出、资本流动的自由化程度大大提高，具备了建设自由贸易港的优越条件。南沙未来将定位于国际航运发展合作区，重点发展航运物流、保税仓储、国际中转、大宗商品交易、冷链物流等航运服务业。因此，南沙自由贸易港具有较强的区域综合"平台"功能，可以建成具有对外贸易、加工贸易、离岸贸易、中转及航运物流等功能的综合自由贸易港。参照港澳自由经济规则一致性建设，南沙自由贸易港可实行货物进出"先入关，后报关"的便利化模式，实行零关税和较低所得税率，从而实现与港澳规则上的接轨。

打造深圳前海"国际金融自由港"。深圳前海毗邻香港，拥有先进的电子围网技术，可依托蛇口港，以及前海湾保税港区、前海深港现代服务业合作区、CEPA金融创新区的支撑，使要素和商品往来更加便利。通过前期的建设，深圳前海已初步探索出航运物流、转口加工贸易、金融开放等方面的创新道路，积累了国内较高水平的开放经验，特别是在金融开放领域，其特色鲜明、功能齐全。这有助于湾区国内和国际资本的集聚。深圳前海自由贸易港可以与香港进行深度对接和一体化发展，以此带动粤港澳大湾区及其周边城市的经济发展。未来，深圳前海还要继续在航运物流、金融开放及资本流动等服务业领域与香港进行深度合作。

加快推进横琴自贸区建设"国际自由岛"。港珠澳大桥已正式开通，并把珠海保税区、珠澳跨境工业区、港珠澳大桥出口及其比邻区域纳入横琴片区，统一规划。国务院《关于横琴开发有关政策的批复》赋予了横琴片区实行"一线放宽、二线管住、人货分离、分类管理"的分线管理权限。"分线管理"也是横琴片区"境内关外"真正形成的必要条件。珠海横琴与澳门相邻，拥有建成"自由贸易港区"的优越条件，可充分利用横琴片区休闲旅游、健康产业优势，打造成一个"国际自由岛"或"国际旅游岛"。

3. 参照国际高标准，创设面向国际合作的平台

为了加深粤港澳融合发展，同时参照国际标准，可以采取自由贸易港外部"飞地"形式，构建一系列功能园区，比如依托上述高水平自由贸易港构建功能园区式的依附型开放平台，有助于提高经济技术开发区和高新技术产业区的开放水平。金融危机后，随着珠三角加工贸易企业的转型升级，企业工厂数量上大幅减少，有必要对一些零星

的加工贸易工厂进行整合，实施"园区化"监管，建成若干"出口加工区"或者"加工贸易园区"。同时，尝试运用互联网、物联网技术，实行对开放平台的"电子围网"监管，实现"境内关外"的管理效果，构成"物理围网"和"电子信息围网"相结合的"出口加工区"开放平台，推进珠三角加工贸易"转厂加工"的自由化，助推加工贸易的产业链延伸，形成若干"出口加工区"或者"加工贸易园区"。

4. 支持推进教育领域的深度开放

《泰晤士报高等教育》公布的 2016—2017 年世界大学排名显示，排名前 100 的高校中，粤港澳大湾区共有 3 所大学上榜，且均位于香港，香港聚集了全球高端的科研人员和高等院校。香港本地大学在科学和工程学方面的学术成就尤为突出。计算机科学系、数学系及电子工程学系的排名均在世界的前三十名以内，达到全球领先水平。此外，世界顶级科技创新机构相继落户香港，如 2015 年瑞典的卡罗琳学院在香港设立了海外研究分支，2016 年麻省理工学院在香港设立创新中心。由于香港人口有限、土地面积不足，广东需要充分加强与香港在科研、创新和教育方面的合作，实现优势互补、利益共享和协同创新的目标。

（四）粤港澳三方共同出台政策

1. 完善省区层面的支持平台

支持粤港澳大湾区延伸区域的融合发展，可在广东省与广西、海南、福建等省区延伸区开展融合发展。通过设施互通、产业互融、服务共享等手段，推进区域一体化。在适当时候，中央可针对粤港澳大湾区以及该延伸区域的特点，共同出台国家级重大发展战略。

2. 借鉴港澳经验打造国际化营商环境

香港是全球最自由的经济体，高度自由开放、高服务业化、零市场准入门槛、发达的贸易运输服务以及低税率制，使香港在吸引市场要素集聚方面具有较强的竞争力。香港未来将作为"一带一路"及粤港澳大湾区的国际法律及争议解决服务中心，其国际贸易、商业和金融中心的地位突出（表 12—4）。

表12—4　　　　　　　　　港澳营商环境优势分析

地区	营商环境优势
香港	①开办企业的便利程度较高 ②更加便捷的融资服务 ③较低税率对企业经营成本的降低 ④生产经营配套服务和关系网络发达 ⑤电子政务和智慧城市
澳门	①较高的外商投资便利度 ②更优惠的产业扶持政策 ③有效便捷的知识产权保护 ④更为完善的公共服务体系 ⑤较高的政务环境满意度

资料来源：《粤港澳大湾区建设报告（2018）》。

　　澳门拥有世界公认的开放型贸易和投资体系，澳门奉行自由港政策及利伯维尔场经济制度，投资营商手续相当简便，外地与本地投资者成立企业所需的程序相同，并可通过"一站式"服务协助处理各项行政手续，商业运作准则与国际惯例接轨，为来自世界各地的投资者发展业务提供了理想的环境（表12—4）。

　　香港开办企业仅需1—4个工作日，并允许会计师、律师事务所或相关中介机构代办。融资服务更多针对企业经营的具体环节或领域，且更加关注中小企业的资金需求，服务业务范围更加广泛，质量较高。税种简单，税率较低，主要采用地域来源制收税，仅对源自香港的收入征税，财务管理制度也更加简洁清晰。香港拥有与世界接轨的更为完备的商业与法律服务，在产品设计、市场推广、银行借贷融资服务、知识产权服务、相关法律仲裁、物流服务、出口信用保险等多个领域能够为企业提供便利、高效、国际化的专业服务。香港完善的电信及资讯科技基建为商业活动提供了有效的支撑。

　　澳门开办企业准入门槛较低，产业多元化的措施完善，知识产权延伸保护领域具有一定的成功经验。形成了世界最发达国家标准的公共服务体系与社会保障体系。一是以特别津贴等形式直接援助生活困难群体，低收入本地居民可向政府申请每月收入补贴。二是推出医疗补贴计划，居民可以持医疗券到私人诊所接受医疗服务。澳门推行"一站式"服务、"服务承诺计划"等，成立公共服务评审委员会，负责对政府部门的服务承诺进行评审。三是不断进行行政程序简化改革。四是建立服务对象反馈机制。为提高政府服务效能，澳门积极推广市民自愿式满意度调查。

3. 争取更多国际合作平台落户大湾区

充分发挥港澳地区独特优势需要争取更多的国际合作。例如，深化与"一带一路"沿线国家在基础设施互联互通、经贸、金融、生态环保及人文交流领域的合作，携手打造推进"一带一路"建设的重要支撑区，有利于支持粤港澳共同开展国际产能合作和联手"走出去"，进一步完善对外开放平台，更好发挥侨乡的纽带作用，推动大湾区在国家高水平参与国际合作中发挥示范带头作用。

4. 支持粤港澳青年人创业和中小微企业发展

推行粤港澳青年协同创新创业计划，双向整合港澳与珠三角地区的创新和产业资源，推动优势互补，构建包括科技研发、国际合作、科技金融、企业孵化、人才培养、创业投资、产业并购、产业运营等在内的运营服务体系，通过创新引领、产融结合、深度孵化、产业聚合，加快港澳青年融入内地的步伐。"粤港澳青年协同创新创业计划"可采用企业化运作方式和开放式的合作发展方法，整合珠三角创新资源和产业资源，与港澳产业和创新资源无缝对接，形成合力，共同推进一批产业化项目孵化落地和发展壮大。

积极推动粤港澳大学之间以及大学生之间的合作，通过平台的资源整合与专业化运作，形成强大的"人才链—创新链—资金链—产业链"的四链驱动模式，以项目孵化和产业整合为核心，创新高端引领、产融深度融合，形成"前孵化—孵化—加速—产业深度整合"的创新产业链，助推产业转型升级。把粤港澳青年协同创新创业计划纳入粤港澳合作的重点工作中。针对港澳青年在内地创业存在的"落户难""招聘难""融资难"等问题，可通过为粤港澳青年协同创新创业提供全方位服务，来有效解决港澳青年的创业难题。

5. 搭建粤港澳民间交流合作平台

强化粤港澳合作咨询渠道，吸纳内地及港澳各界代表和专家参与，研究探讨各领域合作发展策略、方式及问题。发挥粤港澳地区行业协会、智库等机构的作用，支持工商企业界、劳工界、专业服务界、学术界等社会各界深化合作交流，共同参与大湾区建设，并加强粤港澳大湾区的宣传推介。

6. 加大对科技研发活动支持力度

湾区要实现科技创新需要加大对高校和基础研究的投入。一是要提高科技经费占财政支出比例。二是要解决科技投融资难问题。三是要以市场拉动科技创新的投入。四是要共建大湾区优质教育圈，以改善教育研发为重点，打造国际化教育高地，完善就业创业服务体系。

第三节 六大着力点促使广东全面
开放新格局落地开花

一 打造"一带一路"重要支撑区

（一）坚持贸易先行和开放创新的战略

在国家建设全面开放新格局的发展战略的背景下，广东依然要坚持贸易先行，支持广东省企业在"一带一路"沿线重点国家进行投资设厂，建立广东特色商品会展中心，大力发展针对沿线国家的各类会展经济，加快形成自主品牌。在开放创新方面，要立足广东战略性创新产业优势，聚合"一带一路"优质创新资源，促进创新型人才流动，加强政策对接，共建创新合作平台，在"一带一路"率先建立开放创新生态系统，等等。

（二）借助民间华侨组织构建经贸平台

珠三角企业在"一带一路"沿线国家的建立和发展离不开当地华人华侨、华商组织以及对口商会等对企业的帮助，珠三角政府要积极构建国内企业与"一带一路"国家华人华侨组织合作的国际经贸平台、贸易网络服务体系。政府今后要聚焦重点地区、重点国别和重点项目，加强与"一带一路"国家在贸易、能源和基础设施等领域的合作。

（三）针对沿线国家的需求开展不同类型的合作

广东省目前处于后工业化时期，在经济结构调整和产业发展上，一方面要不断引进外部资本、科技和人才等，融合新工业革命的最新成果，加快制造业转型升级；另一方面，需要加快推动经济和产业结构向服务业方向发展的力度。结合"一带一路"沿线国家或地区的产业现状和发展需求，广东与第一类国家或地区（新加坡和中国港澳）和第三类国家或地区（东盟的中南半岛国家，南亚国家，阿拉伯、中东、东非等地区）具有很强产业互补性。与第一类国家或地区的合作，重点放在引进其资金、技术和高端产业进入，促进广东产业转型。第三类国家或地区制造业基础较为薄弱，但自然资源较为丰富且市场潜力巨大，广东的制造业企业可在这些地区投资设厂，重新布局和优化传统制造业，实现资源重组，提升国际竞争力。第二类国家或地区（马来西亚、泰国、俄罗斯等）产业发展现状与广东相似，今后要在差异化发展方面相互合作，相互为对方提供服务，并结合各自技术优势进行产业分工与合作。

（四）重视与潜在投资国贸易平台的建设

了解"一带一路"沿线国家的投资环境，对降低广东企业与"一带一路"国家的信息不对称，实现广东企业与"一带一路"沿线主要投资国家企业的"点对点"对接，完善对外贸易平台，具有重要的作用。表12—5显示了基础设施、经济发展程度以及政治稳定性方面衡量的"一带一路"主要国家的投资环境。

表12—5　"一带一路"主要国家的基础设施、经济发展程度及政治稳定性

国别	国家	基础设施	经济发展程度	政治稳定性
现行投资国	新加坡	100	84.2	91.7
	印度尼西亚	54.6	76.8	51.4
	印度	52.2	85.1	51.8
	泰国	69.1	62.6	49.2
	马来西亚	74.4	79.0	65
	越南	53.7	66.8	68.5
	老挝	44.7	56.7	62.0
	伊朗	63.0	76.2	42.2
	俄罗斯	48.1	97.6	100
潜在投资国	哈萨克斯坦	61.2	81.8	97.5
	沙特阿拉伯	72.2	89.3	66.4
	阿联酋	83.7	71.7	87.3
	波兰	62.5	54.8	86.7
	塞尔维亚	63.8	71.7	80.7
	卡塔尔	69.9	71.2	86.5
	爱沙尼亚	75.5	52.3	82.2
	斯洛文尼亚	83.5	45.2	87.4
	捷克共和国	66	50.9	82.5
	克罗地亚	77.6	50.1	79.4
	匈牙利	66.5	54.6	80.3

资料来源：《中国"一带一路"投资与安全研究报告（2016—2017）》。

　　上述国家可分为中国的现行投资国和潜在投资国。在现行投资国政治稳定性方面，除了新加坡和俄罗斯两国分值较高以外，其他国家的分值均比较低，因此，其政治稳定性较差；在经济发展程度方面，除了老挝和泰国分值较低外，其他国家分值均相对较高，因此，整体经济发展程度较高；在基础设施方面，除了新加坡和马来西亚分值较高外，其余国家分值相对较低，因此，整体基础设施水平较低。

　　在主要潜在投资国的基础设施方面，除哈萨克斯坦分值相对较低外，其他国家基础设施分值相对较高，整体基础设施较为完善；在经济发展程度方面，阿联酋、卡塔尔、塞尔维亚、沙特阿拉伯和哈萨克斯坦等国的分值较高，其余国家经济发展程度都比较低，整体经济发展程度也就比较低；在政治稳定性方面，除了沙特阿拉伯得分相对较低外，其他国家政治稳定性得分均比较高，因而总体政治稳定性较好。

主要潜在投资国的经济发展整体水平虽然较现行投资国低，但其整体基础设施的完善程度以及政局的稳定性要更好。广东未来除了重点建设与俄罗斯和新加坡的贸易支撑平台外，还要不断加强与阿联酋、塞尔维亚和卡塔尔等政局较稳定、经济发展相对较好的潜在投资国的贸易平台的建设。

二 培育外贸竞争新优势

（一）促进外贸结构的转型和升级

以加工贸易为主的劳动力密集型产业在广东省传统的出口贸易中占有主导地位，今后要加快调整产业布局和企业生产经营策略，淘汰低附加值产品，推动高新技术产业和战略性新兴产业发展，加强企业自主品牌建设，扩大加工贸易产品内销，切实提高一般贸易出口的比重。除继续保持一般贸易增长的良好态势外，发挥大型成套装备及技术出口贸易对关联行业的带动作用，有助于扩大外贸转型升级。

（二）加快高标准自贸区的建设

广东应充分利用拥有自由贸易试验区的天然优势，在新一轮国内和国际竞争中，努力挖掘新外贸竞争的优势，依托南沙自贸区，以高标准深化投资、贸易和金融领域的改革，高标准建设好自贸区。深化事中事后监管和政府服务等领域的制度创新，要重点完善贸易口岸执法部门的综合监管和推进项目综合审批模式等改革，以便为其他地区提供加快形成可参考和借鉴的制度样本和经验模式。加快推进南沙片区与粤港澳的深度合作区，强化"大前海区域"联动发展和深港跨境金融创新，此外，今后还要积极开展同海南自贸区的合作，推动经贸合作产业园区等建设，促进高端产业集聚和快速发展，使南沙自贸区与海南自贸区联动，共同发挥中国连通世界的门户枢纽的作用。

（三）充分发挥金融对外贸的推动作用

加强金融对广东外贸竞争的支持力度，必须加快推动金融自由化，从而建立新型国际贸易方式，为构建自贸园区提供良好的平台。实现金融自由化对外贸的推动作用，首先，要实现金融产品和金融科技创新，为外贸企业转型提供更加多样化、优质和高效的金融服务。其次，要实现贸易结算、汇率政策和工具、信用担保等创新，促进贸易的便利化发展，拓宽外贸企业的融资以及降低交易成本和行业风险。最后，可通过期货期权、主权财富基金、资本运作等手段掌控大宗商品和能源贸易价格，抢占国际贸易发展的话语权、主动权。

（四）积极开拓多元化市场

广东一直以来与亚洲和欧美发达国家的贸易往来较多，这种过于集中和单一的贸易格局很容易受到经济波动和国际市场冲击的影响，增加外贸企业的经营风险，加剧对外贸易的不稳定性。因此，广东应该积极开拓多元化的出口市场，进一步降低对外贸易风险，特别是要积极参与"一带一路"建设，增进与东盟、南亚、中亚、西亚、非洲以及南美等经济体的贸易往来。这有利于避免外贸市场过于集中，积极利用跨境电商的宣传方式在世界范围内开拓市场。同时，广东还要利用市场网络信息，提高企业产品知名度，用质量过硬的产品征服更多的客户，使出口产品受到更多市场的信赖。

三 扩大服务业对港澳开放

世界经济总体呈现服务业比重上升、制造业比重下降的趋势。服务贸易领域摩擦较少，发展空间更大，可在一定程度上避免新型贸易保护主义带来的争端。作为内需潜力最大的产业，全球服务业开始了新一轮从发达国家和地区转移到发展中国家和地区的浪潮。港澳在服务业出口方面有巨大的比较优势，在服务业贸易的发展方面，广东应加强和港澳地区的交流。

广东要以现有产业和企业为基础，通过采用大数据、云计算技术，结合创新金融、商务服务、外贸综合服务，拓展与港澳地区服务业合作平台。在 CEPA 框架下，率先对港澳服务业进一步开放，扩大港澳金融、会计师、律师、建筑等专业服务范围，引入香港建筑工程管理模式，将港澳的航线作为国内特殊航线来管理，不断突破粤港澳深度合作的体制机制障碍，为粤港澳大湾区建设发挥示范引领作用。

四 打造营商环境的新高地

世界银行公布的《2018 年营商环境报告》显示，中国营商环境在全球经济体中位列第 78 位，广东总体营商环境高于全国指标。目前，广东在对外开放中走在全国前列，未来还需要大刀阔斧改革，发挥提高营商环境方面的引领作用。在推动建设全面开放新格局的时代要求下，广东要积极对标国际营商规则，提升企业开办的便利度，加强合同履约率、企业清算、产权保护等。完善监管体制，积极探索建立与国际高标准投资贸易规则相适应的管理方式。

（一）完善顶层设计

为打造世界营商环境的新高地，广东必须进一步强化市场化意识、法治意识和创新意识，牢固树立国际化理念，大力推动基础性和关键性领域的改革，并进一步理顺政府与市场的关系，激发市场主体的创造和创新能力。在继续加快推进"放、管、服"改革和深化行政审批制度改革的背景下，政府部门要进一步推进与行政审批相关办事流程的规范化和标准化，并加强商事制度改革的力度，在加快推进"证照分离"改革的基础上，力争在放宽"准入""准营"上实现新的突破。还要大力加强事中事后的监管，不断提升营商环境市场化、法治化、国际化水平，打造全国乃至世界范围内的营商环境新高地。

（二）坚持国际化视野

推动全面开放新格局背景下，广东营商环境的完善更要着眼于国际环境，要实行高水平的贸易和投资自由化政策，树立国际化视野，对接国际高标准贸易规则体系，通过使开办企业流程简化，不断放宽市场准入，形成具有全球竞争力的营商环境，为广东积极构建全面开放新格局，发展开放型经济创造良好的条件。学习营商环境较好的国家对本国营商环境改革的成功经验，有助于广东对标营商环境领先的国家来完善本省营商环境。法律制度是营商环境质量的重要保证，处于营商环境先进水平的国家高度重视本国法规和司法质量的改进（表12—6）。

表12—6　　　　　　　　　主要国家营商环境改革的经验

主要国家	改革内容
韩国	①2008 年设立了国家竞争力总统委员会，将监管改革确定为提高经济竞争力主要支柱，同时，重视公共部门的创新、促进投资以及法律和体制改进的支柱作用 ②韩国的商业法规中 15% 的法规自 1998 年以来都未曾修订过。同时，委员会对 600 多个规章和 3500 个行政法规实施了日落条款
瑞典	瑞典在 20 世纪 80 年代对所有法规进行了一次系统性审查，任何不合理的要求都被一次性取缔
英国和荷兰	①英国成立优化监管执行局，荷兰成立负担管理顾问委员会，这些机构定期对现有法规进行评估，重视对新法规立法程序的管理 ②成立跨部门委员会重点改善营商环境 ③优化监管执行局的网站上邀请公众对该局所倡议的规制发表评论
加拿大和美国	加拿大和美国及时公布对新法规进行成本效益分析的评估过程指南

资料来源：《全球城市竞争力报告（2011—2012）》。

　　主要营商环境水平较高的国家非常重视相关法律制度的改革，韩国在制定商业法规时，十分重视其权威性，严格执行"落日条款"；瑞典采取了一次性系统审查现有法规的方法；而英国和荷兰重视对现有法规的定期评估，并使公众参与进来；加拿大和美国则及时公布对新法的评估指南。营商环境竞争力在很大程度上取决于法律制度的质量，广东今后在提升营商环境竞争力方面，可适当借鉴营商环境水平较为先进国家的法律制度，使整体营商环境步入世界先进经济体行列。

（三）树立企业发展优先的理念

企业是市场创新的主体，打造优良的营商环境必须落脚到企业的发展上，因此，广东要真正关心企业的诉求。首先，要确保企业的外部经营环境安全和稳定；其次，要努力为企业营造一个公平、透明、服务完善和监管到位的营商环境，使企业更加便利和高效地开展投融资活动；最后，要关注企业的未来，为企业的发展提供更为广阔的空间，使企业营商环境保持较好的预期。

（四）促进区域间营商环境的对接融合

广东各区域、广东与港澳以及广东与主要发达国家的营商环境之间存在着较大的差异。就内部而言，珠三角主要城市之间营商环境的落差较小，而珠三角城市与非珠三角城市的落差则较大。就外部而言，珠三角与港澳以及主要发达国家的营商环境相比，属于中度落差程度，而整个广东地区与港澳以及主要发达国家相比，营商环境则属于高度落差的程度。推动广东地区或粤港澳大湾区整体营商环境的提升，必须实现广东省内非珠三角城市营商环境的改进。要做到广东内部区域之间营商环境的对接融合，才能更好地使广东地区以及粤港澳大湾区的营商环境更好地对标国际准则，不断提升广东地区或粤港澳大湾区营商环境的竞争力。

五　区域协同联手"走出去"

要促使广东全面开放新格局落地开花，区域协同联手是打造广东"硬内核"的重要保障。在粤港澳大湾区建设的背景下，广东致力于进一步提升完善的、优质的现代产业新体系，以构建"走出去"的坚实基础、实现全方位高水平对外开放。要实现这一目标，注重区域经济的协同发展、构建城市之间的互动发展机制显得至关重要。

（一）建设高水平增长极，打造世界中枢

以广州、深圳、香港、澳门四大核心城市作为支撑，作为产业升级与产业链优化的引领者，综合带动全省各市的协同发展。区域增长极应当充分发挥引擎作用，辐射并带动周边区域的共同发展，形成完整的产业链条。现阶段，广东应当基于改革开放 40 年的胜利成果，明确广州、深圳、香港、澳门的独特优势和定位，提升国际化水平，完善城市功能，打造世界级的中枢（表12—7）。

表12—7 四大核心城市定位

核心城市	定位
广州市	打造国际航运枢纽、国际航空枢纽、国际科技创新枢纽，建设综合性门户城市、区域文化教育中心、国际商务旅游名城、国际会展旅游名城和国际性综合交通枢纽
深圳市	建设成为全国中心城市和中国"硅谷"，建设全球性科技和产业创新中心、国际教育示范区、国际时尚之都和民生幸福城市
香港特别行政区	支持香港巩固国际金融、航运、贸易三大中心地位，强化全球离岸人民币业务枢纽地位和国际资产管理中心功能，打造可持续健康发展的亚洲国际都会
澳门特别行政区	支持澳门围绕建设世界旅游休闲中心和中国与葡语系国家商贸合作服务平台两大功能定位，建设国际文化交流中心、世界知名城市

充分发挥广州南沙、深圳前海、珠海横琴三大自由贸易区的优势，依托港澳、服务内地、面向世界，同步实现高端资源"引进来"和创新成果"走出去"。在功能地位上，广州南沙重点发展航运物流、特色金融、国际商贸、高端制造等产业，深圳前海重点发展金融、现代物流、信息服务、科技服务等战略性新兴服务业，珠海横琴重点发展旅游休闲健康、商务金融服务、文化科教和高新技术等产业。

四大核心增长极的新一轮发展和三大自贸区的发展建设正逐步实现对外的区域辐射效应，有望成为进一步拉动区域提升的马车。以中山市为例，中山市基于原有经济发展状况，在经济圈域的总体规划下，其发展目标逐渐从特点不鲜明的低级制造业，转向先进装备制造业。并在中山市域内部，规划了不同的区域组团，分别对接广州（南沙）、深圳（前海）、珠海（横琴）和澳门等地，充分利用圈域内中心城市或商贸优势地的辐射效应。与此同时，中山积极推进深中通道，打造20分钟到深圳机场、40分钟抵达香港机场的便捷交通网，通过基础设施建设提升来自增长极的辐射力。总之，充分利用政策优势，打造世界级的城市中枢和自贸区，形成优质经济增长极，是实现区域协同、互利共赢的一大基础。

（二）构筑产业协同布局，提升综合实力

一直以来，广东省，尤其珠三角地区各城市以"各自为政""单打独斗"为主要模式进行发展。但随着经济发展的推进，区域间不协调、产业建设重复，导致城市之间出现了争资源、争中心、争项目的恶性竞争情况。为推进产业协调发展和合理布局，2009年九所城市分别签署了三大区域紧密合作框架协议，形成了"广佛肇""深莞惠"和"珠中江"三个经济圈。然而，部分经济圈合作的表现不尽如人意，一体化水平仍处于初期发展阶段，比如"珠中江"至今仍存在产业相近的恶性竞争、向心协调力较差等问题。

现阶段粤港澳大湾区建设的背景下，广东提出了构建"一环两扇"发展格局，加快推动区域协调发展的规划，全面实施以功能区为引领的区域发展新战略。以广州、深圳为主引擎推进珠三角核心区深度一体化，重点打造粤东粤西沿海产业，与珠三角沿海地区串珠成链，形成沿海经济带，建设北部生态发展区，将引领广东省经济发展的提质升级（表12—8）。

表12—8　　　粤港澳大湾区"一环两扇"网络化空间结构规划

概念	组成部分	具体规划
一环	"5＋2"环珠江口经济圈	①依托沿珠江口的主要城市广州、深圳、珠海、东莞、中山5市和香港、澳门，形成区域交通快速连接、产业发展分工协作、科技创新协同推进、社会交往密切便捷的环珠江口经济圈 ②"一环"以香港、澳门、广州、深圳四大城市为"四极"

概念	组成部分	具体规划
两扇	珠江口东岸城镇扇面	以广州东部地区、东莞水乡经济区、松山湖高新区、惠州潼湖生态智慧区、环大亚湾新区等功能板块为支点，加快推动东岸地区产业转型升级
	珠江口西岸城镇扇面	在保留自然生态空间的前提下，统筹重大项目、平台和基础设施布局，打造机场、港口、轨道等多种交通方式协同联运的综合枢纽，引导人口、产业进一步向西岸集聚，打造西岸先进装备制造业带

实现各区域间人、财、物的互通互联，是充分发挥各地产业优势、实现区域协同的重要基础。经济圈内城市的紧密合作和经济一体化，有利于资源的共享和优势互补，缓解同质化竞争和资源浪费的问题，促进产业的错位融合发展。从城市空间上看，广佛同城化已经成为现实，形成"广佛都市圈"，港深莞三城也基本连成一片，而位于珠江西岸的珠中江三市显然一体化程度还不高，还远未形成都市连绵区。因此，重大交通基础设施和重大项目布局应尽快取得突破，助推广东更好地融入"一带一路"建设中。

以"一带一路"重点产业和高端先进产业为导向进行区域产业布局和长期规划，深度参与国际分工，是提高全面开放新格局的必要抓手。目前，珠江两岸分别规划打造"珠江东岸电子信息产业带"和"珠江西岸先进装备制造业带"。珠江东岸电子信息产业带以广州、深圳为核心，包括东莞、惠州、河源、汕尾等市在内，重点加强高端电子信息行业尤其在集成电路芯片、核心器件等关键领域和云计算、物联网、大数据等重点项目上的自主创新能力，使得产业链不断完善、价值链持续提升。珠江西岸先进装备制造产业带重点发展智能制造装备、船舶与海洋工程装备、节能环保装备、通用航空装备、新能源装备、汽车制造、卫星及应用等先进装备制造业，规划中对各市的重点发展方向及产业基地建设进行了规划，培育上下延伸的完整产业链。

在区域产业的建设过程中，一方面要基于国际发展趋势，基于产业发展现有的比较优势，推动产业技术水平达到国际先进水平或领先水平，提高国际分工的层次；另一方面要推动对外合作重点从经贸领域向科教、创新领域拓展，瞄准世界 500 强和高端项目开展引资引技引才引智，构建梯次推进的现代产业新体系。例如，惠州市近年来基于三星电子和 TCL 集团两大"千亿级"巨头，成功引进伯恩光学、日本旭硝子、美国科锐、韩国 SK 集团等外资龙头，本土的华阳、德赛、亿纬等企业不断发展壮大，形成了较为完整的移动通信、平板显示、汽车电子、LED 和新能源电池五条产业链，电子信息产业成功向上游延伸和高端化发展。优质的区域产业布局与分工将真正打造广东省和粤港澳大湾区在国际上的优势产业名片，实现高水准、高品格的"走出去"。

（三）构建成熟合作机制，实现多方共赢

制度支持对于实现区域协同"走出去"至关重要，有助于充分发挥核心增长极、珠三角城市群、粤港澳大湾区的外溢效应。

要在行政体系内实现多方互通。一方面，可以设立国家层面、覆盖全省的协调保障机制，包含工作领导小组、行政首长联席会议制度等多种形式，确保在设施互通、产业互融、信息互享等重要领域的高层面合作；另一方面，可以建立各方日常工作机构的沟通机制，建设符合标准而有效的合作流程与渠道，实现规范化、常态化的区域工作协同，为"走出去"牵线搭桥、排忧解难。

要在经济贸易中提供联合服务。广东省应当整合各地市的资源和实践优势，在高层面上建设经贸合作、投资保护、司法协助、社会保险等领域的服务机构，有效为广东"走出去"企业的经营保驾护航。同时，在建设自由贸易试验区等实践契机中，探索建立与国际投资贸易通行规则相衔接的高水平的制度框架体系，建设国际领先、与自贸区功能定位相匹配的现代贸易商业体系。

六　完善对外开放平台

40 年前，广东开启了中国对外开放的大门，作为时代的弄潮儿，广东勇立潮头，始终走在改革开放的前沿。从经济特区到粤港澳大湾区，广东对外开放迈向新的高度。过去强调对外开放，更多是侧重经济特区和经济技术开发区的开放。现在强调构建全面开放的新格局，则要使经济特区、经济技术开发区与保税区、国家新区、自贸试验区等协同发展，形成彼此互联、相得益彰的对外开放的投资平台。在此基础上，要实现广东包括泛珠三角地区在内的中国中西部等城市开放平台的构建，实现市场、技术、人才和信息等的共享，加速整合资源，实现优势互补，并借助"一带一路"倡议打造更高层次的对外开放平台，以适应全面开放新格局提出的新要求和新挑战。

（一）优势互补，合作增实力

在全球化进入下半场、全球贸易调整、全球产业格局调整的大背景下，粤港澳大湾区将重塑中国在全球产业链中的竞争力。粤港澳大湾区包括香港、澳门两个特别行政区以及珠三角九城，包括"一国两制"下的香港、澳门两个特别行政区和自由港，深圳、珠海两个经济特区，更有南沙、前海、横琴三个自贸试验区，诸多优势叠加，迸发经济增长极，增强对外开放实力。

在粤港澳大湾区中，实力最强的香港、广州、深圳三足鼎立，各自扮演不同角色。其中香港是世界上最开放的经济体之一，拥有高效、稳定和值得信赖的营商制度和金融市场。广州，地处珠三角中心，是国家中心城市，商贸发达，综合功能强大。早在秦汉时期，广州就是重要的进出口港和商贸集散地，拥有"千年商都"的厚重底蕴。深圳，一座最具"硅谷"气质的城市，背后就是大写的两个字："创新"。目前，深圳已有一大批成长起来的高新技术企业，比如华为、中兴，拥有高新技术产业基础和产业链配套集中等优势。广州和深圳是珠三角城市群经济发展最大的"发动机"。

从整个收入差距的角度来看，粤港澳大湾区存在四层的产业梯度，第一层是香港、澳门地区，人均 GDP 超过 30 万元人民币；第二层是广州和深圳，人均 GDP 超过 20 万元人民币；第三层是人均 GDP 10 万元左右的佛山、珠海、中山；第四层是惠州、江门、肇庆，人均 GDP 约在 7 万元人民币。收入差距，展现了产业的梯度，产业梯度为湾区的发展提供了不断演进的动力，为行业提供具备梯度的产业配套，使得粤港澳大湾区能够成为制造业中心的同时，成为世界服务业的中心和消费中心，全面提升我国在全球产业链中的竞争地位。

（二）"一带一路"携手创未来

党的十九大报告指出，"积极促进'一带一路'国际合作，努力实现政策沟通、设施连通、贸易畅通、资金融通、民心相通，打造国际合作新平台，增添共同发展新动力"。

湾区经济已经是全球经济重要的增长极，发挥着引领创新、集聚辐射的作用。粤港澳大湾区的提出，不只让区域整合进入新阶段，更标志着该区域迎来新一轮的改革开放。广东将成为内地和世界对外开放的新桥梁，也让中国与世界能够携手书写美好未来。

粤港澳大湾区在国家"一带一路"开放中发挥重要的平台功能，其辐射半径更将延展至沿线国家，成为连通"一带一路"的重要门户。粤港澳大湾区一端连接着世界，一端紧系内地。对内地企业来说，当前迫切需要通过深化合作，联手开拓"一带一路"市场。在内地企业"走出去"过程中，粤港澳大湾区能够更好地利用两个市场、两种资源，探索经济的规则优势，成为内地企业"走出去"的平台，并且为"走出去"的内地企业提供专业服务。以泛珠三角合作为重要基础，粤港澳大湾区将推动区域合作向更高层次、更深领域、更广范围发展，丰富中国区域发展的内涵、层次和形式，提升整体竞争力。

40 年前，改革开放的大潮从这里掀起；40 年后，这里依然是改革的前沿，有新的发展机遇，广东改革发展还看今朝！

参考文献

［德］艾伯特·赫希曼：《经济发展战略》，潘照东、曹征海译，经济科学出版社 2002 年版。

安应民：《文化经济学》，中国经济出版社 1994 年版。

白国强：《产业转移园转型升级与要素响应——以广东为例》，《产经评论》2013 年第 6 期。

白景坤、张双喜：《专业镇的内涵及中国专业镇的类型分析》，《农业经济问题》2003 年第 12 期。

白重恩、杜颖娟、陶志刚、仝月婷：《地方保护主义及产业地区集中度的决定因素和变动趋势》，《经济研究》2004 年第 4 期。

蔡赤萌：《粤港澳大湾区城市群建设的战略意义和现实挑战》，《广东社会科学》2017 年第 4 期。

曹小曙、柳意云、闫小培：《泛珠江三角洲的经济地理格局与区域发展展望》，《中国发展》2004 年第 3 期。

钞小静、任保平：《中国经济增长质量的时序变化与地区差异分析》，《经济研究》2011 年第 4 期。

陈德宁、高晓祥、高静雯：《广东自贸区南沙片区与上海自贸区的开放措施比较研究》，《城市观察》2017 年第 4 期。

陈洪超、张春杨、王琳：《软法视野下粤港澳大湾区合作治理机制研究》，《特区经济》2018 年第 3 期。

陈继勇、盛杨怿：《外商直接投资的知识溢出与中国区域经济增长》，

《经济研究》2008 年第 12 期。

陈建军、杨飞:《人力资本异质性与区域产业升级:基于前沿文献的讨论》,《浙江大学学报》(人文社会科学版) 2014 年第 5 期。

陈敏、桂琦寒、陆铭、陈钊:《中国经济增长如何持续发挥规模效应?——经济开放与国内商品市场分割的实证研究》,《经济学》(季刊) 2008 年第 1 期。

陈明宝:《要素流动、资源融合与开放合作——海洋经济在粤港澳大湾区建设中的作用》,《华南师范大学学报》(社会科学版) 2018 年第 2 期。

陈瑞莲、刘亚平:《泛珠三角区域政府的合作与创新》,《学术研究》2007 年第 1 期。

陈世栋:《粤港澳大湾区要素流动空间特征及国际对接路径研究》,《华南师范大学学报》(社会科学版) 2018 年第 2 期。

程鹏、柳卸林:《外资对区域经济可持续增长影响的差异性研究——基于广东和江苏的实证研究》,《中国工业经济》2010 年第 9 期。

程玉鸿、许学强:《珠江三角洲城市群产业竞争力比较》,《经济地理》2007 年第 3 期。

蔡昉:《中国经济增长如何转向全要素生产率驱动型》,《中国社会科学》2013 年第 1 期。

陈乔之:《广东的区位优势与经济发展》,《东南亚研究》1996 年第 2 期。

蔡建明:《中国城市化发展动力及发展战略研究》,《地理科学进展》1997 年第 2 期。

崔功豪、马润潮:《中国自下而上城市化的发展及其机制》,《地理学报》1999 年第 2 期。

邓力平、唐永红:《入世与我国经济特区的再发展》,《国际贸易问题》2002 年第 8 期。

杜海东、严中华:《广东科技园区创新能力建设问题与对策》,《中国科技论坛》2009 年第 1 期。

范剑勇、朱国林：《中国地区差距演变及其结构分解》，《管理世界》
　　2002 年第 7 期。

方创琳：《论区域与城市发展规划编制与实施的一体化》，《城市规划》
　　2002 年第 4 期。

方创琳：《中国城市群研究取得的重要进展与未来发展方向》，《地理
　　学报》2014 年第 8 期。

〔法〕弗朗索瓦·佩鲁：《新发展观》，华夏出版社 1987 年版。

付强：《市场分割促进区域经济增长的实现机制与经验辨识》，《经济
　　研究》2017 年第 3 期。

龚维进、徐春华：《空间外溢效应与区域经济增长：基于本地利用能
　　力的分析》，《经济学报》2017 年第 1 期。

桂琦寒、陈敏、陆铭、陈钊：《中国国内商品市场趋于分割还是整合：
　　基于相对价格法的分析》，《世界经济》2006 年第 2 期。

郭志仪、杨曦：《外商直接投资对中国东、中、西部地区经济增长作
　　用机制的差异——1990—2004 年地区数据的实证检验》，《南开经济
　　研究》2008 年第 1 期。

行伟波、李善同：《本地偏好、边界效应与市场一体化——基于中国
　　地区间增值税流动数据的实证研究》，《经济学》（季刊）2009 年第
　　4 期。

何琪：《珠三角城市群地缘经济关系分析》，《统计与决策》2013 年第
　　17 期。

黄鹤、杨芷琪：《广东自贸区对佛山经济的影响及对策研究》，《统计
　　与管理》2016 年第 11 期。

黄洁、齐涛、张宏强：《基于 DEA 和 Malmquist 模型的中国三大城市群
　　可持续发展效率研究》，《中国人口·资源与环境》2016 年第 S1 期。

黄景贵、高莹：《经济特区的发展成就、主要挑战与改革新使命》，
　　《中共党史研究》2010 年第 11 期。

黄玖立、吴敏、包群：《经济特区、契约制度与比较优势》，《管理世
　　界》2013 年第 11 期。

黄丽霞：《自由贸易区对区域经济增长的影响——基于广东自贸区成立前后数据对比的 VAR 模型分析》，《商业经济研究》2017 年第 20 期。

黄新飞、陈珊珊：《广东提升产业转移园区建设水平研究——基于产业结构、农村劳动力就业和先进制造业发展三重视角》，《农林经济管理学报》2016 年第 4 期。

黄新飞、舒元：《中国省际贸易开放与经济增长的内生性研究》，《管理世界》2010 年第 7 期。

金相郁、段浩：《人力资本与中国区域经济发展的关系——面板数据分析》，《上海经济研究》2007 年第 10 期。

金煜、陈钊、陆铭：《中国的地区工业集聚：经济地理、新经济地理与经济政策》，《经济研究》2006 年第 4 期。

李国璋、周彩云、江金荣：《区域全要素生产率的估算及其对地区差距的贡献》，《数量经济技术经济研究》2010 年第 5 期。

李静、彭飞、毛德凤：《资源错配与中国工业企业全要素生产率》，《财贸研究》2012 年第 5 期。

李善同、侯永志、刘云中、陈波：《中国国内地方保护问题的调查与分析》，《经济研究》2004 年第 11 期。

李胜兰、王妙妙：《中国特区经济：何去何从》，《中国经济特区研究》2016 年第 1 期。

李新春：《专业镇与企业创新网络》，《广东社会科学》2000 年第 6 期。

李亚玲、汪戎：《人力资本分布结构与区域经济差距——一项基于中国各地区人力资本基尼系数的实证研究》，《管理世界》2006 年第 12 期。

梁永福、宋耘、张展生、肖智飞：《专业镇、产业结构与新型城镇化建设关系》，《科技管理研究》2016 年第 21 期。

梁育民：《粤港澳大湾区发展研究》，《城市观察》2018 年第 1 期。

林江、范芹：《广东自贸区：建设背景与运行基础》，《广东社会科学》2015 年第 3 期。

林祺、范氏银：《中国区域经济增长的动态空间效应——基于贸易开放的视角》，《国际贸易问题》2013 年第 8 期。

林毅夫、刘培林：《中国的经济发展战略与地区收入差距》，《经济研究》2003 年第 3 期。

林毅夫、刘培林：《地方保护和市场分割：从发展战略的角度考察》，《北京大学中国经济研究中心工作论文》2004 年第 15 期。

刘城：《广东专业镇向创新型产业集群转型的模式研究》，《科技管理研究》2014 年第 16 期。

刘城：《粤港澳大湾区优化营商环境的对策建议》，《新经济》2017 年第 12 期。

刘可夫、张志红：《论广东科技园区产业转移的现状与发展对策》，《广东经济》2011 年第 7 期。

刘生龙、胡鞍钢：《交通基础设施与中国区域经济一体化》，《经济研究》2011 年第 3 期。

刘夏明、魏英琪、李国平：《收敛还是发散？——中国区域经济发展争论的文献综述》，《经济研究》2004 年第 7 期。

刘修岩：《空间效率与区域平衡：对中国省级层面集聚效应的检验》，《世界经济》2014 年第 1 期。

刘云甫：《粤港澳大湾区法治文化的发展困境与优化路径》，《广东行政学院学报》2018 年第 1 期。

刘云刚、侯璐璐、许志桦：《粤港澳大湾区跨境区域协调：现状、问题与展望》，《城市观察》2018 年第 1 期。

路平：《专业镇是推动广东经济社会发展的强大动力——实施专业镇技术创新试点的五年历程》，《广东科技》2006 年第 8 期。

陆铭、陈钊：《分割市场的经济增长——为什么经济开放可能加剧地方保护?》，《经济研究》2009 年第 3 期。

刘志彪：《建设现代化经济体系：新时代经济建设的总纲领》，《山东大学学报》（哲学社会科学版）2018 年第 1 期。

梁永福、宋耘、张展生、肖智飞：《专业镇、产业结构与新型城镇化建设关系》,《科技管理研究》2016 年第 21 期。

李苗苗、肖洪钧、赵爽:《金融发展、技术创新与经济增长的关系研究——基于中国的省市面板数据》,《中国管理科学》2015 年第 2 期。

刘静玉、王发曾:《城市群形成发展的动力机制研究》,《开发研究》2004 年第 6 期。

[美]迈克尔·托达罗:《经济发展》,黄卫平译,中国经济出版社1999 年版。

毛汉英:《京津冀协同发展的机制创新与区域政策研究》,《地理科学进展》2017 年第 1 期。

潘文卿:《中国区域经济发展:基于空间溢出效应的分析》,《世界经济》2015 年第 7 期。

谯薇:《建设专业镇是促进小城镇发展的必要条件》,《经济学家》2006 年第 5 期。

任建军、阳国梁:《中国区域经济发展差异及其成因分析》,《经济地理》2010 年第 5 期。

任乐:《异质性人力资本对区域经济耦合的关联分析——基于河南省18 地市的数据检验》,《经济管理》2014 年第 7 期。

桑百川:《经济特区是中国发展和改革开放的助推器》,《特区经济》2005 年第 11 期。

沈静、陈烈:《珠江三角洲专业镇的成长研究》,《经济地理》2005 年第 3 期。

[美]舒尔茨:《改造传统农业》,梁小民译,商务印书馆 2006 年版。

宋冬林、范欣、赵新宇:《区域发展战略、市场分割与经济增长——基于相对价格指数法的实证分析》,《财贸经济》2014 年第 8 期。

宋凌云、王贤彬、徐现祥:《地方官员引领产业结构变动》,《经济学》(季刊)2012 年第 4 期。

宋洋:《广东自贸区的建立对珠三角服务业的影响研究》,《科技经济市场》2016 年第 6 期。

宋月明：《市场化水平对区域经济发展的影响研究》，东北财经大学，
　　2016 年。

苏丹妮、邵朝对：《全球价值链参与、区域经济增长与空间溢出效
　　应》，《国际贸易问题》2017 年第 11 期。

孙久文：《区域经济一体化：理论、意义与"十三五"时期发展思
　　路》，《区域经济评论》2015 年第 6 期。

孙元元、张建清：《市场一体化与生产率差距：产业集聚与企业异质
　　性互动视角》，《世界经济》2017 年第 4 期。

盛朝迅：《理解高质量发展的五个维度》，《领导科学》2018 年第
　　15 期。

沈正平：《优化产业结构与提升城镇化质量的互动机制及实现途径》，
　　《城市发展研究》2013 年第 5 期。

覃剑、冯邦彦：《大珠三角城市群金融业与制造业空间关系研究》，
　　《南方金融》2014 年第 7 期。

谭娜、周先波、林建浩：《上海自贸区的经济增长效应研究——基于
　　面板数据下的反事实分析方法》，《国际贸易问题》2015 年第 10 期。

汪云兴：《粤港澳大湾区协同创新的着力点》，《开放导报》2018 年第
　　2 期。

王成岐、张建华、安辉：《外商直接投资、地区差异与中国经济增
　　长》，《世界经济》2002 年第 4 期。

王春超、余静文：《政府间组织结构创新与城市群整体经济绩效：以
　　珠江三角洲城市群为例》，《世界经济》2011 年第 1 期。

王枫云、任亚萍：《粤港澳大湾区世界级城市群建设中的城市定位》，
　　《上海城市管理》2018 年第 2 期。

王珺：《产业组织的网络化发展——广东专业镇经济的理论分析》，
　　《中山大学学报》（社会科学版）2002 年第 1 期。

王珺：《论专业镇经济的发展》，《南方经济》2000 年第 12 期。

王珺：《衍生型集群：珠江三角洲西岸地区产业集群生成机制研究》，
　　《管理世界》2005 年第 8 期。

王利辉、刘志红：《上海自贸区对地区经济的影响效应研究——基于"反事实"思维视角》，《国际贸易问题》2017 年第 2 期。

王鹏、张剑波：《外商直接投资、地区差异与创新规模及层次——基于泛珠三角区域内地九省区面板数据的实证研究》，《国际贸易问题》2012 年第 12 期。

王小鲁、樊纲：《中国地区差距的变动趋势和影响因素》，《经济研究》2004 年第 1 期。

王孝松、卢长庚：《中国自由贸易试验区的竞争策略探索——基于上海、广东自贸区的比较分析》，《教学与研究》2017 年第 2 期。

王玉明：《大珠三角城市群环境治理中的政府合作》，《南都学坛》2018 年第 4 期。

魏后凯：《外商直接投资对中国区域经济增长的影响》，《经济研究》2002 年第 4 期。

吴立军、李佛关：《泛珠三角经济圈区域内经济增长差异及收敛性探究》，《广东财经大学学报》2015 年第 4 期。

武剑：《外国直接投资的区域分布及其经济增长效应》，《经济研究》2002 年第 4 期。

吴国林：《广东专业镇：中小企业集群的技术创新与生态化》，人民出版社 2006 年版。

王秀明、李非：《产业集聚对区域经济增长的影响：基于广东省的实证研究》，《武汉大学学报》（哲学社会科学版）2013 年第 6 期。

王光振、张炳申、赵瑞彰：《广东四小虎——顺德·中山·南海·东莞经济起飞之路》，广东高等教育出版社 1989 年版。

王小刚、鲁荣东：《库兹涅茨产业结构理论的缺陷与工业化发展阶段的判断》，《经济体制改革》2012 年第 3 期。

夏小林、孙安琴：《中国经济特区：变迁与选择》，《管理世界》1995 年第 1 期。

向世聪：《园区经济理论述评》，《吉首大学学报》（社会科学版）2006 年第 3 期。

向晓梅、杨娟:《粤港澳大湾区产业协同发展的机制和模式》,《华南师范大学学报》(社会科学版)2018 年第 2 期。

谢家泉、林越、徐莎莎、李丽雯:《构建广东自贸区国际金融风险防范体系》,《金融经济》2017 年第 16 期。

谢建国、周露昭:《进口贸易、吸收能力与国际 R&D 技术溢出:中国省区面板数据的研究》,《世界经济》2009 年第 9 期。

谢俊、申明浩、杨永聪:《差距与对接:粤港澳大湾区国际化营商环境的建设路径》,《城市观察》2017 年第 6 期。

熊灵、魏伟、杨勇:《贸易开放对中国区域增长的空间效应研究:1987—2009》,《经济学》(季刊)2012 年第 3 期。

徐现祥、陈小飞:《经济特区:中国渐进改革开放的起点》,《世界经济文汇》2008 年第 1 期。

徐现祥、李郇、王美今:《区域一体化、经济增长与政治晋升》,《经济学》(季刊)2007 年第 4 期。

徐现祥、李郇:《中国省区经济差距的内生制度根源》,《经济学》(季刊)2005 年第 S1 期。

徐现祥、李郇:《市场一体化与区域协调发展》,《经济研究》2005 年第 12 期。

徐现祥、舒元:《中国省区经济增长分布的演进(1978—1998)》,《经济学》(季刊)2004 年第 2 期。

徐现祥:《广东经济起飞的动力机制研究》,《中山大学学报》(社会科学版)2009 年第 2 期。

徐盈之、彭欢欢、刘修岩:《威廉姆森假说:空间集聚与区域经济增长——基于中国省域数据门槛回归的实证研究》,《经济理论与经济管理》2011 年第 4 期。

许冰:《外商直接投资对区域经济的产出效应——基于路径收敛设计的研究》,《经济研究》2010 年第 2 期。

许和连、亓朋、祝树金:《贸易开放度、人力资本与全要素生产率:基于中国省际面板数据的经验分析》,《世界经济》2006 年第 12 期。

许长青：《广州建设国际创新枢纽的发展战略与路径选择思考：基于粤港澳大湾区高水平大学科技合作的视角》，《广东经济》2018 年第 1 期。

夏锦文、吴先满、吕永刚、李慧：《江苏经济高质量发展"拐点"：内涵、态势及对策》，《现代经济探讨》2012 年第 3 期。

许学强、李郇：《珠江三角洲城镇化研究三十年》，《人文地理》2009 年第 1 期。

薛凤旋、杨春：《外资：发展中国家城市化的新动力——珠江三角洲个案研究》，《地理学报》1997 年第 3 期。

杨经国、周灵灵、邹恒甫：《我国经济特区设立的经济增长效应评估——基于合成控制法的分析》，《经济学动态》2017 年第 1 期。

杨开忠：《中国区域经济差异变动研究》，《经济研究》1994 年第 12 期。

叶宁华、张伯伟：《地方保护、所有制差异与企业市场扩张选择》，《世界经济》2017 年第 6 期。

银温泉、才婉茹：《我国地方市场分割的成因和治理》，《经济研究》2001 年第 6 期。

岳芳敏：《广东专业镇转型升级：机制与路径》，《学术研究》2012 年第 2 期。

闫逢柱、乔娟：《产业集聚一定有利于产业成长吗？——基于中国制造业的实证分析》，《经济评论》2015 年第 5 期。

臧微、白雪梅：《中国居民收入流动性的区域结构研究》，《数量经济技术经济研究》2015 年第 7 期。

詹荣富：《广东自贸区物流服务创新及推动探究——基于上海自贸区融资租赁发展启示》，《物流工程与管理》2016 年第 7 期。

张凤超、张明：《金融地域运动视角下的粤澳金融深度合作——基于珠海横琴自贸区的思考》，《华南师范大学学报》（社会科学版）2015 年第 6 期。

张虹鸥、叶玉瑶、陈绍愿：《珠江三角洲城市群城市规模分布变化及其空间特征》,《经济地理》2006 年第 5 期。

张秀萍、余树华:《泛珠三角产业集群与区域竞争力问题探析》,《南方经济》2005 年第 12 期。

张学良、李培鑫、李丽霞:《政府合作、市场整合与城市群经济绩效——基于长三角城市经济协调会的实证检验》,《经济学》（季刊）2017 年第 4 期。

张学良:《中国交通基础设施促进了区域经济增长吗——兼论交通基础设施的空间溢出效应》,《中国社会科学》2012 年第 3 期。

张昱、陈俊坤:《粤港澳大湾区经济开放度研究——基于四大湾区比较分析》,《城市观察》2017 年第 6 期。

张洲:《2017 第六届中国南方智库论坛征文学者观点选编之三》,《新经济》2017 年第 11 期。

赵桂婷:《基于人力资本传导机制的区域经济差异研究》,兰州大学,2014 年。

赵奇伟、熊性美:《中国三大市场分割程度的比较分析:时间走势与区域差异》,《世界经济》2009 年第 6 期。

赵祥:《城市经济互动与城市群产业结构分析——基于珠三角城市群的实证研究》,《南方经济》2016 年第 10 期。

赵永亮、刘德学:《市场歧视、区际边界效应与经济增长》,《中国工业经济》2008 年第 12 期。

郑若谷、干春晖、余典范:《转型期中国经济增长的产业结构和制度效应——基于一个随机前沿模型的研究》,《中国工业经济》2010 年第 2 期。

钟韵、胡晓华:《粤港澳大湾区的构建与制度创新:理论基础与实施机制》,《经济学家》2017 年第 12 期。

周黎安:《晋升博弈中政府官员的激励与合作——兼论我国地方保护主义和重复建设问题长期存在的原因》,《经济研究》2004 年第 6 期。

张建华、欧阳轶雯:《外商直接投资、技术外溢与经济增长——对广东数据的实证分析》,《经济学》（季刊）2003 年第 2 期。

周密、孙涅阳:《专利权转移、空间网络与京津冀协同创新研究》,《科学学研究》2016 年第 11 期。

朱桂龙、钟自然:《从要素驱动到创新驱动——广东专业镇发展及其政策取向》,《科学学研究》2014 年第 1 期。

张丽琴、陈烈:《新型城镇化影响因素的实证研究——以河北省为例》,《中央财经大学学报》2013 年第 12 期。

Aschauer D. A. ,"Is public expenditure productive?", *Journal of monetary economics*, Vol. 2, No. 23, 1989.

Ansoff H I. *Corporate strategy*, New York: Mcgraw – Hill, 1965.

Bao S, Chang G H, Sachs J D, et al. , "Geographic factors and China's regional development under market reforms, 1978 – 1998", *China Economic Review*, Vol. 13, No. 1, 2002.

Barroand R J, Sala – I – Martin X. ,"Convergence", *Journal of Political Economy*, No. 2, 1992.

Behrens K, Gaigné C, Ottaviano G I P, et al. , "Countries, regions and trade: On the welfare impacts of economic integration", *European Economic Review*, Vol. 51, No. 5, 2007.

Bernard A B, Jones C I. ,"Comparing apples to oranges : productivity convergence and measurement across industries and countries", *American Economic Review*, Vol. 86, No. 5, 1996.

Berthelemy J C, Demurger S. , "FDI and Economic Growth: Theory and Application to China ", *Review of Development Economics*, Vol. 4, No. 2, 2000.

Bils M, Klenow P J. , " Does Schooling Cause Growth?", *American Economic Review*, Vol. 90, No. 5, 2000.

Boarnet M. G. , "Spillovers and the locational effects of public infrastructure", *Journal of Regional Science*, Vol. 3, No. 38, 1998.

Démurger S, Sachs J D, Woo W T, et al., "Geography, Economic Policy and Regional Development in China", *Social Science Electronic Publishing*, Vol. 1, No. 1, 2002.

Fleisher B M, Chen J., "The Coast – Noncoast Income Gap, Productivity, and Regional Economic Policy in China", *Journal of Comparative Economics*, Vol. 25, No. 2, 1997.

Friedman, John and William Alonso, *Regional Development and Planning: A Reader*, Boston, Massachusetts: M. I. T. Press, 1964.

Friedmann J., "Regional development policy", *Urban Studies*, Vol. 4, No. 3, 1966.

Fujita M, Hu D., "Regional disparity in China 1985 – 1994: The effects of globalization and economic liberalization", *Annals of Regional Science*, Vol. 35, No. 1, 2001.

Fujita M., Krugman P. R., Venables A. J., *The spatial economy: cities, regions and international trade*, Wiley Online Library, 1999.

Galor O, Moav O., "From Physical to Human Capital Accumulation: Inequality and the Process of Development", *Review of Economic Studies*, Vol. 71, No. 4, 2004.

Harrod R., "An Essay in Dynamic Theory", *Economic Journal*, Vol. 49, No. 193, 1939.

Humphrey, Schmitz. "How does upgrading in global value chains affect upgrading in industrial clusters", *Regional Studies*, Vol. 36, No. 9, 2002.

Jian T, Sachs J D, Warner A M., "Trends in regional inequality in China", *China Economic Review*, Vol. 7, No. 1, 1996.

Jorgenson Dale W., "The Development of a Dual Economy", *The Economic Journal*, Vol. 78, No. 282, 1961.

Kai Y T., "China's regional inequality, 1952 – 1985", *Journal of Comparative Economics*, Vol. 15, No. 1, 1991.

Krugman P., "The Myth of Asia's Miracle", *Foreign Affairs*, Vol. 73,

No. 6, 1994.

Lewis, W. A., *The Theory of Economic Growth*. London: Alle&Unwin, 1955.

Mankiw N G, Romer D, Weil D N., "A Contribution to the Empirics of Economic Growth", *Quarterly Journal of Economics*, Vol. 107, No. 2, 1992.

Myrdal G., *Economic theory and under - developed regions*, Harper & Brothers Publishers, 1957.

Naughton B., *How much can regional integration do to unify China's markets?*, How far across the river, 2003.

Nurkse R., *Problems of capital formation in underdeveloped countries*, Basil Blackwell, 1953.

Ouyang P, Fu S., "Economic growth, local industrial development and inter - regional spillovers from foreign direct investment: Evidence from China", *China Economic Review*, Vol. 23, No. 2, 2012.

Perroux F., "Economic Space: Theory and Applications", *Quarterly Journal of Economics*, Vol. 64, No. 1, 1950.

Poncet S. "Measuring Chinese domestic and international integration", *China Economic Review*, Vol. 14, No. 1, 2003.

Paul W. Mattessich, Barbara R. Monsey. *Collaboration: What Makes It Work*, Amherst H. Wilder Foundation, 1992.

Ranis, Gustav, and John C. H. Fei. "A Theory of Economic Development", *The American Economic Review*, Vol. 51, No. 4, 1961.

Rosenstein - Rodan P N., "The Problems of Industrialization of Eastern and South - Eastern Europe", *Economic Journal*, Vol. 53, No. 210 - 211, 1943.

Rostow W. W., *The stages of economic growth: A non - communist manifesto*, Cambridge University Press, 1990.

Rozelle S., Park A., Huang J., Jin H., "Liberalization and rural market integration in China", *American Journal of Agricultural Economics*, Vol. 2, No. 79, 1997.

Schiff M. W., Winters L. A., *Regional integration and development*, World Bank Publications, 2003.

Solow R M., "A Contribution to the Theory of Economic Growth", *Quarterly Journal of Economics*, Vol. 70, No. 1, 1956.

Todaro Michael P., "A Model of Labor Migration and Urban Unemployment in Less Developed Countries", *American Economic Review*, Vol. 59, No. 1, 1969.

Tsui K. L. "China's regional inequality: 1952 – 1985", *Journal of Comparative Economics*, Vol. 15, No. 1, 1991.

Young A., "The Tyranny of Numbers: Confronting the Statistical Realities of the East Asian Growth Experience", *Quarterly Journal of Economics*, Vol. 110, No. 3, 1995.

Young A., "The razor's edge: Distortions and incremental reform in the People's Republic of China", *The Quarterly Journal of Economics*, Vol. 4, No. 115, 2000.

Zeng D Z, Zhao L., "Globalization, interregional and international inequalities", *Journal of Urban Economics*, Vol. 67, No. 3, 2010.

Zhang Z, Liu A, Yao S., "Convergence of China's regional incomes : 1952 – 1997", *China Economic Review*, Vol. 12, No. 2 – 3, 2001.

后　记

习近平总书记指出，2018 年就是改革开放第 40 年，在中国共产党领导下，中国人民凭着一股逢山开路、遇水架桥的闯劲，凭着一股滴水穿石的韧劲，成功走出一条中国特色社会主义道路。我们遇到过困难，我们遇到过挑战，但我们不懈奋斗、与时俱进，用勤劳、勇敢、智慧书写着当代中国发展进步的故事。①

广东是中国改革开放的前沿阵地，改革开放以来，广东抓住历史的机遇，积极参与国际竞争与合作，成为中国经济实力最雄厚、市场化程度最高、开放型经济最活跃的地区之一。

回望来路，不改初心。从改革发端，到深化改革，再到全面深化改革。党的十八大以后，中央决定设立广东自由贸易区，建设粤港澳大湾区。党的十九大以后，习近平总书记又对广东这片改革开放的热土寄予殷殷重托。

广东省肩负着"四个走在全国前列"的重任，在此背景下，总结广东省改革开放 40 年的发展成就、存在问题、经验总结和发展规律，展望广东省未来发展之路和发展举措，是当下广东在新的发展中求变求新的基础。

为此，本书立足于全球和全国看广东的发展，从改革开放的先锋到改革开放的榜样，为分析轴线，深入分析广东省 40 年区域经济的历

---

① "中国国家主席习近平 3 日出席金砖国家工商论坛开幕式并发表主旨演讲"，新华网厦门 2017 年 9 月 3 日电。

程，为广东省未来区域经济发展提供理论支撑和经验启示。

本书的具体分工如下：

李胜兰教授对本书的结构设计、研究思路、研究内容、研究方法做了整体的构思、安排，并对本书每一稿做了修订和统稿工作。李胜兰教授、王妙妙博士后主要撰写了第四章、第五章、第六章、第七章、第九章、第十章，并做了本书的统稿工作。李胜兰教授、黄晓光博士撰写了前言、第一章、第二章。李泽华、黎天元、林沛娜、窦智等博士分别撰写了第三章、第八章、第十一章和第十二章。另外，钟雪红、蔡熠宸、黄婷等硕士参与了本书的资料收集和整理工作。

李胜兰

2018 年 6 月于康乐园